rowohlt

JAN FLEISCHHAUER
UNTER LINKEN

VON EINEM, DER AUS VERSEHEN KONSERVATIV WURDE

Rowohlt

www.unterlinken.de

1. Auflage Mai 2009
Copyright © 2009 by Rowohlt Verlag GmbH,
Reinbek bei Hamburg
Satz aus der Sabon PostScript (InDesign)
bei Pinkuin Satz und Datentechnik, Berlin
Druck und Bindung CPI – Clausen & Bosse, Leck
Printed in Germany
ISBN 978 3 498 02125 2

Inhalt

9 Meine Mutter, die Linke und ich –
eine Einleitung

25 Die Erfindung des Opfers –
die Linke bringt sich in Stellung

58 Auf dem Weg zum Sonnenstaat –
eine kleine Geschichte der Linken

102 Wider die Herrschaft der Vernunft –
die Linke und das Bildungssystem

130 Die Eroberung des Sozialstaats –
die Linke macht Karriere

162 Wir Kleinbürger – die Linke und das Volk

192 Opferneid – die Linke und der Antisemitismus

217 Der Täter als Opfer – die Linke und das Böse

248 Türken und andere Juden –
die Linke und die Fremden

281 Alles Faschisten – die Linke und ihre Gegner

304 Die Worte des Baums –
die Linke und der Humor

325 Ein Schlusswort – oder: Warum man in der Krise eigentlich nur konservativ bleiben kann

342 Literaturhinweise

351 Danksagung

«Man kommt immer noch früh genug zu spät.»
Helmuth Plessner

MEINE MUTTER, DIE LINKE UND ICH – EINE EINLEITUNG

Ich kann von mir sagen, ich kenne mich aus mit den Linken, ich habe mein halbes Leben unter ihnen verbracht. Meine Eltern waren links, die Schulkameraden und die Mehrzahl meiner Lehrer, die Kommilitonen an der Universität und natürlich alle Professoren. Die meisten meiner Kollegen sind es noch heute.

Es ist nicht so, dass ich darunter gelitten hätte. Ich bin sehr behütet aufgewachsen, links behütet eben. Meinen ersten Disneyfilm habe ich zusammen mit meinen eigenen Kindern gesehen. Als McDonald's eine Filiale in unserem Stadtteil aufmachte, hielt mir mein Vater einen ernsten Vortrag über den verderblichen Einfluss amerikanischer Fastfood-Kultur. Der Genuss meines ersten Burgers war ein Akt jugendlicher Auflehnung; bis heute habe ich bei einem der gelegentlichen Besuche einen Rest schlechten Gewissens.

Ich gehöre zu einer Generation, die gar nichts anderes kennt als die Dominanz der Linken. Wo ich aufgewachsen bin, waren alle links. Das ist insofern nicht ganz selbstverständlich, als ich in einer Gegend groß wurde, die man gemeinhin als Villenviertel bezeichnet. Die Freunde meiner Eltern wählten alle SPD oder, später dann, Grün und deren Freunde natürlich auch. Irgendwo muss es in unserer Nähe auch ein paar Unionsanhänger gegeben haben, vermutlich sogar unter den Nachbarn, schließlich war Wellingsbüttel im Hamburger Norden einer der wenigen Stadtteile, wo die CDU in den siebziger Jahren auf über 50 Prozent der Stimmen kam. Aber man sah sie nie. Im Hockeyclub traf man Henning Voscherau, den späteren SPD-Bürgermeister, und beim Einkaufen den ‹Panorama›-Chef vom NDR, der gerade ein kritisches Feature über Franz Josef Strauß und die Waffenlobby fertiggestellt hatte.

Meine Mutter ist 1969 bei den Sozialdemokraten eingetreten, aus Begeisterung für Willy Brandt. Sie hat ihre Verpflichtungen dort immer sehr ernst genommen. Wenn man auf Politik zu sprechen kam, konnte sie ausgesprochen leidenschaftlich werden, was dazu führte, dass Diskussionen mit ihr so lange dauerten, bis man manchmal einfach aus Erschöpfung nachgab. Ich habe sie in all den Jahren nicht einmal sagen hören, der Partei sei in einer wichtigen Sache ein Fehler unterlaufen. Taktische Schwächen sicher, aber nichts Grundlegendes. Wahrscheinlich hielt sie es für ausgeschlossen, dass auch sozialdemokratische Parteiführer unwissend oder gar korrupt sein könnten. Die andere Seite hingegen irrte sich ständig, sie reihte Fehlentscheidung an Fehlentscheidung oder war innerlich so verrottet, dass sie aus Berechnung das Land in die Irre leitete. Es war erstaunlich, wie schwer es den Sozialdemokraten unter diesen Umständen fiel, sich an der Macht zu halten. Aber das bewies nach Meinung meiner Mutter nur, mit welch unsauberen Methoden der Gegner kämpfte.

Die SPD war in meiner Familie weit mehr als ein Zusammenschluss Gleichgesinnter, sie galt bei uns als eine Art politische Heilsarmee, die Deutschland von den Resten des Faschismus reinigen und in eine bessere, gerechtere, demokratischere Zukunft führen würde. Sie stand für das Gute im Land, sie verkörperte in der Summe ihrer Mitglieder und Anhänger gewissermaßen die in Deutschland verfügbare Gutherzigkeitsmenge. Vielleicht redeten wir deshalb auch nie von der SPD als SPD, sondern immer nur von *der Partei*, so wie in katholischen Haushalten andächtig von *der Kirche* gesprochen wird, eine von mehreren überraschenden Parallelen zwischen linker und christlicher Welt, wie ich später feststellen konnte.

Was von Konservativen zu halten war, lag auf der Hand: Entweder waren sie stockreaktionär, weil sie sich dem Fortschritt verweigerten, oder auf gefährliche Weise borniert, also

EINE EINLEITUNG 11

wahlweise verachtens- oder bemitleidenswerte Figuren. Bei uns zu Hause hießen sie nur «die Schwarzen», ein Begriff, der für mich verdächtig nach dem schwarzen Mann klang, vor dem man sich als Kind tunlichst in Sicherheit brachte. Meine erste politische Kindheitserinnerung ist das Misstrauensvotum gegen Willy Brandt im Bundestag. Ich war neun Jahre alt, in der Küche lief das Radio; ich wartete auf das Mittagessen, aber meine Mutter stand regungslos am Herd und hörte mit geschlossenen Augen zu, wie die Stimmenauszählung übertragen wurde. Wenn ich nicht genau wüsste, wie wenig sie mit Religion am Hut hat, würde ich im Nachhinein schwören, dass sich ihre Lippen dabei bewegten. Hätte vom Ergebnis der Ausbruch eines neuen Krieges abgehangen, wäre die Spannung nicht größer gewesen – und die Erlösung, dass es anders kam als allgemein erwartet und der Kanzler vor dem feigen Anschlag der CDU wie durch ein Wunder gerettet war. Ich begriff früh, dass in der Politik zwei ewige Mächte miteinander ringen, die Macht des Lichts und die der Finsternis. Je früher man sich entschied, auf welcher Seite man sein wollte, desto besser.

Mein Vater stand den Sozialdemokraten eher gefühlsmäßig nahe. Er hatte Kunstgeschichte studiert, auch promoviert über den Bildhauer Ernst Barlach, und war dann irgendwie reingerutscht in den Journalismus, zunächst als Redakteur beim Landesstudio Hannover des NDR. Wenige Monate nach meiner Geburt bekam er das Angebot, ins Funkhaus nach Hamburg zu wechseln. Er machte schnell Karriere und war dann mehrere Jahre Pressechef, ein Posten, der, wenn schon kein Parteibuch, doch einen gewissen Überzeugungsgleichklang voraussetzte.

Bei politischen Diskussionen hielt sich mein Vater zurück, da ließ er meiner Mutter den Vortritt, aber es war klar, dass er sie in allem unterstützte. Ich habe ihn später mal in Verdacht gehabt, heimlich die CDU gewählt zu haben, als Oskar Lafontaine gegen Helmut Kohl antrat. Ich weiß, er hegte auch für

Gerhard Schröder und Joschka Fischer nicht viel Sympathien. Er hielt den ersten für einen politischen Heiratsschwindler und den anderen für einen aufgeblasenen Pinsel ohne Kinderstube. Er selber war eher ein Schmidt-Sozialdemokrat. Aber er hat stets vehement abgestritten, die CDU jemals auch nur in Betracht gezogen zu haben. Eine Stimme für Kohl hätte die sofortige Scheidung bedeutet, und auch später noch wäre jede Affäre mit einer anderen Frau aus Sicht meiner Mutter verzeihlicher gewesen als ein Seitensprung am Wahltag.

Es ist kein Schaden, in einem Haushalt aufzuwachsen, in dem die nationale Herkunft von Imbisskost ein politisches Thema ist, das über das richtige Bewusstsein Aufschluss gibt: Es trainiert einen, von klein auf wachsam zu sein gegen moralische Fallstricke. Wie bei allen guten linken Familien konnten bei uns scheinbar alltägliche Entscheidungen eine Tragweite haben, die sich politisch Außenstehenden nur schwer erschließt. Bei jedem Einkauf im Supermarkt war nicht nur ein Urteil über Frische und Geschmack der angebotenen Waren zu treffen, sondern auch über ihre moralische Qualität. Biohaferflocken waren Industriemüsli unbedingt vorzuziehen, selbst wenn sie wie Kleie schmeckten, weil wir grundsätzlich großen Marken misstrauten und kleine Kooperativen unterstützten. Natürlich kaufte meine Mutter aus Prinzip nie Pepsi (USA / Großindustrie / republikanisch) – und Coca-Cola (USA / Großindustrie / demokratisch) auch nur an Kindergeburtstagen und wenn wir mit Erbrechen im Bett lagen. Dann wurde sie uns in kleinen Mengen eiskalt eingeflößt, weshalb sich Cola für mich bis heute, ob nun intendiert oder nicht, mit Krankheit verbindet. Als in den Zeitungen stand, dass in Afrika die Kinder am Milchpulver von Nestlé starben, war sofort das Nesquik vom Frühstückstisch verschwunden. Nachdem mich ein Freund darauf aufmerksam gemacht hatte, dass auch Smarties von Nestlé waren, betete ich inständig, meine Mutter möge das nie herausfinden.

Sobald es um politische Belange ging, konnte sie erstaunlich

EINE EINLEITUNG

rigoros sein. Bis zu meinem dreizehnten Lebensjahr bin ich praktisch ohne Apfelsinen aufgewachsen, eine Erfahrung, die ich mit meinem britischen Journalistenkollegen Nick Cohen teile, wie ich neulich überrascht festgestellt habe: Bestimmte Entbehrungen scheinen die Kinder der Linken gemeinsam erlebt zu haben, und zwar überall im Westen. In diesem Fall waren die zitrusfruchtproduzierenden Länder der Welt für einen Zeitraum, der unglückseligerweise mit unserer Kindheit zusammenfiel, in die Hände von irgendwelchen Caudillos oder anderweitig fragwürdigen Machthabern geraten. Spanische Orangen konnte man nicht kaufen, solange General Francisco Franco an der Macht war, weil jeder Kauf eine indirekte Unterstützung der Diktatur bedeutet hätte. Südafrika kam wegen des Apartheidregimes nicht in Frage, und Jaffas aus Israel schienen politisch nicht korrekt, solange die Palästinenser so viel zu leiden hatten. Am Anfang blieben uns noch die Orangen aus Florida, aber nach der Wahl von Nixon zum Präsidenten war es auch damit vorbei. Dass mein Bruder und ich nicht dem Skorbut zum Opfer fielen, verdanken wir dem Hinscheiden Francos mit 82 Jahren im November 1975.

Man kann auch ohne Nesquik und Zitrusfrüchte eine glückliche Kindheit verleben. Ich habe keinen Grund, mich zu beklagen – andere Kinder müssen wegen ihres Glaubens ohne Koteletts groß werden und vier Wochen im Jahr fasten. Außerdem waren erstaunliche Ausnahmen möglich. Zu meinem Leidwesen hatte meine Mutter auch eine starke Abneigung gegen Comics gefasst. Das sei Schund, befand sie, und Schund kam bei uns nicht ins Haus. Die Ausnahme von der Regel war ‹Asterix›: Ich besaß alle Bände, angefangen bei ‹Asterix der Gallier› bis ‹Asterix auf Korsika›. Was aus Frankreich kam, galt als kulturhaltig und war damit vom Schundverdacht befreit, eine Aufwertung, die sich allerdings nicht auf das benachbarte Belgien erstreckte, womit die ‹Tintin›-Serie von Hergé wiederum unter das No-Comics-Verdikt fiel. Auch beim Fernsehen gab es feine Unterschiede. Hollywood war sogar schlimmer Schund – es sei denn, die Filme waren alt und schwarzweiß oder von deutschen Immigranten wie Billy Wilder und Ernst Lubitsch gedreht, dann waren sie Kulturgut und auch für Kinder geeignet. Wie mein Vater die Western-serie ‹Bonanza› als Familienprogramm am Sonntag durch-gesetzt hat, ist mir bis heute ein Rätsel.

Ich weiß nicht mehr, wann mir zum ersten Mal aufging, dass nicht alle Familien so waren wie meine. Ich wusste natür-lich, dass es Leute gab, die alles ablehnten, wofür Sozialdemo-kraten standen, davon war ja am Esstisch ständig die Rede, aber sie spielten eher als abstrakte Bedrohung eine Rolle. In meinem direkten Umfeld kamen sie nicht vor.

Im Grunde ist das bis heute so geblieben. Inzwischen kenne ich viele Konservative, das bringt schon mein Beruf mit sich. Das Land wird, nach sieben Jahren unter Rot-Grün, wieder von der CDU und ihrer Kanzlerin geführt, auch die meisten Bundesländer haben an ihrer Spitze einen Ministerpräsidenten der Union stehen. Aber das ändert nichts daran, dass die Kon-servativen überall dort, wo darüber befunden wird, wie die Dinge zu sehen und zu bewerten sind, praktisch nicht vorkom-men. Gehen Sie in irgendein Schauspielhaus, in ein Museum oder ein Freiluftkonzert: Sie werden schnell feststellen, dass Ideen, die außerhalb der linken Vorstellungswelt siedeln, dort nichts verloren haben. Ein zeitgenössisches Theaterstück, das nicht kritisch mit der Marktwirtschaft abrechnet? Undenk-bar. Ein Künstler, dem bis zur Abwahl von George W. Bush zu Amerika auf Anhieb mehr als Guantánamo, Abu Ghraib und die fehlende Unterschrift unter dem Kyoto-Protokoll einfiel? Indiskutabel. Rock gegen links? Ein Scherz.

Die Linke hat gesiegt, auf ganzer Linie, sie ist zum Juste Mi-lieu derer geworden, die über unsere Kultur bestimmen. Wenn man nach einer Definition sucht, was links sein bedeutet, lässt sich auf ein beeindruckendes Theoriegebäude zurückgreifen. Links ist eine Weltanschauung, auch eine Welterklärung, wie alles mit allem zusammenhängt – aber zunächst ist es vor allem

EINE EINLEITUNG 15

ein Gefühl. Wer links ist, lebt in dem schönen Bewusstsein, im Recht zu sein, ja, einfach immer recht zu haben. Linke müssen sich in Deutschland für ihre Ansichten nicht wirklich rechtfertigen. Sie haben ihre Meinung weitgehend durchgesetzt, nicht im Volk, das störrisch an seinen Vorurteilen festhängt, aber in den tonangebenden Kreisen, also da, wo sie sich vorzugsweise aufhalten. Sicher, unterwegs haben sie ein paar Niederlagen einstecken müssen. Sie haben den Kampf gegen das Kabelfernsehen verloren, und sie haben auch die Wiedervereinigung nicht verhindern können, aber all das schrumpft im Rückblick zu Nebensächlichkeiten. Die andere Seite weiß noch nicht einmal, wie sie sich selber nennen soll. Niemand in Deutschland, der noch bei Trost ist, bezeichnet sich selbst als rechts. Bürgerlich vielleicht oder konservativ, aber selbst das nur mit angehaltenem Atem. Rechts ist nicht die andere Seite des Meinungsspektrums, es ist ein Verdammungsurteil.

In der Meinungswirtschaft, in der ich mein Geld verdiene, gibt es praktisch nur Linke. Und wer es nicht ist, behält das lieber für sich. Sie meinen, ich übertreibe? Vor der Bundestagswahl 1998 veranstaltete die Redaktion der ‹Welt›, konservatives Flaggschiff des Springer-Konzerns, eine Wahlumfrage, bei der die Redakteure neben ihrem Tipp für den Wahlausgang auch ihre eigenen Präferenzen angeben konnten: Rot-Grün lag bei beiden Auszählungen mit weitem Abstand vorn. Das Ergebnis hing kurze Zeit am Schwarzen Brett, dann war es verschwunden. So deutlich wollte man Besuchern der Redaktion doch nicht auf die Nase binden, dass der heimliche Lebenstraum des normalen ‹Welt›-Redakteurs ein Platz bei der ‹Süddeutschen Zeitung› ist.

Ein Grund für die kulturelle Dominanz der Linken mag sein, dass die andern nichts zu sagen haben oder ihre eigenen Ideen so überzeugend sind, dass neben ihnen alles verblasst. Ich vermute eher, viele sind links, weil es die anderen auch sind. Die Anpassungsneigung des Menschen ist eine experimentalpsychologisch gut dokumentierte, aber im Alltagsleben regelmäßig unterschätzte Eigenschaft. Was Überzeugung genannt wird, ist oft nichts anderes als eine Adaptionsleistung im Meinungsumfeld. Opportunismus ist ein hässliches und hier auch ein nicht ganz zutreffendes Wort, weil es die Übernahme von Meinungen aus Berechnung voraussetzt. Nennen wir es lieber Sozialinstinkt: Niemand möchte im Büro derjenige sein, der beim Gang zum Mittagessen als Einziger bei der Frage übergangen wird, ob er mitkommen wolle.

Ich habe irgendwann den Anschluss verpasst. Ich kann nicht sagen, wann es passierte, es gibt keinen Tag und kein Ereignis, die mich von der Linken entfremdeten. Ich kann noch nicht mal behaupten, ich hätte bewusst Abstand genommen. Es passierte einfach. Plötzlich konnte ich nicht mehr lachen, wenn man sich zum hundertsten Mal über die Physiognomie Kohls lustig machte. Ich stellte fest, dass ich erleichtert war, als meine Söhne das Puppenhaus, das mein Schwiegervater und ich für sie gebaut hatten, zu einer Parkgarage umfunktionierten. Wenn die Diskussion auf die Nutzlosigkeit von Ehe und Familie kam, war ich derjenige, der insgeheim jedem verheirateten Paar die Daumen drückte, es möge möglichst lange durchhalten. Einmal traute ich mich sogar, in einem Partygeplänkel zum Klimawandel ein gutes Wort für die Atomenergie einzulegen – der Abend war dann allerdings gelaufen.

Am Anfang versuchte ich, meine konservativen Neigungen zu unterdrücken. Ich redete mir ein, sie würden vorbeigehen wie jugendliche Hitzewallungen. Beim nächsten Kohl-Witz lachte ich dafür besonders laut, um nicht aufzufallen. Kurz, ich verhielt mich wie ein vierzigjähriger Familienvater, der plötzlich entdeckt, dass er schwul ist und nicht weiß, was er tun soll.

Es hatte frühe Anzeichen auf meine Veranlagung gegeben, im Nachhinein ließen sie sich deutlich erkennen. Meine Schulfreundin Fontessa meint sogar, sie habe es schon immer gewusst. Als wir vor drei Jahren bei einem Klassentreffen Ju-

EINE EINLEITUNG

genderinnerungen austauschten und ich dabei auch auf meinen Seitenwechsel zu sprechen kam, sah sie mich nur mitleidig an und sagte: «Jan, du warst doch nie richtig links, das war doch bei dir immer nur Pose.» Ich fühlte mich ertappt, dabei meinte sie es gar nicht bös. Das Schwierigste für jeden späten Konservativen ist immer das Coming-out. Es ist ein Moment, den man hinauszögert, solange es geht. Man fürchtet die Reaktion der Kollegen, man will auch seine Eltern nicht beschämen. Meine Mutter wird dieses Jahr 73, was es zunehmend unwahrscheinlich macht, dass sie ihre Vorurteile gegenüber Konservativen jemals ablegen wird. Sie versucht, im Umgang höflich zu sein und sich nichts anmerken zu lassen, aber manchmal treten ihre Vorbehalte in einer selbst für mich schockierenden Deutlichkeit zum Vorschein. «Ein schrecklicher, schrecklicher Mensch», seufzte sie indigniert, als ich nach dem Wahlsieg von CDU-Bürgermeister Ole von Beust gegen den ‹Zeit›-Herausgeber Michael Naumann mit ihr telefonierte: «Dass wir von so jemandem regiert werden.» Sie klang gerade so, als ob Hamburg von einem gerichtsnotorischen Betrüger geführt würde, und ich kann nicht ausschließen, dass sie es genauso sieht. Was den eigenen Sohn angeht, hat sie beschlossen, über alle Verirrungen hinwegzusehen. Sie verhält sich wie eine dieser englischen Damen, die nichts mehr im Leben wirklich erschüttern kann und die einfach weiterplaudern, wenn neben ihnen jemand aus der Rolle fällt.

Inzwischen habe ich gelernt, mit meinem Konservativsein offensiv umzugehen. Ich traue mich manchmal sogar, Vorurteile direkt anzusprechen. Neulich hatten wir ein Ehepaar zu Gast, das wir seit längerem kennen, aber bei dem der Kontakt zuletzt etwas abgebrochen war. Er ist vor nicht allzu langem Professor für Jura an einer ostdeutschen Uni geworden, sie promotet Golfplätze. Das Gespräch kam zügig auf den letzten Michael-Moore-Film, und unser Freund behauptete plötzlich, im gesamten Mittleren Westen der USA dürfe der Film nicht gezeigt werden. So wie er es sagte, klang es, als ob Moore ein französischer Autorenfilmer sei, der den Amerikanern endlich den Spiegel vorhalte, was die nicht ertragen konnten. Ich hatte eine ziemlich präzise Vorstellung, wie das Gespräch weitergehen würde, und wusste, dass ich mich nachher wieder über mich ärgern würde, weil ich nicht entschieden genug widersprochen hatte. «Um es kurz zu machen, weil wir ja dann eh auf diesen Punkt kommen», hörte ich mich selber sagen: «Nein, ich glaube nicht, dass die CIA hinter den Anschlägen vom 11. September steckt, und ja, wir haben gerne in Amerika gelebt.» Es war dann sehr still, wir tranken unseren Tee, und die beiden verabschiedeten sich schnell. Ich war erschrocken über mich selbst, aber auch ein klein wenig stolz.

Wer über die Linke schreibt, und das nicht im Ton der Bewunderung, zieht Kritik auf sich, das beginnt schon mit dem Begriff links. Man kann zu Recht einwenden, dass zwischen einem grünen Attac-Anhänger, einem gestandenen Ruhrpott-Sozialdemokraten und dem Funktionär der Linkspartei mehrere Welten liegen. Um Missverständnisse zu vermeiden, deshalb ein paar Sätze zur Klärung.

Die Linke ist, genau genommen, eine begriffliche Fiktion. Anders gesagt: Links ist ein Gattungsbegriff, und als solcher hat er Nachteile. Er ebnet, wie alle generischen Bezeichnungen, Differenzen ein und ist notgedrungen unscharf, weil er den Blick auf die Gemeinsamkeiten richtet und nicht auf das Trennende. Wer jeder Verästelung nachspürt, verliert sich im Besonderen und übersieht das Allgemeine. Natürlich existieren zwischen Schnecken, Muscheln und Kopffüßlern gravierende Unterschiede, dennoch fasst sie der Biologe im Stamm der Mollusken zusammen. Ohne Verallgemeinerung kommt man zu keiner Erkenntnis.

Wenn ich von der Linken spreche, meine ich zunächst ein Milieu, das mir seit meiner Kindheit vertraut ist und das man als Links-Bürgertum bezeichnen kann. Im englischen Sprachraum haben sich Begriffe wie «chattering class» oder «creative

EINE EINLEITUNG

class» durchgesetzt, Mittelklasse-Sozialismus oder Links-Chic sind andere Versuche der Beschreibung, aber sie meinen in etwa alle das Gleiche. Dieses Milieu ist bevölkert von einem bestimmten Typus, den man leicht an seinen Konsum- und Kulturgewohnheiten erkennen kann (auch wenn er sich selber auf seinen Nonkonformismus viel zugutehält) und der sich durch ein ausgeprägtes Elitebewusstsein auszeichnet, wobei Elite zu den Begriffen gehört, die für ihn so tabu sind wie Nation, Heimat oder Volk.

Man schwärmt für Obama, fürchtet sich vor dem Klimawandel und dem Überwachungsstaat, achtet auf biologisch einwandfreie Ernährung und liest die Meinungsspalte der ‹Süddeutschen›, das Feuilleton der ‹Frankfurter Allgemeinen Sonntagszeitung› und, mit einer gewissen zur Schau gestellten Verachtung, den Politikteil des ‹Spiegels›. Die Kinder gehen auf ausgesuchte Schulen, auch wenn man grundsätzlich für die Gemeinschaftsschule ist, das Wochenende verbringt man gerne bei Freunden auf dem Land, die dort seit Jahren eine Natursteinkate renovieren, natürlich denkmalschutzgerecht, und beim Italiener erfolgt die Bestellung grundsätzlich in der Landessprache des Wirtes, egal wie gut oder schlecht man Italienisch spricht. Das eine oder andere mag sich auch bei Liberalen und Konservativen finden, aber eben nicht in der Ausschließlichkeit und schon gar nicht als Konstitutionsmerkmal eines Lebensstils.

Der Marktwirtschaft steht man in dieser Gesellschaftsschicht kritisch gegenüber, ohne genau sagen zu können, was die Alternative wäre. Die gegenwärtige Wirtschaftskrise ist so gesehen ein Gottesgeschenk, weil sie einen in allen Vorurteilen aufs schönste bestärkt und jeder weiteren Argumentationsmühe enthebt. Man muss in einer Diskussion nur «Ackermann» oder «Wall Street» rufen, wenn sich jemand mit einem schüchternen Einwand hervortraut, und schon wackeln alle Umstehenden einverständig mit den Köpfen, und der Störenfried zieht sich, Entschuldigungen murmelnd, zurück. Nun hofft man nur insgeheim, dass die Krise des Kapitalismus nicht zu weit voranschreitet, weil auch der eigene Wohlstand dranhängt und seit 150 Jahren der Beweis aussteht, dass mit dem alten Marx ebenfalls ein auskömmlicher Lebensabend garantiert wäre.

Mit anderen Worten: Dies ist die politische und intellektuelle Klasse, die (unter wechselnden kulturellen Vorzeichen) seit den Sechzigern die geistige Republik regiert und zuletzt, mit Schröder und Fischer an der Spitze, auch das Land und die sich nun nach vier Jahren in der Großen Koalition anschickt, das Kanzleramt zurückzuerobern, diesmal im Verbund mit der FDP als unbequemem, aber notwendigem Mehrheitsbeschaffer. Der sozialdemokratische Gewerkschaftssekretär oder ostdeutsche Altkommunist kommen in dieser Welt nur am Rande vor, deshalb sind sie als solche ausgewiesen, wenn ich sie meine. Dennoch verbindet auch diese Traditionsmilieus mit dem Links-Bürgertum mehr als nur eine ideengeschichtliche Herkunft: Sie eint der Glaube, einer besseren, gerechteren Sache zu dienen. Daher die moralische Selbstzufriedenheit, trotz aller internen Spannungen.

Die linke Familie hat viele Sippen, die heftig miteinander konkurrieren, weshalb sie hier in allen Facetten und Spielarten nicht dargestellt werden können, aber am Ende bleibt es eine Familie, die sich auch als solche begreift. Man kann diese Form von Zugehörigkeitsgefühl nicht zuletzt in der politischen Selbstzuschreibung erkennen. Die Wahlforscher reden ständig vom Schwinden der Bindungskräfte, und so hat sich der Eindruck festgesetzt, auch die Lager hätten sich aufgelöst. Die Union baut auf dieser Annahme ihren gesamten Wahlkampf auf. Aber in Wirklichkeit wissen die Leute sehr wohl, wo ihre politische Heimat liegt. Wenn man die Bürger bittet, sich auf einer Skala von rechts bis links einzuordnen, können die meisten ganz genau sagen, wo sie stehen. Nur eine Minderheit sagt, dass sie sich nicht entscheiden könne oder keine Meinung habe. Der einzige Unterschied zwischen links

EINE EINLEITUNG

und rechts ist dabei, dass die Linken kein Problem haben, sich auch als solche zu bezeichnen, während die Rechten dazu neigen, sich möglichst nah an die Mitte zu schmiegen, aus Angst, man könnte ihnen sonst aus ihrer Selbsteinschätzung einen Strick drehen.

Ich habe mich im Internet umgesehen: Es gibt viele Bücher über die Linke, sie heißen ‹Links!› oder ‹Links neu denken›, und sie beschreiben alle, wie gut es sich anfühlt, auf der richtigen Seite zu stehen. Ich habe mich gelegentlich gefragt, wer eigentlich die Käufer sind. Wer braucht Bücher, die ihm sagen, was er eh schon weiß? Wahrscheinlich handelt es sich um eine Untergattung der Selbstbestätigungsliteratur, statt unter Lebenshilfe stehen sie im Regal eben unter Politik.

Daneben gibt es die kleine Gruppe der Abrechnungsbücher. Die Autoren sind meist Sechzigjährige, die in jungen Jahren Mitglied einer kommunistischen Sekte waren, Maoisten, Spartakisten oder Angehörige des Kommunistischen Bunds Westdeutschland, Versprengte der Weltrevolution, die irgendwann die Biege gemacht haben und nun mit den Irrtümern und Illusionen von damals aufräumen. Es sind verdienstvolle Werke darunter, ‹Das rote Jahrzehnt› von Gerd Koenen zum Beispiel oder ‹Unser Kampf› von Götz Aly, lehrreiche Schilderungen der Selbstgenügsamkeit und geradezu manischen Weltabgewandtheit der Linken in den Aufbaujahren der Bewegung. Sie seien jedem zur Lektüre empfohlen, der meint, dass die Achtundsechziger und ihre Epigonen auch nur jemals einen Bruchteil politischen Überblicks besessen hätten. Aber immer bleiben diese Abrechnungen notgedrungen auf der Höhe ihrer Zeit. Sie finden keinen rechten Anschluss zur Gegenwart, vielleicht auch, weil viele der Wortführer von damals ihn nicht wirklich gefunden haben.

Dieses Buch will nicht mit Verspätung recht behalten. Es hat keine Rechnungen offen, die es zu begleichen gilt. Es will nicht belehren oder agitieren, es will auch niemanden auf die Seite ziehen. Warum auch?

Ich gehöre keiner Partei oder Gruppierung an. Ich habe nichts zu bekennen oder wiedergutzumachen, jedenfalls nicht im politischen Sinn. Für mich und meine Generation gilt die Gnade der späten Geburt: Als wir in die Pubertät kamen, waren die Achtundsechziger schon im Staatsdienst und die RAF im Hungerstreik. Uns blieben als revolutionäre Betätigungen nur noch Hausbesetzungen und Friedensdemonstrationen. Da ging es auch hoch her, aber das Engagement lieferte nicht mehr den Stoff für Ritterkreuze.

Dieses Buch ist ein Erkundungsbericht aus dem Imperium der Linken. Es bedient sich zur Erkenntnisgewinnung der teilnehmenden Beobachtung einer Welt, die vielen fremd sein dürfte, deren politische Betätigung sich auf den gelegentlichen Gang zum Wahllokal beschränkt. Wer kommt schon auf die Idee, dass man mit dem Genuss eines amerikanischen Brausegetränks den Ausverkauf seiner Ideale begehen könnte? Eliten neigen dazu, Denk- und Verhaltensweisen auszubilden, die sie von der Masse abheben. Manches muss dem Außenstehenden lebensfremd oder geradewegs bizarr erscheinen, aber das heißt nicht, dass es bedeutungslos wäre. In der Übertreibung zeigt sich oft das Eigentliche.

Bei der Beschäftigung mit Herrschaftsformationen tritt neben die ethnographische Beschreibung das Interesse an den Methoden der Herrschaftssicherung, das unterscheidet die Feldforschung vom reinen Erfahrungsbericht. Wie wurde die Macht erobert? Wie wird sie befestigt? Welches sind die Ideen, die alle der herrschenden Klasse Zugehörigen an ihre gesellschaftliche Sonderrolle glauben lassen? Und was macht eigentlich eine Bewegung, die erreicht hat, was sie sich wünschte? Die Verteidigung des Status quo ist insgesamt eine zähe Sache, aus der kein Funke zu schlagen ist. Vielleicht sind Linke auch deshalb oft so gereizt.

Eine Reihe linker Errungenschaften werden dem Leser angesichts der Verwerfungen im Wirtschaftsleben merkwürdig zeitenthoben erscheinen. Was kümmern einen feministische

EINE EINLEITUNG

Emanzipationsprojekte oder sozialpolitische Fortschrittsprogramme, lässt sich einwenden, wenn reihenweise Banken zusammenklappen und ganze Industriekonzerne gleich hinterher? Das ist brav gedacht, aber in Bezug auf die hier zur Rede stehenden Ambitionen auch rührend naiv. Tatsächlich bietet die Krise die willkommene Gelegenheit, all das zu vollenden, was im ersten Anlauf nicht gelang. Der Widerstand ist geschwächt, die Gegenseite in Erklärungsnot, das will ausgenutzt sein und wird es auch.

Die Linke hat sich noch nie durch etwas so Vorübergehendes wie eine Wirtschaftskrise oder einen Staatsbankrott von ihren Unternehmungen abbringen lassen, das macht eine ihrer Stärken aus. Sie hat den Zusammenbruch eines Weltimperiums überlebt, das zu seinem Schutz über 27 000 Atomwaffen, 2,8 Millionen Soldaten und die größte Geheimpolizei der Erde verfügte, ohne dass dies nachhaltige Schäden an ihrem Glaubensgerüst angerichtet hätte. An der ostdeutschen Hinterlassenschaft des Kommunismus kaut die Bundesrepublik noch heute: 1,5 Billionen Euro sind seit der Wiedervereinigung vom Westen in den Osten geflossen, weitere 160 Milliarden werden es bis 2020 sein, wenn der Solidarpakt offiziell ausläuft, und das schließt die Sozialtransfers dann noch nicht ein. Ohne die Sanierung des Beitrittsgebiets wäre die Wachstumsquote in den alten Bundesländern zwischenzeitlich etwa doppelt so hoch ausgefallen, wie die EU-Kommission in einem Bericht 2002 feststellte, aber all das hindert die Entscheidungsträger bei Grünen und SPD nicht, einen Schulterschluss mit den Rechtsnachfolgern der SED anzustreben, die unverdrossen weiter die «Systemfrage» stellen. Wenn die Vergangenheit einen Hinweis auf die Haltbarkeit von Utopien gibt, dann muss man sich um die Linke keine Sorgen machen: Der Zähler der Bundesanstalt für Arbeit stand bei fünf Millionen Arbeitslosen, als die Regierung in Berlin, damals noch unter rot-grüner Leitung, das Allgemeine Gleichbehandlungsgesetz auf den Weg brachte, das keinen einzigen neuen Job schuf, dafür aber festlegte, dass niemand einen wegen sexueller, geschlechtlicher oder religiöser Ungleichbehandlung verlieren darf. Der Arbeitsmarkt lässt also, gemessen am Stand der Arbeitslosen, noch einigen Spielraum für die Verwirklichung ehrgeiziger Zukunftsvorhaben.

Wenn überhaupt, dann will dies Buch ermutigen, sich nicht mehr darum zu scheren, ob man in den politischen Mainstream passt. Es ist gar nicht so schlimm, nicht mehr links zu sein: Man verliert ein paar Freunde und gehört in bestimmten Kreisen nicht mehr dazu, aber dafür bessert sich schlagartig die Stimmung. Das ist zumindest die Erfahrung des Autors.

DIE ERFINDUNG DES OPFERS – DIE LINKE BRINGT SICH IN STELLUNG

Am Anfang aller linken Politik steht das Opfer. Jemandem ist Unrecht widerfahren: Er wurde in seinen Rechten verletzt, ihm wurde vorenthalten, was ihm zusteht; man hat ihm den Respekt versagt, ihn beleidigt oder gedemütigt. Vielleicht hat man ihn auch einfach übersehen. Nun geht es darum, Wiedergutmachung zu erlangen. Eine Kompensation für das Erlittene, eine Entschädigung. Das Opfer kann das nicht allein durchsetzen, es ist zu schwach, eben deshalb ist es ja zum Opfer geworden. Es braucht einen Interessenvertreter, einen Anwalt, der sich seiner annimmt und ihm zu seinem Recht verhilft. Es muss jemand sein, der sich zurechtfindet auf den Fluren der Macht, der weiß, wie man den nötigen Druck aufbaut. So kommt die Linke ins Spiel. Sie kennt sich aus mit Entschädigungsverfahren; sie hat Erfahrung darin, die Angelegenheit anderer zu ihrer eigenen zu machen, so ist sie groß und einflussreich geworden. Das Opfer muss nicht mehr tun, als seinen Fall in professionelle Hände zu legen, der Rest ist Politik.

Die Linke war immer Anwalt der Schwachen, davon lebt ihr Ruf, darauf gründet ihr Selbstbild. Sich für andere einzusetzen ist ein nobles Unterfangen und über alle Kritik erhaben. Die Linke hat dieses Selbstverständnis zum Aushängeschild ihrer Aktivitäten gemacht, so als würden ihr die Sorgen um die Misshandelten und Vernachlässigten allein gehören und nicht auch die Konservativen eine Welt ohne Ungerechtigkeit, Krieg oder Gewalt vorziehen. Ihre Arbeit erledigt sie dabei pro bono, sie verlangt keine Gebühr und keine Beteiligung, ihr Lohn bemisst sich nach anderen Kriterien. Gerade auf der

Reinheit ihres Engagements gründet ihre Macht und ihre Reputation. Andere mögen Profit und persönliches Fortkommen verfolgen, die Linke stellt sich ganz in den Dienst der Sache und verschafft sich so einen Kredit, der auch durch Rückschläge und Niederlagen nicht dezimiert werden kann. Über dessen Wert muss sie sich keine Gedanken machen, der ist mit den Jahren stetig gestiegen. Bei moralischem Kapital gibt es keine Wertminderung.

Wer dem eigenen Verständnis nach für höhere Güter streitet, für Wahrheit und Gerechtigkeit, gegen Unterdrückung, Diskriminierung und Ausbeutung, ist schnell versucht, jeden Widerspruch als feindseligen Akt zu empfinden, als Manöver, das in Wirklichkeit anderen Interessen dient. Cui bono?, fragt der Linke, wenn sich ihm Widerstand entgegenstellt: Wer steckt dahinter, wo sind die Nutznießer auf der anderen Seite, welche Allianz hat sich hier zur Einheimsung übler Gewinne verschworen? Der Linke denkt in Interessenstrukturen, Auftragsverhältnissen. Er kann sich schlechterdings nicht vorstellen, dass jemand eine gegenteilige Auffassung um ihrer selbst willen vertreten könnte, aus aufrichtiger Überzeugung oder auch aus Freude an der abweichenden Meinung. So zu denken, hielte er für naiv, es bei anderen als Beweggrund zu unterstellen, kommt ihm deshalb gar nicht erst in den Sinn. Er wittert überall unlautere Motive, geheime Mandate, Ränkespiele. Daran gewöhnt, sich als moralisch unanfechtbar zu empfinden, übersieht er leichtherzig die einfache Wahrheit, dass derjenige, der sich für moralisch überlegen erklärt, es in der Regel schon nicht mehr ist. Aus Selbstgerechtigkeit folgt in den seltensten Fällen Gerechtigkeit.

Dem Linken teilt sich die Welt in Gut und Böse, so einfach und so wirkungsvoll. Die Rechte besorgt das Geschäft der Reichen, der Mächtigen, der Blutsauger und Heuschrecken – die Linke ist die Schutzmacht der Armen und Entrechteten, der Zukurzgekommenen, Gestrauchelten und Gebeutelten. Es kann aus Sicht der Linken keinen Zweifel geben, wie sich die Sympathie der Öffentlichkeit zu sortieren hat, jetzt gilt es nur, sie ins Bild zu setzen. Deshalb liegt bei den Medien, die für die Volksaufklärung die Verantwortung tragen, eine besondere Aufgabe. Dass es bei Grundsatzfragen von solchem Gewicht auch in den zu einer unvoreingenommenen Berichterstattung verpflichteten Presseorganen keine neutrale Position geben kann, versteht sich nach linker Meinung von selbst, wer das nicht einsehen will, stellt sich entweder dumm oder ist böswillig. In jedem Fall hat der Journalist seine Entscheidung bereits in dem Augenblick getroffen, in dem er sich der Entscheidung zu entziehen sucht. Es gibt keine unschuldigen Haltungen mehr – das war und ist immer schon mit dem Satz gemeint gewesen, das Private sei politisch. Im scheinbar Nebensächlichen verrät sich das Grundsätzliche, alles wird bedeutsam und verweist auf den Handelnden zurück, seine Intentionen, seinen Standpunkt in der Welt. Schon die falsche Zigarettenmarke kann einen in bestimmten Kreisen erledigen. Ein Einstecktuch im Sakko, und man ist Bourgeois!

Es ist schwer, einen Linken zu treffen, der kein besonderes Anliegen hat, kein selbstlos scheinendes Vorhaben, das er verfolgt und von dem er sich für die Gesellschaft im Ganzen Großes verspricht. Immer geht es um Dinge, gegen die sich die Alltagssorgen klein ausnehmen, die Gleichberechtigung, die Kinderarmut, das Weltklima. Das verleiht dem Linken das Geschäftige, dies leicht Atemlose des Engagierten, die Aura drängender Wichtigkeit. Seine Unternehmungen sind nie einfach zu erledigen, sie erfordern Zeit und Hingabe. Über allem liegt das Pathos des Neuanfangs, das «Horizonte eröffnet», «Perspektiven aufreißt». Weil es um mehr geht, als sich auf einmal bewältigen lässt, steht das Improvisierte hoch im Kurs. Andere fangen nach Regierungsübernahme mit dem Regieren an, bei der Linken beginnt ein «Projekt».

Über einen Mangel an Mandanten kann sich die Linke nicht beklagen, ihr Wartezimmer ist immer voll. So wie sie es sieht, kann nahezu jeder ihren Beistand brauchen: Wer das noch nicht gemerkt hat, der hat sich nur noch nicht richtig umgesehen. Es gibt so viele Möglichkeiten, zum Opfer der Gesellschaft zu werden, sich benachteiligt und entrechtet zu fühlen. Es reicht schon, dass man Frau ist oder alleinerziehend oder im falschen Teil Deutschlands geboren. Mit einer bestimmten Herkunft und sozialen Stellung ist man sogar gleich mehrfacher Diskriminierungsfall. Jetzt kommt es nur darauf an, die Adresse zu finden, bei der man seine Ansprüche geltend machen kann.

Die Aufwertung des Opfers war ursprünglich einmal ein beachtlicher Fortschritt in der Zivilisationsgeschichte. Jahrtausendelang war der Mensch gezwungen, anderen durch Stärke zu imponieren; sein Bestreben ging stets dahin, dominant zu erscheinen, auch dominanter, als er sich tatsächlich fühlte. Was hätte er dabei gewinnen können, sich schwach und angreifbar zu machen? Der Schwache lädt dazu ein, ihn zu erniedrigen, er muss fürchten, dass man sein Feld verwüstet und ihn seiner Habe beraubt. Auch im Tierreich ist keine Gattung bekannt, die durch demonstrative Schwäche herausfordert. Es gibt wohl Arten, die sich möglichst unsichtbar machen, um ihren Feinden zu entgehen, aber das Vorzeigen von Wehrlosigkeit ist nur als Unterwerfungsgeste bekannt, um nach einem verlorenen Kampf Schonung zu erwirken, nicht zur Vorteilsgewinnung.

Heute dagegen ist das Opfer in seinen vielen neuen Spielarten ein respektierter Vertreter unserer Zeit geworden. Es ist längst aus der geschützten Sphäre der Selbsthilfegruppen und Therapiekreise in die Alltagswelt hinausgetreten. Man begegnet ihm am Arbeitsplatz als Mobbingopfer oder Opfer sexistischer Beleidigung und Benachteiligung. In der Familie taucht es als Opfer der Doppelbelastung auf, als Leidtragende oder Leidtragender emotionaler Vernachlässigung und später dann, wenn alles auseinandergeflogen ist, als Scheidungsopfer. Es gibt das Stressopfer, das Opfer von Spiel- und Sexsucht, das Stalkingopfer und natürlich, ganz allgemein, das Opfer der Verhältnisse.

So hat sich der Opferbegriff mit seiner Vervielfachung erstaunlich erweitert, die Politik ist damit vor neue Aufgaben gestellt. Anders als das klassische Opfer von Krieg, Gewalt und Terror, das in einer traumatischen Erfahrung völlig gefangen ist und sich demzufolge von der Umwelt abschließt, sucht das Opfer in seiner neuen, modernen Form den Kontakt nach außen. Es begreift seine Geschichte als exemplarisch und damit verallgemeinerbar, folglich gibt es keinen Grund, sich der Opferrolle zu schämen oder sie zu bemänteln. Das Zeigen von Schwäche wird, im Gegenteil, als Stärke gewertet: Der Austausch über das eigene Erleben schafft Verbindung und Nähe und erlaubt anderen, sich anzuschließen und zugehörig zu fühlen; die subjektive Betroffenheit ist Ausweis sozialer Kompetenz und damit Voraussetzung gesellschaftlicher Akzeptanz.

Der neuartige Opferstatus ist darum in mehrfacher Hinsicht von Gewinn. Er verspricht Entlastung, indem er die Verlagerung von Schuldanteilen ermöglicht und die eigene Verantwortung minimiert. Nichts ist ja an einer Niederlage deprimierender als die Einsicht, dass man sich sein Versagen selber zuzuschreiben hat. Welche Erleichterung, wenn es plötzlich eine Erklärung gibt, die Gründe außerhalb der eigenen Person findet, wenn es Vorurteilsstrukturen sind, die einen klein gehalten und dafür gesorgt haben, dass einem der Respekt versagt wird, den man erwarten darf, oder die Position, die einem nach eigener Einschätzung zustände!

Der Opferstatus sichert Aufmerksamkeit und Anteilnahme, das ist sein zweiter Vorteil. Opfer gelten grundsätzlich als bedauernswerte Mitmenschen, die unseren Beistand verdient haben. Die Kultur des Mitleids verlangt, dass wir uns an ihrem Schicksal nicht ergötzen, wie es frühere Generationen vielleicht getan hätten, sondern ihnen Anteilnahme und Achtung entgegenbringen. Die Anteilnahme besteht zunächst darin, geduldig zuzuhören, das ist der erste Schritt auf dem Weg zur Besserung. Jedes Opfer hat eine Geschichte, die es loswerden will, eine Kränkung, von der es nicht freikommt und die seinem Leben eine Wende gegeben hat. Umstehenden mag das auslösende Ereignis auf den ersten Blick banal vorkommen, sogar nichtig, es kann eine Zurückweisung sein, eine verletzende Bemerkung, manchmal eine unbedachte Geste, das Opfer erlebt die Situation gleichwohl als so gravierend, dass es nun entsprechende Beachtung und Hilfe erwartet.

Der «Knacks», wie Roger Willemsen die Opfererfahrung in seinem gleichnamigen Erfolgsbuch nennt, drängt hinaus in die Öffentlichkeit, der «Knacks» will besprochen und bearbeitet werden. Weil aber nicht jeder sofort zum Anwalt rennen mag, braucht es Foren sozialer Selbstverständigung. Früher war das in erster Linie die Selbsthilfegruppe, heute sind es in annähernd gleichem Maß das Partygespräch und die öffentlichen Therapiesitzungen der Massenmedien. Ein Großteil des Vormittagsprogramms der Privatsender besteht inzwischen aus einem moderierten Täter-Opfer-Ausgleich, bei dem betrogene Hausfrauen auf ihre untreuen Ehemänner stoßen oder das Mobbingopfer auf seine Quälgeister. Ein anderes, eher mittelschichtsgemäßes Vehikel sind die biographischen und semiprivaten Aufbereitungen des eigenen Schicksals in Buchform. Auf den Bestsellerlisten finden sich Bücher, die vom Leben mit einer schweren Krankheit berichten oder von den Ängsten von «Moppel-Ich» und «Runzel-Ich».

Das Bild des Opfers ist so mächtig, dass im Zweifel sogar die Evidenz der Tatsachen zurücktreten muss, um der schönen Idee Platz zu machen. Wer in die Opferkategorie fällt, hat die professionellen Opfervertreter auf seiner Seite, egal, was andere dazu sagen. Je größer die Einwände, desto entschlossener das Engagement: Gerade der Widerstand, so scheinen die Opferanwälte zu meinen, beweist in solchen Fällen die Berechtigung des Anliegens.

Im vergangenen Jahr verlieh das «Bündnis für Demokratie

und Toleranz» auf Vorschlag der ehemaligen SPD-Sprecherin und parlamentarischen Staatssekretärin Cornelie Sonntag-Wolgast seinen «Ehrenpreis für Zivilcourage» an eine Achtzehnjährige aus dem sächsischen Mittweida, weil ihr Neonazis mit dem Messer ein Hakenkreuz in die Hüfte geritzt hatten, nachdem sie sich schützend vor ein fünfjähriges Aussiedlerkind stellte. So lautete jedenfalls die Geschichte, die Frau Sonntag-Wolgast in der Zeitung gelesen hatte und von der sie auch nicht abzubringen war durch das Gutachten eines hinzugezogenen Gerichtsmediziners, demzufolge die junge Frau sich die Verletzungen höchstwahrscheinlich selber beigebracht hatte. Wenige Wochen nachdem die Staatsanwaltschaft Ermittlungen wegen Vortäuschung einer Straftat aufnahm, fuhr die Initiatorin des Berliner Bündnisses nach Mittweida und überreichte ihren Preis. Noch kurz vorher hatte sie der Bürgermeister der Stadt eindringlich beschworen, die Veranstaltung abzusagen, weil alle Hinweise gegen die Geschichte des Opfers sprächen.

Frau Sonntag-Wolgast sagte zur Begründung, es gehe darum, «Zivilcourage zu loben, und nicht um die Frage, ob das Mädchen sich diese Verletzung, von der immer wieder die Rede ist, selber beigebracht» habe. Außerdem habe sie sich mit dem Mädchen vorher zu einem Gespräch getroffen, sie erscheine ihr «glaubwürdig». Die grüne Bundestagsabgeordnete Monika Lazar, Sprecherin ihrer Partei «für Strategien gegen Rechtsextremismus» und gemeinsam mit Sonntag-Wolgast Laudatorin, erklärte drei Monate später, als die Staatsanwaltschaft wegen der Beweislast offiziell Anklage erhoben hatte: «Im Prinzip stehen wir zu der Entscheidung. Wir haben uns gesagt, das ist Zivilcourage, wie wir sie uns vorstellen.» Und sie fügte hinzu: «Es hätte gutgehen können.»

Im November erkannte das Amtsgericht Hainichen, der ganze Vorfall habe sich nie zugetragen, und verurteilte die Preisträgerin zu 40 Stunden gemeinnütziger Arbeit. Das «Bündnis für Demokratie und Toleranz» hat den Vorfall durch Beschweigen aufgearbeitet; wer im Suchfeld der Webseite «Ehrenpreis für Zivilcourage» den Namen der Ausgezeichneten eingibt, bekommt zur Antwort: «Es konnten keine Inhalte gefunden werden.» Dafür gibt es viele Hinweise, wie man «unter dem Regenbogendach» des Bündnisses für Demokratie und Toleranz – auch ohne Selbstverstümmelung – aktiv werden kann, um das «zivilgesellschaftliche Engagement für Demokratie und Toleranz in unserem Land sichtbar zu machen».

Das Opfer braucht den Täter. Ohne Herrn kein Knecht, ohne Repression keine Unterdrückung. Der Täter verkörpert alles, was als inakzeptabel erscheint, er ist der moderne Paria. Zwei Gruppen lassen sich dabei grob unterscheiden: Es gibt den Täter im kriminologischen Sinne, also den Delinquenten, der in Konflikt mit dem Gesetz geraten ist. Dieser Tätertypus, früher zum Leben als Außenseiter verurteilt, darf heute Schonung erwarten. Weil seine Gesetzesüberschreitung inzwischen als gesellschaftlich bedingt verstanden wird, scheidet er als richtiger Täter aus; er ist an den Umständen seines Lebens gescheitert, sonst wäre er ja nicht delinquent geworden. Das entbindet ihn der Verantwortung für das eigene Tun und weist der Gesellschaft die Schuld zu – er ist, so gesehen, selber ein Opfer. Daneben gibt es den Täter in einem umfassenderen, soziologischen Verständnis. Seine Vergehen sind schwerer zu fassen, weil sie sich der Beschreibung durch Strafnormen weitgehend entziehen, das macht sie aber erst recht verachtenswert. Dieser Täter verstößt gegen das demokratische Gebot von Toleranz und Entgegenkommen, er hegt Vorurteile, die als längst überwunden galten, und verhält sich diskriminierend, wo Offenheit und Einfühlungsvermögen gefordert, ja eigentlich selbstverständlich wären. So verletzt er die Gefühle anderer, beschädigt ihre Selbstachtung und fügt ihnen seelischen Schaden zu, was weit schwerer wiegt als ein schlichter Handtaschenraub oder ein Einbruch zur Mittagszeit, wenn alle aus dem Haus sind.

Dies ist der Tätertypus, der auf Nachsicht nicht hoffen

darf. Erklärungen, die sein Vergehen in milderem Licht erscheinen lassen, gar Mitleid erregen könnten, gibt es nicht. Er ist der Täter in seiner reinen Form, der öffentliche Gegner, den es namhaft zu machen gilt – als Frauenfeind, Ausländerfeind oder Schwulenfeind. Nicht immer ist er gleich zu erkennen. Er kommt mitunter auf leisen Sohlen daher, verkleidet in das Gewand eines Kollegen oder vermeintlichen Freundes. Er verrät sich durch die Witze, die er erzählt, schlüpfrige Bemerkungen, die seinen wahren Geist offenbaren. Manchmal ist es nur ein Wort, das er fallenlässt und das ihn entlarvt. Er kann aus sich herausgehen, wo er sich sicher fühlt, er braucht ein Umfeld, das ihn stützt. Deshalb muss man seinen Spielraum einengen, ihn wie jeden Triebtäter zwingen, seine Neigungen in Schach zu halten.

Die Europäische Kommission hat jetzt in Form des Antidiskriminierungsrechts eine ganze neue Gesetzgebung angestoßen, die den Tatbestand gesellschaftlich unerwünschter Einstellungen und Vorurteile in Paragraphen fasst und unter Strafe stellt. In Deutschland gilt das «Allgemeine Gleichbehandlungsgesetz», das die Richtlinien aus Brüssel auf die hiesigen Verhältnisse umsetzt, seit August 2006; es ist eines der ersten Gesetze, auf das sich die Große Koalition verständigt hat und das jede Form «der Benachteiligung aus Gründen der Rasse oder wegen der ethnischen Herkunft, des Geschlechts, der Religion oder Weltanschauung, einer Behinderung, des Alters oder der sexuellen Identität zu verhindern oder zu beseitigen» sucht, wie es gleich im ersten Absatz heißt. Nicht die Verweigerung eines Mietvertrags ist danach ahndungsfähig (das wäre, selbst wenn es vielen wünschenswert erscheinen mag, praktisch schwer zu bewerkstelligen) – verboten aber ist die Verweigerung aus den falschen Motiven. Wer eine türkische Familie nicht will, weil sie ihm zu laut oder zu wenig solvent erscheint, darf auch weiterhin jemand ihm Genehmeren wählen. Wer den Bewerber allerdings ablehnt, weil er diese Eigenschaften mit der türkischen Herkunft in Zusammenhang bringt, sie also ethnisch zuordnet, hat sich gesetzwidrig verhalten. Das Gleiche gilt für eine Einstellung oder Beförderung: Jeder Personalchef kann Nasenring oder Netzhemd beim Vorstellungsgespräch für einen Abteilungsleiterposten unangebracht finden, er muss nur über die sexuelle Orientierung hinwegsehen, die damit gegebenenfalls zum Ausdruck gebracht wird.

Das ist eine Neuerung, deren Ausmaß von der Mehrheit der Bürger noch nicht richtig verstanden wird und auf die sie vorbereitet werden muss. Es geht nicht um Schimpfworte oder abträgliche Bemerkungen, dafür gibt es bislang schon ausreichend Handhabe in Form von Beleidigungsparagraphen: Es sind Gedankenverbrechen, die nun erstmals juristisch verfolgt werden können und für die die Bevölkerung noch nicht ausreichend sensibilisiert ist. Ein erster Schritt sind die Belehrungen über die veränderte Rechtslage, die in allen Unternehmen ausgeteilt werden und in denen die Belegschaft über sozial unerwünschtes Verhalten aufgeklärt wird. Viele Unternehmen bieten Seminare zum Gleichstellungsgesetz an und Fortbildungen für die Führungskräfte.

Wir stehen erst am Anfang einer aufregenden Entwicklung. Schon gibt es Überlegungen, den Katalog der Diskriminierungstatbestände auszuweiten und den Kreis der Opfer breiter zu fassen. Warum bei Geschlecht, Rasse oder Herkunft stehen bleiben und nicht politische Gesinnung hinzunehmen? Oder neben Behinderungen auch Suchterkrankungen? Es ist schwer einzusehen, warum jemand Nachteile erleiden soll, weil er alkoholabhängig ist oder eine verhängnisvolle Liebe zu Nikotin entwickelt hat. Vielleicht werden wir eines nicht allzu fernen Tages erleben, wie jemand vor Gericht zieht, weil er die ständige Diskriminierung von Rauchern am Arbeitsplatz nicht mehr ertragen mag. Als im Frühjahr 2005 der Bundestag zur Expertenanhörung zum Gleichstellungsgesetz bat, brachte der Vertreter des Deutschen Gewerkschaftsbundes Bedenken gegen die Aufnahme des Alters als Kategorie vor.

DIE LINKE BRINGT SICH IN STELLUNG 35

Er begründete seinen Einwand damit, dass sich gerade jüngere Arbeitnehmer auf diesen Passus berufen könnten, weil sie für die gleiche Arbeit in Deutschland meist weniger verdienen als Ältere, die schon lange im Unternehmen sind, und bei Entlassungen immer zu den Ersten gehören, denen die Tür gewiesen wird. Der Gewerkschaftsvertreter wurde dahingehend beruhigt, dass es so weit schon nicht kommen werde, aber niemand weiß tatsächlich zu sagen, wie eine Klage ausgehen würde. Die ‹Frankfurter Allgemeine› berichtete im Sommer 2006 von einem Arbeitgeber, der einen kostenlosen Werkskindergarten für seine Mitarbeiter einrichten wollte, worauf ein homosexuelles Betriebsratsmitglied Ausgleichsansprüche anmeldete, mit der durchaus zutreffenden Begründung, dass er ja von der sozialen Wohltat nichts habe, somit also ein Fall von «Entgeltdiskriminierung» vorliege. Der Arbeitgeber verzichtete lieber auf den familienfreundlichen Plan, als sich in die Gleichstellungsdiskussion zu verstricken.

Um Opfer zu werden, reicht es nicht, dass man sich geschädigt fühlt. Was nützt es, sich im Unrecht zu sehen, wenn niemand anders das genauso sieht? Erst die Anerkennung durch die Umwelt begründet den Opferstatus und verschafft einem die Vorteile, die damit möglicherweise einhergehen.

Der einfachste Weg zu Anerkennung ist die Zugehörigkeit zu einer Gruppe, der Zusammenschluss mit Gleichgesinnten. Die Größe der Opfergemeinschaft ist dabei nicht entscheidend, wichtiger ist eine solide Identität, die durchsetzungsstark macht und einem das nötige Auftreten verschafft. Sie kann in einer gemeinsamen Opfergeschichte begründet sein, einer langen Gruppenerfahrung von Diskriminierung und Ausgrenzung wie bei den Aidskranken, den Vertriebenen oder den Sadomasochisten, einer bis heute ausgegrenzten Minderheit, der man, wie der Berliner Bürgermeister Klaus Wowereit, nur wünschen kann, dass «Skepsis und Vorbehalte einem freundlichen Miteinander weichen», wie er anlässlich eines europaweiten SM-Treffens erklärte. Manchmal reicht auch eine soziale Erfahrung, die verbindet und die Außenwelt so beeindruckt, dass sie Notiz nimmt: Das Los der jungen Mutter, die sich von ihrem Freund losgesagt hat, ist dafür ein Beispiel, das Schicksal jugendlicher Hausbesetzer und immer wieder das Leben mit Hartz IV.

In aller Regel ist das Opfer in der Minderheit, gehört es zu den Wenigen, nicht zu den Vielen, das ist entscheidend. Schon das Wort Minderheit fordert Betroffenheit. Es ist ein Signalbegriff, der Schutzinstinkte auslöst und an ein latentes Unbehagen der Mehrheitsgesellschaft appelliert, an eine Selbstunsicherheit des Souveräns, die allen westlichen Demokratien eigen ist, zu deren Wesen ja ein geschärftes Bewusstsein für die Probleme ungehinderter Machtausübung gehört. Mehrheiten sind so betrachtet immer auch verdächtig, weil sie in Gefahr stehen, repressiv zu wirken. Jede Mehrheitsentscheidung ist eine Entscheidung gegen die Stimmen der zahlenmäßig Unterlegenen und damit tendenziell rechtfertigungsbedürftig. Minderheiten gelten im Umkehrschluss als potenziell gefährdet und sind damit moralisch privilegiert. Was ihnen an numerischer Größe fehlt, machen manche von ihnen durch Selbstvertrauen und Umtriebigkeit wett. Für den, der daraus Vorteile gewinnen will, kommt es jetzt darauf an, auch zur richtigen Kleingruppe zu gehören.

Nicht jede Minderheiten-Zugehörigkeit qualifiziert automatisch für den Opferstatus. Erben, Jäger und die deutsche Hausfrau zum Beispiel schaffen es nie auf die Liste bedrohter Arten. Sie stehen zwar zuverlässig am Pranger, als Subjekte, deren reine Existenz schon irgendwie gesellschaftsschädlich oder jedenfalls fragwürdig ist; sie hätten also reichlich Grund, sich diskriminiert zu fühlen, doch ihre Opferlobby hat versagt: kein Minderheitenbonus. Auch Investmentbanker und Manager haben spätestens seit dem vergangenen Jahr einen schweren Stand, daran können gelegentliche Interventionen Wohlmeinender nichts ändern. Als der niedersächsische Ministerpräsident Christian Wulff im vergangenen November vor einer generellen Verurteilung warnte, musste er sich von den Grünen in Gestalt der Bundestagsabgeordneten Brigitte Pothmer die «einseitige Parteinahme für die Manager» vorhalten lassen: Dass sich Wulff «pauschal vor einen Berufsstand» stelle, «aus dessen Reihen in den letzten Monaten nachweislich fahrlässig und sogar kriminell gehandelt wurde», sei auf keinen Fall akzeptabel, befand die Dame scharf – woraus man ersehen kann, dass es sogar Minderheiten gibt, für die ausdrücklich ein Diskriminierungsgebot besteht. Umgekehrt sind Ausländer immer dabei, wenn es um gefährdete Gruppen geht, die der Fürsorge bedürfen, dazu natürlich die Alten, auch wenn sie rein demographisch gefährlich nahe an die Grenze kommen, ab der man nicht mehr von einer Minderheit reden kann.

Die eigentliche Herausforderung am Opferstatus ist, ihn sich zu erhalten, wenn man ihn einmal gewonnen hat. Seiner Natur nach ist er temporär, und alle Bemühungen, die er auslöst, sind auf seine Überwindung gerichtet. Das proklamierte Ziel ist ja nicht, sich als Opfer in der Gesellschaft einzurichten, sondern sich zu emanzipieren und zur Mehrheit aufzuschließen; mit der Normalität geht aber unweigerlich der Verlust der Sonderrolle einher, die einen heraushebt und besonders macht, auch besonders bedauernswert. Die Kunst besteht darin, sich zu befreien und trotzdem Opfer zu bleiben, als Benachteiligte oder Benachteiligter mithin die Benachteiligung zu beenden, ohne den Kreis der Benachteiligten zu verlassen. Zugegeben, das hört sich nach einem Unterfangen an, das von vornherein zum Scheitern verurteilt ist, aber es ist erreichbar, wie der Blick auf die größte Opferformation unserer Zeit, die Frauenbewegung, zeigt. Man muss nur den richtigen Dreh raushaben.

Wer verstehen will, wie Opferpolitik im Idealfall funktioniert, sollte sich deshalb die Geschichte des Feminismus ansehen. Die Emanzipation der Frauen ist ein spektakulärer Triumph, sie sind mit Abstand die erfolgreichste Opfergruppe der Welt.

Gut 50 Jahre sind jetzt vergangen, seit in Deutschland das «Letztentscheidrecht» des Ehemannes fiel, das ihm «in allen das gemeinschaftliche eheliche Leben betreffenden Angelegenheiten» die Autorität zuwies: «Er bestimmt insbesondere Wohnort und Wohnung», hieß es bis 1958 in Paragraph 1354 des Bürgerlichen Gesetzbuchs. Das ist noch nicht so lange her, aber es wirkt wie eine Ewigkeit. Auch das allgemeine, gleiche Wahlrecht für Frauen ist nicht so alt, wie man glauben sollte: In Großbritannien, dem Mutterland der Demokratie, gibt es dies erst seit 1928, in Frankreich seit 1945, in Italien seit 1946, da war Deutschland, das es 1918 einführte, sogar einmal deutlich fortschrittlicher. In der Schweiz waren Frauen noch bis 1971 von Wahlgängen ausgeschlossen; das Fürstentum Liechtenstein, in Europa vor allem als Steuerparadies bekannt, führte das Frauenstimmrecht zum 1. Juli 1984 ein – 19 Jahre nachdem sogar schon in Afghanistan der weibliche Teil der Bevölkerung erstmals wählen durfte.

Was für eine Reise! Die Frauen sind in der Mitte der Gesellschaft angekommen; sie stellen heute 63 Prozent der Studienanfänger in Medizin, in den Rechtswissenschaften sind es 57 Prozent. Sie haben das Bildungssystem weitgehend im Griff, wie der Blick in ein beliebiges Lehrerzimmer zeigt, und große Teile der Kultur. Selbst in den Streitkräften steigt der Frauenanteil beständig, seit ihnen der Dienst an der Waffe erlaubt ist und damit das letzte Relikt der gesetzlichen Ungleichbehandlung, das die Zeitläufe bis ins Jahr 2000 überlebt hatte, geschleift wurde. Auch das Land wird seit nahezu vier Jahren von einer Frau regiert, und eine deutliche Mehrheit der Bevölkerung findet, dass sie es gut macht. Im Kabinett sitzen neun Männer und sieben Frauen, womit sich das Geschlechterverhältnis weitgehend angeglichen hat. Das höchste Amt im Staat ist dieses Jahr zum sechsten Mal von einer Frau angestrebt worden; der Wahlausgang hing in jedem Fall weniger am Geschlecht als an den politischen Mehrheitsverhältnissen.

Der Kampf um die Gleichberechtigung, in der Politik, am Arbeitsplatz und in der Familie, hat viele Fronten und Helden. Er reicht zurück zu den Suffragetten am Übergang zum 20. Jahrhundert, die für die rechtliche Gleichstellung stritten. Sie sind die Mütter der Bewegung, mutige Einzelkämpferinnen zumeist, von den Zeitgenossen verspottet und verhöhnt, aber am Ende siegreich, weil ihre Argumente treffend waren. Doch ihr Einsatz war nur das Vorgefecht zum eigentlichen Geschlechterkrieg. Der erste Schuss, dessen Echo eine Revolution im Geschlechterverhältnis auslösen sollte, fällt, nachdem die juristische Emanzipation weitgehend abgeschlossen ist. Er geht nicht im Hörsaal los oder auf den Barrikaden des parlamentarischen Betriebs, sondern in der Idylle des Vororts, dort, wo die Durchschnittsfamilie lebt. Und der Grund dafür ist nicht revolutionäres Bewusstsein oder besonderes politisches Engagement, sondern Langeweile und Frustration über das ereignislose Mittelschichtsleben.

Am Anfang der modernen Frauenbewegung steht der Vorschlag einer sechsunddreißigjährigen Hausfrau und dreifachen Mutter aus Illinois, für die amerikanische Frauenzeitschrift ‹McCall's› einen Artikel über ein Wiedersehenstreffen ihrer Abschlussklasse vom Smith College zu verfassen, einer besonders prestigeträchtigen Mädchenschule an der Ostküste. Die Gelegenheitsautorin Betty Friedan, die am Smith einen Abschluss in Psychologie erworben hat und sonst für ‹Cosmopolitan› schreibt, bereitet dazu 1957 mit zwei Freunden einen detaillierten Fragebogen vor. «Wie hast du dich verändert?», will sie von ihren Mitstudentinnen wissen, «was sind die größten Enttäuschungen in deinem Leben heute?», «was würdest du im Rückblick gerne anders machen?». Die 200 Antworten, die Friedan auswertet, offenbaren, was sie das «Vorort-Syndrom» nennt: Die meisten sind schrecklich unglücklich mit ihrer Rolle als Hausfrau und wünschen sich, sie hätten mehr aus ihrer Ausbildung gemacht.

‹McCall's› ist enttäuscht über das Stück, die Redaktion

hatte sich etwas Fröhliches erwartet. Das ‹Ladies' Home Journal›, dem Friedan den Artikel darauf anbietet, schreibt den Artikel so gründlich um, dass sie ihn lieber zurückzieht. Die Frauenzeitschrift ‹Redbook› lehnt mit der Begründung ab: «Nur absolut neurotische Hausfrauen können sich mit so etwas identifizieren.» Friedan gibt es auf, ihre Geschichte herumzureichen, und verarbeitet ihre Beobachtungen zu einem Buch. Sechs Jahre später liegt ‹Der Weiblichkeitswahn› in den Buchhandlungen – und die Frauenbewegung ist geboren. Das Buch ist vom Start weg ein Riesenerfolg, drei Millionen Exemplare verkauft Friedan, weil viele Frauen sich in dem, was sie beschreibt, wiedererkennen.

Friedans Text gilt nicht der Abrechnung mit den Männern, damit beginnen erst die Nachfolgerinnen. Er ist eher eine Ermutigung, sich nicht zufriedenzugeben mit dem Leben als Hausfrau und zu entdecken, was noch in einem steckt. Zeit genug ist ja da: Die Hausarbeiten, die Frauen noch bis vor kurzem in Trab hielten, erledigen nun immer ausgefeiltere technische Geräte, die Einzug in jeden Winkel der Mittelschichtshaushalte halten. Der Feminismus ist auch eine Folge des enormen wirtschaftlichen Aufschwungs, der alle westlichen Gesellschaften in den fünfziger Jahren erfasst und zu einer bis dahin unbekannten Ausweitung des Massenwohlstands führt, jedenfalls wäre er ohne diese ökonomischen Voraussetzungen kaum denkbar.

In Deutschland fällt die Aufgabe, das Land wachzurütteln, einer unerschrockenen Neunundzwanzigjährigen zu, die in Paris studiert hat und von dort eine unerhörte Botschaft mitbringt: Den Frauen gehöre nicht nur die Hälfte des Himmels, sondern auch die Hälfte der Welt. Alice Schwarzer, Psychologin und freie Journalistin wie Friedan, begnügt sich, anders als die Amerikanerin, nicht mit der Ermutigung ihrer Geschlechtsgenossinnen. Sie will die Verhältnisse ändern, die nach ihrer Meinung die Frauen klein halten, und deshalb formuliert sie ihre Botschaft als Angriff: gegen die Männer, die ihre Macht

DIE LINKE BRINGT SICH IN STELLUNG 41

nicht teilen wollen, gegen die Herrschaftsstrukturen, die sie
Patriarchat nennt.

Schwarzer traut sich was. Sie ist von einer erstaunlichen
Angriffslust, dazu fleißig, belesen, eloquent, eine Naturgewalt,
die in kürzester Zeit quasi im Alleingang den Feminismus in
Deutschland etabliert. Rudolf Augstein macht ihr ein Angebot, als Reporterin zum ‹Spiegel› zu kommen, aber kann sich
am Ende nicht gegen die Redaktion durchsetzen, die dagegen
votiert. Die ‹Spiegel›-Leute verhindern so mutmaßlich die erste Chefredakteurin des Nachrichtenmagazins. Das Zeug dazu
jedenfalls hätte sie gehabt, wie sie dann bei ‹Emma› beweist,
der ersten feministischen Frauenzeitschrift, die sie 1977 mit
den Erlösen aus ihren Büchern und der Hilfe von Freunden
gründet und seit nunmehr 32 Jahren mit großem Einsatz am
Leben hält.

Von Anfang an fährt Schwarzer schweres Geschütz auf:
Die Männergesellschaft ist auf Ausbeutung der Frau ausgerichtet, als billige Arbeitskraft und Sexlieferantin zu Hause.
Und die Beziehungen zwischen Männern und Frauen sind
Machtbeziehungen, aus der die Frau am besten entkommt,
indem sie sich anderen Frauen zuwendet. Das ist die heimliche Pointe in ihrem Buch ‹Der kleine Unterschied und seine
großen Folgen›, einer Sammlung von 17 Kurzporträts «ganz
normaler Frauen», welches sie 1975 vorlegt und das ihr wüste
Beschimpfungen einträgt. «Frustrierte Tucke» (‹Süddeutsche
Zeitung›) und «Männerhasserin» (‹Bild›) gehören noch zu den
freundlicheren.

Schwarzer weiß, wie man Punkte setzt und sich als Op-
feranwältin eindrucksvoll präsentiert. Sie ist Spartakus und
Amazone zugleich, eine Kombination, die ihre Wirkung nicht
verfehlt. Als sie im Februar 1975 in einem WDR-Studio auf
die Autorin Esther Vilar trifft, die gerade mit ihrem Buch ‹Der
dressierte Mann› auf Tour ist, einer Art antifeministischem
Manifest, wirft sie der Konkurrentin «Verrat» an der Sache
vor und bezeichnet sie, einmal in Fahrt, gleich noch als «Se-

xistin» und «Faschistin». «Wenn Sie in Ihrem Buch das Wort Frau durch Jude oder Neger ersetzen», blafft sie die Schriftstellerin an, «dann wäre Ihre Schrift reif für den ‹Stürmer›.» Der Fernsehauftritt macht Schwarzer über Nacht berühmt – und gibt den Ton vor, mit dem fortan das Frauenschicksal verhandelt wird.

Sicher, die Faktenlage ist von Anfang an etwas dünn, jedenfalls für diese Spitzenstellung in der Opferhierarchie. Nach der Sterbetafel von 1974 liegt die durchschnittliche Lebenserwartung von Frauen in Deutschland bei 74,5 Jahren, sie leben damit sechs Jahre länger als ihre Unterdrücker, nicht gerade ein Hinweis auf ein entbehrungsreiches Sklavendasein. Auch sind Frauen streng genommen keine Minderheit, in allen westlichen Gesellschaften stellen sie mit etwa 51,5 Prozent die Mehrheit der Bevölkerung. Aber darum geht es jetzt nicht: Schwarzers Anwürfe spekulieren auf eine allgemeine Unzufriedenheit über die Aufgabenverteilung im Geschlechterverhältnis. Als Erste artikuliert sie damit eine mächtige Unterströmung des Zeitgeistes, die sich über die zurückliegenden Jahre gebildet hat, und wird deshalb auch von Frauen gelesen, die morgens brav die Pausenbrote für die Kinder schmieren und dann das Geschirr in die Spülmaschine räumen.

Ich habe keine Ahnung, was meine Mutter von den Aufrufen zum Lesbischwerden hielt. Ich mag mir gar nicht vorstellen, was ihr durch den Kopf ging, wenn sie über die «Penetrationswut» der Männer las, aber plötzlich lag im Wohnzimmer das ‹Emma›-Heft mit dem Frauensymbol, und die linke Sexpostille ‹Das Da›, die immer im Schreibtisch meines Vaters gesteckt hatte und der ich wertvolle Hinweise zur weiblichen Anatomie verdankte, war stillschweigend ausgemustert. Keine Frage, dass mir Papas Aufklärungsblatt, das sich «Monatsmagazin für Kultur und Politik» nannte und von Klaus Rainer Röhl und dem schleswig-holsteinischen SPD-Vorsitzenden Jochen Steffen herausgegeben wurde, mit seiner Mischung aus Kommentar («Was will Wehner?») und nackter

DIE LINKE BRINGT SICH IN STELLUNG

Haut («Luisa und die Gruppe – das Sexprotokoll») deutlich interessanter erschien. Meinem Vater vermutlich auch, aber was half's: Man ging eben mit der Zeit.

Meine Eltern haben eine traditionelle Ehe geführt, das heißt, sie haben versucht, respektvoll miteinander umzugehen und Streitigkeiten, soweit es ging, zu vermeiden oder sie zumindest nicht vor den Kindern auszutragen. Falls es je eine Affäre gegeben haben sollte, was man in 50 Jahren Ehe nicht ganz ausschließen kann, haben sie davon kein großes Aufheben gemacht. Niemals wäre meine Mutter auf die Idee gekommen, das, was sie in den Frauenzeitschriften las, mit dem wirklichen Leben zu verwechseln, insofern war sie auch vor einer Reihe von Enttäuschungen gefeit. Sie hatte prinzipiell nichts gegen die Rollenverteilung einzuwenden, die meinen Vater jeden Morgen ins Büro gehen und sie die Hausarbeit erledigen ließ; für sie war der Feminismus mehr eine Frage der Fairness. Sie fand einfach, dass die Frauenrechtlerinnen recht hatten, wenn sie für gleiche Behandlung stritten, beim Zugang zu Ausbildung und Uni und natürlich am Arbeitsplatz, unabhängig davon, ob sie selber berufstätig war oder nicht. Sie hatte Germanistik und Englisch studiert, aber nie in einem festen Job gearbeitet, was sie später bedauerte, vor allem als wir Kinder größer wurden. Die Politik bot ihr die Möglichkeit, ihre Intelligenz außerhalb des Hauses einzusetzen. Außerdem imponierte ihr, wie vielen Frauen in dieser Zeit, die Hartnäckigkeit, mit der die Emanzipationsbewegung für ihre Sache stritt, allen Anfeindungen zum Trotz. Mit anderen Worten: Die fortgesetzte ‹Emma›-Lektüre ging auch an uns nicht spurlos vorüber.

Der Tag der Befreiung meiner Mutter fiel auf den 33. Jahrestag der Landung der Alliierten in der Normandie. Da es mich als eine Art Kollateralschaden miterwischte, habe ich dieses Datum gut in Erinnerung. Ich war gerade aus der Schule heimgekommen, ich hörte meine Mutter im Keller die Waschmaschine beladen, also ging ich zu ihr. Sie hielt ein Bündel mit meiner dreckigen Kleidung in der Hand und war dabei, es in die Trommel zu stopfen, doch plötzlich hielt sie inne, sah mich kurz an und drückte mir das Paket ohne Vorwarnung in die Arme. «Von heute an bist du selber für deine Wäsche verantwortlich», sagte sie und nickte mir aufmunternd zu. Dann drehte sie sich um und stieg die Kellertreppe hoch. Ich war im Monat zuvor 15 Jahre alt geworden. Es war klar, dass Alice Schwarzer auch bei uns einen Sieg davongetragen hatte.

Ich gebe zu, dass ich seitdem etwas eigen bin, wenn es um das richtige Waschmittel oder die korrekte Waschtemperatur geht. Jungs in der Pubertät entwickeln alle möglichen Obsessionen. Einige können jeden Formel-1-Fahrer nennen, der den Großen Preis von Monza gewonnen hat, andere wissen die Ergebnisse der deutschen Nationalmannschaft seit der Weltmeisterschaft 1954 auswendig, ich kannte dafür bald alle Waschprogramme. Noch heute schleiche ich, wenn meine Frau die Wäsche erledigt hat, ab und zu an den Wäscheständer und kontrolliere, ob auch alles seine Ordnung hat. Meine Frau legt eine für mich unbegreifliche Nonchalance bei der Wäschetrennung an den Tag. Nicht aus Einsicht, sondern um weitere Streitigkeiten zu vermeiden, ist sie jetzt immerhin dazu übergegangen, in die Weißwäsche nicht auch ein hellblaues Nachthemd zu werfen. Ich bin sonst nicht so zwanghaft. Ich habe, solange ich noch rauchte, immer über die Warnschilder auf Zigaretten hinweggesehen; ich schnalle mich nicht regelmäßig an, obwohl ich das sollte; ich gehe regelmäßig bei Rot über die Straße. Aber kaum sehe ich ein Etikett mit dem Hinweis «Dry Clean Only» in einem Kleidungsstück, rupfe ich es aus dem Wäschestapel und trage es in die Reinigung. Meine Frau sagt, ich sollte die Dinge etwas entspannter sehen. Ich rechtfertige mich dann mit Hinweis auf meine frühe Prägung durch die Frauenbewegung. Sie hält das für einen Witz, ich meine es ernst.

Die Vorkämpferinnen der Frauensache haben Erstaunliches geleistet. Keine moderne soziale Bewegung hat vergleichbare

DIE LINKE BRINGT SICH IN STELLUNG

gesellschaftliche Veränderungen bewirkt, es gäbe also allen
Grund, stolz zu sein auf das Erreichte. Die Emanzipation hat
alle Lebensbereiche erfasst, selbst das Wetter. Auf Initiative
von Frauenverbänden tragen Sturmtiefs seit 1998 in ungera-
den Jahren männliche Namen und in geraden weibliche, um
einer Diskriminierung vorzubeugen. In der Hauptstadt gibt es
jetzt einen Senatsbeschluss, dass neue Straßen nur noch nach
Frauen benannt werden dürfen, damit die Gleichberechtigung
irgendwann auch im Stadtbild erreicht ist. Wahrscheinlich
existiert längst auch eine Verordnung, die das Namensrecht
bei neuentdeckten Galaxien und fernen Sternen im Sinne der
Gleichstellung regelt oder die Vergabe von Autonamen, streng
sortiert nach Abgaswerten.

Doch seltsam, irgendetwas scheint schiefgelaufen zu sein
mit der Emanzipation. Frauen stellten 2007, dem jüngsten
statistisch erfassten Jahr, 50,6 Prozent der Hochschulabgän-
ger und 55 Prozent der Abiturienten – aber das reicht nicht. In
jeder Regierungsstelle, jeder Behörde und jedem größeren Unternehmen kümmern sich Gleichstellungsstellen hingebungs-
voll um die Gleichstellung; es gibt «Girl's days» genannte
Zukunftstage, es gibt Frauenquoten, «forschungsorientierte
Gleichstellungsstandards», auf die sich alle universitären
und außeruniversitären Forschungseinrichtungen verpflichtet
haben, und jede Menge Gesetze und Leitlinien, die eine Diskriminierung in der Alltags- und Berufswelt auszuschließen
suchen. Das Bundesbildungsministerium hat allein in diesem
Jahr seine Ausgaben für «Strategien zur Durchsetzung von
Chancengerechtigkeit von Frauen» auf über 20 Millionen
Euro ausgeweitet, das Familienministerium konnte seinen
Etat für die Gleichstellungspolitik auf 13,3 Millionen Euro
ausbauen, im nächsten Jahr gibt es 14,5 Millionen. Im Internet lässt sich ein «Gender Index» herunterladen, auf dem der
Stand der Gleichberechtigung für jeden Landkreis in Deutschland vermessen ist (Bitterfeld, Leipzig Land und Starnberg
sind danach die diskriminierungsfreiesten Gegenden der Re-

publik) – doch immer noch müssen sich die Frauen als Opfer der Gesellschaft fühlen.

Sicher, Frauen verdienen für die gleiche Arbeit im Schnitt nach wie vor weniger als Männer und sie besetzen weniger Führungspositionen. Aber dies hat oft nicht mehr mit einer gesellschaftsspezifischen Benachteiligung zu tun, sondern eher mit vorherigen Karriereentscheidungen. Weil viele Frauen neben der Arbeit noch andere Interessen verfolgen, ein Leben mit Kindern und Familie zum Beispiel, sind ihre Berufsbiographien zwangsläufig unregelmäßiger als die ihrer männlichen Kollegen, die nur das eigene Fortkommen im Kopf haben. Etwa 60 Prozent der berufstätigen Frauen lehnen nach Schätzung der kanadischen Psychologin Susan Pinker (‹Das Geschlechter-Paradox›) Beförderungen ab oder nehmen einen schlechter bezahlten Job an, um beruflich zufriedener und zeitlich flexibler zu sein. Das hat Folgen: Auszeiten und Tempowechsel sind auf dem Weg nach oben hinderlich und führen zumindest mittelfristig zu Gehaltseinbußen, auch wenn diese in der Lebensbilanz kein Nachteil sein müssen. Es ist eine kluge und statistisch gesehen zudem lebensverlängernde Entscheidung, sich seinem Arbeitgeber nicht mit Haut und Haaren zu verschreiben – nur kann man dann anderseits kaum erwarten, dass man mit derselben Geschwindigkeit Karriere macht wie jemand, der dem Unternehmen rund um die Uhr zur Verfügung steht.

Männer zahlen einen Preis für diese Form der Selbstauslieferung: Das Risiko, dass sie vor Erreichen der Pensionsgrenze einem Herzinfarkt oder einem Schlaganfall erliegen, ist deutlich höher als bei Frauen. Sie leiden häufiger an Schlafstörungen und Bluthochdruck. Bei alkoholbedingten Erkrankungen und Selbstmorden das gleiche Bild: Von den 9402 Suiziden, die das Statistische Bundesamt für 2007 ausweist, wurden 75 Prozent von Männern begangen. Genau besehen führen die Männer nahezu jede Statistik an, die selbstschädigendes Verhalten dokumentiert: Sie stellen 95 Prozent der Gefängnisinsassen und 73,5 Prozent der Verkehrstoten, auch die Mehrzahl der Obdachlosen und der unterbezahlten Hilfsarbeiter sind Männer.

Die Tatsache, dass nach den Kriterien des Opferdiskurses Männer oft ebenfalls zu den Unglücklichen und Geknechteten gehören, ja, dass die empirischen Belege für die gesellschaftliche Benachteiligung des Mannes wenigstens in mancher Hinsicht geradezu überwältigend sind, konnte auch die Frauenbewegung nicht ganz ignorieren. Wenn allerdings alle auf irgendeine Weise Opfer sind, dann entfällt die Empörungsgrundlage, und so ist der Ruf nach Gleichberechtigung selbstverständlich nicht gemeint gewesen. Deshalb müssen Frauen irgendwie noch entrechteter sein, noch malträtierter. «Ja doch, auch Männer sind Opfer», konzedierte bereits Alice Schwarzer im Nachwort zu ihrem Buch ‹Der kleine Unterschied› leicht genervt: «Aber die Frauen sind noch die Opfer der Opfer.» Damit war die Opferordnung wiederhergestellt, und sie hat seitdem so nahezu unverändert Bestand.

In dem Maße, indem die objektiv messbare Benachteiligung, jedenfalls für die große Mehrheit der Frauen, in den Hintergrund tritt, gewinnt ein Konzept an Bedeutung, das unter dem englischen Namen «Gender Mainstreaming» Einzug in den Verwaltungsalltag in Deutschland gefunden hat. Die wenigsten Frauen dürften wissen, was die Bezeichnung bedeutet oder wie man sie korrekt ausspricht, obwohl das Verfahren angeblich ihren ureigensten Interessen dient. Der Journalist Volker Zastrow, der frühzeitig die Bedeutung erkannte, hat als Übersetzung «Politische Geschlechtsumwandlung» vorgeschlagen, aber das hat sich nicht durchsetzen können.

«Gender» ist im Englischen ein Gegen- und Ersatzbegriff für «Sex», Geschlecht. Weil dies im deutschen Sprachgebrauch immer das biologische Geschlecht meint, musste ein neues Wort her, denn die Vertreter der «Gender»-Theorie glauben nicht an die Geschlechtsunterschiede, die nach allgemeiner Auffassung mit den primären oder sekundären Merkmalen einhergehen. Für sie ist das biologische Geschlecht ohne Bedeutung, jedenfalls in dem schicksalhaften Sinn, der ihm zugeschrieben wird: Wenn sich Männer und Frauen unterschiedlich verhalten, dann nur, weil sie so erzogen wurden. «Gender» beschreibt das Geschlecht als ein gesellschaftliches Konstrukt; es entsteht aufgrund einer gewalthaften Zuweisung, die mit der Einteilung von Neugeborenen in Mädchen und Jungen beginnt und mit der Einübung von Geschlechterrollen seinen Lauf nimmt.

Der Gedanke, dass man nicht als Frau geboren, sondern erst dazu gemacht werde, findet sich schon bei Simone de Beauvoir, er ist so gesehen ein feministischer Gemeinplatz. Neu ist die Radikalisierung, die behauptet, dass es so etwas wie biologische Festlegungen gar nicht gebe, weswegen alle Verhaltensweisen aufgrund der Geschlechtsidentität politischer Manipulation zugänglich seien. Wenn Geschlecht nur ein Lernprogramm ist, kann man es auch umschreiben, und exakt diesem Ziel ist das «Gender Mainstreaming» verpflichtet, das inzwischen Leitprinzip für alle Bundesbehörden ist, wie sich der Geschäftsordnung der Bundesministerien entnehmen lässt. Der Anspruch, der in dem Wort «Mainstreaming» steckt, ist dabei durchaus wörtlich zu nehmen: Es geht um nicht weniger, als die neue Vorstellung in der Mitte der Gesellschaft zu verankern – ein anspruchsvolles Vorhaben, schließlich widerspricht es der Erfahrung von nahezu jedem, der Kinder hat, und der überwältigenden Menge der wissenschaftlichen Literatur. So ist es dann auch ein Glück, dass viele wortführende Autorinnen der «Gender»-Theorie lesbisch und damit in Bezug auf die Familienrealität vorurteilsfrei sind.

Das «Gender»-Konzept rückt das Ziel der «Geschlechtergerechtigkeit» in weite Ferne. Solange Mädchen mit Puppen spielen und Jungs mit Feuerwehrautos, lässt sich nicht von Gleichberechtigung reden – womit der Opferstatus auf unabsehbare Zeit verlängert wäre. Erst wenn die Geschlechterschablonen aufgebrochen sind, die Menschen in Männer und

Frauen teilen, ist Gleichheit erreicht und entfällt auch die Notwendigkeit staatlicher Intervention. Es leuchtet ein, dass man dem Ziel einer geschlechtsneutralen Gesellschaft nicht allein mit Quoten beikommt. Wenn die Macht- und Entscheidungsstrukturen in Politik und Wirtschaft auf männliches Rollenverhalten ausgelegt sind, nützt es herzlich wenig, dass immer mehr Frauen in Führungspositionen gelangen. Nicht Anpassung an Rollenvorgabe, sondern die Befreiung davon ist das Merkmal einer geschlechtergerechten Welt, und deshalb zielt die neue Methode darauf, «auch versteckte Benachteiligungen zu erkennen und zu vermeiden», wie es in einem Faltblatt der «Bremischen Zentralstelle für die Verwirklichung der Gleichberechtigung der Frau» zur Erklärung heißt. «Man kann also sagen: ‹Gender Mainstreaming› ist eine ‹präventive Methode› der Politik», wird dort stolz verkündet.

Wir stehen erst am Anfang. Zwölf Bundesländer haben sich bislang dem neuartigen Präventionsprogramm verschrieben, das CSU-regierte Bayern genauso wie der rot-rote Senat in Berlin. In jedem Bezirksamt der Hauptstadt hängt am Schwarzen Brett mittlerweile ein Fortschrittsbericht der «Gender-Geschäftsstelle». An der Berliner Humboldt-Universität hat die Regierung eigens ein «Kompetenzzentrum» eingerichtet, in dem acht Wissenschaftler darüber wachen, dass «Gender Mainstreaming» korrekt in den Staatskörper eingepflanzt wird. Das Bundesverkehrsministerium hat unlängst für 324 000 Euro «Gender Mainstreaming im Städtebau» untersuchen lassen; das Bundesumweltministerium gab für 180 000 Euro eine Studie zu «Gender Greenstreaming» in Auftrag, die unter anderem feststellte, dass es geschlechterpolitisch sinnvoll wäre, wenn es «Motorsägenkurse für Frauen» gäbe. Im Familienministerium liegt eine «Machbarkeitsstudie Gender Budgeting auf Bundesebene», über die nun im Finanzministerium entschieden werden muss: Wird sie umgesetzt, muss künftig jeder einzelne Haushaltsposten danach abgeklopft werden, ob er geschlechterpolitisch korrekt aufgestellt wurde.

An der Spitze des Fortschritts marschiert, wie immer, der Universitätsbetrieb. An deutschen Hochschulen gibt es inzwischen 23 «Gender Studies»-Institute und -Einrichtungen, darüber hinaus hat sich die «Gender»-Forschung an nahezu jedem geisteswissenschaftlichen Lehrstuhl etabliert, und sie wächst gegen den Trend. Während in Deutschland von 1995 bis 2005 in den Sprach- und Kulturwissenschaften 663 Professorenstellen entfielen, wie kürzlich im ‹Handelsblatt› nachzulesen war, wurden allein in Nordrhein-Westfalen 40 Professuren für das «Netzwerk Frauenforschung» geschaffen, darunter auch eine für «feministische Ökonomie» in Münster.

Die Überwindung der Biologie ist in jeder Hinsicht ein kühnes Unterfangen. Verhaltensweisen lassen sich weitaus schwerer ändern als die Besetzungslisten von Vorständen, Aufsichtsräten oder Parteigremien. Das gilt zumal, wenn sie, anders als von der «Gender»-Theorie angenommen, tief im Erbgut verankert sind. Die Natur ist eine sperrige Materie. Nimmt man «Gender Mainstreaming» ernst, spricht deshalb einiges dafür, dass wahre Gleichberechtigung erst erreicht ist, wenn die biologischen Differenzen eingeebnet sind, wenn sich also auch äußerlich nicht mehr unterscheiden lässt, wer Mann und wer Frau ist. Erst die freie Wahl der sexuellen Identität, unabhängig von natürlichen Vorgaben, erlöst uns aus den Klischees der «heterosexuellen Matrix», wie es bei den Gender-Vordenkern heißt, und eröffnet die Möglichkeit zur Begegnung der Geschlechter jenseits des «Rollendrills».

Es wird auf den Webseiten und Publikationen der diversen staatlichen Genderberatungsstellen nicht so deutlich ausgesprochen, aber wesentliche Anstöße verdankt das «Gender Mainstreaming» der aus der Lesbenbewegung entstandenen «Queer-Theorie», die nicht nur dem Patriarchat den Kampf angesagt hat, sondern insgesamt der «heteronormativen Gesellschaft», die Menschen ausgrenzt, die nicht den «klassischen Mann-Frau-Stereotypen» entsprechen, also Lesben, Schwule, Bisexuelle und überhaupt alle «Gendernauten», die zwischen den Geschlechtsgrenzen flottieren. So gesehen sind auch Ehe und Familie als repressive Rollenmodelle abzulehnen, weil sie als Lebensform dominierend wirken, und daher ist es nur folgerichtig, dass die Nachwuchsorganisation der Grünen auf ihrem Bundeskongress im November vergangenen Jahres das Verbot der Ehe verlangt hat – und damit ein Ende der «unsäglichen Subventionierung heterosexueller Liebe durch das Ehegattensplitting», wie es im Forderungskatalog heißt.

Wenn man einmal angefangen hat, über die Benachteiligung der Andersgeschlechtlichen nachzudenken, kommt man zu einer ganzen Reihe von Reformvorschlägen, um das Schicksal auch dieser Minderheiten zu erleichtern. Dazu gehört eine «geschlechtsneutrale Erziehung», bei der schon in der Schule über die Vorzüge homo-, bi- und transsexueller Partnerschaft aufgeklärt wird, wie es die Grüne Jugend verlangt, die Abschaffung von «Geschlechtsangaben in Pässen» und die Einführung einer «gegenderten Sprache» im Rahmen der nächsten Rechtschreibreform. Wer wirklich fortschrittlich denkt, schreibt «KlempnerInnen» oder «BäckermeisterInnen» nicht mehr allein mit großem «I», um seine Sensibilität in diesem Punkt zu bekunden: «Klempner_Innen» ist die gendermäßig korrekte Schreibweise, weil sie über den Unterstrich auch alle sexuell Uneindeutigen einschließt.

Es mag dem Uneingeweihten eigenartig vorkommen, dass die Schar derer, die sich gesellschaftlich benachteiligt sehen, größer wird, je mehr die Gleichberechtigung voranschreitet. In der Tat könnte man als Ergebnis von fünf Jahrzehnten staatlicher Gleichstellungsbemühungen für die Zukunft weniger Gleichstellungsarbeit erwarten, aber das hieße, den Selbsterhaltungstrieb der Opferpolitik zu verkennen. Mit jeder Opfergruppe, die erst im gesellschaftlichen Diskurs und dann auch im verwaltungstechnischen Vollzug als solche anerkannt wird, weitet sich nicht nur der Opferkreis, sondern auch das Spektrum dessen, was als Diskriminierung zu gelten hat. Je sensibler sich eine Gesellschaft für die Kränkungen und

Zurücksetzungen ihrer Mitglieder zeigt, desto mehr ermutigt sie, auch geringste Verfehlungen zur Anzeige zu bringen, und deshalb wächst der Bedarf nach Quotenregelungen, Gleichstellungsprogrammen und Fördergeldern proportional zum Bemühen, jede Form der Benachteiligung zu vermeiden. Man kann das belächeln, aber es ist Alltag in Deutschland. Nahezu wöchentlich finden sich irgendwo Menschen zusammen, die unter dem Banner vermeintlicher oder tatsächlicher Stigmatisierung für ihre Anliegen Unterstützung zu mobilisieren versuchen. Gestern sind es die ehemaligen Staatsbediensteten in Ostdeutschland, die sich um die vollständige Anrechnung ihrer DDR-Berufsjahre gebracht sehen. Heute die Dicken, die finden, dass ihre Umwelt unzulässigen Druck auf sie ausübt, dem Schlankheitswahn zu folgen. In den USA hat sich bereits ein «Fat Acceptance Movement» gebildet, das für gesetzlichen Schutz vor Gewichtsdiskriminierung kämpft. Für Befürworter wie die Juristin Anna Kirkland von der University of Michigan geht es dabei um die grundlegende Frage, wie eine Gesellschaft mit «Anderssein» umgeht – in diesem Fall nicht einer anderen Sexualität oder Hautfarbe, sondern der Abweichung von der biomedizinischen Norm.

Vor ein paar Monaten hat die Britin Beckie Williams eine Kampagne ins Leben gerufen, um Frauen mit großen Brüsten Stimme und Aufmerksamkeit zu verleihen. «Busts 4 Justice» hat innerhalb kürzester Zeit 8000 Mitglieder gewonnen. Anlass gab die Kaufhauskette Marks & Spencer, die plötzlich für alle Büstenhalter ab Körbchengröße F einen Aufpreis von zwei Pfund verlangte – ein Fall «krasser Diskriminierung», wie Williams und ihre Mitstreiter beklagen, da die Größe des Busens kaum zu beeinflussen sei, jedenfalls nicht auf natürlichem Wege. Selbst rechtsextreme Frauen, die wegen ihrer Gesinnung berufliche Nachteile befürchten oder erleiden, haben inzwischen eine «Solidaritätsorganisation», an die sie sich wenden können. Seit vergangenem Jahr gibt es für «politisch verfolgte Frauen aus dem nationalen Spektrum» die Selbsthilfegruppe «Jeanne D.», die «Opfern politischer Willkür» über das Internet psychosoziale Hilfe, Beratung und Rechtsbeistand bietet: «Das soziale und politische Engagement ist von hoher Bedeutung, um betroffenen Frauen Mut zuzusprechen», heißt es tongenau in der Selbstdarstellung: «Wir möchten der Bevölkerung aufzeigen, was uns innerhalb eines demokratischen Systems widerfuhr. Wir möchten Politiker, Juristen und mögliche Förderer auf uns aufmerksam machen, um Einfluss auf die Gesellschaft und die Politik zu nehmen.»

Es ist, wie sich zeigt, nicht immer ganz einfach, den Überblick zu behalten. Wer hätte zum Beispiel gedacht, dass Gehörlose den fortschreitenden Einsatz von Cochlear-Implantaten bei Kindern und Jugendlichen als Herabwürdigung ihrer Lebensweise verstehen könnten? Was in der medizinischen Welt als technisches Mittel gegen Taubheit gefeiert wird, gilt bei den Vertretern der «Deaf Culture» als Versuch einer «chirurgischen Assimilation» nach den Gesundheitsnormen der Mehrheitsgesellschaft. Die Taubheitsaktivisten sehen sich und ihresgleichen nicht als Behinderte, sondern als Angehörige einer linguistischen Minderheit mit einer reichen Kulturtradition, die sogar das Glück habe, gegen Lärm immun zu sein. Der Präsident des Weltverbands der Gehörlosen, Markku Jokinen, geht so weit, die Anpassung durch Sprachtraining, Hörgeräte und Innenohr-Transplantate als «kulturellen Genozid» zu bezeichnen, weil mit der Taubheit eine Sprache, soziale Ausdrucksformen und ein Selbstverständnis verschwinden würden, die wie die Lebenswelten der Mati Ke in Australien oder der vom Aussterben bedrohten brasilianischen Flussindianer einmalig und unwiederbringlich seien. Jokinen bezieht sich ausdrücklich auf die «UN-Völkermord-Konvention», die unter anderem als Völkermord wertet, «wer in der Absicht, eine nationale, rassische, religiöse oder durch ihr Volkstum bestimmte Gruppe als solche ganz oder teilweise zu zerstören, vorsätzlich Kinder der Gruppe in eine andere Gruppe gewaltsam überführt», ein Definitionsmerkmal, das der Finne durch die Bemühungen von Staat und Wissenschaft, gehörlosen Kindern den Weg in die Welt der Hörenden zu ebnen, nahtlos erfüllt sieht.

Es gibt, nach dem Vorbild von Sexismus, Rassismus und Antisemitismus, auch schon ein Wort, das die Diskriminierung von Gehörlosen bezeichnet. «Audismus» lautet es, und der junge Forschungszweig der «Disability Studies», der gerade an den Hochschulen Einzug hält, definiert Behinderung in Anlehnung an die «Gender»-Theorie zeitgemäß als eine sozialhistorische Konstruktion, womit Begriffe wie Gesundheit oder körperliche Unversehrtheit ihren Sinn als Standards verlieren. «Taubsein ist vergleichbar mit Frausein, Christsein oder Jüdischsein», heißt es auf einer Webseite über «Deafhood», die neue Gehörlosen-Bewegung, die Taubheit als Lebensstil versteht, auf den es stolz zu sein gilt, und nicht als Einschränkung, die es zu kurieren gelte.

Man darf gespannt sein, was als Nächstes kommt: die Bewahrung von Kurzsichtigkeit und Brille als identitätsstiftendes Symbol der seit Schulzeiten ausgegrenzten Minderheit der Streber? Das Beharren auf dem Recht zu Impotenz als Assimilationsverweigerung der Leidtragenden sexueller Leistungsnormen? Pickel als subversiver Verstoß gegen die Schönheitsideale der kapitalistischen «Clearasil»-Kultur?

Rein theoretisch müsste die Bewegung irgendwann an ihr Ende kommen: Wenn jeder Opfer ist, dann gibt es keine Täter mehr. Aber so läuft es nicht. So wie Arbeit immer mehr Arbeit schafft und damit nahezu unendlich vermehrbar ist, so lässt sich auch die Opfermenge beliebig ausweiten. Weil jeder gleich mehrfach Opfer sein kann, übersteigt die Zahl derjenigen, die sich benachteiligt oder diskriminiert fühlen, die der Weltbewohner bereits um 400 Prozent, wie Charles Sykes vom «Wisconsin Policy Research Center» ausgerechnet hat.

Es kann dabei nicht ausbleiben, dass sich die Opfer im Wege stehen. Alle wollen Beachtung. Man gönnt sie ihnen. Aber die Aufmerksamkeit der Öffentlichkeit ist, im Gegensatz zu den Erwartungen, begrenzt, so setzt notwendigerweise ein Verdrängungsprozess ein. Einige Opfer werden wichtiger genommen als andere, manche schieben sich nach vorn, einige fallen zurück. Das ist nicht schön, aber unvermeidlich. Es kommt darauf an, eine gute Ausgangsposition zu besetzen, das sagen einem die Anwälte. So beginnt ein Wettbewerb, bei dem jede Gruppe ihre besondere Benachteiligung herausstellt und sich von der Konkurrenz abzugrenzen sucht. Die Opfer rechter Gewalt wollen nicht mit den Opfern linker Gewalt in einen Topf geworfen werden, die Muslime legen Wert darauf, dass sie verfolgter sind als die Juden.

Monatelang gab es Gezerre um das Denkmal im Berliner Tiergarten, das an die im Nationalsozialismus verfolgten Homosexuellen erinnern soll. Ursprünglich war ein Steinkubus vorgesehen mit einem Film von zwei sich küssenden Männern, seit 2003 gibt es dazu einen Bundestagsbeschluss. Dann erhoben die Lesbenverbände Einspruch, angeführt von ‹Emma›. Zwar hat die Forschung keine Hinweise erbracht, dass Frauen wegen ihrer lesbischen Neigungen einer systematischen Verfolgung ausgesetzt waren, das verhinderte, wenn man so will, das sexistische Frauenbild der Nazis. Aber das zählt nicht: Jetzt küssen sich im Berliner Tiergarten abwechselnd ein männliches und ein weibliches Paar; alle zwei Jahre wird der Film gewechselt, damit sich die Frauen als Opfergruppe nicht zurückgesetzt fühlen.

Man kann als Außenstehender leicht Fehler machen, das fängt mit der Sprache an. Der «Zentralrat Deutscher Sinti und Roma» zum Beispiel findet es beleidigend, wenn man von Zigeunern spricht, deshalb hat sich in Deutschland im offiziellen Sprachgebrauch «Sinti und Roma» eingebürgert. Die «Sinti Allianz» in Köln wiederum plädiert für die Beibehaltung des alten Begriffs, weil das nun einmal über Hunderte von Jahren die herkömmliche Bezeichnung war. Außerdem sind die Sinti zwar die größte Gruppe der Zigeuner, aber beileibe nicht die einzige, es gab und gibt die Lalleri, die Kalderasch, die Lovara, um nur einige zu nennen. Die Jenischen, also das fahrende Volk, wollen auf keinen Fall Roma und Sinti genannt werden, weil sie sich dadurch ausgeschlossen fühlen, auch opferpolitisch als Verfolgte des NS-Regimes. Sie haben mit den anderen Gruppen nur oberflächlich zu tun.

Je weiter man vordringt, desto komplizierter wird es. Neulich gab es einen Streit, ob im Allgemeinen Gleichbehandlungsgesetz weiter von Benachteiligung «aus Gründen der Rasse» die Rede sein dürfe. Das «Deutsche Institut für Menschenrechte» in Berlin nahm an der Formulierung Anstoß, weil der Begriff Rasse «unweigerlich rassistische Implikationen» habe, und forderte in einem Gutachten, darauf zu verzichten und stattdessen nur noch von «rassistischen Benachteiligungen» zu reden. Ganz aufgeben mochten die Juristen des 2001 unter Rot-Grün gegründeten und mit Mitteln des Justizministeriums und des Auswärtigen Amtes finanzierten Instituts den Begriff allerdings nicht: In Finnland, Schweden oder Österreich sei zwar in vielen Gesetzen nur noch von «ethnischer Herkunft» oder «ethnischer Zugehörigkeit» die Rede, wie es dazu in einem Artikel hieß, doch solche Formulierungen würden zu wenig verdeutlichen, dass es um den Kampf gegen Rassismus gehe.

Es scheint unvermeidlich, dass sich die Gesellschaft immer weiter entlang der Grenzlinien der konkurrierenden Opferclans aufspaltet. An die Stelle des Staates mit einem auf das Gemeinwohl verpflichteten Bürger als handelndem Subjekt tritt die Stammesgesellschaft, in der die Zugehörigkeit zur eigenen Gruppe alle anderen Loyalitätsverhältnisse überragt oder gar ersetzt. Der britische Jurist Neil Addison hat auf die Gefahren hingewiesen, die mit der «Kultivierung der Opferrolle» einhergehen: Statt sich auf Verbindendes zu besinnen und den Ausgleich unterschiedlicher Interessen über den Weg der Verhandlung und Benennung gemeinsamer Anliegen zu suchen, werden die Bürger ermuntert, sich über ihr Anderssein zu definieren und das Besondere zu betonen, das

DIE LINKE BRINGT SICH IN STELLUNG 57

sie trennt. «Das Problem ist, dass wir uns irgendwann nicht mehr als Bürger derselben Gesellschaft verstehen, sondern als Minderheiten, die alle gegen die Gesellschaft Schutz einklagen», schreibt Addison. Diese Umdeutung des gerade in linken Quartieren vielbeschworenen Verfassungspatriotismus zu einem Gruppen- und Partikularstolz zeitigt einen eigentümlichen Effekt: Wer sich tolerant und nachsichtig zeigt, etwa als religiöse Gemeinschaft gegenüber dem demonstrativen Unglauben der Umwelt, wird deutlich weniger offiziellen Beistand erfahren als derjenige, der laut gegen Kritik protestiert und jede gotteslästerliche Äußerung als Kränkung zur Anzeige bringt. Je beleidigter und empörter eine Gruppe auftritt, desto sicherer sind ihr die Aufmerksamkeit der Öffentlichkeit und die Schutzangebote des Staates, eine Erfahrung, die muslimische Glaubensvertreter in Europa zuletzt ein ums andere Mal eindrucksvoll unter Beweis gestellt haben.

Das alles funktioniert fabelhaft, aber es hat mit der Grundidee eines demokratischen Gemeinwesens, wie es die Verfassungsväter vor Augen hatten und wie es noch den Gesellschaftstheoretikern der Frankfurter Schule vorschwebte, nicht mehr viel gemein. Diese neue Gesellschaft ist, allen Bekenntnissen zur Gleichheit zum Trotz, durch eine Hierarchie gekennzeichnet, die weit archaischer und strenger ist als die alte, die sie ersetzt; es ist die Randgruppen-Hierarchie der Stammeswelt.

AUF DEM WEG ZUM SONNENSTAAT – EINE KLEINE GESCHICHTE DER LINKEN

Im Fraktionssaal der Partei Die Linke im Deutschen Bundestag hängen, für alle Abgeordneten gut sichtbar, drei Spruchbänder aus rotem Tuch. Das eine ist mit einer Durchhalteparole der Kommunistin Clara Zetkin bedruckt, wonach man sich durch die Ungunst äußerer Umstände erst recht ermuntert fühlen sollte. Auf dem zweiten steht ein kurzer, eher aphoristischer Satz des Dramatikers Heiner Müller («Wir stecken bis zum Hals im Kapitalismus»). Das dritte und am prominentesten platzierte Banner schmückt ein Zitat des französischen Philosophen Jean-Jacques Rousseau. «Zwischen dem Schwachen und dem Starken ist es die Freiheit, die unterdrückt, und das Gesetz, das befreit», steht da, neben dem perückenbesetzten Kopf des Verfassers, in leuchtend weißen Buchstaben. Oskar Lafontaine hat den Satz aufhängen lassen, als er nach Jahren in der politischen Wildnis als einer der Anführer der Linkspartei wieder in den Bundestag einzog. Es ist eines seiner Lieblingszitate, er verwendet es in vielen Reden.

Keine Frage, Lafontaine hat bei der Auswahl historisches Gespür bewiesen.

Die meisten halten heute Karl Marx für den Ahnherrn der Linken, einige auch den Fabrikerben Friedrich Engels, der dem Freund unter die Arme griff, als der, von Spielschulden und politischen Kalamitäten ins Londoner Exil getrieben, über der Abfassung des ‹Kapitals› saß. Tatsächlich aber gebührt dieser Ehrentitel jenem Jean-Jacques Rousseau, einem am 28. Juni 1712 geborenen, depressiven Handwerkersohn aus Genf, der sich nach einer unglücklichen, mutterlosen Kindheit mit dem

EINE KLEINE GESCHICHTE DER LINKEN 59

Kopieren von Notenblättern und den Zuwendungen älterer,
gern etwas pummeliger Damen über Wasser hielt, bevor er
sich als frühgrüner Fundamentalist und Sozialtheoretiker
einen Namen machte. Dem französischen Schriftsteller verdankt die Welt die Einsicht, dass der Mensch von Natur aus
gut sei, ein friedliebendes, freies Geschöpf, das in Einklang mit
sich und seiner Umwelt lebte, bevor es durch die «Vergesell-
schaftung der Menschheit» verdorben wurde, jenen Prozess
also, der gemeinhin Zivilisation genannt wird.

‹Abhandlung über den Ursprung und die Grundlagen der
Ungleichheit unter den Menschen›, heißt die Denkschrift, die
der bis dahin eher vor sich hin dilettierende Theaterautor und
Opernlibrettist 1755 der Akademie von Dijon vorlegte, als
Antwort auf eine gleichlautende Preisfrage. Es ist bis heute ein
Basistext der linken Theoriebildung. Den Faden, den Rousseau hier auslegte, haben alle sozialistischen Vordenker, von
Marx bis Marcuse, aufgenommen und weitergesponnen. Nur
wenige, die ihm über die Jahrhunderte nachfolgten, erwiesen
sich dabei als so glänzende Stilisten wie er, sodass sein Garn
inzwischen etwas fadenscheinig ist, was dem Absatz allerdings
keinen Abbruch tut.

Man muss Rousseaus Abhandlung wie eine umgekehrte
Utopie lesen. In der Vergangenheit liegt, was als Modell für
die Zukunft gedacht ist; die Menschen besaßen schon, was
sie sich erst wieder ertrotzen müssen: eine Gesellschaft der
Gleichen, ein goldenes Zeitalter des harmonischen Miteinan-
anders, das auf gegenseitiger Achtung statt auf Herrschaft
und Vorteilsnahme beruht. In Rousseaus verlorenem Paradies
trachtet niemand danach, dem anderen zu schaden oder ihn
auszubeuten, weil das Mitleid die Selbstliebe in Schach hält.
Die Menschen bewegen sich frei und furchtlos unter Gottes
Himmel. Die Jagd und überhaupt viel Bewegung an frischer
Luft halten sie gesund und stark; einfache, nahrhafte Kost
statt fetter, überfeinerter Speisen sorgt für eine gute Verdau-
ung und einen regen Stoffwechsel. Weil Geld und Reichtum

keine Bedeutung haben, vergehen die Tage in Einklang mit den Erfordernissen der Natur statt in sinnloser Gier. Wo der Bürger hastet und schwitzt, ruht der edle Wilde authentisch in sich selbst, etwas gedankenarm vielleicht, aber dafür umso sorgenfreier.

Wie man sieht, versammelte Rousseau in seiner Denkschrift für die Akademie in Dijon bereits etliche jener Gemeinplätze, die sich auch noch 250 Jahre später in jedem Aussteigertext für den zivilisationsmüden Mitteleuropäer mit akuter Sinnkrise finden. Alles ist bei ihm schon angelegt: die Klage über den verderblichen Warencharakter der modernen Welt und ihren Wachstumsfetischismus; die sentimentale Sehnsucht nach dem einfachen Leben, das aus irgendeinem Grund immer ohne gute Zahnärzte und die Segnungen der Intensivmedizin auszukommen scheint; die Verherrlichung des (weichen, weiblichen) Gefühls anstelle des (kalten, männlichen) Intellekts; kurz, der ganze Miserabilismus, der in der zahlengesteuerten Welt des Kapitalismus die Wurzel allen Elends sieht.

Auch in der persönlichen Lebensführung des französischen Moralphilosophen lässt sich, wenn man so will, schon die Figur des linken Gutmenschen erkennen, wie er sich dann zwei Jahrhunderte später voll materialisieren wird: im öffentlichen Auftritt politisch korrekt bis auf die Knochen («Ich bin trunken vor Moral»), in der Tugendpraxis hingegen eher nachlässig, um nicht zu sagen, erstaunlich kaltherzig. Alle fünf Kinder, die ihm seine Lebensgefährtin Therese gebar, gab er nach der Geburt sofort ins Findelhaus, wo sie, eins nach dem anderen, elendig zugrunde gingen. Er habe seine intellektuelle Tätigkeit zu Hause von Störungen frei halten wollen, gab er später als Begründung an. Auch seine immer wieder bekundete Verachtung aller Privilegien hatte kaum Einfluss aufs Private, zeitlebens verließ er sich auf die Unterstützung der Reichen und Mächtigen. Rousseau hatte sich eine Rolle auf den Leib geschrieben, die diese Widersprüche wie durch einen Zaubertrick verschwinden ließ; mit Bravour gab er das

Opfer widriger Umstände, den unschuldig in Schwierigkeiten Geratenen, dessen Misere Verständnis, nicht Zurechtweisung verlangt. Larmoyanz als Stilprinzip war im 18. Jahrhundert noch weitgehend unbekannt: Auch darin kann der Franzose als Neuerer gelten. Manche halten die Revolution der Gefühle, die er damit auslöste, sogar für seine bedeutendste Hinterlassenschaft.

Rousseau war seiner Zeit zweifellos in vielerlei Hinsicht voraus, was seinen anhaltenden Nachruhm erklärt. Nur die zeitgenössische Kritik, noch ganz den Ideen der Vernunft und Aufklärung verhaftet, reagierte zunächst etwas verhalten auf seine schwärmerische Zivilisationskritik: «Nie hat jemand so viel Geist aufgeboten, um uns zu dummen Eseln zu machen», erwiderte Voltaire in einem öffentlichem Brief: «Man bekommt Lust, auf allen vieren zu gehen, wenn man Ihr Werk liest. Da ich jedoch seit mehr als sechzig Jahren diese Gewohnheit abgelegt habe, fühle ich unglücklicherweise, dass es mir unmöglich ist, sie wiederaufzunehmen.»

Der Sündenfall in seinem Garten Eden wird bei Rousseau durch das Privateigentum ausgelöst, das ist die Katastrophe, die das Böse in die Welt bringt. «Der Erste, der ein Stück Land eingezäunt hatte und auf den Gedanken kam zu sagen: ‹Dies ist mein›, und der Leute fand, die einfältig genug waren, ihm zu glauben, war der wahre Begründer der zivilen Gesellschaft», heißt es zu Beginn des zweiten Teils seiner Akademieschrift. «Wie viele Verbrechen, Kriege, Morde, wie viel Leiden und Schrecken hätte nicht derjenige dem Menschengeschlecht erspart, der die Pfähle herausgerissen oder den Graben zugeschüttet und seinen Mitmenschen zugerufen hätte: ‹Hütet euch davor, auf diesen Betrüger zu hören. Ihr seid verloren, wenn ihr vergesst, dass die Früchte allen gehören und dass die Erde niemandem gehört!›»

Für Rousseau folgt daraus noch kein deutliches politisches Programm, obgleich im Grunde schon klar ist, wohin die Reise gehen muss, wenn die «natürliche» Rechtsgleichheit der

Menschen restauriert werden soll. Aber die Grenze ist markiert. Sie setzt ihn ab von den Verteidigern der bestehenden Ordnung, aber auch von Aufklärern wie Voltaire, für den geistige Freiheit und materieller Wohlstand untrennbar verbunden waren, oder dem Engländer John Locke, der gerade im Privateigentum ein unveräußerliches Grundrecht erkannte, das wie die Freiheit und die Unverletzlichkeit der Person die Menschenwürde begründet. Es bleibt den nächsten Generationen überlassen, die praktischen Konsequenzen aus der Rousseau'schen Eigentumsverachtung zu ziehen, angefangen bei den Jakobinern im revolutionären Paris, die sich die «Égalité» auf die Fahnen schrieben, bis hin zu den kambodschanischen Steinzeitkommunisten, die ihre Landsleute mit der Spitzhacke in die Gleichheit der Urhorde zurückterrorisierten.

Dass der Mensch im Grunde gut sei, ist nicht nur eine sehr tröstliche und angesichts der Verheerungen, die er regelmäßig anrichtet, auch erstaunlich milde Beurteilung – es ist zugleich ein innovativer und für die Neuzeit folgenreicher Gedanke. Erst diese optimistische Annahme hinsichtlich der menschlichen Natur und ihrer Perfektionierbarkeit ermöglicht die Inangriffnahme gesellschaftspolitischer Fortschrittsprojekte, wie sie bis heute jede gute linke Politik auszeichnet. Sie steht, wenn man so will, am Beginn des großen Pläneschmiedens, das schon bald einsetzen und nur elf Jahre nach Rousseaus Tod in der Französischen Revolution seinen ersten Triumph erringen sollte.

Für das Christentum war der Mensch nicht nur durch die Gottesebenbildlichkeit, sondern eben auch durch die Erbsünde gezeichnet, Folge jenes verhängnisvollen Nachmittages im Paradies, der ihn das Böse erkennen ließ. Schon die Geschichte des ersten Geschwisterpaars der Menschheitsgeschichte endete bekanntlich mörderisch, weil der eine Bruder dem anderen sein Glück nicht gönnte und ihn im Zorn erschlug. Einen noch düstereren Blick auf den Menschen im Naturzustand hatte gut hundert Jahre vor Rousseau der Schotte Thomas Hobbes geworfen, der das Leben im Naturzustand als Krieg aller gegen alle beschrieb, «hart, grausam und kurz». Für den Juristen Hobbes ist der Mensch, trotz aller Befähigung zu Kultur und Gelehrsamkeit, ein erstaunlich rohes, selbstsüchtiges Wesen, das jederzeit zu Akten verblüffender Bosheit in der Lage ist. Über die fromme Annahme, dass ihm Vernunft, Toleranz und Humanität ins Herz geschrieben seien, hätte der Schotte vermutlich nur gelacht. Wenn sich der moderne Erdenbürger einigermaßen gesittet zu benehmen weiß, dann aus seiner Sicht nur dank eines starken Staates, der die Willkür der Untertanen einhegt und ihnen mit Hilfe des kräftigen Arms des Gesetzes und der eisernen Faust seiner Vollzugsorgane Sicherheit voreinander garantiert.

Der harte Realismus eines Thomas Hobbes mag den Vorteil haben, dass er – wenigstens für uns Ankömmlinge im 21. Jahrhundert – nach zwei Weltkriegen und etlichen Völkermorden deutlich mehr Plausibilität besitzt als der sonnige Sentimentalismus des Tugendfreundes Rousseau. Populärer hat es ihn allerdings nicht gemacht. Auf Hobbes' Menschenbild lässt sich beim besten Willen keine Idealgesellschaft gründen, in seiner Welt muss man schon froh sein, wenn die Leute sich nicht an die Gurgel gehen. Da lebt niemand nach den Geboten der Bergpredigt, und keiner verzichtet auf Zweitwagen oder Dritturlaub, damit es den Menschen auf der anderen Seite der Erde etwas besser geht (es sei denn, man spekuliert auf göttlichen Lohn). Sicher, auch in dieser Welt gibt es Beispiele erstaunlicher Güte und Großherzigkeit, nur leider ist auf sie kein Verlass.

Es braucht nicht viel Phantasie, um sich den Zusammenstoß des Menschen, wie Hobbes ihn beschreibt, mit Rousseaus friedlicher Naturgesellschaft auszumalen. Im günstigsten Fall geht es zu wie bei einer Gruppe von Ballermann-Touristen, die, Bierflaschen schwenkend, bei der in stiller Harmonie ums Feuer sitzenden Urfamilie einfallen und wüst krakeelend jeder Frau in den Hintern kneifen, die nicht bei zwei auf den Bäumen ist. Erst die Annahme, dass die Moral in den Menschen begründet ist, ermöglicht demgegenüber den Traum von einer besseren Welt. Mehr noch, mit Rousseau scheint plötzlich denkbar, dass man diese Welt selber herbeiführt. Die Ankunft des Paradieses auf Erden ist nicht länger von göttlichem Willen abhängig, sie liegt auf einmal in Menschenhand. Denn das ist der große Gedanke des Franzosen: Wenn die Unvollkommenheit des Erdenbewohners nicht angeboren ist, sondern sozial bedingt, durch falsche gesellschaftliche Verhältnisse, eine falsche Erziehung, ein falsches Bewusstsein, dann kann der Mensch durch richtige Politik auch wieder werden, was er eigentlich ist: ein vollkommenes Wesen.

Diesem Grundgedanken folgt alle linke Politik bis heute. Sie zielt auf die Zukunft, den morgigen Tag, das gibt ihr Kraft und Schwung, dies dezidiert Jugendliche, das sie von den Konservativen wirkungsvoll unterscheidet. Sie richtet sich nicht nur an dem aus, was ist, sondern mehr noch an dem, was sein soll. Der Möglichkeitssinn liegt ihr näher als der Wirklichkeitssinn, sie hält das für keinen Fehler, sondern für einen Vorzug, als würde, wer sich zu sehr am Gegebenen orientiert, das Zutrauen in seine Gestaltungsmacht verlieren und infolgedessen im Anspruch erlahmen.

Genau genommen sind alle Linken im Herzen Utopisten, auch wenn sie dieses Wort nicht gern hören. Es klingt ihnen zu unentschlossen, zu wenig nach Tatendurst, dabei brennen sie vor Ehrgeiz. Sie wollen die Welt nicht nur verbessern, sie wollen sie im Rousseau'schen Sinne vervollkommnen. Wer nur Verbesserung anstrebt, richtet sich im Provisorischen ein, er gibt sich mit dem Halbfertigen zufrieden und akzeptiert auch den zeitweiligen Notbehelf. Die Linke verlangt mehr, ihr Vorhaben ist von endgültiger Schönheit. Aus ihrem Bemühen ist alles Kleingeistige und Kleinteilige getilgt, das Halbe und Laue. Am Ende ihrer Tätigkeit liegt ein Reich ewiger Gerechtigkeit, ein neues Zeitalter, das zweite Jerusalem.

So viel Kühnheit begeistert, Entschlusskraft steckt an. Wer

sich seiner Sache gewiss ist, kann anders ausschreiten. Er hat ein festes Ziel, alles ist durchdacht, jeder Weg im Voraus durchmessen. Deshalb fehlt dem Utopisten das Zögerliche, Zaudernde, das den Skeptiker hemmt: Der linke Enthusiast blickt mit Verwunderung auf die Vorsichtigen, die sich langsam in den Lauf der Geschichte hineintasten. Manchmal erfasst ihn Ungeduld, wie mühsam es vorangeht. Wer sein Ziel klar vor Augen hat, will sich nicht aufhalten lassen. Verlorene Zeit ist sündige Zeit, jeder Tag, der vergeht, weil jemand Einwände hat oder Zweifel hegt, ist ein Tag, den man länger im Alten, Morschen, Abgestandenen der Gegenwart zurückbleibt. Das Jetzt ist vornehmlich interessant als Sprungbrett fürs Morgen, für Hergebrachtes und Vergangenes hat dieser Fortschrittsglaube nur wenig Verwendung. Daher schlägt die Ungeduld hin und wieder in Zorn um, dann rollen auch Köpfe.

Erst der Auftritt des Utopisten auf der Weltenbühne markiert den Beginn moderner Politik. Mit ihm nimmt erstmals Gestalt an, was der britische Philosoph Michael Oakeshott die «Politik der Zuversicht» genannt hat, ein Regierungsstil, den er neben der «Politik der Skepsis» als eines der beiden Prinzipien neuzeitlicher Staatstätigkeit identifizierte. Die Politik der Zuversicht hat viele Erscheinungsformen: Sie steht an der Wiege des modernen Wohlfahrtsstaates wie am Beginn des großen sozialistischen Menschheitsexperiments, das mit der Oktoberrevolution seinen Ausgang und dann, 90 Millionen Tote und einige Kulturrevolutionen später, seinen vorläufigen Abschied nahm. Ihre Spuren finden sich im Parteiprogramm jeder linken Partei, von der Sozialdemokratie über die Grünen bis zu den Postkommunisten, aber inzwischen auch, in abgeschwächter Form, bei vielen europäischen Christdemokraten, ohne dass die meisten sich dessen recht bewusst sind.

Die Wurzeln gehen tief, sie reichen zurück ins späte 15. Jahrhundert, an den Übergang des Mittelalters zur Renaissance, als in einem modernen Sinn erstmals über das Regierungshandwerk als umfassende, das allgemeine Wohl betreffende Tätigkeit nachgedacht wird. Bis dahin war Politik ein improvisiertes, an den Erfordernissen des Tages ausgerichtetes Geschäft, zusammengehalten von der Notwendigkeit, nach innen und nach außen Ordnung zu halten, ein unübersichtlicher, häufig chaotischer Prozess, abhängig vom Glück und Verstand der wechselnden Akteure. Das Ende des Mittelalters fiel mit einer bis dahin unbekannten Machtkonzentration in den Händen der regierenden Monarchen und ihrer Vasallen zusammen. Zunächst in England, dann auch im übrigen Europa bildete sich eine Zentralgewalt aus, die über Leben und Geschicke der Bürger mehr Kontrolle auszuüben in der Lage war als jemals eine Machtinstanz zuvor.

Mit wachsender Machtfülle richtete sich die Aufmerksamkeit auf die Regierung selbst, auf die Grenzen ihres Zugriffs, aber mehr noch auf ihre Möglichkeiten. Bevor man darüber nachdachte, der Regierungsgewalt Fesseln anzulegen und ihren Zuständigkeitsbereich einzuengen, wurde erst einmal eine weitere Ausweitung der Befugnisse ins Auge gefasst. Den Verfechtern ausgreifender Regierungstätigkeit erscheint der ruhelose Arm des Staates, seine unermüdlich umhertastende, alles in Beschlag nehmende Bewegung nicht als Bedrohung, sondern als Verheißung – dabei ist es im Kern bis heute geblieben.

Die Politik der Zuversicht sieht im Regieren eine prinzipiell schrankenlose Aufgabe, die alle Tätigkeiten des Bürgers erfasst, und seien sie noch so bescheiden. Darin unterscheidet sie sich grundlegend von der Politik der Skepsis, die die Zugriffsrechte des Staates eher klar definiert und damit begrenzt sehen möchte. Der Skeptiker betreibt das Regierungshandwerk aus Notwendigkeit, wie Oakeshott erkannt hat, nicht weil er es für etwas besonders Gutes hält; seine Politik gibt zu keinen überschwänglichen Gefühlen Anlass, sie erwartet auch nicht Begeisterung für ihre Dienste wie die des Enthusiasten, der nicht einfach nur Gehorsam verlangt, sondern

EINE KLEINE GESCHICHTE DER LINKEN 67

Lob, sogar Zuneigung. Wer sich der Vervollkommnung der Menschheitsverhältnisse verpflichtet fühlt, darf sich keine Selbstbeschränkung gefallen lassen. Während der Skeptiker der Zudringlichkeit der Regierung Einhalt gebieten will, sucht der Enthusiast den Bürger an die Vorstellung zu gewöhnen, dass er sich ihrem Zugriff nicht entziehen kann, ja, dass er ihn sich wünschen sollte.

Jeder Epochenumbruch verlangt nach einer emblematischen Figur, die dem neuen Zeitalter Gestalt und Ausrichtung verleiht. Für die Moderne ist dies der Revolutionär. Er besitzt den Veränderungswillen und auch die nötige Bedenkenlosigkeit, das bis dahin nur Vorgedachte und Vorempfundene Wirklichkeit werden zu lassen. Sein Glaubenseifer treibt die Massen zusammen, die es braucht, um das große Werk in Szene zu setzen. Sein Charisma und seine Erneuerungswut formen das anfänglich noch unbestimmte Wollen zur Bewegung.

Der Revolutionär ist der Vertreter des linken Utopismus in seiner reinsten Ausprägung, der Extremist des unbedingten Zukunftsglaubens und damit, bis weit ins 20. Jahrhundert hinein, der Epochentypus schlechthin. Man findet ihn künftig an nahezu jeder Wegmarke, die im Geschichtskalender der Linken als Ehrentag eingetragen ist: in den Wohlfahrtsausschüssen der Französischen Revolution und den Wirren des deutschen Vormärz, auf den Barrikaden der Pariser Kommune und in den Debattierzirkeln der Weimarer Räterepublik, im Eisenbahnwaggon nach Petersburg und natürlich auf den Podien des Kulturkampfes, für den in Deutschland, Frankreich und den USA das Jahr 1968 zur Chiffre geworden ist. Manchmal bleibt sein Wirken ein Intermezzo, ein anderes Mal schreibt er sich so tief in die Geschichte ein, das später ganze Generationen staunend vor den Furchen stehen. Aber immer ist seine Stimme über dem Waffenklirren, das seine Auftritte begleitet, klar zu vernehmen, ein gepresstes, heiseres Staccato, das die Umstehenden zu neuen Taten antreiben will.

Moderne Politik ist stolz darauf, den Menschen aus der Unmündigkeit der Religion geführt zu haben, sie hält sich viel auf ihre Wissenschaftlichkeit und Vernunftgelenktheit zugute. Aber kein Haus wird an einem Tag errichtet, mitunter ist der Bau das Werk vieler Hände. Tatsächlich hat gerade der Utopismus mehr mit Glauben zu tun als mit Wissen. «Moderne Politik ist ein Kapitel aus der Geschichte der Religion», heißt es bei John Gray, dem finsteren Verächter jeder Idee, dass der Mensch Meister seines Glücks sein könne. Schon die Annahme, dass sich Geschichte in eine Richtung bewegt, dass sie Ziel und Zweck hat, ist eine Vorstellung, die ganz und gar dem messianischen Denkhorizont entstammt.

Erst der Glaube an einen allgemeinen und auf einen allseits bekannten Endzustand zulaufenden Fortschritt, wie ihn das Christentum kennt, erlaubt den Anspruch, dem vermuteten Ausgang des Geschichtslaufes schon einmal vorzugreifen oder ihn, wie im Fall politischer Erlösungsbewegungen, zu beschleunigen zu versuchen. Die moderne Linke teilt mit dem Christentum den Bekehrungsauftrag, der sich aus diesem Glauben ableitet. Sie hat als weltliche Nachfolgeorganisation der in Auflösung befindlichen Traditionskirchen sogar ein Großteil des Personals übernommen: Man findet in ihren Reihen den Pilger wieder, den Ordensbruder und Bettelmönch, aber auch den Kanonikus und gebildeten Kirchenlehrer. Es gibt den Häretiker, den Inquisitor und selbst den Flagellanten, nur dass der sich nicht mehr mit dem Bußgürtel kasteit, sondern mit Kleiebrötchen und Vollkornkost.

Genealogisch am nächsten steht dem linken Fortschrittsfreund der Protestant. In der Welt der Missionsbewegungen ist dies sein engster Verwandter, wie sich schon phänotypisch leicht erkennen lässt. Heilsgeschichtlich gesehen hat er dessen direktes Erbe angetreten. Bis zur Reformation galt die Ankunft des Reichs Gottes zwar als sicher, der Zeitpunkt aber als ungewiss und menschlichem Einfluss entzogen. Einige Sekten versuchten die Dinge selber in die Hand zu nehmen und ihre

EINE KLEINE GESCHICHTE DER LINKEN

Ankunft im Paradies zu beschleunigen, indem sie sich in einem Akt kollektiven Selbstmords vorzeitig der Gnade des Herrn anvertrauten, eine Praxis, die die Kirchenoberen schleunigst zu unterbinden suchten, indem sie die Bestattung der Leichen untersagten. Das ganze Mittelalter fieberte in Erwartung des Jüngsten Gerichts, überall sah man die Zeichen der Endzeit, aber auch den hochgespannten Massen blieb nichts anderes übrig, als sich zu gedulden und ansonsten für den Tag X möglichst vorteilhaft zu positionieren. Die Kirche bot dazu eine Reihe von Hilfestellungen an, regelmäßiges Beichten gehörte dazu und Spenden in Form von Ablassbriefen, eine Art Bonuspunktsystem fürs Seelenheil.

Die puristisch gesinnten Reformatoren, allen voran Martin Luther und Johannes Calvin, brachen mit der Tradition des geduldigen Ausharrens. Nach ihrer Lehre hatte ein gottgefälliges Leben durchaus Einfluss auf die Ankunft der sehnlich erwarteten Wiederkunft Christi, indem es die Wartezeit abzukürzen half. War es bislang allgemeine Überzeugung gewesen, dass Jesus auf die Erde zurückkehren werde, um sein neues Reich auszurufen, hieß es nun, dass er die Herrschaft erst antreten werde, nachdem das Millennium, das Tausendjährige Reich, bereits begonnen habe. Der Anbruch des Zeitalters ewiger Gerechtigkeit, so der reformierte Glaube, hing nun sowohl von göttlichem Willen als auch von menschlicher Anstrengung ab. Das war eine radikal neue Idee, die sofort auf Begeisterung, aber auch auf erbitterten Widerstand im religiösen Establishment stieß und die den europäischen Kontinent in einen fast 150 Jahre währenden Glaubenskrieg stürzen sollte.

Der Angriff gegen die Bußpraxis der katholischen Kirche muss dabei als Teil eines größeren Unternehmens verstanden werden, die gesamte Jenseitstopographie zu ändern und damit den Glaubensehrgeiz anzustacheln. Seit dem sechsten Jahrhundert gab es für den Gläubigen neben Himmel und Hölle mit dem Fegefeuer einen dritten Jenseitsort, der auf den Kirchenlehrer Gregor den Großen zurückging, eine vorgelagerte Bewährungsinstanz, die es den Verstorbenen ermöglichte, sich von ihren Sünden durch eine Reihe schmerzhafter Prüfungen zu reinigen. Die Erfindung des Fegefeuers bedeutete für die Gläubigen eine enorme Erleichterung. Die Strafen waren hart und grausam, auf Untreue beispielsweise stand eine kombinierte Kälte-Hitze-Folter: Der Ehebrecher stand mit einem Bein im Eiswasser und mit dem anderen in glühendem Feuer. Aber wer seine Zeit abgebüßt hatte, konnte am Ende aller Tage in den Himmel auffahren, auch für Sünder öffneten sich damit am Tag des Jüngsten Gerichts die Pforten des Paradieses.

Indem die Reformatoren die Brandherde des Fegefeuers löschten, den Eingang zuschütteten und seine Existenz anschließend zum Köhlerglauben erklärten, zur papistischen Fiktion, nahmen sie den Gläubigen mehr als nur eine weitere Jenseitsstation. Der ganze Erlösungshorizont war nun verschoben: Alles hing jetzt von einem möglichst gottgefälligen Leben in der kurzen Zeit auf Erden ab, jede Verfehlung, jede Nachlässigkeit konnte im Sündenregister der eine Eintrag zu viel sein und einen zur ewigen Verdammnis verurteilen, ohne Chance zur Wiedergutmachung. Das waren ungemütliche Aussichten, aber sie erfüllten ihren Zweck: Entschlossen hatten die Puritaner den Blick der Anhänger aufs Diesseits gelenkt und so Gefolgschaft und Demut neu befestigt. Sinnbild dieser Umerziehung zur Sündenangst war der Pietist, ein an Frömmigkeit und Glaubensanspannung kaum noch zu übertreffender Typus des Tugendmenschen.

Die Linke hat so gesehen vollendet, was mit dem Protestantismus begann. Sie hat in einem zweiten Säkularisierungsschub auch Himmel und Hölle abgeschafft und damit die Tür zum Jenseits ganz verrammelt. Dem modernen Menschen bleibt nur, seine Erlösungshoffnung aufzugeben oder sie auf die Geschichte zu richten. Sein Paradies entstammt dieser Welt oder keiner, es entsteht durch Menschenhand oder gar nicht. Das ist, verglichen mit der Jenseitslehre der

Vorreformation, eine enorm reduzierte Eschatologie, aber sie besitzt den großen Vorteil, der menschlichen Natur entgegenzukommen, die lieber schon heute besitzt, was ihr für morgen versprochen ist. Selbstbescheidung ist dem Menschen nicht gegeben, sie ihm trotzdem zuzumuten, war eine christliche Errungenschaft.

Die Krise der evangelischen Kirche fällt nicht von ungefähr mit dem Aufstieg des Utopismus zur dominierenden politischen Religion zusammen. In dem Maße, in dem sich der Protestantismus zum Diesseitsglauben wandelte, setzte er sich weltlicher Konkurrenz aus.

Die Linke hat die Energien absorbiert, die den Protestantismus lange so überaus erfolgreich machten, das inwendig Beseelte und Entschiedene, das besonders auf fundamentalistisch gesinnte Geister seinen Reiz ausübt, den unerschütterlichen Glauben an die eigene Unfehlbarkeit. Leider hat die Linke auch das Zänkische des Protestantismus übernommen, das Sauertöpfische und Nachtragende. Der bestimmende Typus in ihren Reihen ist nicht der sprachgewaltige Humanist der Bibelübersetzung oder der Tonmeister der Matthäus-Passion, jener barocke Geistesmensch, der seinen spirituellen Ambitionen in großen Kulturwerken Ausdruck verleiht, sondern der pietistische Eiferer, der nicht viel von Texten oder himmlischer Musik versteht, dafür aber genau weiß, was sich schickt und was nicht.

Der Katholizismus hat sich besser behauptet, er erweist sich sogar als erstaunlich zählebig, wohl auch, weil er weniger anschlussfähig war für moderne Erlösungserwartungen. Die katholische Kirche ist nicht ohne politischen Anspruch, ihre Soziallehre hat sogar einen bedeutenden Beitrag beim Aufbau des deutschen Sozialstaats geleistet. Aber ihr Anspruch war immer auf Erleichterung des menschlichen Schicksals gerichtet, nie auf Besserung der menschlichen Natur oder gar deren Vervollkommnung. Der Katholik hält fest an der Trennung zwischen Diesseits und Jenseits. Er weiß, dass das Paradies nicht von dieser Welt ist, auch nicht sein kann, das macht ihn ausgesprochen utopieresistent. Wo er dennoch jedes Maß verliert, Tugendrepubliken errichten will oder vorläufige Gottesstaaten, sind das häretische Ausstülpungen, die auch als solche behandelt werden.

Hilflos versucht die evangelische Kirche Schritt zu halten mit dem modernen Erlösungsglauben. Weil sie sich ihrer eigenen eschatologischen Verheißung nicht mehr sicher ist, lehnt sie sich an die Versprechen der Konkurrenz an, womit sie ihren Niedergang nur beschleunigt. Sie hat alle Bekümmernisse des linken Klagekanons aufgenommen, allerdings ohne das dazugehörende Lösungsprogramm bieten zu können. In jeder guten Sonntagspredigt findet sich heute die Litanei über den Kriegstreiber Amerika, die Schrecken der Globalisierung, das Elend der Hartz-IV-Empfänger. Kaum ein Pastor traut sich noch, von Himmel und Hölle zu sprechen, und wenn, dann ist das nur vage allegorisch gemeint, wie er sich hinzuzufügen beeilt. Bei der Konfirmation meines ältesten Sohnes im vergangenen Jahr trugen fünf der Jugendlichen im Gottesdienst unter dem aufmunternden Blick der Pastorin selbstformulierte Glaubensbekenntnisse vor. Es waren Bekenntnisse, woran sie alles nicht glauben: die Genesis, die Auferstehung, das Jüngste Gericht. Am Ende erklärten sie sich einverstanden, Gott als eine «positive Kraft» zu sehen, dann umarmte man sich, die Pastorin sprach ein Gebet, und die Gemeinde wurde zum Abendmahl gerufen. Die Einzigen, die heute noch, außer den Katholiken, von Erlösungshoffnungen reden, sind die Linken.

Bleiben wir deshalb einen Augenblick bei der Frage, wie denn die neue Welt aussehen könnte, die mit dem Auftritt des Revolutionärs aus der Dämmerung des Noch-nicht ins Licht des Jetzt gebracht werden soll. Solange der Herr das Königreich des Himmels herbeiführte, konnte man ihm die Details überlassen. Doch spätesten ab Ende des 18. Jahrhunderts muss man sich selber Gedanken machen, Pläne schmieden. Die Richtung ist klar, aber man wüsste eben gerne genauer, worauf man sich einlässt, also werden die großen heilspolitischen Entwürfe formuliert und veröffentlicht, unter deren Einfluss das gesamte politische Denken der nächsten Jahrhunderte stehen wird, so oder so: dafür oder dagegen. Es ist auch eine Art Tauglichkeitstest. Wenn die ideale Gesellschaft schon auf dem Papier nicht funktioniert, wo der Autor alle Fäden in der Hand hat, wie dann in der Wirklichkeit?

Es gibt Vorarbeiten. Wer sich an die Vervollkommnung der Menschheit begibt, kann auf eine reiche Tradition utopischer Schriften zurückgreifen. Schon Platon hat sich Gedanken gemacht, wie eine perfekte Gesellschaft beschaffen sein müsste. Sein Idealstaat, in der ‹Politeia› beschrieben, kennt bereits alle Elemente, die sich fortan bei jedem utopischen Projekt wiederfinden: das Verbot jeglichen Privateigentums, weil alle Bürger Freunde sind und Freunde alles teilen; das diätetische Gesundheitsregime, das auf eine gesunde, einfache Kost achtet, damit niemand zu dick wird und niemand zu dünn; die Auflösung der Familie zum Zwecke der Gemeinschaftserziehung der Kinder; die Moralherrschaft, die sich auf alle Tätigkeiten erstreckt, zu jeder Tag- und Nachtzeit, und der sich niemand entziehen kann.

Der Staatsroman, wie die Gattung der utopischen Schriften auch heißt, ist nicht zur Unterhaltung des Lesers geschrieben. Die Utopie setzt bei der Idee an, dass die Welt ungerecht eingerichtet sei, und entwirft ein Gegenbild, wie es stattdessen sein könnte, sie ist also von Beginn an emanzipatorisch gemeint. Zentrales Anliegen aller Utopien ist die Gleichheit, nicht im Sinne der Rechtsgleichheit, das wäre zu einfach, sondern der Gleichheit der Lebensverhältnisse. Die ideale Gesellschaft ist immer das Kollektiv, das gilt für ‹Utopia› von Thomas Morus (1516), der Erfindung des «Nicht-Orts», die dem Genre den Namen gab, für den ‹Sonnenstaat› von Tommaso Campanella (1623) und Francis Bacons ‹Nova Atlantis› (1627), aber auch für alle späteren, mehr oder weniger epigonalen Texte. Nur bei der Wahl der Erziehungsmethoden unterscheiden sich diese sozialistischen Frühphantasien, einige setzen mehr auf die natürliche Einsicht der Beteiligten, andere eher auf Strafe und Überwachung als Mittel zur Vervollkommnung.

Die Utopie ist das Reformprogramm der Linken in seiner Urform, das macht sie bis heute so lesenswert. Die Sehnsüchte treten offen zutage, noch nicht belastet durch praktische Erwägungen und Verwirklichungsansprüche. Man findet in ihr ganz unverstellt alle Obsessionen und Zwangsvorstellungen, die bis heute jedes Verbesserungsprojekt durchziehen, wobei sich immer auch ein psychologischer Subtext offenbart, der Rückschlüsse auf die seelische Verfasstheit der Architekten zulässt. Der manisch-depressive Typ scheint unter Utopisten nicht ganz selten zu sein, muss man sagen.

Vermutlich tritt der neurotische Charakter egalitärer Vervollkommnungsversuche nirgendwo deutlicher zutage als im ‹Sonnenstaat› des Dominikanermönchs Campanella. Seine Idealgesellschaft, auf der Insel Ceylon angesiedelt, ist eine Art frühe Version des ver.di-Staats: Bildung für alle, staatlich garantiertes Grundeinkommen frei von Konkurrenzdruck und Lohndumping, allgemeine Gesundheitsfürsorge ohne Zuzahlung, gemeinschaftlich organisierte Kulturprogramme im Freizeitheim und, als Krönung, Reduktion der Wochenarbeitszeit auf 20 Stunden. Vor allem der öffentliche Dienst steht bei den Sonnenstaatlern in hohem Ansehen, was sich schon an der Vielzahl der Ämter und ihren Bezeichnungen zeigt: «So viele Namen wir für die Tugenden haben, so viele Behörden gibt es bei ihnen; also Großmut, Tapferkeit, Keuschheit, Freigebigkeit, richterliche und bürgerliche Gerechtigkeit, Gewissenhaftigkeit, Wahrheit, Wohltätigkeit, Dankbarkeit, Heiterkeit, Fleiß, Nüchternheit usw.»

Campanellas Sonnenstaat ist eine Ordnungsphantasie. Alles ist zur Zufriedenheit geregelt, jedes Ding hat seinen Platz, nichts tanzt aus der Reihe – der Traum jedes analfixierten, von Verlustängsten und Kontrollanfällen geplagten Zwangscharakters.

Die Sonnenstaatler leben in einer geometrisch perfekt ausgerichteten Stadt, ein Tag ist wie der andere, von Überraschungen und Normverletzungen weitgehend gereinigt. Alle tragen die gleiche Kleidung, tagsüber weiß, abends rot, alle die gleiche Frisur, die Frauen das Haar zum Zopf gebunden, die Männer als kurzgeschnittenen Schopf. Mahlzeiten werden grundsätzlich gemeinsam eingenommen und mit einer Hymne auf die Liebe und die Weisheit beendet. Über den Speiseplan wacht eine Behörde, wie auch über die Hygiene: Die Kleidung wird einmal im Monat mit Lauge oder Seife gewaschen, der Körper nach Anweisung der Ärzte. Weil alles grundsätzlich Gemeinbesitz ist – Wohnung, Werkstatt, Schlafraum, selbst das Bett und sämtliche Gegenstände des täglichen Bedarfs –, gibt es auch keine Räume des Rückzugs, keine verstohlenen, privaten Nischen, in denen das Heimliche und Ungesunde keimen könnte.

Ihr wahres Wunderwerk haben die Sozialtechniker des Sonnenstaats allerdings in der Zurichtung der Bürger zu friedliebenden, seelisch beruhigten Mitgliedern der Gesellschaft vollbracht. Die äußere Ordnung ist nur Ausdruck einer noch größeren inneren. Verbrechen aus Habsucht wie Raub, Meuchelmord oder Ehebruch kommen nicht mehr vor, die schlimmsten Vergehen, die man im Sonnenstaat kennt, sind Gefühlsaufwallungen wie Jähzorn, Traurigkeit und Stolz. Aber auch an der Beherrschung dieser Leidenschaften wird gearbeitet. Ein abgestuftes Strafsystem, das vom Ausschluss von der gemeinsamen Mahlzeit bis zur Züchtigung mit der Rute reicht, sorgt für Einsicht und Gehorsam.

Das Elend der Utopien lässt sich in zwei Worte fassen: Terror und Langeweile. Es ist schwer zu sagen, welches Problem das größere ist. Alle Idealgesellschaften sind Tugendstaaten. Immer verstehen sich die Menschen, sind schrecklich lieb zueinander; es gibt keinen Streit, kein lautes Wort. Am Abend sitzt man sittsam beisammen, die Jungen tragen den Alten auf und reichen ihnen das Mundtuch, wenn etwas danebengeht, dann wird gesungen – kurz, entweder man ist verblödet und senil genug, um sich in dieser Rentneridylle wohlzufühlen, oder man zettelt einen Aufstand an. Womit man beim Terror wäre, dem steinernen Gast jeder Veranstaltung zur Hebung des Menschenglücks.

Nicht nur der Weg zum Paradies ist beschwerlich, wie sich zeigt, auch die perfekte Welt braucht eine ständige Hege und Pflege der menschlichen Natur. Alles kann aus dem Lot geraten, wenn man nicht aufpasst. Immer lauert irgendwo eine Schlange, stets gibt es jemanden, der sich partout nicht anpassen will. Deshalb kommt nicht einmal der Sonnenstaat ohne die Todesstrafe aus. Auch in diesem Punkt ist der kalabrische Mönch, der selber drei, nach anderer Rechnung sogar sechs peinliche Befragungen durch die Inquisition überlebte, seiner Zeit voraus. Der Rechtsprozess bei Campanella ist radikal verkürzt: Der Volksgerichtshof spricht seine Urteile direkt nach Anklageverlesung und Verteidigungsrede, ein Einspruch verzögert das Verfahren um maximal einen Tag, bevorzugte Todesart ist die Steinigung. Die Urteilsvollstreckung beginnt allerdings nicht eher, als der Verurteilte «selber die Todesstrafe anerkennt und ihre Vollziehung wünscht» – ein Verfahren, wie es drei Jahrhunderte später in den stalinistischen Säuberungsprozessen gängige Praxis wird. Den Akt seiner Vernichtung nicht nur erdulden, sondern auch noch laut begrüßen zu müssen, bedeutet den totalen Triumph über das Individuum, seine endgültige und vollständige Auslöschung.

Bemerkenswert ist bei allen Utopien, angefangen bei Platon, welche Aufmerksamkeit die Autoren der Fortpflanzung widmen, wobei die freie Liebe der Blumenkinder, um es gleich zu sagen, nicht das ist, was sie im Sinn haben. Lange vor der Entdeckung der mendelschen Erbgesetze vertrauten die utopistischen Vordenker schon einer Auslese, wie man sie aus der Pflanzen- und Tierzucht kennt, ein Verfahren zur Gesellschaftsveredelung, das auf Dauer weit wirksamer ist als ein auf Lob und Tadel basierendes Erziehungssystem. Die Part-

nerwahl funktioniert in jedem Musterstaat nach streng euge-
nischen Kriterien: bei Platon noch über ein fingiertes Los,
bei Campanella über die Zuweisung durch den «Fortpflan-
zungsbeamten», der auch gleich Zeitpunkt und Ort des Ge-
schlechtsverkehrs bestimmt. Anziehung oder Neigung spielen
keine Rolle, ausschließlich Zuchtkriterien: «Große und schöne Frauen werden nur mit großen und tüchtigen Männern
verbunden, dicke Frauen mit mageren Männern und schlanke
Frauen mit starkleibigen Männern, damit sie sich in erfolgreicher Weise ausgleichen können.»

Wie nah der Zuchtgedanke der angewandten Sozialwis-
senschaft ist, hat die zeitgeschichtliche Forschung inzwischen
hervorragend dokumentiert, auch wenn niemand auf der
Linken gerne darüber spricht. Tatsächlich erfreute sich die
Eugenik nach ihrer Popularisierung durch den Mediziner
Alfred Ploetz Anfang des vorigen Jahrhunderts gerade unter
fortschrittsgesinnten, sozial aufgeweckten Geistern besonderer Wertschätzung. Sie passte perfekt zum wissenschaftsver-
narrten Aufbruchsgeist der Zeit, bis sie dann, nach 1945, aus
verständlichen Gründen in Misskredit geriet. Ploetz, Begründer der «Rassenhygiene», wie die Eugenik in Deutschland
hieß, hat übrigens einen durchaus vielsagenden Lebenslauf:
Seit Studententagen Sozialist und deswegen auch mehrfach
der Verfolgung durch die Bismarck'schen Sozialistengesetze
ausgesetzt, war er zugleich, neben dem Dramatiker Gerhart
Hauptmann, Mitglied einer utopistischen Gesellschaft namens «Pacific», die sich der Gründung einer Idealkolonie
in Übersee verschrieben hatte. Mitte der achtziger Jahre des
19. Jahrhunderts entsandte ihn der Verein nach Amerika, um
dort das Leben in einer der kommunistischen Ikarier-Kolonien
zu studieren, die der französische Schriftsteller Étienne Cabet
nach dem Vorbild seines Erfolgsromans ‹Reise nach Ikarien› in
Iowa ins Leben gerufen hatte. Nach einem halben Jahr unter
den Kolonisten brach Ploetz ab: Die vorherrschenden menschlichen Schwächen hatten ihn zu der Erkenntnis gebracht, dass

die menschliche Rasse erst einmal verbessert werden müsse, bevor der Sozialismus im Ernst beginnen könne.

Keine Frage: Was von den utopischen Schriftstellern und Vordenkern als Werbetext für eine glückliche Zukunft gemeint war, erweist sich schon beim flüchtigen Lesen als beunruhigende Zwangsvorstellung von Leuten, die als Kind ein Reinlichkeitstrauma erlitten haben müssen. Die Fixierung auf das Geordnete und Gestutzte, ein immenses Bedürfnis nach Ruhe und Einklang verleiht allen Wunschträumen eines befreiten, der Sorgen entlasteten Lebens das Niedergedrückte und Abgezirkelte des kleinen Schrebergartenglücks. Etwas entschieden anderes, die Ausmalung des kommenden gesellschaftlichen Glücks betreffend, hat später auch der Marx'sche Gesellschaftsentwurf nicht zu bieten, in dem man morgens Jäger ist, nachmittags Fischer und nach dem Essen Kritiker, wie es der Philosoph in seiner ‹Deutschen Ideologie› in Aussicht stellt und wo die Spaltung in besondere und allgemeine Interessen auf wundersame Weise aufgehoben ist.

Es sind eigenartig leblose Welten, die als Utopia dem Publikum angedient werden, sie sind auf merkwürdig grundsätzliche Weise von allem Sinnlichen oder Verführerischen gesäubert. Nicht das Schlaraffenland, in dem sich die Tische selber decken, dient hier als Vorbild, sondern die Strenge des Klosters, bisweilen auch die Ruhe des Gefängnishofs. Aber vielleicht geht es ja im Kern genau darum, bei allen Versuchen, die soziale Welt zu begradigen und vom Laster der Habsucht zu befreien: ihr das Unordentliche auszutreiben, alles Unüberschaubare und Beängstigende. Der Analytiker jedenfalls wird in der Idee einer konfliktfreien Welt, in der jedermann in vollkommener Harmonie mit sich und seiner Umwelt lebt, unschwer eine kindlich-regressive Allmachtsphantasie erkennen können, die dem Bedürfnis nach uneingeschränkter Kontrolle entspringt.

Man ahnt, wie es weitergeht. Auf dem Weg vom Gedankenexperiment ins wirkliche Leben wird es nicht besser. Die ersten Unternehmungen, die ideale Welt auf Erden einzuführen, sind noch unbeholfene, tastende Versuche, die über die nähere Umgebung nicht hinauskommen. Es fehlen die Mittel, um den großen Durchbruch zu schaffen, aber man sieht schon den Anspruch, alles einzusetzen und nichts zu schonen, den heiligen Wahn, der nur durch die Umstände begrenzt wird.

Das erste Experiment dieser Art, von dem die neuzeitliche Geschichtsschreibung zu berichten weiß, findet in Münster statt: Im März 1534 nehmen der Schneiderlehrling Johann Bockelson und eine Gruppe ehemaliger Nonnen, Priester und Laien die Stadt ein, brennen die Kathedrale nieder, verbieten alle Bücher außer der Bibel und weisen Katholiken wie Protestanten aus der Stadt, sofern sie nicht auf dem Marktplatz abschwören. Bockelson, Anführer der Anabaptisten, einer Sekte von «Wiedertäufern», kann für sich beanspruchen, unter dem Deckmantel einer christlichen Diktatur für ein Jahr den Kommunismus in Münster eingeführt zu haben.

Die puritanische Gottesherrschaft, die damit einsetzte, kannte kein Privateigentum mehr, alle Zahlungsmittel und Besitztümer wurden eingezogen, die Türen der Häuser mussten jederzeit offen stehen, und für Frauen galt fortan absolute Treue. Vor allem Letzteres erwies sich als schwieriger durchzusetzen als gedacht, worauf die Polygamie eingeführt wurde, die es Frauen verbot, unverheiratet zu bleiben. Als auch dies scheiterte, weil nicht wenige den Beischlaf trotz Todesandrohung verweigerten, proklamierte Bockelson, inzwischen in den Rang eines Messias aufgestiegen, eine Republik der letzten Tage, deren Ankunft erst einmal mit einer Reihe von Massenexekutionen gefeiert wurde. Im Juni 1535 beendeten christliche Truppen das «Königreich Zion» mit der Rückeroberung von Münster. Bockelson wurde festgesetzt und, nach einigen Monaten öffentlicher Zurschaustellung, auf dem Marktplatz mit glühenden Eisen zu Tode gebracht.

So geht es einige Jahrhunderte hin und her, bald errichtet hier eine Sekte ihr irdisches Himmelreich, bald dort. In England übernehmen die Puritaner mit Oliver Cromwell kurzzeitig das Zepter und erlassen Tugendvorschriften, die das Volk auf den rechten Pfad bringen sollen, aber auch diesem Experiment ist kein nachhaltiger Erfolg beschieden. Die Engländer sind ein viel zu pragmatisches Volk, um sich von der Schließung von Kneipen und Theatern und dem Verbot von Make-up aus der Ruhe bringen zu lassen. Die Republik geht aus der Cromwell-Regentschaft gestärkt hervor, im Rückblick hat sie die demokratischen Instanzen befestigt und das Königreich nachhaltig immunisiert gegen jede Art von Glaubensregime.

So muss die Französische Revolution als der erste Großversuch gelten, das Paradies auf Erden zu begründen. Es ist der Praxistest auf den utopischen Vervollkommnungsanspruch, voll guter Absichten und hochfliegender Pläne, und er verläuft erwartungsgemäß: Nach der Proklamation allgemeiner Menschen- und Bürgerrechte und der Ausrufung der Ersten Republik erzwingen die radikalen Kräfte eine zweite Revolution, die diesmal, nach den gesellschaftlichen Umwälzungen, auf die Seelen der Menschen zielt und für die die Guillotine, die «Sichel der Gleichheit», zum Symbol werden soll.

Für einen kurzen Moment sah es so aus, als ob die Revolution ein glückliches Ende finden würde – der König entmachtet, die Massen verblüfft und dann begeistert über das Erreichte, dazu eine Reihe guter Ernten, die zur allgemeinen Euphorie beitragen. Zum ersten Mal auch gibt es ein Parlament, indem die Fraktionen nach demokratischer Manier vertreten sind, rechts die Bürgerlichen, die Girondisten, wie sie nach der Herkunft vieler ihrer Wortführer aus dem Département Gironde heißen, auf der anderen Seite die Linken, die Jakobiner, dazwischen die Unabhängigen, die «Ebene» oder auch der «Sumpf» genannt. Es ist eine Versammlung, wie sie der Kontinent noch nicht gesehen hat, voller Leidenschaft und Esprit, ein Konvent des Geistes, in dem Reden gehalten werden, bei denen man noch immer niederkniet, so furios sind sie. Die Sitzverteilung in dieser Nationalversammlung gibt bis heute den beiden großen politischen Lagern ihren Namen.

Mit der Revolution drängt neben dem Volk ein bislang unbekannter Menschenschlag ins Rampenlicht, leichtherzig und gescheit, gesegnet mit Charme und Witz, Connaisseur des Lebens und der Freiheit. Vor allem unter den Girondisten findet man Vertreter dieser Gattung, Juristen oft, die in Fähigkeit und Begabung und nicht in der Zugehörigkeit zu einer Klasse oder Gruppe die maßgeblichen Kriterien für gesellschaftliche Bewertung sehen und denen daran gelegen ist, dass Demokratie nicht gleichbedeutend wird mit Flegelhaftigkeit. Jacques-Pierre Brissot macht sich schnell einen Namen und natürlich Pierre Victurnien Vergniaud, der vermutlich beste Redner, den diese Zwischenphase aufzubieten hat. Auch die Linke hat wortmächtige Männer in ihren Reihen, Georges Danton, Louis de Saint-Just, Maximilien Robespierre, Jean-Paul Marat, Namen, die noch heute unsere Phantasie entzünden. Worte fliegen hin und her; die Redegewalt zählt, nicht die auf Waffen gestützte Macht, jedenfalls in diesen frühen, rauschhaften Tagen.

Aber wer sich einmal dem Egalitätsprinzip verschrieben hat, kann nicht auf halbem Weg stehen bleiben, darin liegt, wenn man so will, die unheilvolle Selbstradikalisierung der Revolution. Warum beim Recht auf Mindestlohn verweilen, wenn man auch denselben Lohn für alle verlangen kann? Warum sich mit der Gleichheit vor dem Gesetz begnügen, wenn die Gleichheit der Lebensverhältnisse denkbar scheint? So geht der Frühling der Revolution zu Ende, die Linke verbindet sich mit dem Mob, die «Commune», wie sich der Zusammenschluss aus arbeitslosen Handwerkergesellen, Gelegenheitsarbeitern, bäuerlichen Zuwanderern und allerlei vom Leben Geschundenen und Enttäuschten nennt, übernimmt Paris, und die wütende Gleichmacherei der Sansculotten beginnt, jene Herrschaft des Mittelmaßes, die bald schon knietief im Blut steht. Vom «Despotismus der Freiheit» (Marat) ist nun die

Rede und der «Tugend des Terrors» (Robespierre): In nahezu
jeder Versammlung ertönt alsbald die wunderbar paradoxe
Sprache des Neusprech, die alle Diktaturen zur Legitimierung
ihres Handelns bemühen.

Der Sansculotte ist der selbstgerechte, neidbesessene Vertreter des Pöbels, auf dessen Ressentiments und Bereicherungs-
hoffnungen alle Volksverführer ihre Herrschaft aufrichten:
damals der kühle Scharfmacher Saint-Just und der zynische
Taktiker Robespierre, heute eben die von der kapitalistischen
Wohllebe saturierte Kleinausgabe in Gestalt eines Lafontaine.
Man muss nur die Charakterstudie des Sansculotte über-
fliegen, wie sie der Revolutionshistoriker François Furet
überliefert hat, und man erkennt ihn sofort wieder: Typ Gewerkschaftssekretär, unverheiratet, aber in fester Beziehung
lebend, humor- und kinderlos, eine eher unauffällige Figur, bis
die Umstände geeignet sind und sich der instinktive Hass auf
zu viel Wohlstand und Daseinsfreude in geradezu auftrump-
fender Ereiferungswut Bahn bricht.

«Er will, dass sich alle Leute duzen. (…) Alles, was gegen seine eifern-
den Bestrebungen verstößt, ist ein Zeichen für ‹Aristokratismus›, also
für Revolutionsfeindlichkeit. Hochmütiges oder ironisches Gehabe?
Aristokratismus! Besitz eines Vermögens? ‹Die Aristokraten, das sind
alle Reichen, alle dicken Kaufleute, alle Schieber, alle Rechtsverdreher,
alle Bankiers, alle vollgefressenen Ladenbesitzer, alle faulen Bürohengs-
te und überhaupt alle, die etwas haben.› (…) Wer ein Kleidungsstück
aus importiertem Stoff trägt, ‹schmückt sich mit der Livree unserer
Feinde, um unsere braven Handwerker im Elend zu lassen›.»

In den Geschichtsbüchern firmiert die Französische Revolution
als bürgerliche Revolution, aber das trifft nur für den ersten
Teil zu. Spätestens ab dem Juni 1793, als die «Commune» unter Führung des ehemaligen Stadtzollbeamten François Han-
riot den Nationalkonvent umstellt und die Herausgabe aller
girondistischen Abgeordneten zwecks Füsilierung verlangt,

herrscht die offene Diktatur der Straße. Deren Antriebskraft ist nicht das Verlangen nach demokratischer Partizipation, es ist der Groll der Zukurzgekommenen: Nicht, dass alle mehr haben, steht im Vordergrund, sondern dass die, die mehr haben, nun weniger bekommen.

Die neuen Volksführer wollen das Privateigentum nicht abschaffen, sie wollen es beschränken, auf den «Raum der natürlichen Bedürfnisse», wie es heißt. Also werden Höchstgrenzen für Vermögen und Besitz eingeführt. «Der einzelne Staatsbürger soll nur eine Werkstatt, nur einen Laden haben dürfen», lautet zum Beispiel die Entschließung einer Sansculotten-Sektion nahe dem Botanischen Garten, eine Forderung, die irritierend aktuell wirkt. Die Denunziation, eben noch verachtet, wird Tugend und Pflicht. «Lauheit» und «Gleichgültigkeit» gelten nun schon als Ausdruck einer revolutionskritischen Einstellung und damit als hinreichender Verhaftungsgrund. Die Stimmabgabe bei Versammlungen erfolgt öffentlich, später genügt schon der Zuruf. Petitionen Einzelner werden nicht mehr zur Beratung zugelassen, nur kollektive Denk- oder Bittschriften können Ausdruck des Volkswillens sein. «Neu ist vor allem das Vokabular, dem man anmerkt, dass es von der Zeit und ihren Intellektuellen geprägt ist», schreibt Furet. «Die Träume der einfachen Leute aber, die sich vom übermächtigen Fortschritt in die Zange genommen sehen, kreisen nach wie vor um die gleichen Themen: nicht allen die gleichen Chancen, aber die gleichen Ergebnisse, nicht allen die gleichen Rechte, aber die gleichen Pflichten.»

Die Gewalt ergibt sich aus der Lücke zwischen Utopie und Realität, sie ist nicht eine Abirrung der Revolution, sondern ihre logische Folge. Das sieht niemand genauer als Robespierre, dieser schmächtige Anwalt aus der Provinz, der wie sein Freund Saint-Just an die Reinheit der Prinzipien glaubt. Deshalb ist er auch zugleich Vollstrecker und Totengräber des ersten linken Großprojektes. Ohne Unterlass rumpelt der Henkerskarren zum Schafott, Tag und Nacht saust das Fallbeil auf die Köpfe der Feinde der Republik hernieder; nicht etwa, weil die Anführer der Revolution besonders grausam wären, sondern paradoxerweise gerade im Gegenteil, weil dieser Terror von allen niederen Leidenschaften und Affekten gereinigt ist und einem höheren, drängenden Ziel dient: der Erziehung und Verbesserung des Menschengeschlechts.

Der Massenmord als zivilisierende Tat, das ist ein radikaler Gedanke, der weit abstrahlen wird in die Geschichte. Als probates Mittel der Politik hatte Gewalt immer gedient, das Mittelalter ist eine einzige Aneinanderreihung von Grausamkeiten. Auf die Idee allerdings, Gewalt könnte den Menschen zu einem vollkommneren Wesen machen, war vorher noch niemand gekommen. Aber der Gedanke ist gar nicht so absurd, wenn man glaubt, dass die Gesellschaft durch die Ungleichheit korrumpiert worden sei und es nur der menschlichen Anstrengung bedürfe, diesen Zustand rückgängig zu machen. Der Terror ist dann ein Instrument der Läuterung und Reinigung. Je entschiedener man ihn einsetzt, desto besser – wer sich dagegen reserviert zeigt oder gar ablehnend, macht sich selber schuldig, denn er verzögert die Befreiung der Gesellschaft aus den Fesseln des Vorurteils und der falschen Moral. «Mitleid ist Hochverrat», ruft der Vorsitzende des allmächtigen Wohlfahrtsausschusses den Zauderern zu, eine dieser genialen Formeln, die das von Kindheit auf Erlernte auf den Kopf stellen. «Terror ist nichts anderes als strenge und unbeugsame Gerechtigkeit, er ist eine Offenbarung der Tugend», belehrt Robespierre die Abgeordneten: «Der Terror ist nicht ein besonderes Prinzip der Demokratie, sondern er ergibt sich aus ihren Grundsätzen.»

Fast unnötig zu sagen, dass der Anwalt aus Arras ein glühender Bewunderer Rousseaus ist. Der französische Frühsozialist avanciert posthum zum Hausphilosophen der neuen Bewegung. «Dieses merkt Euch, Ihr stolzen Männer der Tat», schreibt Heinrich Heine 40 Jahre später im Pariser Exil in seiner ‹Geschichte der Religion und Philosophie in Deutschland›:

EINE KLEINE GESCHICHTE DER LINKEN

«Ihr seid nichts als unbewusste Handlanger der Gedanken-
männer, die oft in demütigster Stille Euch all Euer Tun aufs
bestimmteste vorgezeichnet haben. Maximilien Robespierre
war nichts als die Hand von Jean-Jacques Rousseau, die blu-
tige Hand, die aus dem Schoße der Zeit den Leib hervorzog,
dessen Seele Rousseau geschaffen.» Zum Ende der Terrorherr-
schaft, im Oktober 1794, wird der Leichnam des Philosophen
feierlich von dem kleinen Dorf Ermenonville, wo er 1778 bei-
gesetzt worden war, ins Panthéon überführt. Sechs Monate
zuvor ist Dantons Kopf unter der Guillotine gefallen, drei
Monate vorher auch der von Robespierre. Die Bürger wollen
endlich wieder in Ruhe schlafen, selbst den Sansculotten ist
es zu viel geworden. 35 000 Menschen kostete «La Terreur»
das Leben, 16 000 davon in Paris. Rechnet man die Opfer der
Strafexpeditionen gegen die «Konterrevolutionäre» in den Dé-
partements dazu, liegt die Zahl der Toten weit höher. Allein
in der Vendée, wo die «Höllenkommandos» der Revolution
besonders rücksichtslos wüteten, war anschließend ein Drittel
der Bevölkerung nicht mehr am Leben, eine Größenordnung,
die an die Massaker der Roten Khmer heranreicht, wie John
Gray spitz bemerkt hat. So steht am Ende dieses wilden, aus-
ufernden Jahrzehnts die «Grande Nation» bereit, sich jedem
anzuvertrauen, der Aussicht auf Stabilität und Sicherheit verspricht, auch einem genial begabten Emporkömmling aus
Korsika, der nicht viel mehr vorzuweisen hat als einige erfolgreich abgeschlossene Militärexpeditionen.

Danach ist es erst einmal vorbei mit Weltveredelungsprojek-
ten. Die nächsten Jahrzehnte wird Blut wieder aus profanen,
also allgemein üblichen Gründen vergossen: für mehr Land
und Reichtum, zur Absicherung der eigenen Macht und zur
Ablenkung der Bürger. Auch aus Eifersucht, Stolz, Grausam-
keit und Größenwahn, aber eben nicht zur Seelenläuterung.
Dann beginnen die fleißigen Leser Rousseaus ausgerechnet
am östlichen Rand Europas und im fernen Asien mit einem
neuen Anlauf, der Idee von der widerspruchsfreien Gesell-

schaft zum Durchbruch zu verhelfen, in Russland zunächst, aus damaliger Sicht der unwahrscheinlichste aller Orte, später noch weiter östlich, in Peking, Hanoi und Phnom Penh. Inzwischen ist Marx als Glaubenslehrer hinzugekommen mit seiner kurzerhand zur Wissenschaft promovierten Geschichtsutopie, der zufolge die Entwicklung der menschlichen Gattung auf ein kommunistisches Endstadium zulaufe, in dem Habgier, Herrschsucht, Eitelkeit und andere menschliche Laster abgestorben seien, um einem Zustand schranken- und klassenlosen Friedens Platz zu machen.

Marx ist, wie alle Heilsprediger, bei den Beweisen etwas nachlässig. Von der streckenweise brillanten Analyse der ökonomischen Verhältnisse können seine Voraussagungen nicht profitieren, sie beruhen allein auf der Annahme geschichtlicher Naturgesetze, nach denen sich das menschliche Schicksal in einer mühsamen Aufwärtsbewegung unausweichlich vollendet. Gleichwohl erlangt er vor allem unter Intellektuellen in kürzester Zeit enorme Popularität. Seine Philosophie umweht der süße Duft der Geheimlehre. 2200 Seiten umfassen allein die drei Bände ‹Das Kapital›, das Hauptwerk des «wissenschaftlichen Sozialismus», dessen ganze Wahrheit sich nur nach langem Studium offenbart. Generationen von Erweckungsbedürftigen laufen seither in mönchischem Stundengebet die Textzeilen ab, jede einzelne Passage über die kapitalistische Warenakkumulation und den Begriff des relativen Mehrwerts nach ihrem Sinn abklopfend. Wer für diese Exerzitien nicht die nötige Disziplin aufbringt, dem gibt die spezifische Terminologie der Marx'schen Lehre immerhin die Möglichkeit, Eingeweihtheit vorzutäuschen. Herausgehoben und erleuchtet dürfen sich so alle fühlen, die sich in die Gefolgschaft einreihen.

Vielleicht ist der gewisse Masochismus, den die Lektüre erfordert, der Grund, warum die marxistische Lehre innerhalb der Linken noch einmal einen spürbaren Radikalisierungsschub auslöst. Ihre Adepten verfallen jedenfalls fast aus-

nahmslos auf den Gedanken, dass alle vorherigen Unternehmungen, zum versprochenen Endzustand vorzustoßen, an der
Zögerlichkeit der Ausführenden gescheitert seien – und nicht
etwa an der Unerreichbarkeit des Ziels. Also versucht man es
noch einmal, energischer als zuvor und mit allen Mitteln der
modernen Technik. Als auch das nicht den gewünschten Erfolg bringt, steigert man das Tempo, was zu noch mehr Toten
und noch mehr Blut führt.

Dass die Revolution den Terror braucht, hatte schon Marx
seinen Anhängern mit auf den Weg gegeben. Der bärtige Philosoph war zu Lebzeiten nicht ganz die entrückte Vaterfigur,
zu der er im Nachhinein gemacht worden ist und als die er
heute noch von der Webseite der SPD und anderer Organi-
sationen lächelt. So erklärte er in einem Rundschreiben an
die Genossen im März 1850 für den Fall einer gemeinsamen
Volkserhebung mit den «kleinbürgerlichen Demokraten»:
«Die Arbeiter müssen vor allen Dingen während des Kon-
fliktes und unmittelbar nach dem Kampfe, so viel nur irgend
möglich, der bürgerlichen Abwieglung entgegenwirken und
die Demokraten zur Ausführung ihrer jetzigen terroristischen
Phrasen zwingen. (...) Weit entfernt, den sogenannten Exzes-
sen, den Exempeln der Volksrache an verhassten Individuen
oder öffentlichen Gebäuden, an die sich nur gehässige Erinne-
rungen knüpfen, entgegenzutreten, muss man diese Exempel
nicht nur dulden, sondern ihre Leitung selbst in die Hand nehmen.» Das ist ein Befehl, von dem sich seitdem jeder Klein-
und Großrevolutionär ermuntert fühlen darf, entschlossen
ans Werk zu gehen.

Auch die Bundesrepublik erlebt nun, mit etwas Zeitver-
zug, ihre kleine Oktoberrevolution, wenn auch lokal begrenzt, man ist schließlich in Deutschland. Über die Hörsäle
der Universitäten und gelegentliche Umzüge auf dem Berliner Ku'damm kommt man nicht wirklich hinaus, aber das
hindert die Akteure nicht, Großes zu planen für den Tag des
Umsturzes, weshalb seitdem jeder Jahrestag mit endlosen

Erinnerungsmärschen durch die Medien begangen wird, bei denen sich die näher und entfernter Beteiligten noch einmal gegenseitig dazu beglückwünschen, in Deutschland beinahe die herrschaftsfreie Räterepublik eingeführt zu haben. Wie die aussehen sollte, lässt sich dem ‹Kursbuch› Nummer 14 vom August 1968 entnehmen, in dem die beweglichsten Köpfe der Studentenbewegung ihre eigene Version des Sonnenstaats entwarfen. Jede Bewegung hat ihr Verkündungsorgan, und für die Achtundsechziger waren es die vierteljährlich erscheinenden ‹Kursbücher›, 1965 von Hans Magnus Enzensberger als Hauszeitschrift des Suhrkamp Verlages gegründet und dann dank Mao-Elogen, Kuba-Liebe und reichlich Revolutionslyrik zu Kultstatus und beachtlichen Auflagen gelangt. Der Reprint zum vierzigsten Jubiläum des Freiheitskampfes sagt mehr über die Zeit als einige Kubikmeter Erinnerungsliteratur, die im vergangenen Jahr in den Buchläden anschwemmten.

«Gespräch über die Zukunft» ist die Meditation über die Zustände nach der studentischen Machtübernahme überschrieben. Im Oktober 1967 hatten sich Rudi Dutschke, Bernd Rabehl und Christian Semler mit Enzensberger getroffen, die Zeit schien zu drängen, konkrete Vorbereitungen waren zu treffen. «Der biblische Garten Eden ist die phantastische Erfüllung eines uralten Traums der Menschheit», hatte Dutschke zuvor beseelt verkündet: «Noch nie in der Geschichte war die Möglichkeit der Realisierung so groß.» Man musste sich also sputen.

Über Lokalität und Grundzüge des Paradieses war sich das Quartett schnell einig: In Berlin würde es liegen, der Hauptstadt der Bewegung, wobei von Stadt im eigentlichen Sinn nicht mehr die Rede war. Die Metropole der Zukunft ist, nach der Zerschlagung der Verwaltung und Umsiedlung größerer Bevölkerungsgruppen, verdörflicht, die städtische Struktur in eine Vorgarten- und Vorstadtidylle aus weitgehend autonomen Kleinkollektiven aufgelöst, in denen sich alle kennen, ja kennen müssen und die daher auf zwei- bis dreitausend Leute begrenzt sind. Die kühnen Vordenker legen Wert auf Nähe, sie bevorzugen das Possierliche der Großkommune, die Überschaubarkeit der eingehegten Welt, «ohne Anonymität», das ist ganz wichtig. Die Kollektive gruppieren sich deshalb um den Betrieb oder die Fabrik, wo sie nun für den Eigenbedarf produzieren und für ein paar «Volksdemokratien» im befreundeten Ausland. Die Arbeitszeit beträgt fünf Stunden am Tag, der Rest der Zeit bleibt Gruppendiskussionen vorbehalten. Doch lassen wir die Revolutionäre sprechen, das Protokoll des Werkstattgesprächs erlaubt einen seltenen Blick über die Schulter linker Visionäre beim Verfertigen der Utopie:

Rabehl: Wir fragen also nicht nach den Kosten und Preisen, nach der Rentabilität der einzelnen Fabriken, sondern wir fragen nach den Möglichkeiten der Befreiung von Arbeit innerhalb des gesamten Systems. (...) Das hat auch Konsequenzen für die Arbeitsteilung. Wie viele Berufe hat denn der Mensch heute in Westberlin?

Dutschke: Einen Beruf, wenn überhaupt.

Rabehl: Du weißt, Mao spricht von vier Berufen: Arbeiter, Bauer, Soldat, Intelligenzler.

Dutschke: Die Landwirtschaft können wir ganz abschaffen, auf die halbbäuerlichen Ansätze verzichten, sie beseitigen, um Land, viele Hektar in Lichterfelde, in Marienfelde etc. zu gewinnen für den Aufbau von Lebenszentren für die freie Zeit.

Rabehl: Wenn es je gelingen sollte, die Arbeitszeiten so weit zu reduzieren, dann wird natürlich auch ein jeder zum Politiker werden. Es ist tendenziell auch ein jeder Künstler, wenn man sich erst einmal vom bürgerlichen Kunstbegriff befreit. Es ist wohl nicht jeder, der in einen Beatschuppen geht, ein Musiker; trotzdem steckt darin ein Überschuss, an dem jeder teilhat. Ich weiß nicht, ob die möglichen neuen Berufe alle schon Namen haben.

Semler: Bestimmt nicht.

Rabehl: Ebenso wird jedermann Lehrer und Lernender zugleich sein. In den einzelnen Kollektiven werden Räteschulen entstehen. (...) Jeder würde dort die Fähigkeit erwerben, andere Funktionen zu übernehmen und den Betrieb zu leiten.

Dutschke: Die verschiedenen Räteschulen könnten dann die ausgebildeten

Leute austauschen, rotieren, also einen Lernprozess durch die verschiedenen Produktionssphären hindurch in Gang setzen, um sie kennenzulernen,
zu begreifen, sich anzueignen. Das heißt, ganz Berlin wäre eine Universität, es gäbe keine Fakultäten mehr, wir hätten eine lernende Gesellschaft.
(Kursbuch 14, Suhrkamp, 1968, S. 168–169)

Nachdem somit geklärt wäre, dass die Arbeit als weitgehend
abgeschafft gelten kann und das Studentenleben einfach auf
die ganze Stadt ausgeweitet und damit zum permanenten Zustand erhoben wird, wendet sich die Gruppe der Frage zu, wie
man mit den Feinden der neuen Zeit verfahren soll. Man ist
schließlich nicht naiv. Rabehl hatte schon dezent den Hinweis
fallenlassen, dass «ein Großteil der Bürokraten» wohl «nach
Westdeutschland emigrieren» müsse. Enzensberger witterte
für das befreite Berlin die Gefahr einer Blockade, diesmal allerdings durch den Westen: «Von Seiten der Bundesrepublik
wäre folgende Reaktion denkbar: Flüchtlinge nehmen wir auf
aus diesem Berlin, aber wir liefern nichts mehr.» Dutschke
hielt das für unwahrscheinlich, er sah die eigentliche Gefahr
von innen drohen. «Wie kann die Kommune ihre Probleme
mit bestimmten Menschen lösen?», lautete seine Frage an die
Mitstreiter. Es ist die alte, leidige Geschichte: Immer gibt es
Verbohrte und Verstockte, die sich partout nicht in die neue,
harmonische Gesellschaft einfügen wollen.

Rabehl: Wo es ganz klar ist, dass eine Umerziehung unmöglich ist, etwa bei
  älteren Leuten und bei bestimmten Verbrechen, da sollte man den Betreffenden die Möglichkeit geben auszuwandern.
Dutschke: Was meinst du mit Umerziehung?
Rabehl: Zunächst, dass die Ursachen des Verbrechens genau erforscht, psychoanalytisch erforscht werden, aus dem Milieu des Täters heraus, aus
  seinen Erfahrungen, aus seiner Verzweiflung.
Dutschke: Soll die Psychoanalyse im Lernprozess, im Transformationspro-
  zess systematisch eingesetzt werden, um kollektive Neurosen zu beseitigen
  oder zu behandeln, und wie denkst du dir das?
Rabehl: Ich glaube, die Neurose verschwindet mit dem Umbau der Gesell-

EINE KLEINE GESCHICHTE DER LINKEN 91

schaft. Nur in Einzelfällen, bei wirklichen Verbrechern, die aus einer Neurose heraus diese Gesellschaft nicht begreifen, hat die Psychoanalyse eine Rolle zu spielen. Das Verbrechen ist ja im Grunde genommen ein Versuch der Rückkehr zur alten Form der Gesellschaft. (Ebd., S. 171–172)

Therapiesitzung statt Zwangslager, Überredungskunst statt Erschießungskommando und im Notfall eben Zwangsausweisung in den Westen – die Achtundsechziger-Größen zeigen sich nachsichtig. Viel anderes bleibt ihnen allerdings auch nicht übrig, sie haben nämlich im revolutionären Überschwang als Erstes den gesamten Polizei- und Justizapparat aufgelöst, möglicherweise etwas übereilt, wie sich nun herausstellt. Für größere Strafaktionen fehlt es an Personal. Man beschließt, für die Zukunft die praktischen Seiten nicht ganz aus den Augen zu verlieren. Kurz verweilt die Gesprächsrunde deshalb bei der Frage, wie man die Massen beschäftigen soll, die man gerade in die 25-Stunden-Woche entlassen hat.

Semler: Welche Probleme wird die stark reduzierte Arbeitszeit aufwerfen? Sicherlich dürfen sich die einzelnen Kollektive nicht abschließen im Sinne einer zur Fabrik gewordenen Gartenstadt.
Dutschke: Die verkürzte Arbeitszeit kann zur völligen Beseitigung von Schichtarbeit, von Nachtarbeit führen.
Enzensberger: Das geht nicht, weil es Service-Funktionen gibt, die 24 Stunden am Tag nötig sind. Verkehrs-, Versorgungs- und Nothilfefunktionen werden 24 Stunden am Tag gebraucht.
Dutschke: Das stimmt. Wir brauchen zum Beispiel Großküchen, die sich nicht durch Einfachheit auszeichnen, sondern hoch entwickelte Bedürfnisse entfalten. (Ebd., S. 172)

Immerhin: Für die Gourmetkantine auf Staatskosten ist gesorgt, ein Anliegen, das auch die Nachfolger in der sogenannten Toskana-Fraktion ausführlich beschäftigt und das erst Lafontaine als saarländischer Ministerpräsident mit der Anstellung eines Sternekochs in seiner Bonner Landesvertretung befriedigend gelöst haben wird.

So träumte man vor sich hin und begann dort, wo es die Umstände erlaubten, schon mal mit der Arbeit am Sonnenblumenland, dessen Umrisse Dutschke und die andern Führer der Neuen Linken in den Sand gezeichnet hatten. Der Vorteil der in kleiner Münze ausgezahlten Utopie ist ihre erhöhte Konvertierbarkeit. Als erster Schritt Richtung Paradies galt die Errichtung einer «Alternativkultur», jene aus dem linken Ideologiebaumarkt zusammengeschraubte Gegenwelt aus Kinderladen, Biotheke und Tempo-30-Zone, die sich in unausweichlicher Gründlichkeit über die deutschen Innenstädte ausbreitete. Schon der Verzicht auf ein Deodorant, auf das «Sie» in der Anrede und eine Rasur von Achsel- und Beinhaar ging nun als aufrührerische Tat durch, die einen der endgültigen Machtübernahme näher bringen würde. Parallel erfolgte der «Marsch durch die Institutionen», wie die Heimischwerdung im Staatsapparat unter den Achtundsechzigern selbstadelnd hieß. Statt die Bürokraten auszuweisen, wie es Rabehl vorgeschlagen hatte, ersetzte man sie einfach durch sich selbst, ein nahezu rückstandsfreies Verfahren, wie der Blick auf eine x-beliebige Arbeitsverwaltung oder Hochschule zeigt, das zudem den unbestreitbaren Vorteil besaß, der revolutionären Intelligenz zu Einkommen und Rentenanwartschaft zu verhelfen.

Die Gegenwelt wurde ziemlich schnell Normalgesellschaft. Der Institutionendurchmarsch brachte die Neue Linke zunächst an die Schaltstellen des Staates, den sie zu bekämpfen vorgab, dann auch, mit etwas Verspätung, an die Regierung. Aber das änderte nichts daran, dass die Protestbewegung immer neue Gründe und Örtlichkeiten fand, sich für unentbehrlich zu halten. Jetzt trat man eben der betrieblichen Gleichstellungsgruppe bei oder dem behördlichen Gender-Komitee, um «Gegenmacht» zu entfalten.

Der revolutionäre Gestus hat bis heute nichts von seinem Reiz eingebüßt. Es ist allemal aufregender, sich dem «Establishment» in den Weg zu stellen, als brav seinen Beitrag zur

EINE KLEINE GESCHICHTE DER LINKEN   93

Wohlstandsmehrung zu leisten. Noch nie hat jemand davon
berichtet, wie er sich mit heißem Kopf und pochendem Herzen morgens in den Vorortzug setzte, um seinem Büroalltag
zuzustreben. Auch von der Ladentheke ist nichts Erhebendes
bekannt, kein Aufstand, der das Blut in Wallung bringt. Die
Kunst besteht darin, sich auch dann noch dem Widerstand
verbunden zu sehen, wenn man längst Teil der Macht geworden ist, die man vorgeblich provoziert. Segelt man erst einmal
unter dem richtigen Protestabzeichen, dann ist prinzipiell alles
subversiv, auch der Dienstwagen samt Fahrer.

Ah, süße Wonnen der Unangepasstheit. Was ist schöner,
als sich gegen das eiserne Gesetz der Notwendigkeit aufzuleh-
nen? Man fühlt sich gleich so erfrischt, so verjüngt. Geht es
nicht genau darum? Sich noch einmal jung zu fühlen? Noch
einmal das Blut in den Schläfen pochen zu spüren und am
nächsten Morgen den trockenen Rausch der Gerechtigkeit
auszuschlafen?

Bill Gates mag eine Milliarde Dollar pro Jahr zur Bekämpfung von Aids und Malaria spenden und damit der Mensch
sein, der mehr zu Linderung der weltweiten Not getan hat als
alle arabischen Ölemirate zusammen, aber auf dem T-Shirt der
Jugend prangt der Kopf von Ernesto «Che» Guevara, einem
argentinischen Unternehmersohn mit Lungenproblemen, dessen Beitrag zur Armutsbekämpfung wilde Reden, eine romantische Motorradfahrt durch Patagonien und ein gescheiterter
Umsturzversuch im bolivianischen Urwald sind, bei dem er
zum Zeitvertreib gerne am frühen Nachmittag ein paar Exekutionen und hin und wieder auch eine Scheinhinrichtung
vornehmen ließ. Über die Tristesse der Zuckerrohr-Diktatur
auf Kuba, die der Guerillero zwischenzeitlich zu errichten
half, kann sich die Weltgemeinschaft der Revolutionssenti-
mentalisten, die vom Filmemacher Oliver Stone bis zum SPD-
Außenminister Frank Steinmeier reicht, nur hinwegtäuschen,
weil Sonne, Sand und Palmen auch ein Internierungslager einigermaßen ansehnlich machen.

An der Leistungsbilanz des Kapitalismus kann es nicht liegen, dass er unter Linken in so schlechtem Ansehen steht. Kein Wirtschaftssystem hat mehr gegen Armut und Hunger getan, vor allem die viel geschmähte Globalisierung hat sich für Millionen als Segen erwiesen und ihr Los spürbar verbessert. An dieser Bilanz hat auch die Finanzkrise nichts geändert: Boom und Crash gehören zum Betriebssystem, epidemische Anfälle von Gier und Panik, der Gewinn und Verlust unfassbarer Vermögen, daraus besteht ein Gutteil der Wirtschaftsgeschichte. «Bisher hat sich dieses proteische Monster, das wir Kapitalismus nennen, noch jedes Mal aufgerappelt», stellte Enzensberger nach den ersten Bankenpleiten in einem ‹Spiegel›-Gespräch altersweise und angenehm kaltblütig fest: «Was mich eher wundert, ist, dass die Leute von dieser Krise überrascht oder geschockt sind. Merkwürdig ist dieser phantastische Gedächtnisverlust.» Ausgerechnet der ehemalige Marxist erinnerte seine Gesprächspartner dann daran, dass diese «unerhörte ökonomische Maschine» bei der Wohlstandsproduktion so einzigartig erfolgreich sei, dass jeder Wunsch nach einer Alternative schrecklich naiv wirke.

1820 lebten 85 Prozent der Weltbevölkerung von weniger als einem Dollar am Tag, heute sind es nur noch 20 Prozent. Der Bewohner eines Entwicklungslandes wird inzwischen durchschnittlich 65 Jahre alt, hundert Jahre zuvor brachte er es auf gerade mal 30 Jahre. Der australische Politologe Peter Saunders hat kürzlich darauf hingewiesen, dass am Ende des 20. Jahrhunderts die Lebenserwartung in den ärmsten Ländern 15 Jahre mehr betrug als die durchschnittliche Lebenserwartung zu Beginn des Jahrhunderts im damals reichsten Land der Welt, in England. In der Tat ein außergewöhnlicher Triumph, und die Liste der Erfolge ließe sich fortsetzen: Der arbeitsteilige Kapitalismus hat den Menschen das Joch des Feudalismus abgenommen, er hat die Klassen- und Standesschranken eingerissen und entscheidend zur Durchsetzung bürgerlicher Grundrechte beigetragen. Wo sich die Marktwirtschaft etablierte, folgten irgendwann auch Demokratie und Rechtsstaat. Einen Großteil der Menschheit hat er zudem von der Last harter, körperlicher Arbeit befreit, und auch den Anteil, den diese am Leben hat, laufend verringert. In den entwickelten Industrienationen ist die Arbeitszeit inzwischen so weit reduziert, dass sie nur noch zehn Prozent der gesamten Lebenszeit ausmacht, der Rest entfällt auf Ausbildung, Freizeit und Ruhestand im Alter.

Der Kapitalismus kann sich zu Recht rühmen, seine Versprechen geradezu beispielhaft einzulösen. Mit dem Sozialismus verhält es sich regelmäßig umgekehrt. Er vermag nicht eines seiner Versprechen zu halten, tatsächlich ist es noch jedes Mal gründlich schiefgegangen, wenn seine Befürworter sich anschickten, die kühnen Ideen in die Tat umzusetzen. Wo sein Reich kommt, meist mit vorgehaltener Pistole, liegt am Ende alles am Boden, die Wirtschaft, die Kultur, die Umwelt. Aber irgendwie, scheint es, macht das nichts. Immer werden der Linken die besten Motive zugebilligt, die lautersten Absichten. Man sucht nach einer Entschuldigung. Man sagt, ach, sie meinten es ja gut, nun hat es nicht geklappt, aber sicher beim nächsten Mal, geben wir ihnen noch eine Chance.

Ich war in der zehnten Klasse, als ich beschloss, mich einer Befreiungsbewegung anzuschließen. Ich hatte mir die Wahl nicht leichtgemacht. Ich hatte Frantz Fanon gelesen, den Theoretiker des antikolonialistischen Freiheitskampfes, und kurze Zeit mit den Tupamaros in Uruguay sympathisiert. Guerillakrieg im Stadtdschungel, das hatte schon Dutschke interessiert.

Meine Mutter hätte es gerne gesehen, wenn ich zu den Jusos gegangen wäre. Eine Zeitlang lief ich sogar mit einem Anstecker herum, den sie mir von einer ihrer Infostände mitgebracht hatte, er zeigte eine Rose in einer geballten Faust. Ich fand ihn etwas bieder, was ich allerdings nicht laut zu sagen wagte. Mir stand der Sinn nach mehr Flair, irgendetwas entfernter Gelegenem, das meinen revolutionären Neigungen eher entgegenkam. So kam ich zu den Black Panthers. Ich fand ihre Sache auf Anhieb ansprechend – schwarz gegen weiß, unten gegen oben, dazu der Sound des Ghettos ... aufregend. Außerdem hatte ich ein Bild von Angela Davis gesehen, neben Eldridge Cleaver und Stokely Carmichael eine der Ikonen der «Black Power»-Bewegung. Danach brauchte es nach meiner Meinung nicht mehr viele Erklärungen, warum man auch dabei sein wollte. Nachdem ich entdeckt hatte, dass Angela Davis zwei Semester in Frankfurt verbracht hatte, um Adorno und Marcuse zu hören, schien auch das drängendste Problem, die Sprachbarriere, gelöst. Ich hatte in Englisch nicht so gut aufgepasst, was ich nun zum ersten Mal bedauerte. Erst später erfuhr ich, dass sie bei Adorno kein Wort verstanden hatte, was sie in diesem Fall allerdings nicht von ihren deutschen Kommilitonen unterschied.

Zugegeben, die Black Panthers waren keine ganz nahliegende Wahl. Es ist nicht leicht, sich als Mitglied einer schwarzen Untergrundorganisation einzuschreiben, wenn man noch bei den Eltern in einem Vorort von Hamburg lebt. Ich kannte niemand in Wellingsbüttel, der schwarz war. Ich hatte, ehrlich gesagt, in meinem ganzen Leben überhaupt noch nie einen Schwarzen getroffen. Ich bezweifelte insgeheim auch, dass Angela Davis irgendwelche Schwierigkeiten in Wellingsbüttel bekommen hätte. Die Leute dort waren immer schon enorm tolerant, aber davon durfte man sich natürlich nicht blenden lassen.

Je länger ich mich mit der Angelegenheit befasste, desto näher schienen mir unsere Welten zusammenzurücken. Gut, ich hatte nicht jeden Tag unter rassistischer Verfolgung zu leiden. Niemand schlitzte mir die Reifen auf oder rief mir Beleidigungen hinterher, weil ich für mehr Bürgerrechte war. Der einzige Grund für einen platten Fahrradreifen war in Wellingsbüttel eine unachtsam liegengebliebene Glasscherbe. Aber auch ich sehnte mich danach, die Fesseln zu sprengen, die mich an meine bürgerliche Existenz banden. Ich wusste genau, wovon

Angela Davis sprach, wenn sie die kapitalistische Welt ein einziges großes Gefängnis nannte. Genau besehen lebte ich im Herzen des Kapitalismus. Wellingsbüttel gehörte neben dem Starnberger See zu einer der Gemeinden mit dem höchsten Steueraufkommen der Republik. Meine Eltern hatten sich zu meiner großen Enttäuschung als Handlanger des Repressionsapparats erwiesen, als sie die abendliche Ausgehzeit an Wochentagen auf 22 Uhr festsetzten. Sie hatten nicht einmal eine Diskussion darüber zugelassen. Ich wusste jetzt, was mit dem Satz gemeint war: Wer hat uns verraten? Sozialdemokraten!

Was es brauchte, war ein Fanal, ein unübersehbares Zeichen, dass es überall Black Panthers gab, die für die Befreiung der Schwarzen stritten, welche Hautfarbe sie auch haben mochten. Hatten Angela Davis und ihre Mitkämpfer nicht gefordert, die Leuchtfeuer der Befreiung dort anzuzünden, wo man lebte? Jemand musste einen Anfang machen. Also schwang ich mich eines Sonntagabends über den Eisenzaun unserer Schule, in der Tasche meines Sweatshirts eine Dose schwarzer Sprayfarbe – und ein Paar Wiener aus dem Kühlschrank meiner Mutter. Die Woche zuvor hatte das Gerücht die Runde gemacht, der Hausmeister lasse nach Dienstschluss zwei Rottweiler auf dem Gelände patrouillieren. Niemand hatte sie je gesehen, aber ich wollte kein Risiko eingehen. Der Guerillakämpfer müsse immer auf die Hinterhältigkeiten des Gegners vorbereitet sein, hieß es bei Mao. Ich hätte eine Gaspistole gebraucht, aber ich kannte niemanden, den ich fragen konnte. So schlich ich über den Pausenhof, mit der einen Hand die Spraydose, mit der anderen die beiden kalten Würstchen umklammernd. Ich gebe zu, ich hatte mir meinen ersten Einsatz als Untergrundkämpfer auch heroischer vorgestellt.

Dafür konnte sich das Ergebnis sehen lassen. Es fand sich am nächsten Morgen neben dem Eingang des Oberstufengebäudes: «Wir werden Menschen sein, wir werden es sein, oder die Welt wird untergehen bei unserem Versuch, es zu werden», stand da nun in riesigen Buchstaben, ein Satz von

Eldridge Cleaver, der unsere Position hinreichend deutlich machte und Hamburg-Wellingsbüttel zu denken geben würde. Ich war sehr stolz. Der Hausmeister brauchte vier Tage, um Cleavers Prophezeiung vom Waschbeton zu kratzen. Es war klar, dass die Schulverwaltung die subversive Kraft meiner Aktion sofort erkannt hatte; ich hoffte, dass auch einige Klassenkameraden nun aus ihrer Unmündigkeit erwachen und zur Tat schreiten würden, ich rechnete eigentlich stündlich damit. Einmal sah ich in den nächsten Tagen, wie jemand einen Hausaufgabenzettel wütend zusammenknüllte, statt ihn ordentlich im Schulranzen zu verstauen. Im Englisch-Unterricht musste eine Klassenarbeit wiederholt werden, weil es zu viele Vieren und Fünfen gegeben hatte. Der Cleaver-Satz schien seine Zersetzungsarbeit zu entfalten. Aber dann saß ich komischerweise nach den Sommerferien immer noch da und musste mich mit Molmasse und Zellatmung herumplagen.

Meine revolutionäre Existenz kam nicht recht vom Fleck. Ich las weiter fleißig Fanon und drückte jetzt den Sandinisten in Nicaragua die Daumen. Ich sammelte für Amnesty International und Brot für die Welt. Aber ich musste mir eingestehen, dass ich kein guter Befreiungskämpfer war. Ich ging regelmäßig zu den Treffen der Dritte-Welt-Gruppe, doch ich war unfähig, mich ganz der Sache zu verschreiben. Bei unseren Sitzungen war ich mehr an der Bluse meiner Nachbarin interessiert als am Leiden im Trikont. Ich fand das selber oberflächlich, ich verachtete mich für meine niederen Instinkte, es half aber nichts. Sie hieß Kathrin, und alles, woran ich mich erinnere, ist ihr nicht hoch genug zu preisendes Dekolleté.

Vielleicht wäre noch etwas aus mir geworden, wenn mich meine Mutter nach Brokdorf gelassen hätte, um den Atomstaat in die Knie zu zwingen. Dies war eine Bewährungsprobe, wie sie sich im Leben eines jungen Menschen nur ein paar Mal bietet: ein Bauzaun, davor die bis an die Zähne bewaffnete Staatsmacht und auf der andern Seite das bunte Heer der Demonstranten. Ich bettelte und flehte, aber meine Mutter ließ sich nicht erweichen. Ich hatte sie im Verdacht, dass es nur darum ging, mich wegen meiner Hinwendung zu den Grünen zu bestrafen. Seit ich meine Sympathie für die ökologische Bewegung zu erkennen gegeben hatte, endete jedes Mittagessen in einer zermürbenden Politdiskussion. Das Trennungsdrama, das die SPD in diesen Tagen als Partei durchlebte, spielten wir auf Familienebene nach. Ich fand ihr Verbot wahnsinnig kleinherzig, schließlich ging es doch um die Sache. Es war ein Zerwürfnis, von dem sich mein Verhältnis zur Sozialdemokratie nie mehr ganz erholt hat.

Mein Freund Torsten durfte natürlich fahren. Er durfte auch nach Wackersdorf und zur Startbahn West, wo der Kampf gegen den Ausbau des Frankfurter Flughafens in seine entscheidende Phase ging. Torsten kehrte von diesen schulverträglich an Wochenenden liegenden Exkursionen mit einem abgeklärten Lächeln zurück, das natürlich noch lässiger war, als wenn er sich gleich mit seinen Erlebnissen gebrüstet hätte. Für Wochen umwehte ihn der süße Duft des Tränengases. Ich beneidete ihn enorm.

Es gab in meiner Klasse zwei Jungen, die nicht links waren. Der eine hieß Christian, ein weizenblonder, immer leicht gebeugt gehender Junge mit schiefen Zähnen, einer großen Brille mit genauso schiefem Metallgestell und einem sympathischen, aber linkischen Lächeln. Heute würde man in ihm vielleicht den nächsten Internetmillionär vermuten, aber damals war er einfach nur jemand, der sich irrsinnig gut mit Zahlen auskannte. Der andere war Walter Schulz-Schaeffer. Wenn von Walter die Rede war, nannten ihn alle aus irgendeinem Grund immer bei seinem vollen Namen. Walter war in der Schule eher unauffällig, nirgendwo wirklich gut, nirgendwo richtig schlecht, dafür hatte er ein Hobby, das ihn von allen unterschied: Er stopfte Tiere aus. Kaninchen, Mäuse und kleine Echsen, am liebsten aber Vögel, alles, was einen Schnabel und Federn hatte. Einmal war ich kurz bei ihm, ich musste etwas von der Schule abgeben, und weil ich nun einmal da war, führte er mich in sein Zimmer. Ich glaube, ich war der erste Junge aus unserer Klasse, der ihn in seinem heimischen Lebensraum antraf, ich habe jedenfalls nie von jemand anderem gehört. Er zeigte mir mit schüchternem Stolz seine Präparate, die er so auf den Regalen gruppiert hatte, dass sie alle aus ihren toten Knopfaugen auf sein Bett guckten. Geduldig erklärte er mir, wie er die Tiere häutete und reinigte. Der Kopf sei am schwierigsten, sagte er, die Augenlider, da zeige sich der geübte Taxidermist. Ich kann nicht sagen, dass ich es nicht faszinierend fand – so wie man auch von einem Serientäter fasziniert ist.

Christian und Walter waren die beiden örtlichen Vertreter der Jungen Union, das hat, wie ich zugeben muss, meinen Blick auf die Jugendorganisation der CDU nachhaltig geprägt. Noch heute kann ich nicht umhin, an Walters Vögel zu denken, wenn ich in meinem Büro die Einladung zu einem JU-Kongress sehe. Die beiden blieben auch für die gesamte Schulzeit die einzigen Mitglieder, soweit ich das beurteilen konnte, Angehörige einer seltsamen Spezies, die mit Aktentasche zur Schule kamen und grauen Stoffhosen mit weicher Bügelfalte. Einmal machte Christian bei mir einen vorsichtigen Anwerbungsversuch, zumindest deutete ich es so, aber ein Blick genügte, um ihn in seine Schranken zu weisen.

Wir anderen trugen Parka und Jeans und das Überlegenheitsgefühl der rebellischen Jugend, die genau weiß, was man tun und lassen muss, um dazuzugehören. Wir waren der Mainstream, in unserer Unangepasstheit in allem die Mehrheit, Herren über ein gut ausgepolstertes Gruppenvertrauen, das sich bei denen, die dem linken Lebensgeist treu geblieben sind, bis heute erhalten hat. Unnötig zu erwähnen, dass die Junge Union sich an unserer Schule auch mit den Mädchen schwertat. Mädchen sind die härteste Währung, nach der sich unter Heranwachsenden der Status in der Sozialhierarchie bemisst. Als Tierpräparator oder Mathegenie stand man da auf verlorenem Posten.

War JU-Mitgliedschaft jemals cool? Ich bezweifele es. Außenseiter zu sein ist nie cool, deshalb bringen ja auch so wenige die Kraft dazu auf. Man zahlt seinen Preis, wenn man beschließt, sich vom Zeitgeist unabhängig zu machen, daran hat sich bis heute nichts geändert. Das heißt nicht, dass man es später nicht weit bringen kann. Wo sie der Politik treu blieben, sind die Weggefährten von Christian und Walter in die Staatskanzleien vorgestoßen, sie stellen heute die Mehrzahl der Ministerpräsidenten und regieren überall da, wo die Zahl der Leistungserbringer die der Leistungsbezieher klar überwiegt. Sie haben sich durchgebissen, sie gingen zum Bund, während wir andern Zivildienst schoben, und zogen ihre Examen durch. Wer kein wohlsituiertes Elternhaus im Hintergrund hat, muss sich ranhalten, auch das unterscheidet die JU-Generation, die gemeinhin einen eher kleinbürgerlichen Hintergrund hat, von ihren Zeitgenossen aus den besseren Vierteln.

Die revolutionäre Gesinnung ist nicht zuletzt eine Frage des Taschengelds, man muss sie sich im wahrsten Sinn des Wortes leisten können. Am Ende eines langen Gesprächs über das Jahr 1968 erzählte die Regisseurin und Zeitzeugin Helma Sanders-Brahms von den Wäschepaketen, die sich ihre Kommilitonen immer von Mama zu Hause nach Berlin schicken ließen. Das Fundament der Utopie sind der Geldbeutel des Vaters und die Fürsorge der Mutter. Fehlt eines von beiden, geht ihr schnell der Atem aus.

WIDER DIE HERRSCHAFT DER VERNUNFT – DIE LINKE UND DAS BILDUNGSSYSTEM

Meinen ersten richtigen Konservativen traf ich im Alter von 23 Jahren. Ich war darauf völlig unvorbereitet, nichts in meinem bisherigen Leben hatte mich für so eine Begegnung präpariert. Es war ein Schock.

Ich stand am Anfang des siebten Semesters Germanistik. Brav hatte ich jedes strukturalistische und poststrukturalistische Seminar belegt, das im Vorlesungsverzeichnis der Hamburger Uni zu finden war. Ich hatte meine dekonstruktivistischen Meditationen über Jacques Derridas ‹Grammatologie› absolviert und mich den notwendigen Exerzitien in feministischer Literaturkritik unterzogen. Ich hatte den Logozentrismus zu überwinden gelernt, der das westliche Denken seit Platon im Griff hält, und, dank der Nachhilfe durch den weiblichen Teil des Lehrpersonals, auch den Phallogozentrismus der abendländischen Rationalität.

Dass meinen Seminararbeiten zunehmend der klare Gedanke fehlte, war kein Mangel, sondern, im Gegenteil, Beweis meines Studienfortschritts. Es kam schließlich darauf an, dem «Imperialismus des Logos» zu widerstehen, der jede andere Denkweise als irrational verurteilt und isoliert. Vernunft und Wahrheit waren pluralitätsfeindliche Herrschaftsbegriffe, die als autoritär, hierarchisch oder totalitär abzulehnen waren, wie man bei den französischen Meisterdenkern nachlesen konnte, die bei mir und meinen Kommilitonen hoch im Kurs standen. Es gab aus unserer Sicht wenig Grund, diese Erkenntnis in Frage zu stellen.

Irgendwann muss mich eine Ahnung überfallen haben, dass man mit dem vertieften Wissen über das «Spiegelsta-

DIE LINKE UND DAS BILDUNGSSYSTEM 103

dium als Bildner der Ich-Funktion» oder die «Ethik der sexuellen Differenz» zwar mühelos durch den Unialltag segelt, aber in der Welt außerhalb des literaturwissenschaftlichen Seminars nicht so leicht Anschluss findet. Mein Versuch, eine semiotische Deutung der ‹Nacht der lebenden Toten› als Filmbesprechung im Kulturteil des ‹Spiegels› unterzubringen, war kläglich gescheitert. Ich hatte auf meine Einsendung nicht einmal eine Absage erhalten, was mich mehr kränkte, als es eine entschiedene Zurückweisung getan hätte. Ich schob dies auf die Kurzsichtigkeit der Ressortleitung, die leider völlig hinter der neueren Theorieentwicklung zurück war, doch blieb ein nagender Zweifel an der Nützlichkeit meiner in den vergangenen dreieinhalb Jahren erworbenen Kenntnisse.

So landete ich bei Wolf Schneider, Leiter der Hamburger Journalistenschule von Gruner + Jahr, ein Mann mit beträchtlicher, wenn auch aus meiner damaligen Sicht zweifelhafter Berufserfahrung (‹Stern›-Verlagsleiter, ‹Welt›-Chefredakteur!), noch zweifelhafterer Vita (Weltkrieg-II-Einsatz als Achtzehnjähriger bei der Luftwaffe!!) und einem Ruf als erfolgreicher und schrecklich pingeliger Sprachkritiker (‹Deutsch für Kenner›). Ein wohlmeinender Freund meiner Eltern hatte mir den Termin besorgt, ein Gespräch könne schließlich nicht schaden, riet er mir.

Was hatte ich zu verlieren? Ich war erkenntnistheoretisch auf der Höhe der Zeit und ziemlich flink mit dem Begriffsbesteck, mit dem jeder, der an der Uni etwas auf sich hielt, herumklapperte. Ich fühlte mich bestens vorbereitet, mit Derridas funkelnder ‹Grammatologie› gegen Schneiders dröge Grammatik. Und hatten mir meine Professoren nicht immer gute Noten ausgestellt?

Um es kurz zu machen: Wir kassierten eine furchtbare Packung, Derrida und ich. Wir hatten nicht den Hauch einer Chance.

«Aha, Student der Literatur und Philosophie», sagte Schneider, kaum hatte ich ihm gegenüber Platz genommen.

«Nun ja, immerhin zwei Weder-noch-Fächer.» Kurze Pause, dann eine als Erläuterung verpackte erste, schallende Ohrfeige: Im Journalismus unterscheide man zwischen Studienfächern, die erwünscht und für den späteren Beruf hilfreich seien wie Jura, Medizin oder Volkswirtschaft, dann, zweitens, solchen Studiengängen, die zumindest nicht schadeten, dazu gehörten meine, und schließlich Fächern, die eine Bewerbung eher erschwerten als beförderten, unter diese Kategorie fielen Soziologie, Politologie und die Kommunikationswissenschaften. Es hatte gerade zwei Minuten gedauert, und meine sieben vom Steuerzahler mit überschlägig 45 000 Euro finanzierten Hochschulsemester waren zu einem unnützen, wenn auch harmlosen Zeitvertreib geschrumpft.

Falls ich gedacht hatte, damit sei es getan, hatte ich mich getäuscht. Schneider hatte erst angefangen. «Wenn Sie sich bei einer Zeitung bewerben, müssen Sie sich vorher darüber klar sein, dass der Chefredakteur nicht auf Ihren Brief gewartet hat, im Gegenteil», fuhr er fort. «Er ist ein überarbeiteter, äußerst lesefauler Mensch. Also wird er einen äußeren Anlass suchen, der ihm einen Grund gibt, seiner Unlust nachzugeben und Ihren Brief in den Papierkorb zu werfen. Und Sie dürfen ihm diesen Anlass nicht bieten. Teilen Sie das, was Sie zu sagen haben, in drei knappen Absätzen mit. Nicht zwei, nicht vier: drei. Schreiben Sie in einem klaren, frischen, ungekünstelten Ton, um Gottes willen kein Suhrkamp-Deutsch. Keine Lebensgeschichte. Sie haben keine Großmutter, der sie zweimal am Tag das Essen bringen; Sie haben es auch nicht immer furchtbar schwer gehabt im Leben. Keine Rechtschreibfehler, keine Kommafehler, keine falsch gebrauchten Konjunktive. Schreiben Sie nicht: ‹Ich hoffe, bald von Ihnen zu hören.› Vermeiden Sie alles, was nach moralischem Druck aussieht. Sie sind nicht behindert und nicht rassisch verfolgt. Ihr ‹Ich› interessiert den Mann nicht, bitte vermeiden Sie deshalb auch Reizworte wie ‹Selbstverwirklichung›. Der Chefredakteur will einen Akademiker einstellen, aber er darf nichts Akademisches, Verschrobenes, Gequältes an sich haben. Frisch und rotwangig soll er daherkommen. Endlich ein ganz normaler Mensch!»

Noch heute, im Rückblick, schmerzt die kühle Selbstverständlichkeit, mit der mich Schneider auf den Boden der Tatsachen beförderte. Keiner meiner Achtundsechziger-Lehrer hatte je so mit mir geredet, nicht mal meine Eltern. Es war die schlimmste Tracht Prügel, die ich in meinem Leben kassiert hatte, ein krachender Zusammenstoß mit der Wirklichkeit außerhalb meiner behüteten linken Lebenswelt. Natürlich war Schneider ein schrecklicher Reaktionär, ein arroganter, rechter Kotzbrocken, aber das Schlimmste war: Ich ahnte, dass er recht hatte. Diese Sprach-Blockwarte in den Chefetagen würden meine Karriere an Rechtschreibfehlern und falschen Kommata scheitern lassen, bevor sie überhaupt begonnen hatte. Elende Wortfaschisten! Noch Stunden später war ich so empört, dass ich mich zu Hause hinsetzte und ein Gedächtnisprotokoll verfasste, ich wollte ein Dokument in Händen haben, einen Beweis. Ich weiß nicht mehr, was ich eigentlich beweisen wollte, wahrscheinlich wie korrupt die Medienwelt in Wirklichkeit sei, aber es half. Es war mein erster journalistischer Text, und als ich damit fertig war, fühlte ich mich deutlich besser. Wallraff hat wahrscheinlich nicht anders angefangen.

Wie es weiterging? Natürlich bewarb ich mich bei Schneiders Schule, mit der geballten Faust in der Tasche, und natürlich war ich ungemein froh, als ich die Aufforderung erhielt, mich zu einer zweitägigen Eignungsprüfung einzufinden. Das Problem war jetzt nur, dass ich nicht wusste, wie ich den von Schneider konzipierten Wissenstest bestehen sollte, bei dem nach Dingen wie dem Unterschied zwischen DNS und DNA oder dem Todesjahr Bismarcks gefragt wurde. Ich war fortschrittlich erzogen worden, schließlich war ich im sozialdemokratischen Hamburg zur Schule gegangen. Ich hatte Geschichte in der zehnten Klasse von meinem Stundenplan gestrichen, auch Physik, Biologie und Chemie. Eigentlich hatte ich nach

Möglichkeit alles abgewählt, bei dem man nicht mit reger mündlicher Beteiligung über die Runden kam. Ich war immer gut in Gemeinschaftskunde und Religion gewesen, aber das half mir jetzt nichts. Was soll ich sagen? Ich schickte mich in meine zweite Niederlage. Ich besorgte mir den dtv-Atlas der Weltgeschichte und begann wie ein Verrückter preußische Geschichtsdaten zu büffeln.

Wir haben Schneider gehasst, auch weil er uns jeden Tag aufs Neue die Unzulänglichkeiten unserer Bildung aufzeigte. Alles an ihm war eine Provokation – die aufrechte Haltung, die einen aus Protest gleich noch tiefer in den Sitz sinken ließ, die untadelig gebügelte Flanellhose zum englischen Tweedjacket, das unbedingte Beharren auf Pünktlichkeit und Disziplin. Schneider war schon politisch inkorrekt, als es noch nicht mal ein Wort dafür gab. Er nannte Burkina Faso einfach weiter Obervolta, weil er es nicht einsehen mochte, nach jedem Militärputsch in einem Dritte-Welt-Land die nächste Staatsumbenennung mitzumachen, wie er uns leichthin mitteilte. Er sprach von «Elite» ungeniert als «Elite», bei verunglückten Sprachbildern schrieb er «Bäh» daneben, angeblich malte er in ganz schlimmen Fällen kleine Galgen, aber vielleicht ist das auch nur ein Gerücht. Mit Schneider gab es keine Rührseligkeiten, keine Sentimentalitäten, schon gar keinen Betroffenheits-Journalismus. Als er mit 70 den Dienst an der Journalistenschule quittierte und sich nach Mallorca absetzte, tat er das mit den Worten: «Ich kann nicht verhindern, dass ich älter werde, aber ich kann verhindern, dass es dabei regnet.» Dann war er weg.

Einer wie Schneider entstammte einer inzwischen versunkenen Welt, in der es noch ganz selbstverständlich war, dass man Konjunktiv eins und zwei auseinanderhalten konnte, in der zum Bildungskanon die großen Dramen Goethes gehörten und man sich auch nicht zu schade dafür war, ein paar Gedichte auswendig zu können. Es lässt sich ohne Übertreibung sagen, dass Deutschland heute in Bildungsfragen

DIE LINKE UND DAS BILDUNGSSYSTEM 107

nicht auf Zwergstaaten wie Finnland gucken müsste, wenn
Leute wie er die Aufsicht über Deutschlands Schulen geführt
hätten. Schneider war ein Verfechter der Anstrengungskultur,
lange bevor Bernhard Bueb dies als Programm zu einem Buch
machte und damit die Gemeinde der Kuschel- und Erlebnis-
pädagogen aufmischte.

Womit wir beim deutschen Bildungswesen wären, dieser
einst weltweit bewunderten und gefeierten Institution. Es
scheint heute kaum vorstellbar, aber anderthalb Jahrhunderte lang galten die deutschen Schulen und Hochschulen
als vorbildlich in der Welt, sie waren so etwas wie der Gold-
standard der Bildungsdiskussion. Überall kopierte man das
deutsche System, mit dem Kindergarten als Einstieg und dem
Gymnasium als Kernstück. Die großen amerikanischen Universitäten, auf die heute alle mit großen Augen sehen, haben
sich am Bildungsideal Wilhelm von Humboldts ausgerichtet,
des preußischen Offizierssohns und Universalgenies, der im
kriegsversehrten Berlin des Jahres 1809 die Leitung der «Sektion des Kultus und öffentlichen Unterrichts» übernahm und
in rascher Folge das durchgängige Schuljahr einführte, den
Stundenplan und das Abitur.

Nirgendwo hat die Linke so viel Erneuerungseifer gezeigt wie im Bildungswesen. An den Hochschulen nahm die
Bewegung ihren Ausgang, hier errang sie ihre ersten, großen
Erfolge, und von dort pflanzte sie sich fort. Die ersten Achtundsechziger tauchten gleich Anfang der Siebziger in den
Schulen auf, zunächst als Referendare, dann als Studienräte.
Sie besetzten die bildungspolitischen Ausschüsse der Parteien
und kurz darauf Posten in den Schulverwaltungen. Mit ihnen
hielten auch die neuen Ideen Einzug von einer fortschritt-
licheren Pädagogik und der Emanzipation aller Lernbeteilig-
ten. Eine grundlegende «Systemveränderung» hatten sich die
Neuerer auf die Fahnen geschrieben, das Ende der Privilegien
und Vorteilsstrukturen, und in den Schulen sollte diese Um-
wälzung beginnen. Das Klassenzimmer erschien vielen als der

ideale Ort, all das loszuwerden, was sie gegen die kapitalistische Ordnung vorzubringen hatten, vom Notendiktat bis zur Ausbeutung der Arbeiterklasse.

Revolutionäre Bewegungen haben sich schon immer für die Erziehung begeistert. Wer den neuen Menschen schaffen will, muss früh anfangen. Eine der wichtigsten Schriften Jean-Jacques Rousseaus, ‹Emile oder die Erziehung›, beschäftigt sich ausschließlich mit der Pädagogik. Über die Ausbildung zu bestimmen bedeutet, die Zukunft einer Gesellschaft in Händen zu halten. «Neben der Pflanzen- und Viehzucht muss es eine weitere Wissenschaft dieser Art geben: die Menschenzucht. Die Pädagogik muss in einer Reihe mit der Zootechnik und der Phytotechnik ihren Platz finden und sich der Methoden und Prinzipien genannter Wissenschaften bedienen, die mit ihr verwandt, jedoch bereits weiter fortgeschritten sind», heißt es in einem sowjetischen Lehrbuch für Pädagogik, herausgegeben vom Kommissariat für Volksaufklärung. Das ist zugegeben etwas rücksichtslos formuliert, aber es trifft den Kern beziehungsweise Geist der Sache.

Ziemlich genau eine Generation nachdem sich die Bildungsreformer in Deutschland daranmachten, das von Humboldt ersonnene Bildungssystem gründlich zu überholen, gilt das Land als bildungspolitischer Sanierungsfall. 40 Jahre bundesdeutsche Bildungsreform haben ausgereicht, die vielbewunderte deutsche Schule so herunterzuwirtschaften, dass sie heute im internationalen Leistungsvergleich irgendwo zwischen Liechtenstein und Mexiko liegt.

Für die Bildung der nächsten Generation zu sorgen, ist einer der wenigen Aufträge, die die Verfassungsväter dem Staat ausdrücklich aufgegeben haben. «Das gesamte Schulwesen steht unter Aufsicht des Staates», heißt es im Grundgesetz – ausgerechnet bei dieser auch die eigene Existenz sichernden Aufgabe versagt der Staat. Seit die OECD die Schüler im sogenannten Pisa-Test vergleichen ließ, hat man das sogar schwarz auf weiß.

DIE LINKE UND DAS BILDUNGSSYSTEM

25 Prozent der Schüler in Deutschland können auch nach neun Jahren Schulunterricht nicht ausreichend rechnen, lesen und schreiben. Jeder vierte Jugendliche verfügt also trotz Schulabschluss nicht über die nötigen Voraussetzungen für eine Berufsausbildung. Knapp 80 000 Jungen und Mädchen, das sind acht Prozent der Schulabgänger, verließen vergangenes Jahr die Schule ohne jeden Abschluss. Das ist für eine Industrienation, die ganz auf den Erfindungsgeist und die Tüchtigkeit ihrer Bürger angewiesen ist, eine Katastrophe.

In kaum einem anderen westlichen Land ist der Unterschied zwischen denen, die viel können, und denen, die so gut wie nichts können, vergleichbar groß. In keinem anderen europäischen Land kommt es für die Schulleistung so sehr darauf an, aus welchem Elternhaus einer stammt. Daran haben alle auf Chancengleichheit ausgerichteten Bildungsreformen nichts geändert, am Ende haben sie die soziale Ungleichheit sogar verstärkt.

Acht Jahre ist es jetzt her, dass die OECD die Ergebnisse ihrer ersten Pisa-Studie veröffentlichte, gegen den Widerstand der Lehrer und der meisten Kultusminister. In Anlehnung an den Sputnik-Schock, der die Vereinigten Staaten Ende der Fünfziger aus ihrem selbstzufriedenen Überlegenheitsgefühl riss, sprach man vom Pisa-Schock. Es wäre zu vermuten, dass diejenigen nun eher kleinlaut sind, die die Verantwortung für das Bildungsdesaster tragen, aber das bleibt ein frommer Wunsch. Die Reformenthusiasten unter den Bildungspolitikern haben schon wieder ganz genaue Vorstellungen, wie der Bildungsmisere, die sie mit angerichtet haben, abzuhelfen sei.

Die Kinder würden zu früh auf verschiedene Schultypen verteilt, lautet eine der Erklärungen für das schlechte Abschneiden im internationalen Vergleich. Der erfolgreichste Schultyp sei die Einheitsschule, wie man an den skandinavischen Ländern sehen könne. Die Deutschen steckten zu wenig Geld in ihr Bildungssystem. Zusammengefasst: Es bräuchte nur mehr Lehrer und die Schüler müssten länger zusammenbleiben, und alles würde besser.

In einer Reihe von Bundesländern wurden schon die ersten Gesetze und Schulverordnungen erlassen, die dem neuen Reformdruck Rechnung tragen. In Hamburg hat der Senat die Grundschulzeit von vier auf sechs Jahre verlängert, so wie es die Grünen wollten, die in der schwarz-grünen Landesregierung auch die Schulsenatorin stellen. In Hessen und Nordrhein-Westfalen will die SPD Kinder erst nach zehn Schuljahren auf verschiedene Schulen lassen, das Gymnasium wäre dann nur noch für die letzten beiden Jahre da. Die Linkspartei schlägt für ganz Deutschland eine «integrative» Grundschule bis zur achten Klasse vor. Alle beteuern, sie wollten nicht das dreigliedrige Schulsystem abschaffen, aber genau darum geht es. Tatsächlich erlebt die Schule gerade so etwas wie einen zweiten Kulturkampf, nachdem es in der Bildungspolitik, auch aufgrund der Ernüchterung durch die ersten Pisa-Zahlen, zuletzt dankenswerterweise etwas ruhiger geworden war.

Bleiben wir zunächst einen Augenblick beim Geld. Dass das deutsche Bildungssystem unterfinanziert sei, ist ein Befund, auf den sich alle Betroffenen sofort einigen können, vor allem die im System Beschäftigten und ihre Vertreter. Fragt man die Lehrerverbände, warum es um die deutsche Schule so schlecht steht, dann lautet die Antwort, dass es an Ausstattung und Lehrern fehle. Jede Woche würden in Deutschland eine Million Schulstunden ausfallen, rechnet der Philologenverband vor und sieht eine Lücke von 20 000 Lehrern. Die GEW verlangt, die Bildungsausgaben um 30 Milliarden Euro zu erhöhen. Niemand stellt sich die Frage, was eigentlich besser werden soll, wenn man mehr Geld in ein System pumpt, das nicht einmal dafür sorgen kann, dass alle Schüler nach einem Schuljahr klüger und nicht dümmer geworden sind, wie 2006 die Auswertung einer Pisa-Befragung ergab: Bei 40 Prozent der Schüler konnten sich nach einem Jahr Mathematikunterricht «keine Leistungsfortschritte erkennen lassen», bei

DIE LINKE UND DAS BILDUNGSSYSTEM

acht Prozent waren sogar «deutliche Leistungsabnahmen» zu verzeichnen, die Studie nannte diesen Befund zu Recht ein «dramatisches Ergebnis».

Die Wahrheit ist: Die Deutschen geben gar nicht so wenig aus. Die OECD-Statistik zu den Bildungsausgaben, die in diesem Zusammenhang immer zitiert wird und nach der Deutschland im Vergleich abgeschlagen auf dem zwanzigsten Platz liegt, ist ziemlich stümperhaft gerechnet, wie die Bildungsökonomen Hans-Peter Klös und Axel Plünnecke vom Institut der deutschen Wirtschaft nachgewiesen haben. Im Fall Deutschlands wussten die OECD-Leute offenbar nicht, wie sie damit umgehen sollten, dass deutsche Lehrer nach Unterrichtsende zu Hause arbeiten. In Ländern, in denen die Lehrer Büros in der Schule haben, werden die Aufwendungen dafür selbstverständlich den Bildungskosten zugerechnet. Auch mit dem deutschen Weiterbildungssystem hatten sie erkennbar Probleme: In vielen Ländern findet Weiterbildung auch an Hochschulen statt (was die Kosten nach oben treibt), Deutschland dagegen hat ein System, das stark auf Weiterbildung in den Betrieben setzt und damit offiziell keine weiteren Bildungskosten produziert. Am meisten haben sich die OECD-Statistiker bei den künftigen Pensionslasten verhauen, die den Bildungsausgaben zugerechnet werden, möglicherweise weil es nur in Deutschland den Beamten gibt. Die tatsächlichen Pensionsbelastungen des Staates machen etwa 17 Milliarden Euro aus, 10 Milliarden mehr als in der OECD-Statistik berücksichtigt. Nimmt man alles zusammen, dann liegt Deutschland bei den Bildungsausgaben gemessen am Sozialprodukt etwa auf gleicher Höhe mit Finnland, dem Pisa-Sieger, das ist so blamabel nicht. Umgerechnet auf die Ausgaben pro Schüler zeigt sich, dass Deutschland sogar in der Spitzengruppe dabei ist. Rund 7000 Euro kommen hier auf einen Lernenden, 300 Euro mehr als im Länderschnitt, das bestätigt selbst die OECD.

Man kann das für einen beruhigenden Befund halten, aber eigentlich ist er besonders alarmierend. Er bedeutet im Umkehrschluss, dass kein Land in Europa so wenig mit dem Geld anzufangen weiß, das es in die Bildung steckt. Von allen westlichen Nationen leistet sich Deutschland das uneffektivste System.

Wie teuer das Versagen des Staates kommt, lässt sich genau ausrechnen: Ein zusätzliches Jahr Schulbildung erhöht den Durchschnittslohn eines Bürgers um 9,6 Prozent. Kaum etwas ist so gut beschrieben wie der Zusammenhang zwischen Schulbildung und Arbeitslosigkeit. Wer nur über einen niedrigen oder gar keinen Schulabschluss verfügt, läuft im Vergleich mit einem Bessergebildeten ein sechsmal so hohes Risiko, länger als ein halbes Jahr arbeitslos zu sein.

Dem deutschen Bildungssystem gelingt es, oben und unten zu versagen, es schafft oben zu wenig Spitzenkräfte und unten zu viele Schulversager. Damit wird die Zahl der Talente, von der die Volkswirtschaft lebt, immer kleiner. Im Augenblick zehrt das Land noch von den Studienabgängern, die in den achtziger Jahren die Uni verließen und heute das Gros der Ingenieure, Wissenschaftler und Manager in verantwortlicher Position stellen. Die Ingenieure von morgen kommen aus Geburtsjahrgängen, die nur halb so stark sind wie die Generation der vor dem Pillenknick, also vor 1965 Geborenen. Es läge nahe, diese demographische Entwicklung zu kompensieren, indem der Staat Talent frühzeitig erkennt und besonders fördert und so die Quote Gutausgebildeter deutlich anhebt, doch das Gegenteil ist der Fall. Wenn die sogenannten Babyboomer in Rente gehen, folgt eine Generation, deren kreative Masse doppelt dezimiert ist: erst durch die Pille und dann durch die Bildungskrise. «Der zukünftige Pool der Talente reicht vielleicht für ein Land mit 20 Millionen Einwohnern, nicht aber für 80 Millionen. Er wird auch nicht reichen, um Exportweltmeister zu bleiben», hat der SPD-Politiker Karl Lauterbach zutreffend festgestellt. Derzeit bildet das Land 37 000 Ingenieure im Jahr aus, das ist schon jetzt zu wenig, um alle freien Stellen zu füllen, trotz Wirtschaftskrise. Eine Studie für das

DIE LINKE UND DAS BILDUNGSSYSTEM

Bundeswirtschaftsministerium bezifferte den Verlust, der der deutschen Wirtschaft durch den Fachkräftemangel entsteht, auf jährlich 20 Milliarden Euro.

Wenn aber in Deutschland nicht zu wenig Lehrer das Problem sind, was dann? Warum produziert das deutsche Bildungswesen so schlechte Resultate? Weshalb gelingt nicht, was in Schweden oder selbst Australien möglich ist, nämlich für die große Mehrheit eine gute Schulbildung zu garantieren? Fragt man die Gemeinde der Forscher, was schiefgelaufen ist, fällt die Antwort ziemlich einhellig aus: Die für die Schulen Verantwortlichen haben sich mit den falschen Dingen beschäftigt. «Die Deutschen haben die falsche Diskussion geführt», sagt Jürgen Baumert, Präsident des Max-Planck-Instituts für Bildungsforschung in Berlin und seit langem so etwas wie der Doyen der deutschen Forschungsgemeinde in Sachen Schule: «Sie haben Glaubenskriege über die richtige Schulform geführt, statt sich darum zu kümmern, wie man Kinder klüger macht.» So einfach ist das aus der Sicht des Experten. Und glaubt man Leuten wie Baumert, dann sind die Deutschen gerade dabei, den gleichen Fehler ein zweites Mal zu machen.

Seit die Reformpolitiker Ende der sechziger Jahre das Klassenzimmer als Betätigungsfeld entdeckten, hat das deutsche Bildungswesen zwei Ziele zu erfüllen: Es soll möglichst vielen jungen Leuten etwas beibringen – und es soll soziale Unterschiede ausgleichen. Dass Schule mehr sei als eine Lehranstalt, das war die zentrale Erkenntnis, die am Anfang aller bildungsreformerischen Bemühungen steht: Sie ist seitdem auch ein soziales Laboratorium, eine Korrekturstelle für politisch diagnostizierte Fehlentwicklungen.

Hinter der Forderung, dass auch jedes Arbeiterkind, wenn möglich, studieren solle, stand mehr als der Anspruch, dass die Schule nicht länger zugunsten der Begüterten diskriminieren dürfe. Es ging nun darum, neben der Wissensvermittlung aktiv für eine «Verringerung der Herkunftseffekte» zu sorgen, wie es im Jargon der Reformpädagogik hieß. Jede aufgespürte Benachteiligung, sei sie geschlechts-, schichten- oder klassenspezifisch, wurde der Schule zur kompensatorischen Behandlung zugewiesen.

Von Anfang an war damit ein Doppelauftrag festgeschrieben, der erhebliche Hürden zu überwinden hatte, darunter einige, die sich pädagogischer Einwirkung weitgehend entziehen. Denn soziale Unterschiede machen sich nicht nur am Einkommen der Eltern fest, sie zeigen sich auch in der Begabung von Kindern. Entgegen der allgemeinen Annahme, dass schulische Leistungsfähigkeit zufällig und damit einigermaßen gleichmäßig über eine Gesellschaft verteilt sei, zeigt die Forschung einen klaren Zusammenhang zwischen sozialer Herkunft und der Fähigkeit, komplexe Sachverhalte zu lösen. Es ist schwer zu sagen, wie groß der Einfluss der natürlichen Anlagen des Menschen auf seine Intelligenzentwicklung ist und was gezielte Lernanstrengungen hier nachträglich bewirken können. Wir wissen heute nur, dass Intelligenz kein gesellschaftlich beliebig gestaltbares Gut ist, wie man aus reformpädagogischen Gründen lange annahm. Das enthebt die Verantwortlichen nicht der Aufgabe, jedes Kind gemäß seiner Begabung zu fördern, die weniger Begabten sogar möglicherweise in besonderem Maße. Man muss nur wissen, worauf man sich einlässt, um seine Mittel entsprechend einsetzen zu können. Eine politisch erzwungene Täuschung über die Ausgangsbedingungen ist immer von Übel, gerade wenn es um Reformprojekte geht.

Der Selbstbetrug beginnt mit dem Wort Chancengleichheit. Kaum etwas liegt in Wahrheit weiter auseinander als die Bildungschancen eines wohlbehüteten Akademikerkindes und die seines Altersgenossen aus dem Hartz-IV-Milieu, nicht in jedem Fall, aber doch in der Mehrzahl der Fälle. Die Unterschiede beginnen schon vor der Geburt: Die Aufmerksamkeit, die eine Mutter ihrem Baby widmet, hat direkten Einfluss auf Hirntätigkeit und Intelligenzentwicklung des Ungeborenen. Welche

DIE LINKE UND DAS BILDUNGSSYSTEM

Folgen Rauchen und Alkohol während der Schwangerschaft haben, ist medizinisch vorzüglich dokumentiert, wird aber, je nach sozialem Stand, sehr unterschiedlich beherzigt.

Ein Nebenprodukt der Bildungsforschung ist der sogenannte Buchregaltest. Bei Schulleistungsstudien zum mathematischen und naturwissenschaftlichen Verständnis werden die Schüler immer wieder auch gefragt, wie viele Bücher bei ihnen zu Hause stehen. Es gibt dabei fünf Kategorien zur Auswahl, angefangen bei «weniger als ein Regalbrett» bis zu «ein ganzes Bücherregal». Welchen Einfluss offenbar der Bildungshintergrund der Eltern ausübt, hat selbst die Forscher überrascht: Jedes Regalbrett entsprach bei Leistungstests dem Lernzuwachs eines Schuljahres, wer also in einem Haushalt mit Bücherwand aufwächst, liegt, gemessen an seinem Wissen, vier Jahre vor dem Kind aus der bücherlosen Welt. Man muss dies nicht als unabänderliches Faktum hinnehmen, aber es zeigt die Herausforderungen, denen sich ein als Egalisierungsprogramm angelegtes Erziehungsprojekt ausgesetzt sieht.

In der Vergangenheit haben die deutschen Bildungsreformer ihrem Ziel, sozialen Chancenausgleich über die Schule herzustellen, auf zwei Wegen näher zu kommen versucht. Die einfachste und deshalb überall sofort aufgegriffene Strategie war die systematische Absenkung der Anforderungen. Erst wurde der Leistungsbegriff in Frage gestellt und mit ihm jeder Elite-Gedanke, dann die Aussagekraft formaler Tests und Noten. Fortan war schnell von «Leistungsterror» die Rede, wenn es schwierig zu werden drohte, und Zeugnisse galten als tendenziell repressiv, wie überhaupt alles, was an alte Autoritätsformen erinnerte. An einer neuen Gesamtschule in Dortmund-Scharnhorst beschloss das Kollegium den Verzicht auf «massiven Lehrereinsatz» bei der Pausenaufsicht, um nicht «auf diese Weise autoritäres Verhalten zu beleben». Im Hessischen ging man konsequenterweise zur Ausgabe von «Notengutschriften» für Lernschwache oder sozial Benachteiligte über.

Auch die Rechtschreibreform hat hier ihren Ursprung. Der Anstoß für diesen Regelungsehrgeiz geht zurück in eine Zeit, als Schriftsteller mit der Großschreibung auch das Großkapital erledigen wollten. Rechtschreibkritik war Gesellschaftskritik: Bildungsfernen Schichten sollte mit einer radikalen Vereinfachung der Schriftsprache eine Barriere in ihrer Bildungskarriere genommen werden. Was für die Ökobewegung der Atommeiler, das war für die Rechtschreibreformer die Orthographie. Die «ewig-gestrigen» würden mit dem «rohrstockersatz» Rechtschreibung ein Gesellschaftssystem zementieren wollen, dessen Kennzeichen der «anale zwangscharakter» sei, befanden die Teilnehmer des Frankfurter GEW-Kongresses «vernünftiger schreiben» 1973. «Wer zu glauben gelernt hat, dass bei brauchen immer ein ‹zu› stehen muss, wird auch die Verteilung des Eigentums nicht in Frage stellen», erklärte damals der Duisburger Sprachwissenschaftler Siegfried Jäger. Im Nachhinein scheint es etwas verwegen, von der Beseitigung des «ß» einen Umsturz der gesellschaftlichen Verhältnisse zu erwarten, aber dass die Rechtschreibung zur kulturellen Tradition gehört, die immer eher temperierend wirkt, ist so falsch nicht. Wer den neuen Menschen formen will, muss ihn von seinen Traditionen entfremden, auch darum sollte die Erinnerung an das gewohnte Schreibbild gelöscht werden. Wenn es nach dem Willen der damaligen Reformer gegangen wäre, würden heute Sätze geschrieben werden wie: Der keiser fehrt im bot und isst mit dem apt al und opst. Nur mit der «Distanzierung von kulturellen Bindungen» könne die bestehende Gesellschaft überwunden werden, dozierte der Erziehungswissenschaftler Wolfgang Lempert 1971.

Wer das für die Verstiegenheiten einiger linker Dogmatiker hält, verkennt den durchgreifenden, auf das ganze System zielenden Glaubenseifer der Reformbewegung. «Leistungsdruck galt plötzlich als antidemokratisch», sagt Dieter Lenzen, Präsident der Freien Universität Berlin und ein Zeitzeuge der ersten Stunde. Lenzen spricht im Rückblick von einer «systema-

DIE LINKE UND DAS BILDUNGSSYSTEM

tischen Stigmatisierung der Anstrengungskultur», von der sich die Bildungseinrichtungen des Landes bis heute nicht richtig erholt hätten. Der Maßstab für die Qualität des Schulwesens war nicht mehr die erfolgreiche Wissensvermittlung, also der individuell zurechenbare Lernzuwachs, für den am Ende der Notenschnitt den Ausweis bildete. In den Vordergrund trat stattdessen mehr und mehr die quantitative Betrachtung: Das Bildungssystem war umso erfolgreicher, je mehr Schüler es zu höheren Bildungsabschlüssen führte. Daran gemessen sind die bildungsreformerischen Bemühungen in den vergangenen 40 Jahre durchaus bemerkenswert: 1970 machten 11,3 Prozent der deutschen Schulabgänger Abitur, heute sind es 28,3 Prozent. Der Anteil der Realschulabsolventen hat sich von 25,8 auf 40,7 erhöht, die Zahl der Jugendlichen mit Hauptschulabschluss hingegen ist von 62,9 auf 31 Prozent gesunken. Das ungute Gefühl, dass es irgendwie nicht reicht mit der erworbenen Schulweisheit, gibt es auch bei den stolzen Besitzern einer Studienberechtigung. Über 50 Prozent eines Jahrgangs machen in Nordrhein-Westfalen, neben Hessen das wichtigste bildungspolitische Reformland, heute Abitur, das ist bundesweit die höchste Quote – nur gut zwei Drittel der Abiturienten gehen aber anschließend an die Uni. Viele haben eine realistische Einschätzung, dass ein Studium mehr verlangt, als sie zu leisten in der Lage sind.

Die zweite Reformstrategie war der Kampf für die Einheitsschule. Die Begeisterung der Eltern hielt sich von Anfang an in Grenzen, viele hatten den Verdacht, die unsozialen Bildungsschranken des deutschen Schulsystems sollten hier beseitigt werden, indem man die Schwachen von unten künstlich anhob und die Begabten von oben dazu zwang, auf der Stelle zu treten.

Ganz falsch lagen sie damit nicht. Als die ehemalige nordrhein-westfälische Schulministerin Gabriele Behler (SPD) aus Protest gegen die Bildungspolitik ihrer Partei vor vier Jahren ihr Landtagsmandat niederlegte, machte sie den Skandal öffentlich: Bis Mitte der neunziger Jahre habe man in NRW-Gesamtschulen «eine Leistungsbewertung propagiert, die Quoten für die Vergabe von guten Noten und Abschlüssen unabhängig von der tatsächlich erreichten Leistung festlegte». Der ehemalige niedersächsische Wissenschaftsminister Thomas Oppermann, ebenfalls SPD, fasste das unausgesprochene Ideal in dem ironischen Satz zusammen: «Lieber alle gleich schlecht als unterschiedlich gut.»

Wie systematisch die Lehrerkollegien in Nordrhein-Westfalen die Ergebnisse an den Gesamtschulen über die Jahre geschönt haben, ist in einer Evaluationsstudie nachzulesen, die sich die Abiturklausuren zwischen 1998 und 2004 noch einmal vornahm und von der Schulaufsicht nachkorrigieren ließ. Die Ergebnisse blieben über ein Jahr unter dem Deckel, bis die ‹Frankfurter Allgemeine Zeitung› sie öffentlich machte. 17,8 Prozent der Deutschklausuren waren demnach zu gut bewertet, 15,5 Prozent der Mathematikklausuren sowie sämtliche Religionsklausuren. Die Abiturarbeiten lagen um drei Punkte, also eine ganze Note, über dem Notendurchschnitt der letzten beiden Jahrgangsstufen. Inwieweit schon in der 12. und 13. Klasse von den Lehrern nachgeholfen worden war, darüber konnte die Studie keine Aussage machen.

Im Nachhinein reibt man sich verwundert die Augen über die Nonchalance, mit der die Verfechter der Gesamtschule über Zahlen und Daten hinweggegangen sind, die Fragen hätten provozieren müssen. In keinem Bundesland sind die Reformer beim Umbau der Bildungslandschaft so weit gekommen wie in Nordrhein-Westfalen. Mit 217 Gesamtschulen ist es so etwas wie das Kernland der Einheitsschul-Bewegung, doch irgendetwas muss unterwegs schiefgegangen sein. Bei nationalen und internationalen Leistungsvergleichen belegt NRW immer einen der hinteren Plätze, und im «Bildungsmonitor» der ‹Initiative neue soziale Marktwirtschaft› war das Land mehrfach Schlusslicht, hinter Sachsen-Anhalt und dem Saarland; im Augenblick liegt es auf dem vorletzten Platz, vor

DIE LINKE UND DAS BILDUNGSSYSTEM

Mecklenburg-Vorpommern. Tatsächlich ist die Aussicht von sozial benachteiligten Kindern, es nach oben zu schaffen, nirgendwo so schlecht wie ausgerechnet im Gesamtschulland Nordrhein-Westfalen. Die besten Ergebnisse liefern Bayern und Baden-Württemberg, die sich allen Schulexperimenten weitgehend verweigert haben, und neuerdings auch Sachsen und Thüringen, die sich nach der Wende an den Südländern orientierten.

«Wir haben so viel Zeit mit dem Kampf gegen das traditionelle Schulsystem verschwendet», sagt die Lehrerin Ursula Nowak. «Ich kann mich nicht erinnern, dass jemals die Frage gestellt wurde, wie man eigentlich sicherstellen kann, dass die uns anvertrauten Kinder etwas lernen. Und wenn doch mal jemand den Blick auf das Produkt unserer Bemühungen lenken wollte, hieß es von der GEW, wir seien doch kein Wirtschaftsunternehmen.»

Nowak kennt sich aus mit der Bildungsproduktion unter den Bedingungen politischer Bevormundung. Sie war jahrelang Direktorin an einer Kölner Schule, bis sie 1993 die Schulaufsicht in der Bezirksregierung übernahm. Sie war immer eine sehr engagierte Lehrerin. Sie schlug zum Beispiel vor, endlich mit dem Lehrerprivileg zu brechen, einen Teil der Arbeit wie Schulkinder zu Hause zu machen. «Wann sollen sich die Lehrer austauschen, wenn alle um 14 Uhr nach Hause gehen?», fragte sie. Eine berechtigte Frage, aber nur für Laien. Sie scheiterte damit sofort am Personalrat, der in NRW die Schulen und Schulverwaltungen unter Kontrolle hat. Was die Lehrer in und nach der Unterrichtsstunde treiben, soll niemand etwas angehen.

Schuldirektor wird man an vielen Stellen in Nordrhein-Westfalen nicht über die Ausbildung, sondern über das Parteibuch. Die richtige Parteizugehörigkeit konnte bis vor kurzem sogar darüber entscheiden, ob ein Lehrer zum Studiendirektor befördert wurde. Alles hängt von der Zustimmung der Personalräte ab, die ja nichts anderes als Vorfeldorganisationen der Parteien sind. 24,8 Millionen Euro kosten die Personalvertretungen im Schulwesen das Land NRW, wie der Landesrechnungshof im Herbst 2006 festgestellt hat. Das sind 538 000 Unterrichtsstunden, die ausfallen, denn im Gegensatz zu vielen andern Bundesländern finden Personalratssitzungen in NRW während der Unterrichtszeit statt. «Dass Schule einzig und allein für den Schüler da ist, ist in Nordrhein-Westfalen ein revolutionärer Gedanke», sagt Nowak.

Ausgerechnet die Pisa-Studien haben der Diskussion über die Einheitsschule neuen Auftrieb verliehen. Die meisten skandinavischen Länder, die bei Pisa überdurchschnittlich gut abschnitten, haben wegen der geringen Bevölkerungsdichte eine Schule für alle. Daraus haben die Gesamtschulanhänger die Schlussfolgerung gezogen, dass man dieses Modell nur endlich flächendeckend auf Deutschland zu übertragen bräuchte, um die Bildungsmisere zu beenden. In Berlin haben PDS und SPD mit der Einführung einer neuen Gemeinschaftsschule begonnen, 22 Millionen Euro stellt der notleidende Stadtstaat für das Experiment bereit.

In Nordrhein-Westfalen und Hessen haben die Sozialdemokraten nun also beschlossen, alle Schüler bis zur 10. Klasse auf einer sogenannten Gemeinschaftsschule zu versammeln, wenn sie bei den nächsten Wahlen wieder an die Macht kommen sollten. «Das gegliederte Schulsystem mit seiner frühen Auslese ist nicht zukunftsfähig», heißt es in dem Leitantrag zu einer «neuen, gerechten Bildungspolitik», der von den nordrhein-westfälischen SPD-Mitgliedern mit großer Mehrheit angenommen wurde. Damit ist die SPD in ihren beiden wichtigen westlichen Kernländern wieder dort angekommen, wo sie vor 30 Jahren am Beginn der Gesamtschuldebatte schon einmal war, diesmal nur mit dem Verweis auf internationale Bildungsstudien unterm Arm.

Die Grundidee der Einheitsschule ist, vereinfacht gesagt, dass nicht weitgehende Homogenität der Begabungen innerhalb einer Klasse dem allgemeinen Lernerfolg zuträglich ist, sondern vielmehr das Gegenteil: Heterogenität. Dahinter

DIE LINKE UND DAS BILDUNGSSYSTEM

steht die Vorstellung, dass sich die Schüler gegenseitig stützen, dass die Leistungsstarken die Leistungsschwachen mitziehen, indem sie ihnen Vorbild und Ansporn sind. Es ist eine schöne Idee, und wer sie sich erhalten will, sollte nicht den Fehler machen, mit Empirikern wie Baumert zu reden.

Baumert und seine Mitarbeiter bei dem Max-Planck-Institut haben lange nach Belegen für den sogenannten Kompositionseffekt gesucht, der bei der Gesamtschule immer unterstellt wird. Starke Überzeugungen, schwache Daten, lautet heute sein Fazit. Nur in wenigen Fällen lasse sich nachweisen, dass eine heterogene soziale Zusammensetzung der Schülerschaft irgendwelche Folgen für das Leistungsniveau habe, und wenn doch, dann seien sie fast immer negativ. Wo lernschwache Schüler zusammen mit leistungsstarken unterrichtet werden, drückt dies auf das Selbstwertgefühl der weniger Begabten. Sie kapseln sich ab und fallen in der Leistung weiter zurück. Den «Little fish big pond»-Effekt nennen das die Forscher: kleiner Fisch im großen Teich.

Nach Meinung von Experten wie Baumert taugt die skandinavische Einheitsschule nur bedingt als Vorbild. Weil Finnland und Schweden allein diese Schulform kennen, weiß man nicht, ob ein dreigliedriges Schulsystem dort nicht noch bessere Ergebnisse brächte. Die Niederländer, die ein dreigliedriges Schulsystem aufgebaut haben, liegen ebenfalls in der Spitzengruppe der Pisa-Länder, ein klarer Hinweis darauf, dass der Erfolg der Skandinavier nicht an der Wahl des Schultyps hängt. Dagegen steht Norwegen mit seiner Einheitsschule im internationalen Leistungsvergleich als einziges skandinavisches Land sogar noch hinter Deutschland.

Es kommt darauf an, was man sinnvollerweise unter Chancengerechtigkeit versteht. Wenn damit gleiches Recht auf die Entfaltung unterschiedlicher Talente gemeint ist, dann ist die Herausbildung von Eliten unvermeidlich. Tatsächlich gehört es zu den scheinbaren Paradoxien des Bildungswesens, dass eine so verstandene Chancengerechtigkeit das Leistungsvermögen noch deutlicher hervortreten lässt – und damit auch die Unterschiede. «Wenn man jeden nach seinen Möglichkeiten optimal fördert, dann reduziert das nicht Leistungsdifferenzen, wie viele Leute gemeinhin annehmen, es maximiert sie. Wer besonders begabt ist, hat auch mehr Entwicklungspotential», sagt der Berliner Erziehungswissenschaftler Heinz-Elmar Tenorth. «Die Homogenitätsannahme wird zwangsläufig durch erfolgreiche Pädagogik zerstört, darum haben es gute Pädagogen ja auch so schwer.»

Begabungsgerechte Förderung heißt Auslese, ohne die kommt nicht einmal die Gesamtschule aus, die ihre Schüler auf verschiedene, ans Leistungsniveau angepasste Kurse verteilt. Jede Selektion birgt die Gefahr der Fehleinschätzung: Talent wird nicht erkannt und entsprechend falsch eingestuft. Oder es wird überschätzt. Seit Pisa weiß man, dass es auch hier einen engen Zusammenhang mit der sozialen Herkunft gibt, und zwar ganz unabhängig von der Begabung. Bei gleicher Leistungsfähigkeit hat heute ein Arbeiterkind eine dreimal geringere Chance, auf eine Universität zu kommen, als ein Kind aus der Oberschicht.

Dies ist eine Verschwendung von Begabung, die man gerne abstellen würde; die Behinderung von Intelligenz ist ein Skandal, den sich keine Industrienation auf Dauer erlauben kann. Die bevorzugte Lösung reformerisch gesinnter Bildungspolitiker war bislang, den Zeitpunkt hinauszuzögern, an dem über die weiterführende Schule entschieden wird. So reicht die Grundschule in Berlin und Brandenburg bis zum siebten Schuljahr, Mecklenburg-Vorpommern hat an die ersten vier Jahre eine zweijährige Orientierungsphase für alle angehängt, Hamburg hat, wie schon erwähnt, gerade erst die gemeinsame Grundschulzeit ausgeweitet. Dahinter steht die Erwartung, dass sich nach dem sechsten Schuljahr sehr viel deutlicher als nach dem vierten zeige, wer das Zeug zum Gymnasium hat.

Die Vermutung vieler Eltern, dass der verzögerte Schulwechsel nicht ohne Folgen für die Schulentwicklung bleibt, wird durch die Bildungsforschung bestätigt. Kinder, die erst nach sechs Jahren aufs Gymnasium gegangen sind, hinken denen, die schon nach der vierten Klasse umgeschult wurden, bei den Leistungen beträchtlich hinterher: In der 7. Klasse entspricht der Wissensabstand zwischen beiden Gruppen dem Lehrstoff von fast zwei Schuljahren. Mit der Verkürzung der Schulzeit auf 12 Jahre bleibt in vielen Bundesländern nun weniger Zeit, um am Ende gleichzuziehen.

Auch die Annahme, dass die Treffsicherheit der Schulempfehlung mit steigendem Alter der Kinder zunehme, lässt sich so nicht halten. Der Spätentwickler, der mit zwölf Jahren plötzlich sein wahres Potential zeigt, kommt in der Theorie weit häufiger vor als in der Praxis. Der entscheidende Grund für unterschiedliche Schulkarrieren bei gleicher Begabung sind weniger die Noten als vielmehr der Bildungsehrgeiz der Eltern. Je höher die soziale Stellung, desto größer die Erwartung an die Grundschule, das Kind aufs Gymnasium zu promovieren. Das muss nicht einmal ausgesprochen werden. Jeder Lehrer weiß, was für Diskussionen er sich einhandelt, wenn er das Chefarztkind für die Realschule empfiehlt; Eltern mit geringerer Schulbildung trauen ihren Kindern weniger zu.

Die Schule muss sich ändern, nicht die Schulform. Schlechter Unterricht wird nicht dadurch besser, dass man Kinder früher einschult. Oder dass man sie möglichst spät aufs Gymnasium schickt. Es ist noch nicht mal entscheidend, wie lange Kinder in die Schule gehen. Die Ganztagsschule, die jetzt bei vielen so hoch im Kurs steht, besitzt unbestreitbar einen großen Vorzug für Mütter, die Kinder im Schulalter haben und die wieder arbeiten wollen. Sie kann auch dabei helfen, Jugendlichen aus Problemfamilien jeden Tag möglichst lange ein stabiles Umfeld zu bieten. Aber auf das Leistungsniveau insgesamt hat sie keinen messbaren Effekt, jedenfalls keinen, von dem die Bildungsforschung berichten könnte.

«Im Hinblick auf Schulleistung, Schulerfolg, Disziplinprobleme und Schulangst ergeben sich keine wesentlichen Unterschiede zwischen Ganztags- und Halbtagsschulen», heißt es in der ersten, umfassenden Studie zur Entwicklung dieses neuen Schulmodells. «In mehreren Fallstudien wurde kein signifikanter Unterschied in den schulischen Leistungen festgestellt; zum Teil schnitten die Schüler an ganztägig geführten Schulen sogar etwas schlechter ab», vermerkt der Bericht, der im Auftrag des Bundesforschungsministeriums entstand, an anderer Stelle.

Die plötzliche Begeisterung für die Ganztagsschule ist ein schönes Beispiel für einen Fehler, der in der Bildungsdiskussion häufiger anzutreffen ist: die Verwechslung von Korrelation und Kausalität. Nur weil einige der führenden Pisa-Staaten die Ganztagsschule eingeführt haben, heißt das noch nicht, dass sie für den Erfolg ursächlich sei. Mit dem gleichen Recht ließe sich auch aus dem guten Abschneiden der skandinavischen Länder der Schluss ziehen, dass es leistungssteigernd sei, die Zahl blonder Mädchen mit Zöpfen gegenüber der Anzahl Schwarzhaariger zu erhöhen: In keinem Land der Welt sitzen so viele Blondzöpfige in einer Klasse wie im Pisa-Land Schweden. Die Frage liegt nahe, warum sich der Staat an den flächendeckenden Aufbau eines ganztägigen Schulmodells macht, wenn er doch schon mit dem Betrieb der normalen Halbtagsschule überfordert ist. Aber auch das gehört zur Wolkenschieberei in der Bildungsdiskussion: Statt auf das Nächstliegende zu kommen, verfallen die Verantwortlichen lieber auf eine neue Reformidee. Die Wirklichkeit muss sehen, wie sie nachfolgt.

Das Nächstliegende ist der Unterricht, und tatsächlich werden hier die Weichen gestellt, ob einer was lernt oder nicht. Den größten messbaren Einfluss auf die Schulleistung hat der Lehrer, da sind sich alle Bildungsforscher einig. Die Einsicht klingt trivial, in der Bildungsdiskussion spielt sie kaum eine Rolle.

DIE LINKE UND DAS BILDUNGSSYSTEM

668 000 Lehrer gibt es in Deutschland, verteilt auf 36 305 Schulen. Ein guter Lehrer ist ein großes Glück; Eltern und Schüler erkennen sofort, wenn sie einen vor sich haben. Nur für das deutsche Dienstrecht sind alle Lehrer gleich. Es unterscheidet nicht zwischen denen, die sich reinhängen, und denjenigen, die überfordert sind oder einfach nur faul. Schlechter Unterricht ist kein Dienstvergehen, solange die Lehrpläne eingehalten werden. Wenn die Kinder nichts kapiert haben, sind sie selber schuld, nicht der Lehrer.

Deutsche Lehrer sind Experten auf ihrem Fachgebiet, das ist nicht das Problem. Sie wissen alles über die Wurzel aus Pi und das Neuronenwachstum bei Heuschrecken. Aber sie haben keine praktische Erfahrung in Didaktik, Lernpsychologie oder der Vermittlung von Deutsch als Fremdsprache. Die meisten wissen am Anfang nicht einmal, wie sie ein Elterngespräch führen sollen. Außerdem studieren häufig die falschen Leute einen Lehrberuf. Nur jeder neunte Lehrer erreichte im Jahr 2000 das Pensionsalter, 64 Prozent der Pädagogen schieden vorher wegen Dienstunfähigkeit aus. Über die Hälfte der Lehrkräfte gilt als psychisch so angeschlagen, dass eine Großstudie der Universität Potsdam sie als «psychische Risikogruppe» einstuft.

Tatsächlich verlangt es einiges Stehvermögen, um eine Stunde mit 24 oder gar 32 Kindern durchzuhalten. Manche sind schon mit dem eigenen Nachwuchs überfordert. Es wäre also gut, sich beizeiten klar zu werden, ob man für den Lehrerberuf aus dem rechten Holz geschnitzt ist.

Unglücklicherweise verzichtet man in Deutschland aber darauf, die Lehramtsbewerber daraufhin anzusehen, ob sie nicht nur den Lehrstoff bewältigen, sondern auch einigermaßen stressresistent sind. Anders als in den Pisa-Erfolgsländern Kanada oder Finnland, wo vor dem Zugang zum Lehrerstudium ein Eignungstest steht, kann sich hierzulande jeder einschreiben. Und darunter sind zu allem Überfluss auch noch überdurchschnittlich viele Leute, die den Lehrerberuf wählen, weil er weniger Wochenstunden am Arbeitsplatz und lange Urlaubszeiten verspricht, wie man nun ebenfalls aus der Potsdamer Studie weiß.

Wer nach neun Semestern Studium erstmals vor eine Klasse tritt und dann feststellt, dass er es nicht packt, hat keine wirklichen Alternativen mehr. Was soll er tun? Umschulen? Taxi fahren? Also wird er die Zähne zusammenbeißen und versuchen, irgendwie zu überleben, solange er noch keine feste Stelle hat.

Alle wirklichen Reformen des Bildungssystems setzen deshalb beim Dienstrecht an. Es ist ja nicht so, dass es inzwischen nicht relativ präzise Vorstellungen gäbe, wo man beginnen müsste. FU-Präsident Lenzen hat zusammen mit dem Prognos-Institut ein Konzept mit dem Titel «Bildung neu denken» vorgelegt, das bei allen Bildungsministern kursiert. Es fängt damit an, dass der Schulleiter und nicht mehr die Schulaufsichtsbehörde über Neueinstellungen entscheidet. Bislang werden Lehrer von oben zugewiesen, der Schulrat und nicht der Schulleiter ist an den meisten Schulen der direkte Dienstvorgesetzte. Natürlich kann der Schulleiter in Zukunft dann auch Kollegen entlassen, im Rahmen des normalen Kündigungsrechts. Faulheit und Unvermögen hätten erstmals Konsequenzen für die Karriere – so wie in jedem normalen Betrieb.

Alle Ergebnisse einer Schule wären im Internet nachzulesen: wie sie bei Vergleichsarbeiten abgeschnitten hat, wie viele Schüler mit welchem Abschluss die Schule verlassen haben. So könnten sich Eltern ein ziemlich präzises Bild machen, was eine Schule taugt. Seit Pisa werden an deutschen Schulen alle möglichen Leistungstests gemacht, die Ergebnisse gibt es aber nur in anonymisierter Form, nicht einmal der Minister weiß, wo ein Lehrerkollegium Besonderes vollbringt. Die Veröffentlichung der Testergebnisse würde aber auch für Transparenz innerhalb der Schule sorgen: Plötzlich wäre sichtbar, wer seinen Schülern etwas beigebracht hat und wer nicht. Man

DIE LINKE UND DAS BILDUNGSSYSTEM

könnte ja mal beim Kollegen fragen, wie er es hinbekommt, dass seine Schüler mit Spaß bei der Sache sind.

Am Ende des Umbaus steht in der Prognos-Studie eine weitgehende Autonomie der einzelnen Bildungseinrichtung. Was die Schüler erreichen müssen, ist genau festgelegt, dafür gibt es Bildungsstandards und zentrale Prüfungen. Wie die Schule die Lernenden zum Ziel führt, ist ihr überlassen. Versagt sie bei ihrem Auftrag, wissen darüber alle Bescheid; die Eltern werden ihre Kinder von der Schule nehmen oder gar nicht erst anmelden, mit der Folge, dass sie irgendwann schließen muss. Wenn heute Schule geschlossen werden, dann wegen Baufälligkeit, nicht wegen mangelhafter Leistungen.

Es klingt eigentlich alles sehr einfach, aber eine Reform der Reformen kommt nicht voran. Wer wissen will, warum die Bildungspolitik beim Umbau der Bildungslandschaft nicht schon viel weiter ist, der muss sich nur mit Klaus Böger unterhalten.

Sieben Jahre lang war Böger Bildungssenator in Berlin, bis Ende 2006. Nach der letzten Landtagswahl hieß es erst, er müsse einer Frau Platz machen, damit die Frauenquote stimme, dann saß plötzlich der ehemalige rheinland-pfälzische Forschungsminister Jürgen Zöllner auf seinem Stuhl. «Ich habe mein Amt verloren, weil ich zu viele Reformen wollte», sagte mir Böger, als wir uns kurz danach trafen. Es ist ein trauriges Fazit, aber er wirkte dabei gar nicht verbittert, eher erleichtert, dass er den Job los war.

Böger gehört zu den wenigen Politikern in Deutschland, von denen man sagen kann, dass für sie der Pisa-Schock nachhaltig war. Bevor er im Dezember 1999 von seiner Vorgängerin das Bildungsressort übernahm, hatte er gerade die Schulreform zu Fall gebracht, mit der sie das verrottete Berliner Schulsystem in die Zukunft stoßen wollte. Böger war SPD-Fraktionsvorsitzender, ein Mann mit Machtinstinkt und deshalb schon mal gegen zu viel Veränderungen. Die SPD ist in Berlin immer die Partei des öffentlichen Dienstes gewesen. Die Lehrer sitzen in allen wichtigen Arbeitsgruppen und Ausschüssen, die auch nur entfernt mit Bildung zu tun haben. Man muss naiv oder tollkühn sein, sich mit ihnen anzulegen.

Dann ging die Schulreform doch durchs Parlament, mit Böger an der Spitze, und dass es so weit kam, hat viel damit zu tun, dass Böger sich nicht gerne zum Affen machen lässt. Beim Pisa-Test war Berlin neben Hamburg eines von zwei Bundesländern, in denen die GEW ihre Mitglieder so erfolgreich zum Boykott anstachelte, dass die Stichprobe am Ende zu klein war, um gezählt zu werden. Der Senator fand das empörend, eine Machtdemonstration, die er nicht unbeantwortet lassen wollte.

Böger hat danach einiges auf den Weg gebracht. Er hat dafür gesorgt, dass die Eltern nun frei entscheiden können, auf welche Realschule oder welches Gymnasium sie ihre Kinder geben. Das sogenannte Regionalprinzip, nach dem die zum Wohnort nächstliegende Schule genommen werden muss, gilt nur noch für die Grundschule, und wenn es nach Böger gegangen wäre, hätte man auch darauf verzichten können. Er hat den Schulleitern mehr Macht gegeben und den Schulinspektor eingeführt, der in die Bildungsstätte kommt und anguckt, wie der Unterricht läuft. Seit 2004 sind neue Lehrer in Berlin wieder ganz normale Angestellte, die letzten Beamten werden 2030 in Ruhestand gehen. Böger hat eigentlich ziemlich viel richtig gemacht, so wie es Baumert, Tenorth und Lenzen empfehlen, und deshalb haben sie ihn in Berlin auch gehasst, in der Schulverwaltung und bei der Gewerkschaft.

Die Verwaltung lebt davon, dass sie den Lehrern vorschreibt, wie viele Klassenarbeiten sie schreiben dürfen. Was für Experimente im Physikunterricht statthaft sind, an welchen Wochentagen Hausaufgaben aufgegeben werden dürfen und an welchen nicht. Die Gewerkschaften hassen Tests, die Leistungszuwächse messbar machen und damit auch die Qualität des Unterrichts.

«Vom Wiegen wird die Sau nicht fetter», war der Kampf-

DIE LINKE UND DAS BILDUNGSSYSTEM

spruch der GEW gegen die Pisa-Tests. Vielleicht nicht fetter, ist man versucht zu antworten, aber bevor man dem Bauer sein Geld gibt, wüsste man trotzdem gern das Gewicht.

Eine Ökonomie der Bildung ist bis heute verpönt, dabei wäre es an der Zeit, über Nutzen und Kosten nachzudenken. Auch die Schule kann einen Euro nur einmal ausgeben. Man kann der Frage, wo Investitionen am sinnvollsten wären, ausweichen, indem man einfach behauptet, Geld sei in Bildung immer gut angelegt. Es ist eine bequeme Antwort, aber sie stimmt nicht. Rentner studieren zu lassen, ist zum Beispiel gesellschaftspolitisch ein schöner Zug und passt auch zum Grundsatz vom lebenslangen Lernen, hat nur bildungsökonomisch überhaupt keinen Sinn. Die Bildungsrendite eines Sechzigjährigen geht für die Allgemeinheit, die sein Studium bezahlt, gegen null.

Solche Betrachtungen gelten als unfein, dabei ist in jedem Haushaltsgesetz verankert, dass der Staat bei allen wesentlichen Investitionen eine Kosten-Nutzen-Abwägung vornimmt. Auf Rechenschaft über die Verwendung von Steuergeldern zu verzichten, ist ein luxurierender Standpunkt. Er wird gewöhnlich von Leuten vertreten, die nicht so genau rechnen müssen, oder die etwas zu verlieren hätten, wenn man es plötzlich täte.

DIE EROBERUNG DES SOZIALSTAATS – DIE LINKE MACHT KARRIERE

Wer an einem schönen Ausflugstag eine der Barkassen an den Hamburger Landungsbrücken besteigt und die Elbe Richtung Övelgönne hinuntergleitet, am neuen Empire Riverside Hotel vorbei, nähert sich bald acht Altbauten, die rechter Hand am Ufer aufragen. Das Erste, was an den Häusern ins Auge fällt, ist die exzeptionelle Lage, direkt am Wasser mit einem wunderbaren Blick über den Hafen. Das Zweite ist die bunte Bemalung, die sich bis zum Dachfirst zieht: Das ganze Bilderreich linker Politkunst ist auf den Hauswänden ausgestellt, von der geballten Faust bis zum Anti-Kapitalismus-Graffito.

Dies ist die Hamburger Hafenstraße, Postleitzahl 20359, das exklusivste staatlich geförderte Wohnprojekt der Republik. Wer hier lebt, hat nie die Zeit gefunden, sich rechtzeitig um einen Bausparvertrag zu kümmern oder einen Bankkredit, dazu war man zu sehr mit dem Kampf gegen das System beschäftigt. Aber Hamburg ist eine Stadt mit einem Herz für Außenseiter, deshalb ist der Senat der Hansestadt, als es so weit war, für die Bewohner in die Bresche gesprungen und hat ihnen die Häuser für einen Symbolpreis von 229 Euro den Quadratmeter überlassen.

Es ist ein schöner Zug, wenn eine Stadtregierung auch denjenigen zu ungehindertem Elbblick verhilft, die den bürgerlichen Weg der Eigentumsbildung immer verachtet haben. Natürlich kann man sich fragen, ob die Sicherung direkter Elblage für Sozialhilfeempfänger zu den vordringlichen Anliegen einer Kommune zählt, deren Problemviertel eher dort liegen, wo die Aussicht die geringste aller Sorgen ist. Aber das

DIE LINKE MACHT KARRIERE

ist letztlich eine soziale Geschmackssache. Die in diesem Zusammenhang bedeutsamere Frage ist: Kann auch das Wohnen im senatsunterstützten Eigenheim noch als revolutionäre Tat durchgehen? Wie weit vertragen sich linker Widerstand und staatliche Förderung?

Nach dem Beispiel der Hafenstraße zu urteilen, muss man sagen: offenbar ganz gut.

Es wirkt im Nachhinein merkwürdig lokalfixiert, aber fast 15 Jahre, seit der Erstbesetzung 1981 durch ein paar arbeitslose Punks, beschäftigte die Häuserzeile am Elbufer die Phantasie der linken Öffentlichkeit. Am Selbstanspruch ihrer Bewohner gemessen, war die Hamburger Hafenstraße immer mehr als nur eine Hausbesetzung, sie ist ein, wenn nicht sogar *das* Symbol für die politische Alternativwelt der achtziger Jahre. Ein Laboratorium «selbstbestimmten Lebens» sollte sie sein, ein «Stück unbequemer Gegenkultur», auch eine «revolutionäre Bastion» im Kampf gegen die Verwertungsinteressen des Kapitals: antikapitalistisch, antiimperialistisch, antifaschistisch, vom Dach bis in die angeschlossene «Volxküche», das waren die Selbst- und Fremdzuschreibungen der Szene, das machte sie zum Wallfahrtsort einer ganzen Generation von Polittouristen, die nicht müde wurden, die Bewohner ihrer Unterstützung zu versichern.

Eine Zeitlang galt der Erhalt der Hafenstraße als eines der wichtigsten Vorzeigeprojekte der Linken, eine Art Rote Kapelle im Kohl-Staat. Jeder Hinweis auf die Gesetzeslage nebst Räumungsandrohung löste eine Welle von Solidaritätsadressen aus, schon eine einfache Personalienfeststellung durch die Polizei konnte eine Straßenschlacht entfesseln. Es ist nicht so, dass die Republik in dieser Zeit keine anderen Probleme gehabt hätte: Das Land durchlebte wirtschaftlich schwierige Jahre, dann ging die Mauer auf, und die Deutschen mussten die Wiedervereinigung bewältigen, aber all das verblasste neben der Sorge um das Schicksal der acht Häuser am Hamburger Hafenrand. Als der damalige Bürgermeister Klaus von

Dohnanyi im November 1987 eine bevorstehende Räumung mit einem Pachtvertrag abwendete, war dem ‹Spiegel› das eine Titelgeschichte wert. «Seit Donnerstag letzter Woche hat sich die politische Kultur in der Bundesrepublik verändert», applaudierte Chefredakteur Erich Böhme in einem Kommentar, derselbe Böhme übrigens, der zwei Jahre später feststellte: «Ich möchte nicht wiedervereinigt werden», womit klargestellt war, was nach seiner Meinung die Kultur im Lande voranbrachte und was eben nicht.

Am Hamburger Elbufer wurde also die wirkliche Geschichte geschrieben, und so war ich enorm stolz, als mich meine Redaktion im Januar 1991 ins Berichtsgebiet schickte. Wieder einmal stand die Räumung an, weil die Missachtung des Eigentumsbegriffs sich zum Leidwesen des Senats immer häufiger auch auf geparkte Wagen in der Umgebung erstreckte. Ein Emissär vom Hafen hatte angedeutet, dass die Bewohner erstmals zu einem Interview bereit sein könnten, ein Scoop, um den sich andere schon lange vergeblich bemüht hatten. Ich war gerade 28 Jahre alt, seit knapp einem Jahr regulärer Redakteur im Innenpolitikteil des ‹Spiegels›. Ich brannte darauf, mich zu bewähren. Mir zur Seite stand ein erfahrener Kollege, der sich auf Sozialreportagen spezialisiert hatte, eine Gattung, der er sich bis heute verpflichtet fühlt und die ihm viele Auszeichnungen für sein Einfühlungsvermögen eingebracht hat. Er ist nicht nur einer der liebenswertesten Menschen, die ich beim ‹Spiegel› kenne, sondern auch mit einer Geduld gesegnet, von der ich in den nächsten Tagen enorm profitieren sollte.

Eigentlich sind die Regeln für ein ‹Spiegel›-Gespräch ganz einfach: Man sitzt für ein, zwei Stunden zusammen und redet, dann wird das Gesagte gekürzt und in Form gebracht und dem Gesprächspartner vor Drucklegung noch einmal zum Gegenlesen vorgelegt. So war ich es gewohnt, aber so funktioniert es natürlich nicht, wenn man mit der Avantgarde der Gegenkultur verabredet ist. Bei dem vereinbarten Termin saßen uns acht Besetzer gegenüber, drei Frauen und fünf Männer, die nach einem komplizierten Schlüssel ausgewählt worden waren und die auch alle gleich lang reden mussten, was den Gesprächsverlauf etwas zähflüssig machte. Die Regeln des Kollektivs verboten jede Sonderstellung Einzelner, eine Vorschrift, die unsere Gesprächspartner sehr ernst nahmen und die leider auf die Originalität der Redebeiträge durchschlug.

Als wir die Druckfassung anderntags zur Lektüre vorlegten, wartete schon die Vollversammlung der Häuser auf uns, um dann fünf Stunden lang jeden Satz zur Abstimmung zu stellen und bei Nichtgefallen Alternativen zu erarbeiten, angefangen bei den Fragen. Ich hatte bis dahin immer gedacht, dass sich der Begriff «Autonome», und zu dieser Gattung der Linken rechnete sich die Mehrzahl der Hafenstraßenbewohner, von dem Wort «autonom», also «selbstbestimmt», ableitete. Ich hatte erkennbar nichts vom Konformitätsdruck linker Gruppendiskussionen begriffen. Das vollversammlungsgeprüfte Ergebnis war völlig indiskutabel, jedenfalls nach ‹Spiegel›-Maßstäben. Dass wir am Ende doch noch zu einem vernünftigen Text kamen, verdankten wir dem Einfall, die Gesprächspartner in ein Taxi zu verfrachten und mit ihnen in einem Konferenzraum im ‹Spiegel›-Gebäude von der Außenwelt isoliert so lange über jeden Satz zu verhandeln, bis wieder eine lesbare Fassung hergestellt war.

Wahrscheinlich hätte ich mir trotz allem meine romantischen Vorstellungen in Bezug auf das «alternative Wohnprojekt» Hafenstraße bewahrt, wenn uns nicht einer unser Gesprächspartner in seine Wohnung eingeladen hätte. So stiegen wir an einem Freitagabend das dunkle, graffitiüberzogene Treppenhaus nach oben, vorbei an dicken Stahlarmierungen, allerhand Sperrwerk aus Metall und Beton und anderen martialisch aussehenden Befestigungen für den Fall eines Polizeieinsatzes. Dies war der Moment, auf den wir hingearbeitet hatten: die Erstbesteigung der umstrittensten Häuser der Republik durch ein deutsches Reporterteam, ungehinderter Zugang zum Innersten der revolutionären Festung für die unabhängige Presse. Wir kamen im vierten Stock an, wir klopften, und dann standen wir im Sanktuarium des Widerstands: abgezogener Dielenboden, pastellfarbene Raufaserwände, in der Küche ein großer Kieferntisch, auf dem schon der Teepott dampfte, daneben eine Küchenzeile mit Geschirrspüler von Miele und einer sich munter drehenden Waschmaschine.

Es war ein ernüchternder Anblick. Ich habe nichts gegen Miele, ich hätte gerne selber eine solche Spülmaschine gehabt. Ich hatte mir unbequeme Gegenkultur nur nie wie eine Seite aus dem Ikea-Katalog vorgestellt. Erstmals beschlich mich der Verdacht, dass ich politischer Hochstapelei aufgesessen war. Dass es bei dem ganzen linken Politbrimborium darum ging, eigennützige Interessen rhetorisch so einzukleiden, dass sie als allgemeindienlich verkauft werden konnten. Dieser Verdacht hat mich seitdem nicht mehr losgelassen.

«Wer Menschheit sagt, will betrügen», heißt es bei Carl Schmitt. Man muss diesen Satz nicht unterschreiben, aber die Lebenserfahrung lehrt, dass Vorsicht geraten ist, wenn es zu salbungsvoll wird. Je größer der moralische Aufwand, desto trivialer häufig die Motive.

Vielleicht wäre man weniger misstrauisch, wenn mal jemand freiheraus sagen würde, dass es um persönliches Fortkommen geht, um egoistische und durchaus nachvollziehbare Interessen wie mehr Macht, Einfluss, Geld. Aber das wäre zu gewöhnlich, das würde den schönen Schein zerstören, der wohlgefällig über den Dingen liegt. Es würde dann, zugegebenermaßen, auch etwas schwieriger werden, die Massen hinter sich zu versammeln. Wer geht schon auf die Straße, um Jochen, Klaus und Gerlinde zu den TVöD-Gehältern zu verhelfen, von denen sie träumen, wenn es nicht dem Kampf gegen Kinderarmut, Frauenfeindlichkeit oder Rassismus dienen würde?

Wenn die Linke nach Macht strebt, nach Posten und Positionen, dann kann man sicher sein, dass es im Namen einer höheren Idee geschieht. Jede neue Dreiviertelstelle für einen

Sozialarbeiter im Bielefelder Transgender-Zentrum bringt uns dem Ziel einer geschlechtsneutralen Gesellschaft näher, jede Beförderung eines als progressiv geltenden Juniorprofessors an der Uni Greifswald ist ein Schritt hin zu einer nichtrepressiven Bildungsrepublik.

Die Linken verstehen da keinen Spaß. Der einfachste Weg, ihren Furor zu entfachen, ist, ein Gespräch über Interessenlagen zu beginnen. Sie werden ganz fuchsig, wenn man ihnen vorhält, dass ihre Motive nicht so nobel seien, wie sie vorgeben. Es heißt dann, man wolle die Sache diskreditieren, für die es einzustehen gilt. Weil alles aus dem vornehmsten Anlass geschieht, setzt sich jeder sofort ins Unrecht, der Zweifel anmeldet. Wer etwa die Gleichstellungsbegeisterung in Frage stellt, die Frauen aufgrund ihrer Geschlechtszugehörigkeit auf vordere Plätze bugsieren will, hat damit gezeigt, dass er in Wahrheit ein Frauenfeind ist. Das Argument, dass man sich der Gleichberechtigung auch nicht durch positive Diskriminierung nähern könne, bedarf gar keiner näheren Betrachtung mehr. Es ist ein narrensicheres System: Die Frage nach den eher handfesten Motiven beweist bereits die Verleumdungsabsicht und hat sich damit von selbst entwertet.

Die Linke hat den eigenen Träumen von einem selbstbestimmten Leben nie wirklich getraut. Die hehren Proklamationen von Gegenmacht und Alternativkultur stehen in auffälligem Widerspruch zur Lebenspraxis. Man sollte erwarten, dass kritischer Anspruch und Staatsferne einander bedingen, aber die revolutionäre Intelligenz hat sich bei ihren Bemühungen um eine andere Gesellschaft hierzulande in der Regel lieber auf staatliche Alimentation verlassen. Sie ist dabei dem verständlichen Impuls gefolgt, dass es sich von der Warte der kündigungssicheren Festanstellung mit dynamisiertem Rentenanspruch besser über das Elend der Gesellschaft philosophieren lässt als aus den zugigen Etagen der selbstfinanzierten Gegenwelt.

Keine politische Altersgruppe hat sich so bereitwillig in die

Arme des Staates geworfen wie ausgerechnet die Achtundsechziger. Bei den Veteranentreffen und Erinnerungsrunden fällt dieser Karriereerfolg immer hinten runter, dabei ist er, im Gegensatz zu vielen anderen Errungenschaften, die sich die Altvorderen der Bewegung gerne zurechnen, eine beachtliche und vor allem dauerhafte Leistung. Die Achtundsechziger sind die erste Generation von Linken, die vorbehaltlos in den öffentlichen Dienst gewandert sind, ja, die eine Begeisterung für den Staatsapparat an den Tag legten, welche im Nachhinein geradezu gespenstisch anmutet. Es ist heute fast unmöglich, an der Spitze der Verwaltungen einen Uniprofessor, Staatsanwalt oder Richter zu treffen, der nicht irgendwann in den Siebzigern seine Arbeit aufgenommen hat und zumindest zeitweise mit den Zielen von damals sympathisierte.

«Das deutsche Schicksal: vor einem Schalter zu stehn», hat Kurt Tucholsky einst trocken bemerkt. «Das deutsche Ideal: hinter einem Schalter zu sitzen.» Die deutsche Linke kann stolz von sich sagen, dass sie dieses Ideal für einen Gutteil ihrer Anhänger erreicht hat, zumindest im ersten Anlauf, als die Haushaltskassen noch voll waren und die Renten sicher. Das ist keine leere Behauptung, es lässt sich beweisen.

Das sozialdemokratische Jahrzehnt, das mit der Regierungsübernahme durch Willy Brandt 1969 beginnt, geht einher mit einem massiven Ausbau des öffentlichen Dienstes; es legt das Fundament für den ÖTV-Apparat, der lange das Rückgrat der SPD gebildet hat und heute, unter dem schönen Namen ver.di, der Linkspartei Kraft und Statur verleiht. Die Zahl der Beamten ist zwischen 1970 und 1980 von 1,4 Millionen auf 1,74 Millionen gestiegen, das entspricht einer Zunahme von 24 Prozent. Diese Zuwachsraten hat die deutsche Beamtenschaft nie wieder erreicht. In den nächsten zehn Jahren ging die Zahl nur noch leicht nach oben, auf 1,84 Millionen, um dann in den folgenden Jahren deutlich abzufallen: Das wiedervereinigte Deutschland kommt heute mit 1,62 Millionen verbeamteten Staatsdienern aus.

Bei den staatlichen Angestellten fällt die Stellenausweitung noch deutlicher aus. Sie klettert von 944 000 im Jahre 1968 auf 1 323 000 zehn Jahre später, das ist ein Anstieg von über 40 Prozent. Damit endet auch, der Vollständigkeit halber sei es erwähnt, die Zeit der vollen Kassen, und der Weg in den Schuldenstaat nimmt seinen Anfang. Zur Personalausweitung kommen exorbitante Lohnsteigerungen. In den sogenannten Kluncker-Runden setzen die Gewerkschaften in den siebziger Jahren bis zu elf Prozent Gehaltserhöhung durch, woran nicht einmal die erste Ölkrise etwas ändert. Von diesem Doppelschlag haben sich die Staatsfinanzen nie wieder erholt.

Man darf spekulieren, dass bei dem einen oder andern auch das eher dünne Resümee zum Ende des Studiums den Ausschlag gibt, sein Heil im Staatsdienst zu suchen. Da die Linke auf die technische Intelligenz traditionell mit einer gewissen Herablassung sieht und bei den Naturwissenschaften nicht ihre stärkste Seite hat, ist das Berufsfeld bei Arbeitseintritt notgedrungen etwas eingeengt. So viele Posten in Medienunternehmen und Kultur gibt es nun auch nicht, um alle Mitglieder eines Jahrgangs unterzubringen, zumal hier ebenfalls feine Unterschiede gelten: Werbung geht gar nicht, weil zu kommerziell, Journalismus nur in fortschrittlichen, also linksliberal ausgerichteten Verlagen und beim öffentlich-rechtlichen Fernsehen.

Als natürliches Auffangbecken für die von Arbeitslosigkeit bedrohte Linksintelligenz diente lange der Universitätsbetrieb. Die Hochschulen des Landes zu Selbstversorgungsinstitutionen umzubauen lag nahe, hier hatte man schließlich mit der Studienaufnahme schon mal den Fuß in der Tür, nun musste man nur dafür sorgen, dass einen niemand mehr vertrieb. Die Delegitimierung der alten Ordinarienuniversität durch politischen Protest diente immer auch dem Ziel, Platz zu schaffen im Stellenplan. Wenn die Studenten davon sprachen, die alten Strukturen aufzubrechen, meinten sie damit vor allem die formalen Hürden, die sie am Aufstieg aus den Niederungen des wissenschaftlichen Betriebes an die Spitze ihrer Fachbereiche hinderten.

Als lästiges Problem beim Personalaustausch erwies sich die akademische Prüfungsordnung, die vor die Berufung ins Professorenamt das Verfertigen einer Habilitationsschrift setzte, ein Brauch, der an deutschen Universitäten seit 1819 gilt und den unbestreitbaren Nachteil hat, von den Aspiranten viel Zeit, Hingabe und Verstandeskraft zu verlangen. Hier Abhilfe geschaffen zu haben darf als eine der bedeutendsten Hochschulreformen der siebziger Jahre gelten: An die Stelle der Habilitation traten als Nachweis der Lehrbefähigung die «habilitationsähnlichen Leistungen»; von nun an reichte auch ein Bündel verstreut publizierter Aufsätze, um als ordentlicher Professor an eine deutsche Universität berufen zu werden. Das radikal vereinfachte Prüfungsverfahren eröffnete selbst wissenschaftlichen Exoten den Aufstieg. Karrieren wie die von Rudolf Hickel, Diplomvolkswirt und bereits mit 29 Jahren zum Professor für politische Ökonomie in Bremen berufen, wären ohne die Möglichkeit, «kumulativ» zu habilitieren, undenkbar geblieben. Fast unnötig zu erwähnen, dass die «aktive Mitarbeit an der wirtschaftswissenschaftlichen Studienreform» bis heute eine der stolzesten Errungenschaften im Werdegang des Professors ist, der auf Wunsch jede Talkshow mit seinen Thesen zum Ende des Kapitalismus versorgt.

Nachdem die Anforderungsbarriere gefallen war, hievten die nun praktischerweise paritätisch besetzten Findungskommissionen Tausende wissenschaftlicher Assistenten auf die begehrten Lebenszeitstellen. Die Zahl der Professoren stieg in nur sieben Jahren, zwischen 1972 und 1979, um 35 Prozent von 20771 auf 28087. Das ist eine Stellenexplosion, die es so nicht noch einmal gab und ganze Studienzweige für die nächsten 30 Jahre gegen den Nachwuchs versiegelte. Wo die Aufbaujahrgänge der zwischen 1910 bis 1920 Geborenen abtraten, rückten ebenfalls die Angehörigen der Protestbewegung nach.

Die Masseneinstellung einer einzigen, relativ jungen Alterskohorte machte die deutschen Hochschulen zum Eingenerationenprojekt, jedenfalls dort, wo ihre Interessenschwerpunkte lagen, in den Sozialwissenschaften und den meisten Geistesfakultäten. Wer den Anschluss verpasst hatte und auch bei der zweiten «Überleitung» leer ausgegangen war, mit der zu Beginn der Achtziger noch einmal ein ganzer Schwung Hängengebliebener verbeamtet wurde, dem eröffnete sich im Zuge der Wiedervereinigung eine letzte Gelegenheit, sich auf eine Last-Minute-Sinekure im Osten zu retten. Die Spätsieger der Geschichte ergriffen beherzt die unverhoffte Chance nach der tatkräftig betriebenen Abwicklung der alten Elite, der zum Verhängnis wurde, dass sie über das historische Verfallsdatum hinaus vertreten hatte, was von einigen Nachrückern so oder so ähnlich selber mal gefordert worden war.

Die ersten Achtundsechziger gehen jetzt in Rente, aber keine Angst, sie bleiben uns erhalten, nach dem Wechsel in den Ruhestand nun als Empfänger von Staatspensionen. Das wird kein ganz billiges Vergnügen für die Nachfahren: Die Kosten für die Pensionen der Studienjahrgänge 1968 und folgende wird die Bundesländer über die nächsten 20 Jahre überschlägig 500 Milliarden Euro kosten. Dafür können wir sicher sein, dass wir noch im Jahr 2040 zu hören bekommen, was wir den Studenten von damals alles zu verdanken haben und warum es nur recht und billig ist, dass wir ihnen bis ins hohe Alter ihre Toskana-Sausen finanzieren.

Mit Sicherheit wäre man geneigter, sie in Ruhe ihren Lebensabend genießen zu lassen, wenn man nicht dauernd unfreiwillig zum Zeugen ihrer Selbststilisierung als Aufständische gemacht würde. Nur Linke bringen es fertig, sich als Goldhamster des Systems einzurichten und beim gemächlichen Drehen des Laufrads allen Ernstes Referate darüber zu halten, wie man gerade die Verhältnisse zum Tanzen bringe. Das Verrückte dabei ist: Sie kommen damit durch. Niemand lacht laut auf, wenn der Subventionskünstler Claus Peymann, seit 40

Jahren eine der fidelsten Betriebsnudeln des deutschen Staatstheaters, davon spricht, «Reißzahn im Arsch der Mächtigen» sein zu wollen. Noch die absurdeste Finanzforderung des Intendanten des Berliner Ensembles geht als Machtprobe durch, jede Budgetüberziehung gilt bei den wohlmeinenden Geistern im Feuilleton als Widerstandsakt.

Die Linke war immer geübt darin, die Allgemeinheit für ihre Belange einzuspannen, egal ob es um mietfreies Wohnen an der Elbe oder Beschäftigungsgarantien für die Gefolgschaft geht. Es nötigt einem Respekt ab, wie es ihr gelingt, auch noch den durchsichtigsten Egoismus als gesellschaftlich respektables Unterfangen auszugeben. Sie hat dies alchimistische Prinzip über die Jahre zu wahrer Perfektion gebracht, ohne die Beherrschung dieser Kunst wäre auch ihre größte Karriereleistung, die Okkupation des deutschen Sozialstaats, nicht denkbar.

Der Sozialstaat hat viele Väter, angefangen mit Reichskanzler Otto von Bismarck. Jede Regierung hat sich um seine Weiterentwicklung bemüht, aber erst die Linke hat seine Heiligsprechung zu einer Frage der nationalen Identität gemacht. All ihre ungebundenen patriotischen Energien hat sie auf den Staat geworfen. Weil sie nicht das Land lieben kann, wie sie selber sagt, ist sie zur Staatsvergötterung übergegangen. Die Linke mag keine Nationalhymne und keine Flagge, dafür kennt ihre Begeisterung kein Halten mehr, wenn es um die staatlich organisierte Wohlfahrt geht. Sie spricht dann vom «Modell Deutschland», an dem sich die anderen mal ein Beispiel nehmen sollten. Das ist ihre Form des Nationalismus.

Es ist eine eigenartige Vorstellung, die Emanzipation vom Staat zu erwarten. Man sollte meinen, dass die deutsche Geschichte Anlass zu einer gewissen Nüchternheit geben sollte, was Staatsbegeisterung angeht. Das Problem des Landes war in den letzten hundert Jahren sicherlich nicht ein zu gering ausgeprägtes Vertrauen in die Obrigkeit, aber kaum klebt das kleine Wort «sozial» davor, ist das Geschichtsbewusstsein jäh erloschen.

DIE LINKE MACHT KARRIERE 141

Der Sozialstaat ist die zur Wirklichkeit geronnene Utopie der gerechteren Gesellschaft. In ihm geht beides zusammen, das Ideologische und das Praktische – er ist Nationenersatz, Versorgungsinstanz und ideeller Fluchtpunkt zugleich. Wenn es eine Aufbauleistung gibt, für die die Linke unbeschränkt Kredit beanspruchen kann, dann den Umbau des Sozialstaats von einer Grundsicherung gegen die großen Schadensfälle des Lebens – was ein bedeutendes Verdienst des modernen Staatswesens darstellt – zum allumfassenden Für- und Nachsorgesystem, bei dem sie selber, ganz zufällig natürlich, bestens wegkommt.

Nichts hat dem deutschen Sozialstaat etwas anhaben können, nicht die Kanzlerwechsel von Brandt zu Schmidt oder von Schmidt zu Kohl, nicht die Wiedervereinigung oder der Zusammenbruch des kommunistischen Imperiums. Ein einziges Mal sah es so aus, als sollte er auf ein bescheideneres Maß zurückgeführt werden, das war in den Monaten, in denen sich Gerhard Schröder entschloss, den Deutschen die Wahrheit über die Kassenlage zu sagen, und die Agenda 2010 ausrief. Aber das ging vorüber. Erst verlor Schröder die Nerven und machte Wahlkampf gegen sich selber, dann kam die Große Koalition. Jetzt geht es wieder so weiter wie gehabt: Im vergangenen Jahr hat die Regierung erst die Anhebung des Arbeitslosengeldes beschlossen, dann die des Wohngeldes, seit Januar 2007 gibt es vom Staat bezahlte Elternteilzeit, inklusive Wickelmonaten für die Männer, und, weil wir in einer aufgeklärten Gesellschaft leben, nun sogar Vater-Kind-Kuren auf Schein – alles Wohltaten, die mit der Bekämpfung der Wirtschaftskrise nicht das Geringste zu tun haben und den Handlungsspielraum für Konjunkturmaßnahmen nur einengen.

Die Geschichte des Sozialstaats ist die Geschichte einer nahezu unbegrenzten Ausdehnung. Das ist insofern bemerkenswert, als er darauf angelegt ist, Not zu lindern und Armut zu beseitigen, also bei Krisen zu intervenieren. Man sollte folglich annehmen, dass die Zahl der Bedürftigen mit steigendem

142 DIE EROBERUNG DES SOZIALSTAATS –

Wohlstand einer Gesellschaft und wachsender Umverteilung
sinkt. Doch das Gegenteil ist der Fall: Je mehr sich der Wohlfahrtsstaat ausweitet, desto weniger Menschen kommen ohne
seine Hilfe aus. Nie waren die Deutschen in ihrer Mehrheit
so wohlhabend wie heute – und gleichzeitig so sehr auf seine
Unterstützung angewiesen. Ein Paradox, das die Verfechter
des modernen Sozialstaats allerdings nicht etwa innehalten
lässt in ihrem rastlosen Expansionsbemühen, sondern eher
dazu anstachelt, immer neue Leistungen auszureichen.

Begonnen hat es mit der allgemeinen Krankenversicherung
(1883), der Unfallversicherung (1884) und der Altersver-
sicherung (1889). Der Erfinder, Reichskanzler von Bismarck,
machte aus seinen Motiven kein Geheimnis: «Mein Gedanke
war, die arbeitenden Klassen zu gewinnen, oder soll ich sagen,
zu bestechen, den Staat als soziale Einrichtung anzusehen, die
ihretwegen besteht und für ihr Wohl sorgen möchte.» Seither wurde seine vergleichsweise plumpe Methode der Herrschaftssicherung zu einem Bevorzugungs- und Betreuungssys-
tem ausgebaut, das alle gesellschaftlichen Gruppen erfasst, die
meisten gleich mehrfach, nach immer neuen sozialen Kriterien
und Merkmalen gestaffelt.

Am Anfang standen Einzelne, die krank wurden oder er-
werbsunfähig und damit auf staatlichen Beistand zwingend
angewiesen waren. Es folgten die Kriegsopfer, die Ehefrauen
der Krieger und deren Kinder; später dann die Vertriebenen
und die Bausparer, die Schüler und Studenten. Irgendwann
kamen ganze Berufsstände dazu, die bayerischen Bienenzüch-
ter mit einer Bestäubungsprämie, die Kutterfischer und die
Binnenschiffer, die seitdem auf Vorzugsdarlehen zählen dürfen, und natürlich eine bunte Reihe bedrohter Minderheiten:
die Bewohner strukturschwacher Gebiete oder die Kleingärt-
ner, die es in Nordrhein-Westfalen zwischenzeitlich sogar zu
einem eigenen Schutzparagraphen in der Landesverfassung
brachten.

Mittlerweile ist jeder an den Tropf der Sozialadministration

DIE LINKE MACHT KARRIERE

gelegt, von dem auch nur vermutet werden kann, dass er unter einem amtlich heilbaren Nachteil leidet: Ehepaare, kinderlos oder kinderreich, Alleinerziehende, Geschiedene und Verwitwete; Arbeitgeber, Arbeitnehmer, Arbeitslose, Nachtarbeiter und Berufstätige, die am Sonntag oder im Schichtdienst beschäftigt sind; Mieter, Vermieter, Bauherren und solche, die es werden wollen. Frauen, die ihr Leben lang im Haushalt tätig waren; Frauen, die vor dem Eintritt ins Berufsleben stehen; Frauen, die den falschen Hochschulabschluss erworben haben; Vielgebärende; Schwangere; Schwangere, die nicht länger schwanger sein wollen; Frauen, die nur Frauen lieben, und Frauen, die eigentlich Männer sind. Sie alle bekommen aus sozialen Gründen entweder zusätzliche Sonderrechte und Förderung zugestanden oder zusätzliche Ansprüche auf Geld- und Sachleistungen oder Steuervergünstigungen – oder alles zusammen.

Rund 700 Milliarden Euro gaben der Staat und seine Körperschaften im vergangenen Jahr für das Wohlergehen der Bürger aus. Jeder dritte Euro, der in der Bundesrepublik erwirtschaftet wird, fließt inzwischen über öffentliche Kassen der allgemeinen Wohlfahrt zu, ein historischer Rekord. Dagegen wäre an sich nichts zu sagen, wenn die Sachwalter des Sozialen die Aufgaben, die sie sich gestellt haben, zur Zufriedenheit der Mehrheit erledigen würden. Aber das ist leider nicht der Fall. Nicht nur, dass die Wirtschaftsinstitute mit immer neuen Armutszahlen überraschen – und zwar völlig unabhängig vom Konjunkturverlauf. Auch um die Daseinsvorsorge, die vornehmste Aufgabe des Sozialstaats, steht es nicht gut.

Aus den Tiefen des Staatswesens dringen beunruhigende Nachrichten, dass sich die Sozialingenieure übernommen haben. Viele der Zusagen, die sie gemacht haben, sind nicht haltbar, darunter auch die wichtigste, die Garantie eines auskömmlichen Altersgeldes. Wer heute 40 Jahre alt ist, kann froh sein, wenn er das eingesetzte Kapital bei Rentenbeginn ohne Abzüge wiederbekommt. Selbst in sehr günstigen Prognosen liegt die Verzinsung im Augenblick bei zwei Prozent, das reicht nicht einmal, um mit der Inflation Schritt zu halten. Viele Experten halten sogar eine «Minusverzinsung» für denkbar, wie der Brancheneuphemismus für Verlust heißt.

Schon vor Jahren haben verantwortungsbewusste Sozialpolitiker deshalb begonnen, den Bürgern zum Aufbau einer privaten Altersvorsorge zu raten, damit sie in dem Moment, in dem sie sich nicht mehr durch eigene Arbeit ernähren können, nicht vollständig auf die Hilfe des Staates oder ihrer Angehörigen angewiesen sind. Es war nicht irgendein Fondsmanager, sondern der SPD-Vorsitzende Franz Müntefering, der im Bundestag in einer Rede zur Zukunft der Rente daran erinnerte, es werde nicht helfen, «Lotto oder Balalaika zu spielen und zu hoffen, dass man so morgen oder übermorgen ausreichend Geld in der Tasche hat» – eine Warnung, mit der er die Alternativen zur privaten Rente schonungslos benannt hatte. Müntefering ist ein Politiker, der relativ offen mit den Leuten redet, deshalb genießt er auch einen Respekt wie wenige in dieser Berufsgruppe. Wenn die SPD mehr Funktionsträger wie ihn hätte, würde es ihr bessergehen.

In den Talkshows sitzen jetzt wieder die alten Sozialstaatskönige, die der Marktwirtschaft schon immer misstrauen, und führen ihr gutes Gewissen spazieren. Sie sonnen sich in der Gunst der Stunde und verteilen Zeugnisse, dabei sind es Leute wie Norbert Blüm und Rudolf Dreßler gewesen, die das Staatsvertrauen nachhaltig untergraben haben mit ihrem Versprechen, die Rente sei sicher. Aus der Tatsache, dass die Banken zwischenzeitlich mit Milliardenbürgschaften gesichert werden mussten, folgt leider nicht, dass das Geld beim Staat besser aufgehoben ist. Diese Rechnung machen diejenigen auf, die gerne wieder ganz über den Bürger verfügen würden, aber sie ist nachweislich falsch.

Man kann mit dem in Deutschland verfügbaren Wohlstand ein solides Sozialsystem garantieren, das dem Einzelnen verlässlich zur Seite steht, wenn er auf Beistand angewiesen ist, und allen eine ordentliche Grundversorgung bietet. Die Bundesrepublik ist ein so reiches Land, dass sie sogar die staatliche Alimentation von über vier Millionen Menschen zu leisten vermag, die nie einen nennenswerten Beitrag in die Sozialkassen eingezahlt haben, weil sie in der DDR oder im Ausland groß geworden sind. Aber diese stille, solide Verwaltung des Sozialkapitals ist den Architekten des modernen Wohlfahrtsstaats zu wenig, sie wollen höher hinaus. Sie wollen nicht mehr nur soziale Sicherheit bereitstellen, sie wollen aktiv gestalten und die Mitglieder der Gesellschaft in ein «menschlicheres und erfüllteres Leben» führen, wie es Heiner Geißler einmal im reformerischen Überschwang formuliert hat. So erstreckt sich das Soziale inzwischen über alle Bereiche hoheitlichen Handelns: über die Steuerpolitik und die Bildungspolitik ebenso wie über die Verkehrs-, Bau- und Umweltpolitik.

Der moderne Sozialstaat schüchtert nicht ein, er korrumpiert. Statt Gehorsam zu erzwingen, erkauft er ihn sich. Sein Leitbild ist der Bürger als Kostgänger, und deshalb ist es nur folgerichtig, dass er sich diesem in fast allen Lebenslagen als Appellationsinstanz anbietet. Neben die klassische Unterstützung im Alter, bei Krankheit und Arbeitslosigkeit sind großzügige Beihilfen zur Ausbildung, Kinderbetreuung, Wohnungsanmietung, Freizeitgestaltung und Vermögensbildung getreten. Der deutsche Wohlfahrtsstaat sorgt für verbilligte Opernbilletts und Sprachreisen in die Levante ebenso wie für kostenlose Eheberatung und sozial gestaffelte Fernsehtarife.

Nur ein geringer Teil des gewaltigen Sozialbudgets dient noch der Versorgung der Armen, dem «Schutz und der Daseinshilfe in Notlagen», wie es im ‹Deutschen Rechtslexikon› unter dem Begriff Sozialstaat in seiner gängigsten Definition heißt. Tatsächlich wird dieser Teil sogar immer kleiner, denn mit der Verschiebung des Leistungsangebots ändern sich auch die Zugangskriterien. Es sind immer häufiger die Lauten und Vorlauten, die Cleveren und Unverschämten, die zu den Hauptnutznießern des Sozialsystems gehören. Vor nichts

haben Politiker mehr Respekt als vor einflussreichen Wähler-
gruppen, und weil Einfluss meist mit einem ordentlichen Einkommen einhergeht, trauen sie sich nicht mehr, denjenigen,
die nicht arm sind, dies auch zu sagen.

Längst begnügt sich der Sozialstaat nicht mehr damit,
nur materielle Benachteiligungen auszugleichen. Auch für
immaterielle aufgrund von Herkunft, Geschlecht oder sexueller Präferenz verspricht er Kompensation. Damit ist ein Be-
schäftigungsprogramm in Gang gekommen, das freundlicher-
weise Tausende von Sozialpädagogen, Sozialpsychologen und
anderweitig hilfsbereiten Menschen mit Arbeit versorgt, die
sonst nicht wüssten, was sie mit ihrer Ausbildung anfangen
sollten. Keine Kommune in Deutschland kann heute auf einen
Ausländerbeauftragten verzichten, der die Verwaltung beim
richtigen Umgang mit Zuwanderern berät, auch wenn es weit
und breit keine betreuungswilligen Ausländer gibt. Ungezählte
Millionen geben die Länder im Jahr für Frauengleichstellungs-
beauftragte aus, die ihren Geschlechtsgenossinnen bei der
gleichmäßigen Versorgung mit öffentlich besoldeten Posten
staatliche Hilfe leisten sollen. Außer Bayern haben alle Lan-
desregierungen Beauftragte für gleichgeschlechtliche Lebensweisen eingerichtet, um der Benachteiligung von Schwulen
und Lesben mittels spezieller Förderprogramme abzuhelfen,
in Hessen und Berlin gibt es sogar eigene Referatsbereiche.

Als FDP-Generalsekretär Guido Westerwelle vor Jahren
einmal ironisch über den «Fahrradbeauftragten» als Krönung des «idealen rot-grünen Lebenslaufes» sprach, erhielt
er umgehend Post eines Hamburger Rechtsanwalts, der ihn
im Auftrag von «Frau Dagmar Meyer», ihrerseits «Fahrrad-
beauftragte der Freien und Hansestadt», empört darüber in
Kenntnis setzte, dass sich die Dame durch den Redebeitrag
«öffentlich herabgesetzt», um nicht zu sagen benachteiligt
sehe. Angehängt war die Forderung nach «Schadensersatz»
und «Schmerzensgeld» in Höhe von 5000 Euro.

In solchen Überdrehungen blitzt schlagartig auf, was den

Opferstatus so erstrebenswert macht: Wer ihn einmal für sich reklamiert hat, der hat eine Freifahrkarte fürs Sozialnetz gezogen, mit beinahe unbegrenzter Laufzeit. Denn wann ist der Zeitpunkt gekommen, an dem zum Beispiel die Frauen nicht mehr als benachteiligt gelten? Wenn die Hälfte aller Parkplätze in Parkhäusern Frauen vorbehalten ist? Wenn Männer vor und nach der Geburt eines Kindes genauso lange im Beruf aussetzen wie die Mütter? Oder «wenn durchschnittliche Frauen in Führungspositionen sind», wie es der Familienministerin Ursula von der Leyen als Gleichberechtigungsbeleg vorschwebt?

Das in diverse geldwerte Vorteile umgemünzte Gleichheitsgebot ist der eigentliche Treibsatz des Sozialstaats, gerade weil er sein selbstgestecktes Ziel, die Gleichstellung aller mit allen, nie erreicht, jedenfalls nicht unter den Bedingungen der Marktwirtschaft. Ebendeshalb sieht jede Regierung immer neue Anlässe für soziale Aus- und Aufgaben. Und genau deshalb scheint es immer noch Gruppen zu geben, die nicht oder nicht in ausreichendem Maße einer umfassenden Für-, Vor- und Nachsorge teilhaftig geworden sind.

Ein nicht unwesentliches Problem bei dieser Erweiterung des Kundenstamms ist die Erosion des Kapitalstocks. Auch der Sozialstaat kann jeden Euro nur einmal ausgeben. Um alle Wünsche zu finanzieren, deren Erfüllung er verspricht, ist er deshalb gezwungen, sich ständig neue Geldquellen zu erschließen. Weil die Belastung der Steuer- und Beitragszahler mit Rücksicht auf die nächsten Wahlen moderat ausfallen muss, bleibt nur die Flucht in die Kreditaufnahme. Die ist dem Bürger nicht unmittelbar vor Augen, was es dann so aussehen lässt, als ob die guten Gaben ohne Rechnung kämen. Das ist, wie immer bei Kreditverträgen, ein Trugschluss: Die Rechnung kommt nur zeitversetzt, plus Zinsen, niemand hat schließlich etwas zu verschenken, auch die Kreditgeber nicht.

Mit 1,5 Billionen Euro steht der Staat im Augenblick bei seinen Gläubigern in der Schuld, und da sind die diversen Konjunkturprogramme zur Abfederung der Wirtschaftskrise noch gar nicht eingerechnet. Etwa 42 Milliarden wurden allein im vergangenen Jahr für Kreditzinsen fällig, damit gingen knapp 15 Prozent der gesamten Staatseinnahmen in den Schuldendienst. Selbst in Zeiten, in denen die Steuereinnahmen wie 2006 und 2007 über allen Erwartungen liegen, kommt der Staat mit seinem Geld nicht aus: Im vorvergangenen Jahr lieh er sich 14,3 Milliarden Euro dazu, im Jahr davor sogar 27,9 Milliarden. Wenn es in dem Tempo weitergeht, in dem die Politik der vergangenen 20 Jahre die Kreditaufnahme betrieben hat, wird schon im Jahr 2050 ein Drittel des heutigen Bundeshaushalts an die Banken gehen.

Die Deutschen hängen an ihrem Sozialstaat, sie sind zu Recht stolz auf ein System, das jeden vor den einschneidenden Lebensrisiken schützt und dabei keinen Unterschied zwischen arm und reich macht. Die sogenannte neoliberale Schule mit ihrem Konzept des schlanken Staates ist in Deutschland nie sonderlich populär gewesen. Die Bürger fanden in ihrer Mehrheit immer schon, dass gute Staatsführung nicht eine Frage von dick oder dünn ist. Und sie haben recht: Die neoliberale Verheißung, dass der Markt es schon von selber richtet, hat spätestens mit der Finanzmarktkrise unrettbaren Schaden genommen. Wer dem Blütentraum anhing, dass sich der Egoismus des Einzelnen in der Addition zu so etwas wie Gemeinwohl fügt, sieht jetzt ziemlich lädiert aus.

Für die meisten Deutschen steht und fällt das Ansehen des Staates mit der Qualität seiner Leistungen, doch genau da beginnt heute für viele das Unbehagen. Während er sich ständig Neues aufhalst, scheint der Staat die Erfüllung seiner Kernaufgaben nicht mehr ernst zu nehmen. So entsteht die eigenartige Situation, dass er von Jahr zu Jahr neue Rekordsummen aufnimmt, die Eltern aber die Klassenzimmer streichen müssen, weil es sonst niemand tut, und Polizisten sich selber Teile ihrer Uniform kaufen. Die Politiker versuchen den Leuten einzureden, dass der Staat seine Arbeit nicht ordentlich

DIE LINKE MACHT KARRIERE 149

erledigen könne, weil er ständig zurückgedrängt und in seinen Ansprüchen beschnitten werde. Sie versuchen, mit anderen Worten, den selbstverursachten Missstand zur Legitimation neuer Befugnisse zu nutzen. Das ist eine ziemlich abenteuerliche Vorgehensweise: Sie erinnert an die eines korrupten Polizeichefs, der in seinem Revier beide Augen zudrückt und dann wegen des Anstiegs der Verbrechensquote mehr Geld für die Truppe fordert.

Was genau unter sozialer Gerechtigkeit zu verstehen ist, wo sie beginnt und wo sie endet, das können einem noch nicht einmal die Juristen sagen, die ansonsten noch für alles, woraus sich Ansprüche ableiten lassen, Definitionen anzubieten in der Lage sind. Auch das Grundgesetz, auf das sich sämtliche Sozialstaatsarchitekten gern berufen, trägt, genau besehen, wenig zur Aufklärung bei. Außer dem Hinweis, die Bundesrepublik sei unter anderem ein «sozialer Bundesstaat», findet sich keine nähere Bestimmung des Staatsziels. Und dass sich aus der sogenannten Sozialklausel konkrete Leistungspflichten des Gesetzgebers ableiten ließen, hat das Verfassungsgericht gleich mehrfach verneint. Der Staat sei lediglich verpflichtet, sich um einen «erträglichen Ausgleich der widerstreitenden Interessen» zu bemühen sowie insbesondere «um die Herstellung erträglicher Lebensbedingungen» für all die, «die in Not geraten sind». Nur: Was heißt erträglich, und wann ist jemand notleidend?

«Tatsächlich ist das Sozialstaatsprinzip noch heute das umstrittenste politische und auch verfassungsrechtliche Prinzip der Bundesrepublik», stellte einer der prominentesten Grundgesetzkommentatoren, der ehemalige Präsident des Verfassungsgerichts und spätere Bundespräsident Roman Herzog, bereits 1980 bekümmert fest. So bereite «die inhaltliche Konkretisierung» dem Staatsrechtler nicht nur deshalb «fast unüberwindbare Schwierigkeiten», weil die Verfassungsväter offenbar bewusst vermieden hätten, das Grundgesetz «als Wunschkatalog unerfüllbarer Versprechungen» zu entwerfen.

Die Interpretation der Sozialklausel sei auch deshalb so kompliziert, weil in ihr zwei ideengeschichtlich und weltanschaulich höchst unterschiedliche Prinzipien verschmolzen seien: die neuzeitliche Selbstverpflichtung des Staates, seine Bürger mittels Umverteilung am Wohlstand gleichmäßig teilhaben zu lassen, und die ältere, auf die bürgerliche Emanzipation zurückgehende Aufgabe, die Freiheitssphäre des Einzelnen zu sichern, ihn also gerade vor Bevormundung und staatlichen Übergriffen zu schützen.

Es ist, mit anderen Worten, der Widerspruch zwischen Sozialstaatlichkeit und Rechtsstaatlichkeit, der in der Formel von der sozialen Gerechtigkeit steckt. Dennoch wird sie mit großer Beharrlichkeit so verwendet, als gäbe es zwischen dem einen und dem anderen Ideal nicht die geringste Differenz. Dass jedes neue Gesetz zum Mieterschutz die Rechte anderer einschränkt, in diesem Fall die des Besitzers; dass jede Erhöhung der Sozialversicherungsbeiträge die Möglichkeit der Zwangsversicherten beschneidet, selber über die ihnen gemäße Form der Zukunftsvorsorge zu entscheiden: All dies haben die Sachwalter des Sozialen wohl erkannt, aber im visionären Schwung offenbar für nicht weiter beachtenswert gehalten. Vielleicht hat es sie auch einfach nicht interessiert. Das Recht am selbst erwirtschafteten Eigentum galt in der Welt der Sozialpolitik noch nie sonderlich viel.

Dass der Staat für einen Ausgleich unter seinen Bürgern zu sorgen hat, ist seit der Antike unumstritten. Bei Aristoteles findet sich zum ersten Mal der Begriff der «distributiven Gerechtigkeit», also der «Zuteilung von Ehre oder Geld oder anderen Gütern». Davon geschieden ist die sogenannte kommutative Gerechtigkeit, das heißt die Pflicht des Staates, für den Schutz des Einzelnen und, vor allem, die Einhaltung von Verträgen zu sorgen, die schließlich zum Zivil- und Strafrecht führte. Die austeilende Gerechtigkeit, die, wenn man so will, das Sozialrecht begründet, hat mit der modernen Vorstellung von Fürsorge freilich nicht viel gemein: «Jedem das Seine» heißt zwar die klassische Definition, ein Gebot zur Linderung von Elend und Armut ließ sich nach Ansicht der antiken Staatsphilosophen daraus aber nur ableiten, wenn der Erhalt des Gemeinwesens gefährdet war, etwa durch Aufruhr und Hungerrevolten. Gaben an die Bedürftigen waren demzufolge die Ausnahme, die Steuerabgaben dienten in den griechischen Stadtstaaten vorzugsweise dem Krieg, dem Kultus und der Verwaltung.

Die Idee der Caritas, der Mildtätigkeit, gesellte sich als Beweggrund für soziales Handeln erst im Mittelalter unter dem Einfluss des Christentums hinzu. Noch Immanuel Kant wollte die Staatstätigkeit streng auf die Wahrung des inneren und äußeren Friedens beschränkt sehen. Dass sich der Staat auch um die sozialen Belange zu kümmern habe, hielt der Philosoph, darin ganz und gar ein Vertreter der Politik der Skepsis, für überflüssig, ja geradezu schädlich: Jede Form von Paternalismus schränke die Freiheitsrechte des Einzelnen unzulässig ein, befand er streng.

Konkurrierend zur Gleichheitsidee, wie sie dann die Französische Revolution antrieb, stand immer die Gleichheitsidee des englischen Liberalismus, die zwar allen Bürgern den gleichen Anspruch auf Glück einräumte, dabei aber auf Verdienst und eigene Fähigkeit abhob, den Staat also ausdrücklich von gesonderten Ansprüchen freistellte. Für diese Denkschule ist materielle Ungleichheit an sich kein Skandal, solange für alle dieselben Aufstiegschancen gegeben sind.

Kann Ungleichheit der Lebensverhältnisse gerecht sein? Und wenn ja, bis zu welchem Grad? Es gibt mehrere Möglichkeiten, zu einer Antwort auf diese Grundsatzfrage der praktischen Ethik zu kommen. Eine stammt von dem amerikanischen Philosophen John Rawls, dessen Hauptwerk ‹Eine Theorie der Gerechtigkeit› seit seiner Veröffentlichung 1971 als eines der einflussreichsten Bücher zum Thema gilt. «Soziale und ökonomische Ungleichheiten sind zulässig», heißt es bei Rawls an zentraler Stelle, «wenn sie erstens zum

größten zu erwartenden Vorteil für die am wenigsten Begüns-
tigten führen und wenn zweitens garantiert ist, dass gesellschaftliche Positionen allen unter Bedingungen fairer Chancengleichheit offenstehen.» Mit anderen Worten: Die Vorteile,
die aus einem Mehr an Ungleichheit erwachsen, dürfen nicht
nur oder in erster Linie den Stärkeren zugutekommen. Ist
hingegen plausibel, dass alle profitieren, sind auch große Einkommensunterschiede zulässig, jedenfalls unter moralischen
Gesichtspunkten.

Was Chancengleichheit meint, macht Rawls an einem Gedankenexperiment deutlich. Stellen wir uns einen Urzustand
vor, empfiehlt er seinen Lesern, in dem die Vertreter aller sozialen Gruppen einen Gesellschaftsvertrag aushandeln. Nur
wissen die Repräsentanten nicht, wen sie eigentlich vertreten
– es könnte jeder sein. Sie sollen also den Kuchen teilen, ohne
zu wissen, welches Stück anschließend jeder bekommt. In diesem Fall, so die philosophische Spekulation, werden die Un-
terhändler nicht nur fordern, dass alle Bürger gleiche Rechte
haben und die Freiheit, einem guten Leben nachzugehen. Sie
werden auch verlangen, dass die Staatsverfassung den sozial
Schwachen immer noch den größtmöglichen Vorteil zu den
bestehenden Systemalternativen bringt. Genau dies aber kann
gerade in einer Gesellschaft gewährleistet sein, die jedem genügend Anreize bietet, seinen eigenen Wohlstand zu steigern
– und damit auch den Reichtum der Gesellschaft insgesamt.

Ein zweiter Ansatz, sich dem Gerechtigkeitsproblem zu
nähern, stammt von dem australischen Moralphilosophen
Peter Singer. Der Professor aus Princeton hat sich der Frage angenommen, ob es überhaupt gerechtfertigt sein kann,
Menschen einen Teil ihres Vermögens abzunehmen, für das
sie hart gearbeitet haben. Ja, sagt Singer, denn persönliches
Einkommen beruhe nicht nur auf eigener Leistung, sondern
auch auf gesellschaftlichen Bedingungen, zu denen man selber
nichts beigetragen habe: Wäre es anders, würde der gleiche
Fleiß und Arbeitseinsatz in Indien zum selben Ergebnis führen

wie in den Vereinigten Staaten, das sei aber erkennbar nicht der Fall.

Zu den öffentlichen Gütern, die nach Singer erst die enormen Produktivitätsunterschiede zwischen armen und reichen Ländern erklären, gehören ein verlässliches Rechtssystem, eine funktionierende Infrastruktur und ein gutes Bildungswesen, öffentliche Sicherheit und Ordnung, eine verantwortungsbewusste Regierung. Wenn sich aber ein Gutteil des eigenen Wohlstands dem «sozialen Kapital» einer Gesellschaft verdankt, ist es nicht nur gerechtfertigt, sondern moralisch sogar geboten, für die Bereitstellung dieses Kapitals auch eine Art Verzinsung in Form von Steuern oder Abgaben zu verlangen. Wie hoch diese Ausgleichszahlung auszufallen hat, ist der gesellschaftlichen Übereinkunft überlassen. Die Erfahrung lehrt, dass eine zu hohe Besteuerung den Arbeitsanreiz dämpft und damit der Wohlstandsakkumulation insgesamt schadet. Wo genau die Grenze liegt, ab der das Steueraufkommen trotz höherer Steuersätze sinkt, weil der Leistungswille erlahmt, ist umstritten, sie differiert von Land zu Land und hängt offenbar von kulturellen Gewohnheiten ab.

Eine ganz andere Frage ist, in welchem Umfang der Staat verpflichtet ist, seine Einnahmen an diejenigen umzuleiten, die weniger verdienen, weil sie sich nicht so ins Zeug legen oder einfach dümmer anstellen. Aus der Tatsache, dass einige aus dem «sozialen Kapital» einer Gesellschaft mehr machen als andere, lässt sich nicht der Schluss ziehen, alle müssten am Ende etwa gleich verdienen. Und schon gar nicht folgt daraus die Pflicht zur Alimentation von Leuten, die sich ansonsten selber zu behelfen wüssten, oder die Finanzierung von Beschäftigungsprogrammen für Leute, die das Falsche studiert haben und ohne die Anstellung als Sozialarbeiter auf der Straße stünden. Unselbständigkeit zu unterstützen ist nirgendwo auf der Welt ein moralisches Gebot.

Die Deutschen sind ein ungemein sozial eingestelltes Volk, das zeigen alle Umfragen. Da sie nicht selber die Zeit haben, sich um die Armen und Bedürftigen zu kümmern, ist ihnen die Idee sympathisch, dass sich der Staat an ihrer Stelle kümmert. Zu den Aufgaben der öffentlichen Verwaltung zählten sie immer schon mehr als den Straßenbau oder den Unterhalt von Schulen und Gefängnissen. Sie wollen nicht, dass jemand Not leidet, der unverschuldet in Armut geraten ist. Sie sind gerne bereit zu geben, sie wollen sich nur nicht ausnehmen lassen. Bislang haben sie ihre Seite des Sozialstaatsvertrags stets brav eingehalten, das setzt aber voraus, dass der Staat seine Pflichten genauso gewissenhaft erledigt, wozu wesentlich gehört, dass er sie vor dem Missbrauch ihrer Großzügigkeit schützt.

Manchmal beschleicht die Bürger das Gefühl, dass es doch nicht so gerecht zugeht, wie ihnen immer versprochen worden ist, und die Sozialagenturen ihre Leistungen nach eher zweifelhaften Kriterien vergeben. Warum soll sich ein Packer noch für 1400 Euro im Monat netto mühen, wenn sein Hausnachbar mit Frau und Kindern von den Sozialämtern 1800 Euro erhält, ohne eine Hand zu rühren? Das ist so eine der Fragen, die nicht nur die ganz Aufgeweckten beschäftigt. Neulich stand in der Zeitung wieder der Fall einer Mutter von fünf Söhnen, die am Ende ihres Lebens von einer Kleinstrente leben muss, weil sie ihre Berufsjahre mit der Aufzucht der Beitragszahler zugebracht hat, die nun denjenigen ihre vergleichsweise üppigen Renten finanzieren, die sich für Arbeit statt für Kinder entschieden haben.

Aber dann beruhigen die Bürger sich wieder, indem sie ihre Zweifel in den Hintergrund drängen. Was wäre auch die Alternative? Sich selber zu bestrafen, indem man die Vergünstigungen abwählt, die der Staat einem gewährt? Die Leute sind realistisch, sie wissen, was man einmal aufgegeben hat, gibt es so schnell nicht zurück. Man müsste ihnen schon erklären können, was sie davon haben, wenn sie freiwillig verzichten. Aber das traut sich kaum ein Politiker mehr zu.

Wie viele Versorgungswege über die Jahre gegraben wurden und welche Ergebnisse der Umverteilungsapparat im Einzelnen erzielt, das weiß heute kein Sozialexperte genau zu beziffern. Auf zwölf Bände und über 3000 Seiten bringt es die aktuelle Ausgabe des Sozialgesetzbuches, die Magna Charta des bundesdeutschen Wohlfahrtsstaates. Dutzend Varianten umfasst allein die Liste der direkt gewährten Zuschüsse, hinzu kommen die Beihilfen, Sonderprogramme und Sozialrabatte, die Länder und Kommunen bereithalten und über deren genaue Zahl nicht einmal Schätzungen existieren. Vollends den Überblick verliert, wer den Versuch unternimmt, die Transferströme innerhalb eines deutschen Durchschnittshaushaltes statistisch zu erfassen. Dort haben sich mittlerweile die Negativtransfers, also alle Gehaltsabzüge und Steuerzahlungen, mit den Positivtransfers des Sozialstaats so verknäult, dass oftmals kaum mehr dem Haushaltsvorstand einsichtig ist, ob er nun draufzahlt oder nicht. Doch eben das ist der entscheidende Effekt des von den Sozialverwaltern herbeigeführten Verteilungschaos: Der Beitragszahler soll es auch gar nicht durchschauen. Wenn keiner genau sagen kann, ob er zu den Gewinnern und Verlierern gehört, bleibt immer die Illusion, dass man am Ende vielleicht doch mehr herausbekommt, als man hineingesteckt hat.

Im Augenblick erlebt der Staat eine neue Blüte, jedenfalls auf den Meinungsseiten der Zeitungen und natürlich in den politischen Talkshows. Seit dem Beginn der Finanzkrise sind jetzt alle Staatsfreunde. Von einer globalen Zeitenwende ist die Rede, seit die Politik einen Rettungsschirm über die Banken aufspannen musste, von einer Krise, die an den Grundfesten des Gemeinwesens rüttelt. Manche sahen im vergangenen Herbst, als das Bankenbeben Deutschland erreichte, bereits einen weltbürgerkriegsähnlichen Zustand heraufziehen.

Krisen verlangen nach Deutung, große Krisen nach großer Deutung. Nach den Anschlägen vom 11. September war das Ende der Spaßgesellschaft erreicht, diesmal stand gleich das Ende der freien Marktwirtschaft fest, die mit ihren Wohlstandsanreizen erst den Markt ruiniert habe und dann beinah auch noch die Demokratie. Allenthalben wird jetzt die Rückkehr des Staates in seine alte Rolle als Schutzmacht gefeiert, auf die wir wieder all unser Vertrauen und unsere Hoffnung richten sollen. Von der Renaissance der Politik ist die Rede, von einem bemerkenswerten Comeback nach einer langen Auszeit an den Seitenlinien des Wirtschaftsgeschehens.

Rückkehr des Staates: Das klingt beruhigend in diesen unsicheren Zeiten, aber dann fragt man sich: Wann war er eigentlich weg? Die Staatsquote liegt seit 35 Jahren verlässlich bei über 40 Prozent. Im Augenblick ist der Anteil staatlicher Leistungen an der Wirtschaftskraft des Landes 43,8 Prozent, so viel wie im Vereinigungsjahr 1990. Noch immer ist der Staat der größte Arbeitgeber des Landes. 4,5 Millionen Menschen sind insgesamt im öffentlichen Dienst beschäftigt. An der Finanzindustrie in Deutschland sind die Privatbanken gerade mal zu einem Drittel beteiligt, der Rest sind Sparkassen, Landes- und Genossenschaftsbanken. Auch die Gesetzesmaschine ist, anders als man nach Lektüre der Zeitungen glauben könnte, nicht zum Erliegen gekommen. Über 400 Gesetze hat der Bundestag in der vergangenen Wahlperiode erlassen, das sind 11,11 pro Monat. Der Durchschnitt liegt bei 9,7 Gesetzen, die legislativ anspruchsvollen Anfangsjahre der Republik eingerechnet.

Im Nachhinein ist es erstaunlich, was für eine mächtige Bewegung doch dieser Neoliberalismus in Deutschland gewesen sein muss, der die Deutschen angeblich dazu veranlasst hat, ihr Leben marktradikal auszurichten, wie es in etlichen Kommentaren hieß.

Wer mag da als Rädelsführer gemeint sein? Guido Westerwelle? Klar, der ist immer schuld, wenn es mit dem Kapitalismus gerade mal nicht so läuft, auch wenn er mit seiner Partei seit drei Legislaturperioden von jeder Regierungsbeteiligung ausgeschlossen ist. Hans-Olaf Henkel? Roland Berger? Gemessen an der Zeit, die beide im letzten Jahrzehnt in

DIE LINKE MACHT KARRIERE   **157**

Talkshows verbracht haben, wäre es geradezu unhöflich, sie
jetzt nicht zu nennen. Roman Herzog mit seiner Ruck-Rede?
Irgendwie auch schuldig, selbst wenn er bis heute darauf wartet, dass der von ihm angemahnte Ruck aus dem Adlon in der
Realwirtschaft ankommt.

Einigen wir uns auf Gerhard Schröder. Der ist, erstens, der
Vater der Agenda 2010 und damit des bedeutendsten Stücks
neoliberaler Gesetzgebung seit dem Zweiten Weltkrieg, wie
die Linkspartei und ihre Gehilfen ja schon seit längerem behaupten. Und zweitens ist er auch der Förderer der Hedge-
fonds in Deutschland, und die sind, das weiß nun jedes Kind,
etwas ganz Böses. Nach Lage der Dinge muss es eh ein Sozialdemokrat gewesen sein, der das Land den Finanzmärkten
ausgeliefert hat, schließlich sitzt seit bald elf Jahren ein SPD-
Mann im Finanzministerium. Zwei Finanzmarktfördergesetze
hat die Regierung in dieser Zeit verabschiedet mit neuen Regeln für die Geldindustrie, die Banken hatten zur Hilfestellung
bei der Abfassung ihre Abgesandten praktischerweise direkt
im Ministerium sitzen. Es waren die SPD-Minister Walter
Riester und Wolfgang Clement, die die Menschen zur privaten Altersvorsorge angehalten haben, und in die Amtszeit
von Rot-Grün fällt die größte Steuersenkung der Nachkriegsgeschichte.

Das Schöne an Krisen wie dieser ist, dass es jede Menge
Schuldige gibt. Man hat die freie Wahl. Zu den ungemütlichen
Fragen, die sich an die Krise anschließen, gehört die nach der
Verantwortung der Politik. Man muss kein Finanzexperte
sein, um zu wissen, dass Menschen um des Profits willen die
unglaublichsten Dinge tun, wenn man sie lässt: Sie verfüttern
Schafe an Rinder, kippen Abfälle in die Wurst und leiten Gift-
müll ins Wasser. Die Marktwirtschaft weiß auf das Problem
gesellschaftsschädlichen Gewinnstrebens, das die Kosten indi-
viduellen Fehlverhaltens auf die Allgemeinheit abwälzt, zwei
Antworten: Preis und Kontrolle. Der Preis für den Verursacher kann eine Abgabe sein, wie beim Emissionshandel, oder

Strafen. Die Kontrolle von oben schafft die Voraussetzung für die Einhaltung der aufgestellten Marktordnung.

Ausgerechnet in der Finanzwirtschaft hat die Politik darauf gesetzt, dass die Akteure sich schon richtig verhalten, und von der Einrichtung einer effektiven Aufsicht abgesehen. Jeder Regierungschef konnte nach Ausbruch der Krise auf einen Reformappell verweisen: Angela Merkel hatte das Thema mal am Rande des G-8-Treffens in Heiligendamm angesprochen, der britische Premierminister Gordon Brown dazu vor zehn Jahren eine Rede gehalten, die er nun herumzeigte. Aber es ist daraus nichts gefolgt. Vielleicht haben die Verantwortlichen in den Regierungszentralen einfach übersehen, welches Rad die Finanzjongleure drehten, aber auch das wäre alles andere als beruhigend. Da kommt es ganz gelegen, wenn nun alle von der Rückkehr des Staates reden: Wer weg war, den trifft keine Schuld. Lieber rechnet man mit einer Ideologie ab, die in diesem Land über die Talkshows und einige Wirtschaftsblätter nie wirklich hinausgefunden hat.

Es ist für mich immer wieder erstaunlich, wie viel sich Politiker zutrauen. Ich betrachte sie jetzt seit fast zwanzig Jahren berufsbedingt aus der Nähe, und ich habe noch nie jemanden getroffen, der auch nur den geringsten Zweifel an seiner Eignung für jedes Amt vom Bundeskanzler abwärts geäußert hätte. Die meisten besitzen eine Ausbildung, die sie in der Wirtschaft gerade mal zum Prokuristen eines mittelständischen Betriebes befähigen würde, aber das hindert sie nicht, sich immer und überall kompetent zu fühlen. Die beiden am häufigsten in deutschen Parlamenten vertretenen Berufe sind Rechtsanwalt und Lehrer. Schon daraus ist ersichtlich, dass wir es in der Gesetzgebung vor allem mit Menschen zu tun haben, die gerne recht haben und das auch alle wissen lassen.

Jetzt werden eben die Finanzmärkte gezähmt – und das von Leuten, die bis vor kurzem nicht einmal den Unterschied zwischen «call» und «put» kannten beziehungsweise Letzteres für ein Fachwort aus dem Golfsport hielten. Mit Sicherheit wäre einem wohler, wenn sich die von der Politik kontrollierten Staatsbanken in der Finanzkrise als Beispiel eiserner Solidität empfohlen hätten. Tatsächlich jedoch sind die Landesbanken die Ersten gewesen, die unter den Schutzschirm des Staates mussten, weil ihre Mitarbeiter besonders tollkühn mit den glitzernden Finanzinstrumenten hantierten, die sich dann – zu ihrer Überraschung und zum Schaden des Steuerzahlers – als ziemliches Teufelszeug entpuppten. Aber all das spielte in der Berliner Diskussion bislang nie eine wirkliche Rolle. Man ahnt schon, wie es jetzt weitergeht: Die dringend erforderliche Marktaufsicht wird nicht den Fachleuten überlassen, sondern mindestens zur Hälfte an Parlamentarier delegiert, die ihre Zuständigkeit reklamieren und nun von ihrer Parteiführung nicht übergangen werden dürfen. Auch das ist der deutsche Sozialstaat: Er hat noch für jeden ein warmes Plätzchen, der einen Teil des Parteiapparats hinter sich weiß. Manchmal reicht es schon, dass man fleißig im Bundestag im Finanzausschuss gesessen hat, damit es einen in den Vorstand der Kreditanstalt für Wiederaufbau trägt – oder Landmaschinenmechaniker und Diplom-Volkswirt ist, um die Deutsche Bundesbank zu leiten, wie Ernst Welteke, der seinen Hut nur nehmen musste, weil er sich einmal zu oft hatte einladen lassen.

Wenn vom Staat die Rede ist, dürfen sich alle angesprochen fühlen. Er ist die Gesamtheit der Bürger, die Abstraktion ihres demokratischen Willensbildungsprozesses. Weil wir alle Staat sind, hört es sich immer so an, als würden wir jetzt auch alle wieder die Kontrolle übernehmen, über die Banken, die Wirtschaft, überhaupt unser Leben. Das ist eine Vorstellung, die in diesen beängstigenden Zeiten etwas ungemein Tröstliches hat. Denn ist es nicht genau das, was sich jeder wünscht: endlich die Macht über das eigene Schicksal zurückzugewinnen, das heute auf so unheimliche und unbegreifliche Weise fremdbestimmt scheint?

Leider sitzen die Bürger einem Missverständnis auf. Es

existieren ganz unterschiedliche Vorstellungen, wer künftig das Sagen haben soll, und die Bürger sind dabei nicht gemeint, auf jeden Fall nicht so konkret. Wenn Politiker davon reden, dass der Staat wieder mehr bestimmen müsse, meinen sie ausschließlich sich selbst. Und wenn Journalisten von der Rückkehr der Politik sprechen, dann denken sie ... auch an sich selber.

Die Politiker verstehen sich als Repräsentanten des Staates, sie besetzen schließlich die obersten Staatsorgane, das Präsidentenamt, das Parlament, die Regierung. Die Journalisten sehen sich als «vierte Gewalt» und damit in der Rolle des obersten Kontrollorgans über das politische Geschäft, was sie zu der gar nicht so verwegenen Annahme verleitet, dass mit jedem Machtzuwachs der Politiker auch ihr Einfluss steigt. Zusammen bilden sie das, was man den politisch-journalistischen Komplex nennen könnte: Der eine besetzt die politischen Posten und schreibt die Gesetze; der andere sagt, wie der politische Einfluss ausgeübt werden und was in den Gesetzen drinstehen sollte, und verteilt anschließend Noten, ob es auch so gekommen ist, wie er es vorgeschlagen hat. So können sich beide wichtig fühlen, der Journalist sogar ein bisschen mehr, weil er im Zweifel nie verantwortlich ist, wenn es schiefgeht. Das ist eine komfortable Position, die er genießt und auf die er sich einiges einbildet, dafür ist er darauf angewiesen, dass ihn der Politiker ernst nimmt. Er versucht das sicherzustellen, indem er ihm ab und an in seinen Kommentaren heimleuchtet. Man sieht schon: Die beiden haben genug miteinander zu tun, da brauchen sie nicht noch die Einmischung von außen.

Das heißt keineswegs, dass der Bürger nicht laufend bei ihnen vorkommt. Sowohl der Politiker als auch der Journalist reden gerne vom Volk. Der Journalist nennt es «die Öffentlichkeit», der Politiker die «Menschen draußen im Lande». Beide brauchen die politische Masse, um ihrer Meinung Gewicht zu verleihen, aber eben nur als Abstraktum, als schöne Vision. Wehe, der Bürger kommt ihnen in die Quere, indem er sich abwendet, nicht mehr wählen geht oder sein Abo kündigt, dann sind sie sauer. Dann ist sofort die Demokratie in Gefahr, und alle müssen Angst vor einem neuen Weimar haben.

So richtig kann man dem Volk eben nicht trauen, darum ist es besser, man schützt es vor sich selber.

WIR KLEINBÜRGER – DIE LINKE UND DAS VOLK

Drei Wochen nach dem Mauerfall erschien das Frankfurter Satiremagazin ‹Titanic› mit dem Foto von einem blonden, beseligt lächelnden Mädchen in T-Shirt und Jeansjacke, an Frisur und Kleidung leicht als Angehörige der unteren Volksschichten zu erkennen. Natürlich hätte «Zonen-Gabi», wie sie auf dem Titelblatt hieß, auch aus Neukölln oder vom Hasenbergl kommen können, aber das wäre nur der halbe Spaß gewesen. Also hatte ihr die Redaktion eine halbgeschälte Gurke in die Hand gedrückt: «Zonen-Gabi (17) im Glück (BRD): Meine erste Banane», lautete dazu die Titelzeile. Damit war alles klar.

Das Titelbild war sofort ein Hit, vor allem unter Medienschaffenden und Kulturleuten, also in den aufgeklärten Milieus. Es ging von Hand zu Hand, wurde bestaunt und belacht und hing bald über jedem zweiten Schreibtisch, als eine Art Memento mori des historischen Umbruchs.

Keine Frage, die ‹Titanic›-Idee war komisch. Nach dem politischen Dauerpathos verlangte die Situation nach jemandem, der etwas die Luft herausließ, und da waren die Redakteure aus Frankfurt gern behilflich. Es war ein geradezu genialer Fall von Situationskomik, perfekt zu diesem Moment hochgespannter Erwartungen passend.

Aber nach ein paar Monaten hing das Titelbild immer noch in den Redaktionen. Es überlebte die ersten freien Volkskammerwahlen und die Wiedervereinigung, und bald war klar, dass es für viele mehr war als ein gelungener Scherz anlässlich der unverhofften Wiederbegegnung mit einem Deutschland, von dem man 40 Jahre getrennt gelebt hatte. Es brachte auf

DIE LINKE UND DAS VOLK

den Punkt, was viele über die andere Seite nicht nur im Scherz dachten; der Witz war zum Statement geworden.

Die Wendemonate hatten ausgereicht, um aus dem DDR-Bürger, der auf der Linken eben noch als armer, aber liebenswerter Verwandter gegolten hatte, eine Figur zu machen, für die man in den progressiven Etagen der Republik nicht mehr als Hohn und Spott übrig haben konnte. Erst waren die Brüder und Schwestern im Osten auf die Straße gegangen, um den dortigen Machthabern die eigene Vergänglichkeit vor Augen zu führen, dann hatten sie die Mauer niedergerissen, die sie 28 Jahre von der Welt fernhielt, und schließlich hatten sie auch noch Anschluss an jenen bundesdeutschen Wohlfahrtsstaat gefordert, den die Westlinke als Provisorium zu betrachten gelernt hatte. Vor allem Letzteres hätte er auf keinen Fall tun dürfen, der Ostler, das nahm man ihm außerhalb des konservativen Lagers nachhaltig übel.

Schon das Wort «Wiedervereinigung» stieß der Linken auf: Wo zwei selbständige Staaten sind, kann nichts zusammengefügt werden, als sei es getrennt gewesen. Für die Fortschrittlichen gehörte es zur Staatsräson, die deutsche Frage, wie man die Teilung im Lauf der Jahre zu nennen gelernt hatte, als erledigt zu betrachten. Die von Willy Brandt eingeleitete Ostpolitik hatte sich zu einer Anerkennungspolitik des anderen Deutschlands entwickelt: «Wandel durch Annäherung» meinte die Koexistenz der Systeme, nicht deren Zusammenführung. «Das wachsende Ozonloch, der Treibhauseffekt beunruhigen uns mehr als die Teilung, und das zu Recht», bekannte der SPD-Politiker Egon Bahr im November 1988 stolz: «Die alte deutsche Frage liegt hinter uns wie die alte Geschichte der unabhängigen europäischen Nationalstaaten.» Er fügte an, Brandt habe kürzlich die Wiedervereinigung die «Lebenslüge der zweiten deutschen Republik» genannt.

Wer sich damals den Luxus einer anderen Meinung erlaubte, geriet schnell in den Ruf, ein Ewiggestriger zu sein. Als Martin Walser 1988 in einer Rede in den Münchner Kammerspielen seine Phantomschmerzen bekannte und der Auffassung widersprach, die Teilung müsse als ewige Strafe für die deutschen Verbrechen hingenommen werden – schon weil es keinen Grund gebe, die eine Hälfte eines Volkes zu bestrafen, die andere aber nicht –, musste er sich des «nationalistischen Geschwafels» und «Stammtischgeblökes» bezichtigen lassen. «Gedächtnis verloren, Verstand verloren» war ein Artikel in der ‹Zeit› überschrieben. Zwölf Monate später ging die Mauer auf. Einer der wenigen Journalisten, die dem Zeitgeist widerstanden und in bewundernswerter Klarheit für das nationale Selbstbestimmungsrecht eintraten, war ‹Spiegel›-Gründer Rudolf Augstein. Ihm sei zu attestieren, «sein Magazin vor einem deutschlandpolitischen Desaster bewahrt zu haben», stellte der Regensburger Historiker Jens Hacker im Rückblick fest.

Der Mauerfall erwischte die deutsche Linksintelligenz völlig unvorbereitet. Er offenbarte nicht nur einen kolossalen Mangel an historischer Vorstellungskraft, er beraubte sie auch eines Sehnsuchtsorts von eigentümlicher Tristesse, dessen ganze Schäbigkeit nach Öffnung der Tore zu Tage trat. Die westdeutsche Linke hat vielfach eine seltsame Affinität zur DDR gezeigt. Nicht als alternativer Lebensort oder möglicher Altersruhesitz, schließlich hatte man ja schon sein Landhaus in der Provence oder die Mühle in der Toskana. Nicht mal für einen Urlaub kam das andere Deutschland in Frage, dafür waren einfach die Weine zu schlecht und das Käseangebot im Konsum zu dürftig. Für einen Großteil der Linken war die zweite deutsche Diktatur eher so etwas wie ein Zoo, in dem sich nach Entrichten des Eintrittsgeldes der sozialistische Werktätige zur lehrreichen Anschauung und Unterhaltung in einem möglichst artgemäßen Habitat beobachten ließ, und so wie man im Zoo über die realen Lebensbedingungen der ausgestellten Käfigbewohner hinwegsieht und sich vom Ausstellungscharakter verführen lässt, so schätzten die Besucher auch hier vor allem die Idee des Unternehmens.

Die Betrachtung der DDR als problembehaftetes, aber

DIE LINKE UND DAS VOLK

durchweg sympathisches Experiment führte zu einem Realitätsverzicht, der im Nachhinein waghalsig anmutet. Kontakte zu Oppositionellen, die über die wahre Lage im sozialistischen Menschenpark hätten Auskunft geben können, wurden vermieden; das galt als Provokation im deutsch-deutschen Verhältnis, und Provokationen waren aus westdeutscher Sicht zu umgehen. Nur einige wenige Politiker wie die grüne Bundestagsabgeordnete Petra Kelly oder Gerd Weisskirchen von der SPD besaßen die nötige Starrköpfigkeit und auch Grundneugier, aus dem arrangierten Besuchsprogramm auszuscheren, um mit Bürgerrechtlern wie Bärbel Bohley und Rainer Eppelmann zu sprechen anstatt, wie in solchen Fällen vorgesehen, mit dem für internationale Beziehungen zuständigen Politbüro-Mitglied Hermann Axen.

Zu den eindrücklichsten Dokumenten journalistischer Selbstumnachtung gehören die Reiseberichte der sechs ‹Zeit›-Redakteure, die im Mai und Juni 1986 auf Einladung der SED-Offiziellen durch das «andere Deutschland» fuhren und anschließend in einer Artikelserie ihre Eindrücke schilderten. «Sie erlebten eine DDR, deren Führung Gelassenheit gelernt und Selbstbewusstsein entwickelt hat, ihre Minderwertigkeitskomplexe sind aus vielerlei Gründen verflogen», hieß es gleich in der Ankündigung. «Entspannter, entkrampfter» sei das Verhältnis zwischen Obrigkeit und Bürger geworden: «Häuserbauen ist ihnen wichtiger als Fahnenhissen», war ein Artikel über Spitzenfunktionäre der DDR überschrieben.

Souverän sahen die dem kritischen Journalismus verpflichteten Beobachter über Mauertote und Schießbefehl der «kleinen Mörderrepublik» (Hans-Ulrich Wehler) hinweg, stattdessen richteten sie den Blick entschlossen auf die Aufbauleistungen im Nachbarstaat und fanden viel Lobenswertes. So berichtete der langjährige ‹Zeit›-Chefredakteur und spätere Herausgeber Theo Sommer im Auftaktstück am 20. Juni 1986 seinen Lesern:

«Die DDR ist eine einzige Großbaustelle. Allenthalben wird rekonstruiert, modernisiert, saniert. Straßenzug um Straßenzug wird hergerichtet, Baulücke um Baulücke gefüllt, Stadtkern um Stadtkern erneuert. Die Zeit des besinnungslosen und bedenkenlosen Niederreißens ist lange her. Zwar hilft auch heute noch manchmal nur die Abrissbirne, doch wo es irgend geht, wird liebevoll restauriert. (…)

Die Menschen in der DDR haben, was manche, die in die Bundesrepublik ausreisen, bald schon bitterlich vermissen: Sicherheit. (…) Sie glauben an das, was sie sehen: die Aufbauleistung ringsum, ihren verbesserten Lebensstandard, die Geborgenheit auch, die ihnen ihr Staat bei allen Kümmerlichkeiten und Kümmernissen bietet, die menschliche Wärme, die sich zum Beispiel darin ausdrückt, dass keine ausländischen Taktstraßen bestellt werden, die das übliche, eher gemächliche Arbeitstempo beschleunigen. (…)

Es ist drüben ja in der Tat ein soziales System entstanden, das unseres in mancher Hinsicht in den Schatten stellt. Arbeitslosigkeit gibt es nirgends. Im Gegenteil: Alle Manager jammern über Arbeitskräftemangel. (…) Die Preise für Grundnahrungsmittel – Brot, Fleisch, Wurst, Butter, Milch, Nudeln, Kartoffeln – sind seit über einem Vierteljahrhundert nicht erhöht worden; das einfache Brötchen kostet immer noch fünf Pfennig. Auch die Preise für Heizung, Strom, öffentliche Verkehrsmittel sind stabil geblieben. Der Staat schießt dem Lebensunterhalt seiner Bürger 24 Milliarden Mark an Subventionen zu. Das muss man bei Lohnvergleichen berücksichtigen. Wenn ein Arbeiter bei Carl Zeiss Jena im Monat 900 Mark nach Hause bringt (Spitzenverdienst: über 2000 Mark), so ist das erheblich mehr als in der Bundesrepublik.»

Nicht nur Sommer muss es ein ewiges Rätsel geblieben sein, warum es die DDR-Bürger trotz verlangsamten Fließbands, Spitzenverdienst bei Carl Zeiss und Fünf-Pfennig-Brötchen drei Jahre später zu Tausenden auf die Straße trieb. Vielleicht wäre es doch hilfreich gewesen, sich ab und an die Frage zu erlauben, wie attraktiv man selber das Leben hinter der Mauer gefunden hätte, ohne D-Mark und aller wichtigen Freiheitsrechte beraubt, aber die stellte sich den Besuchern irgendwie nicht. Vielleicht fanden sie auch, man könne als

DIE LINKE UND DAS VOLK

einfacher Arbeiter mit Zichorie-Malz-Kaffee-Mix, Jeans aus dem VEB-Textilwerk Mülsen und 14 Tage Plattensee statt Mallorca genauso glücklich sein; eine naheliegende, aber erkennbar fehlerhafte Einschätzung der Bedürfnisse der werktätigen Massen. Es ist immer das verdammte Volk, das der Linken einen Strich durch die Rechnung macht. Das ist jedes Mal wieder eine bittere Erfahrung für eine Bewegung, die sich als Anwalt derer da unten gegen die da oben versteht.

Auch 20 Jahre nach dem Mauerfall fällt es vielen west- wie ostdeutschen Linken schwer, die Niedertracht des SED-Staates anzuerkennen, der seine Macht lieber auf Einschüchterung, Überwachung und Repression gründete als auf die sanfte Überzeugungskraft der Systemalternative. In der Aufarbeitungsdebatte sind in den vergangenen Jahren aus den Schreibstuben einiger sich dem linken Lager zurechnender Historiker verwirrende Begriffsschöpfungen wie «Fürsorgediktatur» oder «Konsensdiktatur» in Umlauf geraten, die darauf abzielen, den Diktaturcharakter abzuschwächen und der DDR eine Legitimität abseits völkerrechtlicher Anerkennung unterzuschieben – was den Aufstand der Untertanen, nähme man die Bewertungen ernst, rückblickend noch rätselhafter erscheinen lässt.

Sigmund Freud hat in der Geschichte der Menschheit drei große Kränkungen ausgemacht: die Entdeckung, dass die Sonne nicht um die Erde kreise, Darwins Lehre von der Verwandtschaft mit den Tieren und seine eigene Beobachtung des Unbewussten, nach der das Ich nicht mehr Herr im eigenen Haus sei. Entsprechend könnte man sagen, auch die Linke habe drei große Kränkungen hinter sich: das Bewegungsjahr 1968, den Deutschen Herbst und die Wiedervereinigung. Entweder schien die Revolution kurz bevorzustehen – und das Volk blieb einfach zu Hause hocken. Oder es ging, wie im November 1989, auf die Straße, um für die falsche Sache zu demonstrieren. In jedem Fall erwies es sich für die politische Avantgarde als große Enttäuschung.

So war das Jahr der Novemberdemonstrationen quasi die letzte Gelegenheit der breiten Masse, sich bei seinen Anführern zu rehabilitieren, und auch diese Chance vergaben die Menschen auf erschütternd selbstsüchtige Weise. Mauerfall und deutsche Einheit begruben endgültig den Traum von einer Zukunft in einer neutralen, atomwaffenfreien, ökologisch befriedeten Sozialrepublik. Seitdem ist die Linke durch mit dem Volk; sie weiß nun, dass sie alles selber erledigen muss.

Bis heute hat man auf der Linken keinen richtigen Begriff dafür, wie man die Novembertage einordnen soll. «Konterrevolution» war das Wort, das Günter Gaus, von 1974 bis 1981 ständiger Vertreter der Bundesrepublik in Ostberlin, spontan dazu einfiel. Als «DM-Nationalismus» hat Jürgen Habermas die Volksbewegung bezeichnet, die in die deutsche Einheit führte. Im öffentlichen Sprachgebrauch hat sich das Wort «Wende» eingebürgert, ein Begriff des Honecker-Nachfolgers Egon Krenz, der das Weltereignis in den Rang einer naturwüchsigen, sich gewissermaßen zwangsläufig vollziehenden Entwicklung erhob, dabei wäre es in diesem Fall durchaus angemessen, von einer Revolution zu sprechen, einer gelungenen zumal und damit einer glanzvollen Premiere in der deutschen Geschichte. Tatsächlich sind die Jahre 1989/90 eine der historischen Zeitmarken, auf die die Deutschen uneingeschränkt stolz sein können, und zwar in beiden Teilen des Landes. Die einen haben sich ein Herz gefasst und die Herrschenden vertrieben, die sie für immer in Unmündigkeit halten wollten; die anderen haben die Daumen gedrückt und dann alles dafür getan, dass das Abenteuer gut ausing, und zwar ohne sich gleich wieder Gedanken über Kosten und Risiken zu machen, das blieb Politikern wie Oskar Lafontaine vorbehalten. Revolution verbietet sich für viele trotzdem als Bezeichnung, das würde dem Ereignis ja eine Anerkennung und geschichtspolitische Weihe verleihen, die man sich auf der Linken auch 20 Jahre später noch versagt.

Die Kränkung wirkt noch immer. Wer heute die Einschät-

DIE LINKE UND DAS VOLK 169

zungen führender Köpfe der Bundesrepublik zum Mauerfall liest, kann nur zu dem Schluss kommen, dass große Teile des intellektuellen Personals im Westen den Aufstand im Osten als persönliche Beleidigung verstanden haben. Erst majestätisch dekretierend, dann zunehmend hektisch hinterherschreibend, haben sie nichts als Gründe ins Feld geführt, warum die Vereinigung unterbleiben müsse: wegen des Friedens in Europa, der Ängste der Nachbarn, des zweifelhaften deutschen Charakters und schließlich, als alles andere nicht mehr zu helfen schien, wegen Auschwitz. «Der Ort des Schreckens (...) schließt einen zukünftigen deutschen Einheitsstaat aus», befand der Schriftsteller Günter Grass im Februar 1990 vor der Evangelischen Akademie in Tutzing, Auschwitz sei «die große Schwelle, die Schamschwelle», die immer mitgedacht werden müsse, erklärte er anderer Stelle. Damit war das größtdenkbare Abschreckungs- und Letztbegründungsargument in die Diskussion eingeführt, aber zur Überraschung des Autors und aller mit ihm Tief- und Dauerbesorgten verfehlte es zum ersten Mal seine Wirkung. «Das ist keine politische Betrachtungsweise, das ist Religion», entgegnete Augstein nur kühl, als ihm Grass in einer Fernsehdiskussion das Verbrechen an den Juden entgegenhielt und daraus die Pflicht zu Doppelstaatlichkeit und internationaler Selbstverzwergung ableitete. (Grass: «Unsere Aufgabe zuallererst ist, Rücksicht auf die Nachbarn zu nehmen.» Augstein: «Sie sind der Mann gewesen, der als erster großer deutscher Literat in die Politik eingestiegen ist. Was haben Sie uns geraten? Realismus.»)

Auch Walter Jens, neben Grass die andere Koryphäe deutscher Hochmoral, sah die Deutschen in diesen Monaten vorzugsweise in der Rolle des rückfallgefährdeten Wiederholungstäters, der durch die Trennung in zwei Teile am Ausleben dunkler Gelüste gehindert werden müsse. Sein «Plädoyer gegen die Preisgabe der DDR-Kultur» (!), vier Monate vor dem Beitritt im Oktober 1990 vorgetragen, schloss mit dem Satz: «Eingedenken tut not und kein geschichtsferner Traum von einer Wiedervereinigung, die in Wahrheit, da es Auschwitz gab, undenkbar ist.» Als schlichtweg «skandalös» bewertete Michael Wolffsohn in einer ausführlichen Antwort die «instrumentelle Verwendung von Auschwitz» als «politisches Mittel zum Kauf von Seelen gegen die Wiedervereinigung». Nicht einmal die Architekten der Ostpolitik mochten sich den Verwünschungen der Einheit anschließen, die sie nicht vorhergesehen und auch nicht vorgesehen hatten. Brandt fand die versöhnlichen Worte: «Jetzt wächst zusammen, was zusammengehört», und der Bann war gebrochen. So hatte das Ende der deutschen Teilung in Wirklichkeit zwei Opfer: die gerontokratisch versteifte Funktionärselite im Osten und die Führungsschicht des im Meinungsdienst ergrauten PEN-Politbüros im Westen. Während die einen ihre Sachen packten und sich still in ihre Häuser nach Wandlitz und Pankow verzogen, wo man erst einmal nichts mehr von ihnen hörte, blieben die anderen missmutig auf ihren Kommentarhochsitzen hocken und nahmen übel: der Politik, die jetzt schamloserweise ohne sie auskam, Kanzler Kohl, der beherzt den Mantel der Geschichte ergriffen und zu allem Überfluss auch noch nahezu alles richtig gemacht hatte, und dem Volk, das auf geradezu unverschämte Weise nicht auf sie hören wollte.

Hätte man sie doch bloß um ihre Meinung gefragt! Eine Geste der Wertschätzung, und alles wäre wieder gut gewesen. Eine Einladung ins Kanzleramt vielleicht, die Ernennung zum Vorsitzenden einer neu zu gründenden Kommission, irgendetwas, was ihrem Wichtigkeitsgefühl und Einmischungsbedürfnis entgegengekommen wäre. Er hätte sich gewünscht, «dass verantwortliche Politiker in der Bundesrepublik beim deutschen Vereinigungsprozess, der sehr rasch beschlossen und durchgezogen wurde, doch mal den Rat unter anderem einiger Schriftsteller eingeholt hätten», gab Grass anderthalb Jahre nach der Wiedervereinigung zu Protokoll. Man kann in diesem Satz die gesammelte Fassungslosigkeit heraushören, dass sich Weltgeschichte vollzogen hatte, ohne dass die linksintellektuelle Klasse der Republik inklusive ihres Praeceptor Germaniae dabei eine nennenswerte Rolle gespielt hatte. «Er dürfte der Schriftsteller sein, der die meisten deutschland-politischen Irrtümer verkündet hat», fasste Historiker Hacker die Summe der politischen Einlassungen des Nobelpreisträgers zusammen, aber seine Fehlleistungen hinderten Grass selbstredend keine Sekunde, von sich und seinesgleichen eine hohe, ja die allerhöchste Meinung zu haben – insofern ist er ein typischer Vertreter jener Spezies von Mensch, die sich die Fähigkeit zu Ironie und Selbstzweifel schon vor dem ersten Bauchansatz abtrainiert hat.

Die politmoralische Selbsterhöhung und Selbstgerechtig-keit des intellektuellen Standes ist, hier muss man es so sagen, eine sehr deutsche Eigenschaft. Aus der historischen Tatsache der nationalsozialistischen Intellektuellen-Verfolgung haben die Vertreter der schreibenden Intelligenz den für sie angenehmen Anspruch auf Kritik-Immunität abgeleitet. Dass sie dabei einem eklatanten Missverständnis über den Inhalt der Freiheit aufsitzen, von der sie unter wiederhergestellten liberalen Verhältnissen ausführlich Gebrauch machen, hat Hermann Lübbe vor einigen Jahren in einem Vortrag über «politischen Moralismus» in schöner Klarheit ausgeführt: So sei es den Intellektuellen in einer freien Gesellschaft wie jedermann unbenommen, beliebige Meinungen öffentlich zu äußern – «hingegen ist mit der Meinungs- und Pressefreiheit keineswegs die Insinuation verbunden, dass, wer des Wortes mächtig ist, ebendeswegen schon in einer ihn privilegierenden größeren Nähe zu Moral und Wahrheit existiere.»

Bis in die Führungsspitze der SPD hinein vermochten die meisten Köpfe der Linken im Einheitswunsch der DDR-Bürger nichts anderes zu erkennen als das primitive Verlangen nach Erfüllung ihrer Konsumwünsche, und entsprechend abfällig fielen die Kommentare aus. Konsum gilt auf der Linken seit den Siebzigern als Ausdruck eines falschen Bewusstseins – es sei denn, er vollzieht sich in der richtigen konsumkritischen Einstellung, wie sie die intellektuell gehobenen Stände beherrschen, als eine ironische Geste gewissermaßen, mit der die Einkaufshandlung als korrumpierend entlarvt wird, dann lässt sich sogar der Besitz eines Porsche rechtfertigen.

«Das einzige große Verbrechen» der SED sei es gewesen, befand ‹Konkret›-Herausgeber Hermann L. Gremliza, ein Volk zu hinterlassen, das auf den Demonstrationen beweise, «dass es die Brüder und Schwestern hüben an Dummheit, Feigheit, Raffgier, Fremdenhass und Chauvinismus noch übertrifft». In mehreren westdeutschen Städten organisierte ein Zusammenschluss aus Grünen, Gewerkschaftern, selbsternannten «Antifaschisten» und linken Hochschulgruppen Großdemonstrationen gegen das «Vierte Reich», bei denen Anti-Einheits-Buttons und monströse Südfrüchte mitgeführt wurden. Als Otto Schily am Abend des 18. März 1990, des Tags der ersten freien demokratischen Wahl in der DDR, nach einem Kommentar zum Wahlausgang gebeten wurde, zog er eine Banane aus der Tasche und hielt sie wortlos in die Kamera. Bei einigen Fußballvereinen kommt es vor, dass die Fans Bananen auf den Rasen werfen, wenn aus Afrika stammende Spieler der Gegenseite auflaufen, die sie beleidigen wollen; wer hätte gedacht, dass sich ein prominenter Vertreter der SPD und späterer Bundesinnenminister einmal auf ein solches Niveau begeben würde?

Die Wortführer der Linken haben sich, bis auf wenige Ausnahmen, immer schwergetan mit dem Volk, dem großen Lümmel. Einerseits sind sie von einer sentimentalen Hinwendung zu den einfachen Menschen erfasst: Vor allem der Arbeiter steht bei ihnen im Ansehen, der ehrliche Malocher, der am Hochofen schwitzt oder Eisen biegt. Andererseits sind sie immer wieder erschrocken, wenn sie ihm dann leibhaftig begegnen. Er ist so roh, so ungelenk, so anders, als man ihn sich vorgestellt hat. Die Fremdheitsgefühle sind durchaus verständlich: Es gibt im Alltag nicht viele Möglichkeiten des direkten Kontakts, dazu ist die Schnittmenge zwischen aus-

DIE LINKE UND DAS VOLK

gebautem Dachgeschoss im Prenzlauer Berg und der Reihen-
haushälfte mit Gartenzwerg in Duisburg zu klein. Ihre Anschauung der unteren Klassen entnimmt die linke Intelligenz
im Wesentlichen dem Lehrbuch und der TV-Dokumentation
vom Leben am anderen Ende der Gesellschaft. Am nächsten
kommt sie dem revolutionären Subjekt noch beim Fußball,
denn die Fußballbegeisterung gehört von jeher zu den Standards linker Freizeitbeschäftigung, das Wochenende im Stadion oder zumindest am Fernsehschirm dient als rituelles
Bad in der Menge. Die Liebe zum Fußball ist keine Sache des
politischen Standpunkts, das ist schon wahr, aber bei Konservativen gehört diese Liebe nicht zwangsläufig zum Lebensstil,
sie brüsten sich auch nicht ständig in Büchern und Artikeln
ihrer Kenntnisse oder versuchen zwanghaft, Analogien zur
Politik herzustellen. Unter den Anhängern mit Strickschal und
Fankutte findet man den Vertreter der Linken dennoch eher
selten. Sein Platz ist nicht die Stehkurve, sondern die Tribü-
ne – aber auch so ist er der Menge ganz nah. Er spürt ihre
Erregung, er hört ihre Schlachtgesänge, diesen heiseren, aus
tausend Kehlen gestoßenen Schrei nach dem Sieg. Es durch-
läuft ihn ein Schaudern, sein Vorderhirn sagt ihm, dass er nun
eigentlich aufstehen und protestieren müsste, aber weil das im
Stadion sinnlos wäre, kuschelt er sich in seinen Sitz und fürchtet sich ein bisschen vor der animalischen Kraft der Massen.

Schon in der Französischen Revolution mussten die Revo-
lutionsführer erkennen, dass zwischen dem Volk, wie sie es
sich erdachten, und dem Volk, wie es tatsächlich als revolutionäres Subjekt auf die Bühne trat, ein gravierender Unterschied
bestand. «Ich sage nicht, dass sich das Volk schuldig gemacht
hat», erklärte Robespierre im Februar 1793 nach Hunger-
unruhen und Plünderungen im Pariser Großmarktviertel mit
bebender Stimme. «Ich sage nicht, dass seine Talente eine Verfehlung waren. Aber wenn das Volk schon aufsteht, sollte es
dann nicht ein seiner Bemühung würdigeres Ziel haben, als
es sich nur nach jämmerlichen Nahrungsmitteln gelüsten zu

lassen?» So ist es seitdem immer wieder gewesen: Die Avantgarde macht hochherzige Pläne, die Menge will sich erst mal den Bauch vollschlagen. Enttäuschend. Das heißt nicht, dass man sich auf Seiten der Linken nicht redlich Mühe mit dem Volk gegeben hätte. Es gab kurze Phasen der Annäherung, die jedoch das Verhältnis nicht wirklich entkrampften. Zunächst legte man sich in bestimmten Kreisen einen demonstrativen Prolo-Stil zu: Lederjacke (die hatte schließlich schon Bertolt Brecht getragen bei seiner Verwandlung vom Direktorensohn zum Arbeiterdichter), betont legerer Sprachduktus und insgesamt gewollt flegelhaftes Verhalten (Joschka Fischers Umgangsformen und Tischsitten sind bis heute ein Fall für den Internationalen Gerichtshof).

Kein Arbeiter wäre jemals auf die Idee gekommen, seine Anwältin als «Knallfotze» zu bezeichnen, wie es der RAF-Verteidigerin Sibylle Tönnies erging, die daraufhin schleunigst den Job quittierte, aber so stellten sich die Bürgersöhne und -töchter im bewaffneten Kampf eben Umgangston und Leben in den einfachen Klassen vor. Sie spielten Arbeiter, so wie weiße Mittelschichtskinder mit Hiphop auf den Ohren und über die Pofalte hängender Hose entrechtete Schwarze spielen.

In solchen Versuchen der Entbürgerlichung vollzieht sich auch eine Distanzierung von der eigenen Klassenherkunft, die auf der Linken immer als problematisch empfunden wurde. Für das Bürgertum oder die Mittelschicht gibt es in der Soziologie des Sozialismus keine geschichtliche Mission außer der, sich selber überflüssig zu machen. Sie gelten als Übergangsphänomene auf dem Weg zur neuen Gesellschaft, als Dekadenzerscheinungen des Kapitalismus mitsamt ihrer Vorliebe für das Ornament, die Bücherwand, den Musikunterricht der Kinder. Einer der ersten Basistexte der neuen deutschen Linken sprach die Gefolgsleute denn auch von dem Vorwurf frei, den falschen Klasseninteressen verhaftet zu sein: «Die wissenschaftlich-technische Intelligenz gehört ihrer objektiven Lage zufolge tendenziell der herrschenden Klasse nicht mehr an»,

DIE LINKE UND DAS VOLK

verkündete Hans-Jürgen Krahl, der charismatische und einflussreiche Kopf der Frankfurter Studentenszene, 1969 zur Erleichterung der gerade im Aufbau befindlichen «creative classes». Die Exkulpation einer kompletten Gesellschaftsschicht, die bald darauf wichtige Funktionsstellen besetzen sollte, kommentiert Gerd Koenen, der scharfsinnige Chronist dieser Jahre, mit den Worten: «Die revolutionären Studenten waren also nicht nur tendenziell ein Teil des Proletariats, sondern derjenige Teil, der die moderne psychische Verelendung am schärfsten spürte.» Auch so macht man sich, den Umständen zum Trotz, zum Opfer.

Einige Unerschrockene beließen es nicht bei der rhetorischen Annäherung, ihre Berichte über den Erstkontakt mit der Arbeitswelt gehören zu den literarisch vermittelten Grenzerfahrungen einer ganzen Generation. Ab November 1970 traten die Genossen Joseph Fischer, genannt Joschka, Tom Koenigs, Bankierssohn aus Köln, der spätere Kabarettist Matthias Beltz sowie eine Handvoll weiterer Mitglieder des «Revolutionären Kampfes», einer der unzähligen linken Splittergruppen aus dem Frankfurter Sponti-Milieu, bei den Opelwerken in Rüsselsheim als Fließbandarbeiter an, um dort als «Innenkader» die kapitalistische Warenproduktion zum Stillstand zu bringen. Dem Arbeitseinsatz war ein Jahr intensiver Schulung vorausgegangen, bei dem sich die jungen Revolutionäre mit der Lektüre von Mao- und Luxemburg-Texten und historischen Schriften zum «proletarischen Lebenszusammenhang» auf ihre Aufgabe vorbereitet hatten.

«Wir wollen, dass dieser Laden nicht mehr läuft!», verlangten die Neuankömmlinge in der ersten Ausgabe ihrer eigenen Betriebszeitung bei Opel: «Nur so kann unser Programm wirklich werden; eine Gesellschaft, die die unsere ist, ohne die jetzige Unterdrückung, ohne die Scheißarbeit, ohne alles, was jetzt nur besteht, um uns auszubeuten.» Das war kühn gedacht und hinreichend klar formuliert, doch die Belegschaft zeigte sich zur Überraschung der eingeschleusten

RK-Genossen mehr an Akkordarbeit und Extra-Überstunden interessiert, um das Schlafzimmer und den neuen Farbfernseher abzubezahlen, als an gezielter Produktionssabotage. Für Fischer endete der Ausflug in die Arbeitswelt bei Opel nach nicht einmal sechs Monaten mit Rausschmiss; andere wie Beltz hielten länger durch, um dann den Bettel hinzuschmeißen, zermürbt von dem «Arbeitshorror» und der «unglaublichen Gewalttätigkeit der Lohnarbeit», wie es in einem Artikel des «Revolutionären Kampfes» über die Betriebsarbeit in der Studentenzeitung ‹Diskus› Ende 1973 rührend-offen hieß. Die Innenkader zogen sich in die beschützte Welt ihrer Studierstuben und alternativen Zeitschriftenprojekte zurück, wo sie ihre Arbeitserfahrung in einer vermehrten Theorieproduktion verarbeiteten.

Zwar ließ sich schon bei Lenin nachlesen, dass das Proletariat leider unfähig sei, über den Tellerrand gewerkschaftlicher Interessen hinauszublicken, weshalb es den Anstoß des Berufsrevolutionärs brauche, um seine revolutionären Energien freizusetzen. Aber das erklärte nicht das völlige Desinteresse der Werktätigen an allen Versuchen, sie zum Widerstand aufzustacheln. Diese Gleichgültigkeit gegenüber der eigenen Klassenlage verlangte nach einer neuen Theorie, zumal sich auch der Massenkapitalismus nicht so entwickelte wie vorgesehen. Gerade die fünfziger und sechziger Jahre bescherten den westlichen Industrienationen beispiellose Wachstumsraten. Halt fand die Linksavantgarde in dieser schwierigen Zeit bei Herbert Marcuse, einem ehemaligen Heidegger-Schüler und Professor für Politikwissenschaft in San Diego, der über Nacht zum Modephilosophen der Saison aufstieg. Für Marcuse war das Einverständnis der Massen mit dem demokratischen System Beweis für die ultimative Entfremdung im Spätkapitalismus. Die besondere Perfidie des modernen Wohlfahrtsstaates lag seiner Analyse zufolge gerade in dem Wohlstandszuwachs für alle – eine halsbrecherische, aber durchaus erfolgreiche Volte in der Kapitalismuskritik. Während Marx

DIE LINKE UND DAS VOLK

beklagte, dass der Kapitalismus die Massen nicht mit den notwendigen Dingen des Lebens versorge, warf Marcuse ihm jetzt vor, dass er sie mit zu vielem ausstatte.

In immer neuen Wendungen beschwor der seine Vorlesungen im Stil eines Gurus abhaltende Professor die Entfremdung des Menschen durch den Materialismus der Warenwelt, die ihn unfähig mache, sein Unglück überhaupt noch zu empfinden. An die Stelle terroristischer Gleichschaltung durch polizeistaatliche Einschüchterung sei, so Marcuse, die Manipulation mittels Werbung und Massenmedien getreten, die den Individuen «falsche Bedürfnisse» einimpfen und sie so von Kindheit an zu willenlosen Konsumsklaven abrichten würden. Hatten diese Instanzen ihr Werk vollendet, blieb von den Menschen nicht viel mehr übrig als mechanisch agierende Körperhüllen, deren Fühlen und Denken so weit in die Objektwelt verlagert war, dass sie «ihre Seelen in ihrem Auto, ihrem Hi-Fi-Empfänger, ihrem Küchengerät» fanden, wie es in ‹Der eindimensionale Mensch› heißt, Marcuses populärstem Werk: «Das Ergebnis ist dann Euphorie im Unglück.»

Das war eine ganz neue Variante der Totalitarismustheorie, eine Mischung aus dem ‹Kapital› von Karl Marx und ‹Die Körperfresser› von Jack Finney, dem berühmten Science-Fiction-Roman aus den Fünfzigern, in dem die Menschen nach und nach durch fremdgesteuerte Duplikate ersetzt werden. Die Herrschaft war somit weit umfassender als in jedem anderen historisch bekannten Unterdrückungssystem – und verlangte eine noch radikalere Opposition, sollte der Widerstand auch nur ansatzweise Erfolg haben. Aus der durch fortgesetzten Konsumterror hervorgerufenen Gemütsstarre konnte der Mensch allein durch eine Art Schocktherapie erlöst werden. An die Stelle der Agitation musste eine «Propaganda der Tat» treten, die das System herausforderte und dazu zwang, seinen verdeckt faschistischen Charakter zu offenbaren, am besten dort, wo es am verführerischsten auftrat, also an seinen Konsumstätten. So explodierten die ersten Brandsätze der zum bewaffneten Kampf übergetretenen deutschen Stadtguerilla nicht in einem Polizeirevier oder Gefängnis, sondern in einer Aprilnacht 1968 in der Bettenabteilung bei Kaufhof auf der Frankfurter Zeil; erst als der Staat erwartungsgemäß mit Fahndung und Strafverfolgung reagierte, verlagerten sich die Angriffe in Form gezielter Exekutionen auf die Repräsentanten des Staates. Es wäre unsinnig, den Nachweis führen zu wollen, dass es ohne Marcuse keine RAF gegeben hätte, aber mit Sicherheit hat der charismatische Denker den Argumentationsteppich gewebt, auf dem es sich die zahlreichen Unterstützer und Sympathisanten der Terroristen bequem machen konnten.

Ich erinnere mich noch genau, welch kolossalen Eindruck ‹Der eindimensionale Mensch› auf mich Pubertierenden machte. Bei einem Besuch bei meinen Eltern ist mir neulich wieder der braune Luchterhand-Band in die Hand gefallen, den ich im Alter von 17 Jahren durchgeackert hatte, nahezu jede Seite mit Anstreichungen und Anmerkungen versehen. Es war die perfekte Lektüre für jemanden, der in einem linken Mittelschichtshaushalt aufwuchs und nach Systemalternativen Ausschau hielt. Wenn ich schon nicht das elterliche Bewusstsein attackieren konnte, das durchweg politisch korrekt war, so ließ sich nun mit Marcuse der Lebensstil zur Anklage machen. Jeder Konsumartikel taugte als Vorwurf: der große Loewe-Bildschirm im Fernsehzimmer, die weißen Arne-Jacobsen-Stühle um den Esstisch, der Peugeot in der Garage, ja sogar das Essbesteck von Christofle, jede einzelne Silbergabel und jeder kleine Löffel.

Weil meine Eltern wie alle Linken ein schlechtes Gewissen nie ganz verlassen hatte, dass es ihnen so unverschämt viel besser ging als anderen, waren sie meiner Argumentation nicht wirklich gewachsen. Ich spürte die Schwäche des Widerstands und setzte erbarmungslos nach. Ich glaube, sie haben sich in dieser Zeit manchmal heimlich gewünscht, ich hätte mich aus Protest den Poppern angeschlossen, jener merkwür-

DIE LINKE UND DAS VOLK

digen Jugendbewegung, die Anfang der achtziger Jahre von Hamburger Gymnasien aus auf die Republik übergriff und deren Mitglieder Zugehörigkeit durch in die Stirn wippende Haare («Poppertolle»), Polohemden, Karottenhosen und Cashmerepullover mit V-Ausschnitt signalisierten. Bei uns zu Hause wäre es dann mit Sicherheit ruhiger zugegangen.

Im Nachhinein lässt sich erkennen, dass die Popper die erste deutsche Protestbewegung gegen den linksgeführten Zeitgeist waren. Die Provokation lag gerade in der demonstrativen Kritiklosigkeit, der zur Schau gestellten Konsumbejahung und dem ostentativen Markenbewusstsein, das Lacoste, Burberry und Fiorucci gegen Lenin, Luxemburg und Marcuse setzte. Sie waren damit in Wahrheit sperriger als wir mit unserem Parka-Einheitslook und dem gesellschaftskritischen Bewusstsein, das schnell ins Leere lief, wenn alle um einen herum ebenfalls kritisch eingestellt waren, aber so konnten wir das natürlich nicht sehen. Popper waren Feindbild, Inbegriff des Angepassten. Schlimmer als der Popper war nur sein älterer Verwandter, der Spießer, die erwachsene Ausgabe des glattgeföhnten Pulloverträgers vom Schulhof.

Wir hatten ziemlich genaue Vorstellungen vom Spießer, auch wenn wir mit ihm, gottlob, kaum in Berührung kamen. Klein, eng, verstellt war seine Welt. Spießer verließen morgens in aller Herrgottsfrühe das Haus und kamen abends pünktlich um 17 Uhr heim zu Frau und Kind. Sie mähten am Wochenende den Rasen, wuschen ihr Auto; ihre Schäferhunde oder Dackel hießen «Max», «Sammy» und «Arko». Spießer waren im ADAC, sie nahmen keine Drogen, schenkten Schnittblumen zum Muttertag und schoben Bierfilz unter Biergläser. Vor der Haustür hatten sie Fußabtretmatten mit der Aufschrift «Salve» liegen, und im Büro wartete ein Kaffeebecher mit Namen und lustigem Aufdruck auf sie. Kurz, sie lebten und benahmen sich wie die Mehrheit der Deutschen. Deshalb waren sie ja auch zur Verachtung freigegeben.

Arbeiter durfte man nicht verachten. Der Arbeiter war sakrosankt, trotz aller Enttäuschungen, die er der Bewegung im Laufe der Zeit zugefügt hatte. Man kann lange nach einer Arbeiterbeschimpfung suchen – ein Preis für den, der fündig wird! Alles, was der Arbeiter anfasst, wird gut, selbst wenn er sich an Gedichten versucht, weil irgendein «Werkkreis Literatur der Arbeitswelt» ihm Mut gemacht hat, es doch mal damit zu versuchen. Dann ist es Arbeiterliteratur und gilt als etwas schwielig, aber gerade deswegen besonders wertvoll. Wenn die Linke ihrer Wut und Enttäuschung Luft machen will, redet sie vom Spießer – oder, um klassenspezifisch zu werden, vom Kleinbürger. Es ist völlig gefahrlos, sich über ihn zu erheben; er konstituiert die einzige Schicht in Deutschland, auf die alle herabsehen dürfen, von unten und von oben. Selbst das Prekariat hat noch seine Fürsprecher, die sich über das Wohlergehen der Armen am Rande Gedanken machen. Und den Reichen und Superreichen ist, neben allem Klassenhass, wenigstens der Neid sicher, der aus uneingestandener Bewunderung erwächst.

Das Kleinbürgertum hat nie Sympathien auf sich gezogen. Schon das Wort, um 1830 von Ludwig Börne ins politische Vokabular der Deutschen eingeführt, wird meistens in gereiztem Ton, «gleichsam spuckend ausgesprochen», wie Hans Magnus Enzensberger in einer Meditation über diese «schwankende Klasse» festhielt, deren Hauptmerkmal es sei, weder ausgebeutet noch herrschend zu sein, nicht besitzend, aber auch nicht mittellos, irgendwie in der Mitte also, eingeklemmt zwischen Bourgeoisie und Proletariat und damit «die Klasse, die übrig bleibt, der schwankende Rest». Es gibt bis heute keine richtige Theorie des Kleinbürgers, keine Mentalitätsgeschichte, die seine Entwicklung und kulturelle Praxis nachzeichnen und damit als Forschungsgegenstand ernst nehmen würde. Wenn der Kleinbürger in der großen Erzählung vom Aufstieg der Moderne auftaucht, dann als Rand- und Spottfigur an der Demarkationslinie zum Bürgertum; dabei ist die Frage, ob er nicht der eigentliche Vertreter der moder-

DIE LINKE UND DAS VOLK

nen Gesellschaft sei, im Grunde längst entschieden. Die Mitte jedenfalls, an die sich alle wenden, die Deutschland auf Dauer regieren wollen, liegt eher in der pfälzischen Provinz als in Hamburg-Eppendorf, Schwabing oder dem Frankfurter West-end.

Es ließe sich viel Gutes über den Kleinbürger sagen, seine Arbeitsethik, sein Vermögen, sich trotz widriger Umstände zu behaupten, die Umsicht und Gewissenhaftigkeit, mit der er für ein sozial stabiles Umfeld sorgt. Die besitzende Klasse lässt arbeiten, sie kauft sich Intelligenz und Talent, wo sie ihrer bedarf, und ruht sich ansonsten auf ihrem Gelde aus. Der gesellschaftliche Beitrag der eigentlichen Unterschichten wiederum steht im umgekehrten Verhältnis zu der Aufmerksamkeit, die ihnen Politik und Medien schenken: Ihre Angehörigen brauchen sich ebenfalls wenig Sorgen zu machen, weil es vermutlich immer genug Arbeitseifer und damit Wohlstand im Lande geben wird, um sie mitzuziehen. Für die Armen und die Reichen ist in Deutschland stets gesorgt, sie müssen sich vor Krisen nicht wirklich fürchten – entweder, weil sie ihr Vermögen schon gemacht haben, oder, weil sie kaum jemals eines machen werden und insofern wenig zu verlieren haben. Allein das Kleinbürgertum ist ganz auf Einfallsreichtum und eigene Innovationskraft angewiesen, es schafft und müht sich ohne viel Aufhebens. Doch diese Leistung schlägt nicht zu seinen Gunsten aus, im Gegenteil: Der Kleinbürger gilt als engstirnig, stur, borniert; seine Beharrlichkeit wird ihm als Pedanterie ausgelegt, die sparsame Bewirtschaftung seiner Grundlagen als Geiz, seine Alltagswelt wird durchgängig als banal und sinnentleert beschrieben, das Gefühlsleben als schal und abgestanden. Der Spießbürger ist die Minusvariante des Bürgers, ein Mensch von geschrumpftem Format.

Zur Abwertung des Milieus kommt die des Lebensraums. Der Wohnort des Kleinbürgers ist die Provinz. Schon das Wort reicht aus, um bei den Angehörigen der aufgeklärten Klassen Fluchtreflexe auszulösen. Die Provinz gilt als Hort des Betulichen und Beschränkten, auch als Brutgebiet der Intoleranz, die auf alles Fremde mit Ablehnung reagiert. Nicht viel besser ist es um den Ruf des Vororts bestellt, des anderen Siedlungsgebiets des petit bourgeois. Die Luft ist hier besser als in der Stadt, vor dem Haus erstreckt sich Grün, Familie und Nachbarschaft sind Werte, die hochgehalten werden, aber das spricht aus Sicht des Feuilletons und anderer Bastionen des Linksdenkens nicht für die Bewohner, sondern eher gegen sie: Die Reihenhaussiedlung im Vorort ist Endstation des einfachen Mittelschichtspaars mit Nachwuchs, Schauplatz von Nachbarschaftsstreitigkeiten, stillen Ehedramen, Kindesmisshandlung. Wer hier landet, ist entweder so oberflächlich, dass er den Horror nicht spürt, oder psychotisch und verdeckt pervers und damit genau der richtige Kandidat für diese Art von Vorhölle. Seit dem Erfolg der Fernsehserie ‹Desperate Housewives› assoziieren viele Leute mit dem Vorortleben immerhin nicht mehr den Serientäter, sondern geliftete Vierzigjährige mit Essstörungen.

Vom Verdacht der Zwanghaftigkeit hat sich der Kleinbürger nie befreien können. Wer in ihm den unseligen Untertanengeist am Werk sieht, diese fatale Mischung aus Unterwürfigkeit, Sentimentalität und gehemmter Aggression, kann sich bis heute auf die Studien von Theodor W. Adorno zum «autoritären Charakter» berufen, ein wenig gelesenes, dafür aber unter Laienpsychologen umso fleißiger rezipiertes Werk. Seit Adorno das Kleinbürgerliche dem Mentalitätstypus der gestörten Persönlichkeit zuordnete, die auf übertriebene elterliche Gehorsamkeitsforderungen mit Triebunterdrückung statt Rebellion antwortet und auf den Konformitätsdruck der Gesellschaft mit Ordnungswahn, steht der Befund fest: Hinter der Fassade des Biedermanns lauert der Blockwart. Eigentlich müsste man ihm ständig einen Aufpasser an die Seite stellen, damit er nicht Kinder vom Rasen scheucht und Ausländer verunglimpft.

Die Pathologisierung einer ganzen Gesellschaftsschicht

DIE LINKE UND DAS VOLK

fügt sich nahtlos in eine Vorurteilsstruktur, nach der selbst der lebensbedrohende Übergriff auf einen kleinbürgerlich um Rücksicht Bittenden nur als Notwehrakt gedeutet werden kann: Als im Januar vergangenen Jahres ein pensionierter Schulrektor in der Münchner U-Bahn von zwei Jugendlichen zu spätabendlicher Stunde zusammengetreten wurde, weil er sie gebeten hatte, das Rauchen einzustellen, erklärte der ‹Zeit›-Feuilletonchef Jens Jessen die Tat in einem Video-Blog mit der «unendlichen Masse von Gängelungen, blöden Ermahnungen, Anquatschungen, die der Ausländer und namentlich der Jugendliche» ständig in Deutschland zu erleiden habe. «Und nicht nur der Ausländer», wie er nach einer Besinnungspause hinzufügte: «Letztlich zeigt der deutsche Spießer, um das böse Wort mal zu benutzen, doch überall sein fürchterliches Gesicht.»

Einige deuteten den Kommentar als missglückte Satire, als Ausrutscher in einem für Kulturmenschen fremden Medium, aber Jessen ist fest davon überzeugt, «dass Deutschland ein Spießer-Problem hat». Er hat das schon mehrfach kundgetan und weiß sich darin durchaus einig mit einem Großteil seiner Leserschaft. «Das nationalsozialistische Erbe ... steckt im gereizten Kern der Gesellschaft», schrieb er anlässlich des sechzigsten Jahrestags des Kriegsendes: «Es steckt in dem Nachbarn, der die Kehrwoche kontrolliert, in dem Passanten, der den Falschparker anzeigt, ohne behindert worden zu sein, in der Mutter, die anderen Müttern am Spielplatz Vorhaltungen macht. Es steckt, mit einem Wort, in dem guten Bürger, der seine eifernde Intoleranz auf Befragen wahrscheinlich als zivilgesellschaftliches Engagement ausgeben würde.» Auch auf der Feuilletonetage der ‹Zeit› traut man der deutschen Spießerseele nicht mehr direkt einen Völkermord zu, abgesehen vielleicht von der Nazi-Mutti am Sandkasten. Aber für ein kleines Pogrom wegen eines versäumten Putzgangs durchs Treppenhaus ist der Kleinfaschist noch allemal gut. Es braucht schon einen Nobelpreisträger wie Grass, um da noch einen draufzulegen: «Wir hatten Adenauer, grauenhaft, mit all den Lügen, mit dem ganzen katholischen Mief», erklärte er, seine Pfeife schmauchend, in einem FAZ-Interview im August 2006: «Die damals propagierte Gesellschaft war durch eine Art von Spießigkeit geprägt, die es nicht einmal bei den Nazis gegeben hatte.»

Es ist erstaunlich, mit welcher Engelsgeduld der so Ge-scholtene die Dauerverächtlichmachung erträgt und unbeirrt seinen Beitrag zum Gemeinwohl leistet. Brav entrichtet der Spießer seine Sozialabgaben und Steuern, ohne Rechenschaft zu verlangen, was mit dem Geld geschieht. Er weiß, dass ein Gutteil seiner Zahlungen anderen zugutekommt, vermutlich sogar das allermeiste. Die Leistungen der obersten zehn Pro-zent der Steuerpflichtigen abgerechnet, die als begütert oder reich gelten dürfen, waren es im vergangenen Jahr etwa 85 Milliarden Euro, die aus seiner Tasche flossen. Tatsächlich hatte das Bundesfinanzministerium trotz beginnender Wirt-schaftskrise gerade ein besonders gutes Jahr, doch er beklagt sich nicht.

Kein böses Wort darüber, dass die Hälfte der Haushalte in Deutschland keine Einkommensteuer zahlt, weil sie ohne Arbeit oder schon auf Rente sind, womit die Finanzierung des Staatswesens an ihm hängenbleibt. Gutwillig sieht der deut-sche Klein- und Durchschnittsbürger jedes Jahr rund sieben Milliarden Euro im Verwaltungsapparat der Europäischen Union verschwinden, wofür er dann im Gegenzug Gesetze erhält, die ihm die Glühbirne verbieten, den Gurken den falschen Krümmungsgrad austreiben und Kondome auf eine Mindestlänge von 16 Zentimetern bringen. Er nimmt klaglos hin, dass 5,8 Millionen Euro in die Entwicklungshilfe gehen, obwohl er Anlass zur Vermutung hat, dass ein Gutteil des Geldes in den Koffern afrikanischer Potentaten landet, deren Namen er hin und wieder in den Nachrichten in Verbindung mit unaussprechlichen Verbrechen hört. Er nimmt keinen Anstoß am Solidarzuschlag, der seit 14 Jahren auf seinem

DIE LINKE UND DAS VOLK

Lohnzettel steht und der dem Aufbau des Ostens dient, auch wenn inzwischen im Westen allerorten der Putz blättert und in den Schulen das Wasser durch die Decke läuft. Dass die Empfänger der Westmilliarden die Transferzahlungen nicht nur mit Dank, sondern vielerorts auch mit Missmut und Verdrossenheit quittieren? Geschenkt. Unser fleißiger Steuerbürger beschwert sich noch nicht einmal über die üppigen Staatssubventionen für die schönen Künste, die ihren Daseinszweck vor allem darin sehen, ihn zum Narren zu halten. Er hat vor langem geschluckt, Kunstfreiheit als ein heiliges Gut zu betrachten – also bezahlt er jetzt auch für den Kakao, durch den er gezogen wird.

Manchmal wünscht man sich etwas Rücksicht, ein wenig Respekt vor seiner nimmermüden Leistung. Denn was, wenn er eines Tages streikt? Wenn er morgens beschließen sollte, einfach liegen zu bleiben und sich ein Beispiel an den Bummlern und Müßiggängern zu nehmen, die andere die Arbeit erledigen lassen? Plötzlich würden nicht nur seine Steuermilliarden schmerzlich vermisst. Schlagartig wäre klar, dass keine UNICEF und kein Greenpeace ohne den Kleinbürger auskommt und sein für Kinder, Wale und Robben zu erwärmendes Herz. Nur Spießer gehen regelmäßig zum Blutspenden, sammeln Altkleider, sind bei der freiwilligen Feuerwehr. Jeder dritte Bürger versieht in Deutschland eine ehrenamtliche Tätigkeit, und es sind selten die Leitartikler und Hüter sozialer Moral aus den Fernsehstudios, Konferenzen und bedeutenden Symposien, die man unter den 23 Millionen freiwilligen Helfern wiedertrifft.

Was läge also näher, als dass sich die Politik dem Kleinbürger zuneigte? Dass sie ihm mehr Aufmerksamkeit schenkte, damit er bei der Stange bleibt, eingedenk des schönen Satzes aus dem politischen Poesiealbum, nach dem der Staat von Voraussetzungen lebt, die er selber nicht schafft? Gutmütigkeit ist eine Ressource, die nicht Spott, sondern Anerkennung verdient. Aber eigenartig, nicht einmal von den Politikern, die doch das große Ganze im Blick haben sollten, hat der Kleinbürger viel zu erwarten. Tatsächlich ist die schwankende Klasse nicht nur ohne soziologisch gesicherten Grund, sie ist, zumindest in Deutschland, auch ohne politische Heimat. Jeder nimmt hierzulande gerne ihre Steuern und Stimmen, aber kaum jemand macht sich die Mühe, ihre Interessen aufzunehmen und im parlamentarischen Betrieb deutlich vernehmbar zu vertreten. Seit die Parteienforscher den Politikern eingeredet haben, dass sie nach dem urbanen Wechselwähler Ausschau halten sollen, ist die Tugend, Politik für die Mehrheit zu machen, in Verruf geraten. Plötzlich ist der Durchschnittsbürger, Vertreter des Mittelmaßes und des Biedersinns, der Sozialcharakter von gestern. Alles dreht sich jetzt um das Pärchen aus dem munteren Szenebezirk, das schon seit längerem über die Vereinbarkeit von Beruf und Familie nachdenkt, ohne bislang zu einer definitiven Antwort gekommen zu sein, und auch ansonsten alles andere als gefestigt erscheint.

Die kleinen Parteien haben sich noch nie sonderlich für das normale Volk interessiert, dies war und ist für sie auch nicht weiter bedeutsam. Weil sie sich im Kern als Lobbyverbände verstehen, können sie sich auf die Sonderwünsche und Spezialbedürfnisse ihrer jeweiligen Klientel konzentrieren. Damit sind sie allemal erfolgreicher als mit der Selbstverpflichtung auf ein breites, an dem Wohlergehen der Mehrheit ausgerichtetes Programm.

Die Grünen inszenieren sich ausdrücklich als Anti-Spießer-Partei: Das Aufmüpfige, Spontane, Unangepasste gehört zum Gründungsmythos und wird seitdem in stark ritualisierter Form von Parteitag zu Parteitag weitergetragen. Ihre zuverlässigste Wählergruppe haben die Grünen bei dem in die Jahre gekommenen Linksbürgertum, das sich mit der Stimmabgabe trotz (oder eben wegen) Bauch, Glatze und Falten der Alterslosigkeit seiner Ideale und Lebensvorstellungen versichern will, daher die Zwangsjugendlichkeit vieler Grünen-Vertreter und die Unernsthaftigkeit des Programms, das mit seinen

DIE LINKE UND DAS VOLK

Ideen zu einer Energieversorgung durch Windkraft und Sonne oder einem bedingungslosen Grundeinkommen für alle perfekt zur «zweiten Pubertät» passt, wie der ‹Stern› kürzlich die Lebensphase ab vierzig bezeichnete. Dass gerade die Grünen über die Zeit eine ganz eigene Form des Links-Spießertums ausgebildet haben, mit einem inzwischen nahezu religiös grundierten Verhältnis zur Mülltrennung und einem messianischen Klimaeifer, gehört zu den Widersprüchlichkeiten, die sie in den Augen ihrer Anhänger eher anziehender macht.

Die FDP erinnert in einigen ihrer Westverbände noch an die alte Honoratioren-Partei, die viele Normalbürger immer als vertraueneinflößend empfanden, aber diesem Eindruck widerspricht inzwischen der forcierte Ton an der Spitze, eine Aufgedrehtheit, die wahrscheinlich Durchsetzungskraft signalisieren soll, tatsächlich aber vor allem albern wirkt. Von der Linkspartei muss man in diesem Zusammenhang gar nicht reden. Sie verlässt sich auf einen ausreichend großen Stamm von Leuten, die sich an das Leben außerhalb eigener Regie gewöhnt haben und dementsprechend zufrieden sind, wenn man ihnen eine Anhebung der Hartz-IV-Sätze und der Rentenbezüge verspricht. Für den Wohlstandszuwachs sorgen in diesem politischen Geschäftsmodell immer die anderen.

Das Dilemma des Durchschnittswählers ist der Kontaktverlust zu den Volksparteien. Hier hatte er seine Verbündeten, hier stand er in respektablem Ansehen und galt lange als unverzichtbar, nicht nur als Wähler, sondern auch als Mitglied. Bis in die siebziger Jahre hinein verstand sich vor allem die SPD als die Partei der «kleinen Leute»; in ihrem Fall waren das die Facharbeiter, einfachen Angestellten und die technische Intelligenz. Die neue Mitte war schon bei den Sozialdemokraten, als sie noch gar nicht so hieß. Die stille Vertreibung dieser Mitglieder fällt mit dem größten Erfolg zusammen, den die SPD jemals bei der Mitgliederwerbung verzeichnen konnte: In nur vier Jahren, zwischen 1968 und 1972, erhöhte sich die Mitgliederzahl um gut ein Drittel, und das trotz gleichzeitig altersbedingt hoher Abgänge. Allein im Jahr 1972 traten 150000 Menschen den Sozialdemokraten bei, Ende 1976 besaßen 1 022 000 Deutsche ein blaues SPD-Parteibuch, eine Zahl, welche die Partei nie zuvor erreicht hatte und nie wieder erreichen sollte. Der Masseneintritt junger, enthusiastischer, im Auftreten sehr studentisch geprägter Nachwuchskräfte veränderte nicht nur das Gesicht der SPD, sondern auch ihrer Programmatik.

Der Politologe Franz Walter hat anschaulich beschrieben, wie plötzlich überall in den Ortsvereinen nachlässig gekleidete, revolutionär gestimmte Vertreter der Generation Schröder/ Scharping auftauchten, die ausgiebig mit Fremdwörtern hantierten, ständig an der Partei und dem von ihr regierten Staat herumnörgelten und immer, wenn ihnen etwas nicht passte, Anträge zur Geschäftsordnung stellten. Die Diskussionen drehten sich plötzlich nicht mehr um Kohle und betriebliche Mitbestimmung, sondern behandelten so esoterische Fragen wie die nach der Einschätzung der Rolle des Staates als «ideeller» oder «realer Gesamtkapitalist». Weil die Neugenossen alle Zeit der Welt hatten, waren sie in der strategisch weitaus besseren Position. Im Gegensatz zu den Altmitgliedern, die morgens zeitig aus den Federn mussten, konnten sie bis weit nach Mitternacht zusammenhocken und diskutieren, ein entscheidender Vorteil, wenn es darum ging, Mehrheiten zu «kippen», wie das hieß. Schon 1976 erkannte Manfred Güllner, der spätere Gründer des Meinungsforschungsinstituts Forsa, nach einer genaueren Analyse der Mitgliederstruktur die Gefahr einer «doppelten Entfremdung»: Die traditionelle Anhängerschaft der Arbeiter stehe den «neuen in die SPD hineingeströmten Mitgliedern fremd gegenüber», und die breite Mittelschicht fühle sich durch den neuen Funktionärstyp nicht vertreten, da er «lediglich spezifische Gruppen dieser sozialen Schicht» repräsentiere.

Dem Entfremdungsdilemma ist die SPD bis heute nicht entkommen, es hat sich eher noch verschärft. In ihrem Bemühen, die Abwanderung zur Linkspartei zu stoppen, die sich den Nicht-mehr- oder Noch-nie-Werktätigen als Alternative anbietet, sympathisiert ein Teil der Führung mit einer Politik, die zwar stramm links, aber kaum massentauglich ist, weil sie auf Kosten derer geht, die schon jetzt für alles in Anspruch genommen werden, was Geld kostet. Eine Zeitlang lässt sich dieser Umstand vor den Wählern verheimlichen: Man kann den Blick auf die Spitze lenken, wo die Reichen wohnen, aber irgendwann bekommen die Leute mit, dass nicht nur Reiche für die Aushändigung neuer Wohltaten aufkommen, schon weil es von ihnen nicht genug gibt. Am Ende sind wie immer vor allem diejenigen dran, die in Lohn und Arbeit stehen und dem Finanzamt nicht entfliehen können, also die Normalverdiener. Sie müssen sich ja nur die Entwicklung ihrer Einkommen über die vergangenen Jahre ansehen: Das um die Inflation bereinigte Nettogehalt ist seit 2005 jedes Jahr um mindestens 1,1 Prozent gesunken, trotz eines wirtschaftlichen Aufschwungs, und es spricht wenig dafür, dass es ausgerechnet 2009 oder 2010 besser werden könnte.

Bleiben CDU und CSU, das andere Traditionsreservat der kleinen Leute. Das Angebot der christlichen Volksparteien an diese breite Schicht lag immer mehr im Habituellen als im Inhaltlichen; im Gegensatz zur SPD ist die Union über ihre Geschichte hinweg stärker an der Machtausübung interessiert gewesen als an gesellschaftlichen Reformprogrammen. Sie musste auch nicht viele Worte machen, um sich mitzuteilen: Der Strickjacken-Patriarchalismus eines Helmut Kohl, die knöcherne Korrektheit eines Gerhard Stoltenberg oder die Pflichterfüllungsethik eines Wolfgang Schäuble appellierten an ein tiefsitzendes Bedürfnis nach Bestätigung der als richtig empfundenen, aber im öffentlichen Elitendiskurs abgewerteten Grund- und Wertvorstellungen. Doch dieses Band der wortlosen Übereinkunft ist gerissen. Es gibt an der Spitze der CDU kaum jemanden mehr, der das Lebensgefühl der einfachen Mittelklasse durch seine Präsenz verkörpert, dazu sind die

Führungsfiguren zu modern oder, wenn man so will, zu wenig konservativ. Die CDU von heute betrachtet den Kleinbürger mit einem eigenartigen Gefühl der Verlegenheit; sie weiß, dass sie ohne ihn nicht auskommt, aber sie ist nicht stolz auf seine Zustimmung. Sie möchte gerne lässig, aufgeschlossen, zeitgemäß wirken, irgendwie jünger und weiblicher, großstädtischer natürlich auch, also so, wie man sich im Konrad-Adenauer-Haus eine zeitgemäße Partei vorstellt. In Großstädten leben gerade einmal 15,3 Prozent der Wahlberechtigten, nur 16,4 Prozent der Deutschen sind unter 30, aber das zählt nicht. Es ist ein wenig wie im Privatfernsehen, wo die sogenannte werberelevante Zielgruppe bis 49 reicht und alles darüber als vernachlässigbare Größe gilt.

Weil sie jetzt auch die berufstätige Frau ansprechen soll und das Szenepublikum in den Ballungsräumen, verlangt die Führung mehr Jugendlichkeit. Im Kanzleramt wird der Wechsel mit dem schlechten Image der CDU begründet. Renate Köcher vom Meinungsforschungsinstitut Allensbach hat Zahlen präsentiert, wonach die Union auf viele zu steif, zu altbacken, insgesamt zu wenig sympathisch wirke. Die CDU war immer eine folgsame Partei, deshalb schickt sie sich klaglos in den Programmkleiderwechsel, aber er hat, jedenfalls bislang, nicht den gewünschten Erfolg. Statt sich attraktiver zu fühlen, wirkt die Union eher verlegen, wie die Mutter, die im zu kurzen Rock auf der Party aufkreuzt, weil ihr jemand eingeredet hat, sie sehe damit Jahre jünger aus.

Es ist eigenartig, doch niemand scheint auf die Idee gekommen zu sein, dass ihr Problem auch mit den Personen zusammenhängen könnte, die die CDU nach außen repräsentieren. Wenn ich mir ein anderes Image zulegen wollte, würde ich als Erstes über jemanden wie Ronald Pofalla nachdenken. Niemand, der seine fünf Sinne beisammenhat, nimmt einen Mann ernst, der beim Anblick eines Mikrophons ohne jedes Ironiezeichen noch die offensichtlichste Niederlage wie den abermaligen Verlust von 45 949 Stimmen in Hessen zu einem grandiosen Sieg umzubiegen versucht, nur weil es beim zweiten Anlauf im Januar dank der Selbstdemontage der SPD wieder zu einer Regierungsmehrheit reichte. Mich erinnert der CDU-Generalsekretär in solchen Momenten an «Comical Ali», den berühmten Informationsminister von Saddam Hussein, der noch dann ungerührt die unausweichliche Niederlage der Feinde des irakischen Volkes verkündete, als schon die ersten Abrams-Panzer durch die Vororte von Bagdad rollten.

Manchmal sehe ich Pofalla am Wochenende, wenn er mit seiner Frau einen Spaziergang um den Block macht. Er wohnt ein paar Häuser entfernt von mir in Charlottenburg. Er sieht dann ganz normal aus, wie jemand, der die Lage der Dinge durchaus zu beurteilen weiß. Sympathisch beinah. Vielleicht sollte er einfach öfter mal durchscheinen lassen, was er wirklich denkt, es wäre ein lohnendes Experiment.

Die Deutschen sind in ihrer Mehrheit viel realistischer, als ihnen in den Parteizentralen zugetraut wird. Sie können gut unterscheiden, was Unsinn ist und was nicht. Niemand lässt sich gern Unsinn als Wahrheit verkaufen, schon gar nicht der Kleinbürger. Aus langer Erfahrung weiß er nur zu genau, dass am Ende die Rechnung immer bei ihm hängenbleibt.

OPFERNEID – DIE LINKE UND DER ANTISEMITISMUS

Genau 31 Jahre nach der Befreiung des Konzentrationslagers Auschwitz durch die Angehörigen der Roten Armee stand ein junger, der linken Sache tief ergebener Deutscher in der Abfertigungshalle eines ostafrikanischen Flughafens, um aus den Insassen einer entführten Passagiermaschine die Juden zum Zwecke einer terroristischen Sonderbehandlung auszusondern. Er benutzte ein Megaphon, um die Stimme zu schonen, seine Maschinenpistole trug er lässig auf dem Rücken. «Ich werde jetzt die Namen der hier Anwesenden vorlesen, wenn Sie Ihren Namen hören, stehen Sie auf und gehen in einen Nebenraum», sagte er. Dann nahm er den ersten blauen israelischen Pass aus dem Stapel vor ihm und begann methodisch vorzulesen. «Hannah Cohen.» Eine Frau begann leise zu schluchzen. «Baruch Gross.»

Der junge Deutsche war kein rassistischer Antisemit, vielmehr handelte er im Namen einer Überzeugung, die jeder Form von Diskriminierung und Ausgrenzung den Kampf angesagt hat. Da er eine normale Schullaufbahn durchlaufen hatte, darf man annehmen, dass er in Kenntnis der mörderischen Selektionspraxis handelte, die ein Großteil der europäischen Juden nach den deutschen Beschlüssen zur «Endlösung» nicht überlebte. Eine Frau, deren Namen er aufrief, trug noch ihre ins Fleisch gestochene Lagernummer auf dem Unterarm. Sie hielt ihrem Peiniger die Nummer entgegen, er antwortete, er sei kein Nazi, sondern Idealist und bereite die Weltrevolution vor. Damit war der Fall für ihn erledigt.

Die Entführung des Air-France-Fluges AF 139 von Tel Aviv nach Paris im Jahr 1976 durch ein deutsch-palästinensisches

DIE LINKE UND DER ANTISEMITISMUS

Terroristenteam unter Leitung des Soziologiestudenten Wilfried Böse und seiner Genossin Brigitte Kuhlmann ist eine in jeder Hinsicht bemerkenswerte Episode in der Geschichte der deutschen Befreiungsbewegungen. Sie zeigt nicht nur, wie weit die politmoralische Selbstermächtigung gehen kann, die aus einem tadellosen Gewissen erwächst, sie weist auch auf eine Geschichtsblindheit hin, die sich wohl am besten mit einer besonderen Gesinnungsverpanzerung erklären lässt. Max Scheler hat das Grauen vor den Deutschen im Ersten Weltkrieg auf deren ideologische Tüchtigkeit zurückgeführt, die sie selbst das schlichte Geschäft der Stecknadelproduktion mit idealistischem Pathos betreiben lasse, wie er kopfschüttelnd anmerkte. Den meisten Deutschen ist diese Tüchtigkeit dankenswerterweise über die vergangenen sechzig Jahre abhandengekommen. Nur in bestimmten politischen Quartieren hat sie ein Reservat gefunden, in dem sie als Resttugend überleben konnte.

In der bundesrepublikanischen Linken wurde die unheimliche Auferstehung des Deutschen, der für eine höhere Sache Juden von Nichtjuden trennt, kaum diskutiert. Man reagierte allenfalls betreten, wenn nicht sogar offen aggressiv. Im Anschluss an die spektakuläre Befreiungsaktion, mit der eine israelische Anti-Terror-Einheit die Geiselnahme im ugandischen Entebbe beendete, standen große Teile der Linken zwar kopf, aber nicht wegen der verstörenden Kontinuität deutscher Judenfeindschaft, sondern um gegen den «israelischen Gewaltakt» zu protestieren und die «flagrante Verletzung der Souveränität eines Mitgliedsstaates der Vereinten Nationen»: Gemeint war damit die Dschungeldespotie unter dem Blutsäufer Idi Amin, dem nun in Ergebenheitsadressen «unsere uneingeschränkte Solidarität» versichert wurde.

Einer der wenigen, die fanden, dass hier eine Grenze überschritten worden war, die nicht hätte überschritten werden dürfen, war Joschka Fischer, damals 28 Jahre alt, Taxifahrer und in der linken Frankfurter Szene, aus der auch Böse kam, bestens vernetzt: «Das geschieht denen recht», sagte er, als er von dem Tod der beiden Genossen erfuhr, die bei der Befreiung der Geiseln ums Leben gekommen waren: «Wenn sich Deutsche noch einmal dafür hergeben, Juden von Nichtjuden zu selektieren, dann verdienen sie nichts anderes.» Er stand mit dieser Meinung ziemlich allein. Fischer ist sich in dieser Hinsicht treu geblieben, wie sein späteres Diktum als Außenminister beweist, wonach «Antizionismus zwangsläufig zu Antisemitismus führt», auch das in dem politischen Milieu, aus dem er kommt, ein Minderheitenvotum.

Es hat nicht lange gedauert, dass aus den Opfern Täter gemacht wurden.

Das Tabuverbot, die Juden als Problem zu sehen, hat auf der Linken gerade mal fünfundzwanzig Jahre gehalten. Es gehört zu den Errungenschaften der Achtundsechziger, hier einen ersten Schlussstrich gezogen zu haben. Seit Anfang der Siebziger darf man in den aufgeklärten Kreisen wieder ganz offen darüber reden, dass die Welt ein besserer Platz wäre, wenn sich die Juden ein bisschen am Riemen reißen würden. Es gibt ein paar Konzessionen an den Zeitgeist, statt von Juden spricht man jetzt von Israelis, aber jeder weiß, was gemeint ist.

Aus Sicht der Kritiker haben sich die Juden in ihrem Staat einfach zu viel herausgenommen. Sie haben nacheinander vier Kriege gewonnen und dann das Land nicht wieder geräumt, wie es die Verlierer verlangten. Sie haben eine Mauer durch ihr Land gezogen, eine umstrittene, aber sehr wirkungsvolle Maßnahme, um die Zuführung von Selbstmordattentätern und Waffen aus den palästinensischen Siedlungsgebieten zu unterbinden. In den beiden Jahren vor Errichtung der Mauer, 2001 und 2002, zählten die Behörden insgesamt 89 Anschläge mit 305 Toten und 4942 Verletzten, das entspräche, umgerechnet auf die deutsche Bevölkerung, einer Stadt in der Größe von Baden-Baden. Nach Bau der Grenzanlage ist die Opferzahl um über 80 Prozent gesunken, in den Jahren 2006 und 2007 gab es noch fünf Selbstmordattentate mit 18 Toten und 699 Verletzten. Doch dieser Erfolg zählt in der Weltgemeinschaft irgendwie nicht richtig. Komischerweise finden dieselben Leute, die schon bei einem kleinen Lackschaden an ihrem Wagen dem Herzinfarkt nahe sind und hektisch nach der Polizei rufen, dass im Fall Israels die Bewohner etwas gelassener reagieren sollten.

Bevor wir fortfahren, vielleicht ein Wort zur Klarstellung, von wem im Weiteren die Rede sein soll, man kann in diesem Fall nach meiner Erfahrung nicht präzise genug sein.

Hat die gesamte Linke ein Problem mit dem Judenstaat und seinen Bürgern? Selbstverständlich nicht. Für den normalen, braven Sozialdemokraten zum Beispiel ist der Nahostkonflikt kein großes Thema, jedenfalls kein größeres als, sagen wir, das Tibet-Problem. Er verfolgt die Nachrichten und bildet sich eine Meinung dazu, aber er käme nicht auf die Idee, Flugblätter mit wilden Parolen aufzusetzen oder auf Anti-Israel-Demonstrationen in der ersten Reihe mitzulaufen. Bei mir zu Hause spielte Israel nie eine große Rolle, wir waren so mit unseren eigenen Problemen beschäftigt, allen voran meiner beginnenden Pubertät, dass dafür gar kein Platz war. Ich glaube, meine Eltern drückten den Israelis im Jom-Kippur-Krieg sogar insgeheim die Daumen, auch wenn man das schon damals nicht so offen sagen durfte, weil Krieg bekanntlich die Probleme nur noch schlimmer macht. Ich erinnere mich, wie mein Vater die Kampfeinsätze der israelischen Luftwaffe mit einem zustimmenden Nicken quittierte, ihm imponierte besonders Moshe Dayan, der charismatische Verteidigungsminister mit der schwarzen Augenklappe.

Ende der Siebziger änderte sich die Lage, jedenfalls in der linken Jugend. Wer politisch etwas auf sich hielt und «antiimperialistischer» Gesinnung war, trug plötzlich das Palästinensertuch, überhaupt setzte eine merkwürdige Anteilnahme am Los der Araber ein, von denen man nicht viel mehr wusste, außer dass sie sich ungerecht behandelt fühlten, aber das

reichte. Zudem waren nahezu alle Mitglieder des «bewaffneten Kampfes» zuvor zur Schulung in palästinensischen
Ausbildungslagern gewesen, das machte die Palästinenser zu
Waffenbrüdern der RAF, denen man jetzt nicht die Solidarität versagen durfte. Die Faszination für das Soldatische, für
Kameradschaft und Kampfgeist, die auf der Linken eigentlich
tabu ist, hier hat sie ihre Heimat gefunden. Solange es sich
um irreguläre Truppen handelt, wie Guerilla und Freischärler
oder Mitglieder einer Befreiungsarmee, darf auch der Pazi-
fist fürs Stahlgewitter schwärmen, dann sammelt er sogar
für Munition und Waffen und posiert im Dschungel mit der
Kalaschnikow im Arm.

Die Solidarität mit den Palästinensern hat sich gehalten, bei
einer Reihe von Grünen, und sei es nur als sentimentales Re-
siduum, bei Sozialdemokraten aus dem alten Juso-Milieu, die
früh gelernt haben, die Welt in Moralsphären zu unterteilen,
und natürlich bei weiten Teilen der Linkspartei. Die Parteinahme für die Palästinenser geht dabei schleichend in die
Feindschaft gegen Israel und seine Bewohner über. Tatsächlich ist die Israelkritik vor allem dort besonders ausgeprägt,
wo sich die Linke ganz in den Dienst der Opfervertretung
stellt: Da es in diesem Geschäft zuallererst um Aufmerksam-
keitsgewinnung und Mitleidsetablierung geht, blickt man mit
einem gewissen Misstrauen auf die Juden, die aufgrund ihrer
Geschichte in der Opferhierarchie eine herausgehobene Position einnehmen. Der Neid ist eine starke menschliche Antriebskraft, wie wir wissen, die zu allen möglichen kleinlichen
und auch irrationalen Reaktionen Anlass gibt. Für den Opferneid gilt das in besonderer Weise.

Es ist für mich immer wieder verblüffend zu sehen, wie viele Menschen sich im Nahen Osten auszukennen scheinen. Ich
war vor Jahren einmal in Israel, zusammen mit meiner Frau,
die ich damals gerade kennengelernt hatte; es hat mir gefallen,
muss ich sagen, das Wetter war gut, die Leute freundlich, es
gibt viele historische Stätten zu besichtigen. Aber ich kann

nicht behaupten, dass ich mich, nur weil ich mal im See Gene-
zareth geschwommen bin, nun als Israel-Experten empfinde.
Schon gar nicht habe ich eine Idee, wie man die Auseinander-
setzungen zwischen Juden und Arabern lösen könnte, es ist
mir auch nie in den Sinn gekommen, dazu einen Vorschlag zu
erarbeiten. Aber mit diesem Desinteresse bin ich offenbar eher
in der Minderheit: Es gibt gerade in Deutschland eine erstaunlich große Zahl von Spezialisten, die sich über die Lösung des
Palästinakonflikts den Kopf zerbrechen und an einem Plan
basteln, der die Region ein für alle Mal befrieden könnte. Das
ist keine Spezialität der Linken, diese Art von Gedankenspiel
scheint eine begeisterte Anhängerschaft in allen Lagern zu besitzen. Auf der Linken wird es nach meiner Einschätzung nur
besonders passioniert betrieben.

Keine Belehrung kommt ohne die Vorrede aus, dass es ja
wohl noch möglich sein müsse, die israelische Politik zu kri-
tisieren, ohne in den Verdacht des Antisemitismus zu geraten.
Ich bin mir nicht so sicher, ob diese Prämisse in jedem Fall der
näheren Betrachtung standhält. Kaum ein Konflikt ist für die
Weltgemeinschaft so bedrohlich wie der zwischen Pakistan
und Indien, das Pentagon hat vor längerem eine ganze Reihe
Szenarios zur langfristigen Entwicklung dieser Jahrhundert-
feindschaft durchspielen lassen, alle endeten mit der Explosion einer Atombombe. Doch in der öffentlichen Wahrneh-
mung spielt der religiös angefachte Hass der beiden Länder
keine große Rolle, er wird nur ausnahmsweise Bestandteil der
Alltagsunterhaltung. Wenn ein pakistanisches Selbstmord-
kommando eine Millionenstadt wie Mumbai in seine Gewalt
bringt, ist dieses vor allem deshalb interessant, weil die Stadt
eine beliebtes Reiseziel ist.

Nicht die Kritik an der israelischen Politik gibt zum Nachdenken über die Gemütslage der Kritiker Anlass, sondern die
nahezu obsessive Beschäftigung mit diesem Ausschnitt der
Welt, die Entschiedenheit im Urteil und die besondere Erregungsbereitschaft, mit der alle Überlegungen vorgetragen

werden. Man könnte ja auch einmal umgekehrt fragen, was wir davon halten würden, wenn uns, sagen wir, die Mexikaner laufend ihre Meinung zu Fragen der deutschen Innenpolitik kundtäten und dann ganz beleidigt reagierten, sobald wir ihre interessanten, aber leider ziemlich wirklichkeitsfremden Ansichten nicht gebührend ernst nähmen. Ich vermute, wir wären auch etwas befremdet, wenn unsere mexikanischen Freunde leidenschaftlich die Vor- und Nachteile der deutschen Einheit diskutierten und dazu lange Leitartikel verfassten und Podiendiskussionen abhielten. Uns würde wahrscheinlich der Verdacht beschleichen, dass die Mexikaner ein kleines Deutschenproblem hätten und sich besser um ihre eigenen Angelegenheiten kümmern sollten.

Nichts bringt die Kritiker so verlässlich gegen Israel auf wie die Weigerung, den guten Verhaltensmaßregeln zu folgen, die man sich in den zuständigen Gremien für den Umgang der Juden mit den Arabern ausgedacht hat. Die Experten haben so viel Zeit und Mühe investiert, nun erwarten sie Einsicht. Dass sich ihre Vorschläge vornehmlich an die Israelis richten und weit seltener an die arabischen Nachbarn, ist vermutlich der etwas zweifelhaften Volksweisheit geschuldet, der zufolge der Klügere nachzugeben hat. Doch die Israelis zeigen sich merkwürdig uneinsichtig. Statt bei der UNO um Erlaubnis zu bitten, ob sie sich gegen Raketenangriffe aus Gaza zur Wehr setzen dürfen, schicken sie einfach eigenmächtig ihre Luftwaffe los, um die Stellungen der Hamas niederzustrecken. Seit ihrer Gründung im Juni 1945 hat die UNO Israel in 280 Nahost-Resolutionen in scharfen Worten gemaßregelt. Dass im gleichen Zeitraum keine einzige wirklich entscheidende gegen Jordanien, Syrien oder Ägypten gefasst wurde, kann man als Beleg für die Gefahr sehen, die von dem Sieben-Millionen-Einwohner-Land für den Weltfrieden ausgeht – oder als Beweis der Voreingenommenheit einer Organisation, die auch nichts dabei findet, wenn ihrem Rat für Menschenrechte Länder wie China, Saudi-Arabien und Kuba angehören, die in

DIE LINKE UND DER ANTISEMITISMUS 199

den Jahresberichten von Amnesty International regelmäßig zu den schlimmsten Menschenrechtsverletzern zählen.

Ein Gutteil der deutschen Linken hat genaue Vorstellungen, wie sich die Juden in Palästina aufführen sollten und wie besser nicht, wenn ihnen ihre Zukunft lieb ist. Von Wolfgang Pohrt stammt die Formulierung vom «Täter als Bewährungshelfer», der darauf achte, dass «seine Opfer nicht rückfällig werden»: Nichts aus der Geschichte gelernt zu haben gilt hierzulande als besonders schwere Sünde, und die Juden haben sich in dieser Beziehung aus deutscher Sicht als besondere Enttäuschung erwiesen.

Sie benehmen sich, als wären sie in Israel zu Hause. Sie gründen Familien, gehen ihrer Arbeit nach und plagen sich mit den normalen Alltagssorgen, ohne sich ständig Gedanken über die Palästinenser zu machen, die davon phantasieren, wie schön das Dasein sein könnte, wenn man die Israelis erst einmal los wäre: Kurz gesagt, sie führen zum ersten Mal seit nahezu 2000 Jahren wieder ein selbstbestimmtes Leben in einem eigenen, souveränen Staat, der ihnen Schutz vor Verfolgung und Diskriminierung bietet. Es ist übrigens auch der einzige Staat in der ganzen Region, der seinen Bürgern alle westlichen Freiheitsrechte garantiert, inklusive Frauen, Homosexuellen und politisch Andersdenkenden, ein Novum im Nahen Osten. Nur in Israel gibt es ein freies, gleiches Wahlrecht, nur hier darf jeder über alles debattieren, was ihm gefällt, und muss nicht fürchten, von irgendwelchen Schergen verschleppt zu werden, weil er mächtigeren Leuten auf die Füße getreten ist. Selbst die arabischen Einwohner genießen innerhalb der israelischen Grenzen Freiheiten, die ihnen in der muslimischen Nachbarwelt samt und sonders vorenthalten werden. Es gäbe also aus Sicht eines frauenbewegten, für Minderheitenschutz, Schwulenrechte und politische Selbstbestimmung eintretenden Durchschnittslinken durchaus Gründe, dem israelischen Staat die Daumen zu drücken, aber die Sympathien liegen in diesem Fall nicht selten bei den frauenverschleiernden, schwulenhassenden, minderheitenverachtenden Moslembrüdern im Umland. Tatsächlich kann gar nicht so selten noch jeder palästinensische Selbstmordattentäter auf mehr Verständnis rechnen als ein israelischer Siedler, der im Geröllfeld bei Ariel oder Ofra sein Haus errichtet, da wird an deutlichen Worten nicht gespart.

Es gibt, man muss das hier noch einmal sagen, viele Linke, die Israel alles Gute wünschen und den Hinweis auf das Existenzrecht nicht nur als salvatorische Klausel verstehen, um dann richtig loszulegen. Hans-Ulrich Klose und Franz Müntefering von der SPD gehören dazu, auf Seiten der Grünen sind es neben Fischer unter den bekannteren Leuten Cem Özdemir und Fritz Kuhn. Man hat nur den Eindruck, sie kommen nicht richtig an gegen die Unterschriftensammler und Plakatschwenker, die gegen Israel und für die Palästinenser demonstrieren, vielleicht sind sie auch einfach zu wenige. Nach dem Augenschein zu urteilen, gilt dabei die Faustregel: Je linker, desto radikaler. Wenn irgendwo in der Republik gegen Israel auf die Straße gegangen wird, kann man ziemlich sicher sein, dass neben Anhängern der Hamas oder Hisbollah auf jeden Fall schon einmal Mitglieder der Linkspartei mitmarschieren, auch dann noch, wenn die Solidaritätsveranstaltung mit den Palästinensern in offenen Antisemitismus umschlägt. In Berlin beteiligten sich Mitte Januar neun Bundestagsabgeordnete der Linken an einem Protestzug, auf dem «Tod Israel» und «Hisbollah bis zum Sieg» skandiert wurde, die Fahne der Linkspartei flatterte dabei fröhlich neben Transparenten mit der Aufschrift «Holocaust in Gaza». Niemand fand auf der nächsten Fraktionssitzung etwas dabei – dafür musste sich Klaus Lederer, Landesvorsitzender in Berlin, in einem «Offenen Brief» vorhalten lassen, ein Kriegsunterstützer zu sein, weil er es gewagt hatte, auf einer «Pro Israel»-Demonstration an der Gedächtniskirche zu sprechen. Auch sonst beweist die von Oskar Lafontaine und Gregor Gysi angeführte Truppe Sinn für stille Ironie: Als der Bundestag im November 2008 eine

DIE LINKE UND DER ANTISEMITISMUS

gemeinsame Resolution gegen Antisemitismus verabschieden wollte, verließen elf Abgeordnete der Linkspartei den Saal, weil der Antrag versuche, «diejenigen als antisemitisch und antiamerikanisch zu diskreditieren, die Kritik an der Kriegspolitik von Nato, USA und Israel äußern». In der fraktionsübergreifenden Entschließung fanden sich viele Sätze zur herausragenden Bedeutung des jüdischen Lebens in Deutschland, aber eben auch dieser: «Wer an Demonstrationen teilnimmt, bei denen Israelfahnen verbrannt und antisemitische Parolen gerufen werden, ist kein Partner im Kampf gegen den Antisemitismus.»

Die Israelis haben durchaus eine Lehre aus dem Holocaust mitgenommen, wie sich zeigt, nur leider aus Sicht der internationalen Gemeinschaft der Weltverbesserer die falsche: Wo besorgte Friedensschützer zu Geduld mit den Terroristen raten, bevorzugen die Nachfahren der KZ-Überlebenden die Praxis von Prävention und Strafe. Anders als die Zuschauer von außen, die finden, man sollte die Ankündigungen einer zweiten Endlösung durch arabische Staats- und Parteiführer nicht so ernst nehmen, halten sie sich lieber an ihre Erfahrung, die ihnen sagt, dass sie denselben Fehler besser nicht noch einmal machen sollten. Begütigende Worte und ernste Ermahnungen haben in der Vergangenheit leider nicht so viel ausgerichtet wie von der Gemeinde der Friedensforscher in ihren Studien ausgewiesen.

Das neue linksdeutsche Selbstbewusstsein im Umgang mit dem Judenstaat bedarf einer Erklärung. Es ist ja alles andere als selbstverständlich, wenn sich ausgerechnet Deutsche bemüßigt fühlen, den Israelis ins Gewissen zu reden. Angesichts der Ermordung von sechs Millionen Juden im Vollzug des nationalsozialistischen Rassenwahns sollte man eine gewisse Urteilsschüchternheit erwarten. Die Wahrheit jedoch ist: Die israelkritische Linke fühlt sich nicht trotz, sondern wegen Auschwitz berufen, den Juden Ratschläge zu erteilen. Gerade weil sie ihre Lektion aus der militärischen und moralischen

Niederlage vorbildlich gelernt hat, hält sie sich jetzt für besonders prädestiniert, die frohe Botschaft weiterzutragen, dass es nicht der Einsatz militärischer Mittel sei, der Frieden schaffe, sondern umgekehrt der Verzicht darauf. Dass die eigene Geschichte den gegenteiligen Schluss nahelegt, hat die Pazifismus-Anhänger nie bekümmert: Der Kriegseintritt der USA, der das Kriegsglück zugunsten der Alliierten wendete, gilt als Ausnahme, die die Regel bestätigt.

Voraussetzung für die Transformation der deutsch-jüdischen Nachkriegsbeziehungen von einem Scham- zu einem Auftrumpfungsverhältnis ist die Etablierung einer Umschuldungsmoral, die es erlaubt, Schuld und Sühne neu zu verrechnen. Erst diese Nachbilanzierung schafft die Möglichkeit, aus dem Schatten der zwölf schwarzen Jahre zu treten, die seit Gründung der Bundesrepublik ein zentraler Bezugspunkt deutscher Politik sind. Das ist keine ganz einfache Operation, wie man sich vorstellen kann. Gelingen kann sie nur, wenn das Opfer der deutschen Vernichtungsideologie seiner Opferrolle entkleidet wird, die es vor Zurechtweisungen und Schuldvorwürfen schützt. Aus dem Opfer muss ein Täter werden, aus dem Täter der Antifaschist – dann ist der Rollenwechsel vollzogen und die moralische Ordnung wiederhergestellt.

Schritt eins auf dem Weg dahin ist die Unbedenklichkeitsbescheinigung in eigener Sache. Die westdeutsche Linke macht es wie die DDR: Sie erklärt sich einfach für geheilt. Wer gegen rechts ist, könne kein Judenfeind sein, weil sich Antifaschismus und Antisemitismus ausschlössen, so die simple Gleichung. Der Schriftsteller Gerhard Zwerenz brachte es in einem Artikel für die ‹Zeit› 1976 auf die Kurzformel: «Linker Antisemitismus ist unmöglich.» Das entschuldigt dann auch gelegentliche Fehlleistungen. Wenn die grüne Sozialdezernentin von Köln, Marlis Bredehorst, den Holocaust bei einer Diskussion zu einem geplanten Moscheebau im Sommer 2007 als «Ausrutscher» bezeichnet, ist dies, na ja, eben ein dummer Ausrutscher. Jeder weiß ja, dass es nicht so gemeint gewesen

DIE LINKE UND DER ANTISEMITISMUS 203

sein kann, schließlich waren es bekanntlich die Linken, die die Bundesrepublik erst von den Nazis gesäubert haben. Die Verwüstung einer Ausstellung über die Vertreibung und Ermordung jüdischer Unternehmer bei einer linken Schülerdemo vor wenigen Monaten in Berlin: ein bedauerlicher Zwischenfall, aber nichts, was nach Meinung der Veranstalter überbewertet werden sollte. «Es ist ein Ausdruck von Wut, es ist natürlich auch ein Ausdruck von Ohnmacht teilweise, sich an Sachen zu vergreifen», erklärte anschließend der Vertreter der Berliner Landesschülervertretung Micha Schmidt, «das löst das Problem natürlich nicht selbst, aber es setzt ein Zeichen, dass etwas passieren muss.» Die Tatsache, dass sich das Ganze drei Tage nach den Gedenkfeiern zum 9. November 1938 zutrug, in unmittelbarer Nähe des Platzes, auf dem Tausende Bücher im «reinigenden Feuer» der nationalen Revolution verbrannt worden waren? Ein bedeutungsloser Zufall. Der Ausruf «Scheiß-Israel» bei den bilderstürmerischen Umtrieben? Eine jugendliche Gedankenlosigkeit, nicht weiter ernst zu nehmen.

Deutschland nach den Adenauer-Jahren gezwungen zu haben, sich dem nationalsozialistischen Erbe zu stellen, ist einer der Zentralmythen der Linken. Bis heute rechnen sie es sich hoch an, die Vergangenheitsbewältigung ab 1968 durch bohrendes Nachfragen eingeleitet zu haben. Bis zum «Aufschrei» der akademischen Jugend, wie ihn die ehemalige SPD-Justizministerin Herta Däubler-Gmelin noch Jahre später im Ohr hatte, lag der Erinnerung nach über dem Land das graue Tuch des Schweigens; in der linken Geschichtsschreibung kommt dem Aufbruchsjahr 68 daher fast schon die Bedeutung einer zweiten Staatsgründung zu, vergleichbar nur mit dem Verfassungskonvent 1948 auf Herrenchiemsee. Aus dem vielbeschriebenen Ausforschungs- und Abrechnungselan der Beteiligten hat die Studentenrevolte – und mit ihr weite Teile der Gesinnungsnachfolgeschaft – einen Großteil der moralischen Legitimation bezogen, die, trotz aller Schmähversuche und

Gegenreden, bis heute abstrahlt. «Die Aufdeckung und die Aufarbeitung der Schuld der Väter-und-Mütter-Generation markierte den Sprung von einer formalen zu einer gelebten Demokratie», konnte Jürgen Trittin anlässlich des Großjubiläums im vergangenen Jahr unwidersprochen bilanzieren. Die von den Alliierten verordnete Entnazifizierung zu Ende geführt zu haben, sei das «historische Verdienst» der Gründungsschicht der modernen Linken: «Sie hat die Grundlage für die deutsche Demokratie gelegt.» Von einer «Fundamentalliberalisierung» der Republik sprach der Philosoph Jürgen Habermas anerkennend im Rückblick.

Wer in die Archive steigt und nach einer systematischen Beschäftigung der Studentenbewegung mit dem Dritten Reich sucht, kommt allerdings mit leeren Händen heraus. Der Aufarbeitungsmythos ist eben das: ein Mythos. Die Aufarbeitung fand statt, aber weitgehend ohne Beteiligung der Achtundsechziger. Es waren zunächst junge Staatsanwälte, vorzugsweise der Generation Kohl, die sich an das mühsame Geschäft der juristischen Bewältigung des Nazi-Horrors machten. Den Auftakt bildete der erste Auschwitz-Prozess im Dezember 1963, mit drei Richtern, vier Staatsanwälten, 19 Verteidigern und 22 Angeklagten der bis dahin größte Strafprozess der Nachkriegsgeschichte. Es folgten die Auschwitz-Prozesse zwei bis vier, dann fünf Sachsenhausen-Verfahren. Allein im Jahr 1968 wurden folgende Tatkomplexe vor Gericht verhandelt: Chelmno, Belzec, Sobibor, Treblinka, Mauthausen, Gusen, Ghetto Warschau, Ghetto Grodno, dazu die Tötungsarbeit der Polizeibataillone 101 (Lublin), 306 (Lublin) und 309 (Bialystok). Auch die wissenschaftliche Aufarbeitung begann, lange bevor die Achtundsechziger die Bühne betraten. Eugen Kogons bahnbrechende Arbeit über den SS-Staat erschien erstmals 1946; seit 1955 lag ‹Elemente und Ursprünge totaler Herrschaft› von Hannah Arendt vor; 1960 kam Martin Broszats ‹Der Nationalsozialismus: Weltanschauung, Programm und Wirklichkeit› heraus, dem ‹Der Staat Hitlers› folgte;

DIE LINKE UND DER ANTISEMITISMUS

1963 erschien dann Ernst Noltes bis heute als wegweisend anerkanntes Werk ‹Der Faschismus in seiner Epoche›, zeitgleich ‹Das Gesicht des Dritten Reiches› von Joachim Fest.

Die linke Jugend nahm von alldem kaum Notiz. Erst mit Verspätung, ab Ende der siebziger Jahre, setzte an den Hochschulen die systematische Beschäftigung mit dem größten Schreckenskapitel deutscher Geschichte ein, was mehr mit dem Forschungsimpuls Einzelner als mit dem Aufklärungswunsch der Bewegung zu tun hatte. Im berühmten ‹Kursbuch›, das für viele Jahre nicht nur dem Namen nach so etwas wie der Stichwortgeber des revolutionären Zeitgeistes war, finden sich Castro-Reden, Aufsätze über das Scheitern der indischen Landreform und die Zukunft der Konterrevolution: Die NS-Verbrechen kommen, außer in einem kurzen Bericht über den Frankfurter Auschwitz-Prozess von Martin Walser und dem Protokoll einiger Aussagen im Anhang des Auftaktbandes im Juni 1965, bestenfalls als Randnotiz vor. Die Studenten hatten erkennbar Besseres zu tun, als sich um die Anatomie des Nazi-Apparates zu kümmern oder die in den Großverfahren vor Gericht explorierten Einzelheiten des KZ-Alltags. «Befragt man Achtundsechziger heute, erinnern sie sich nicht an einen dieser Prozesse», schreibt Götz Aly in seinem kritischen Geschichtsbuch ‹Unser Kampf›, «stattdessen ist ihnen der Kitzel präsent geblieben, die sie beim allseits beliebten, damals noch einfachen Klamottenklau erlebten oder beim Coming-out als Steinewerfer.» Als ein Bekannter von Raul Hilberg dem Rowohlt Verlag 1967 vorschlug, dessen Buch ‹The Destruction of the European Jews› auf Deutsch herauszubringen, antwortete der Verlag, man sei schon zu sehr mit Sachbüchern «belastet» und wolle nicht weitere literarische Projekte opfern. Zu den Sachbüchern, für die offenbar kein Opfer zu groß war, gehörten Bertrand Russell: ‹Das Vietnam-Tribunal II oder Die Verurteilung Amerikas›, Ernst Bloch: ‹Karl Marx und die Menschlichkeit› und Ernesto Che Guevara: ‹Brandstiftung oder Neuer Friede? Reden und Aufsätze›. Es vergingen 15 Jahre, bis das Standardwerk über die Vernichtung der europäischen Juden von dem linken Berliner Kleinverlag Olle & Wolter erstmals auf Deutsch angeboten wurde.

Die Generation der Nachkriegsgeborenen hat nicht entschieden das Beschweigen der Vergangenheit beendet, wie den Beteiligten im Nachhinein ihre Erinnerung suggeriert, sie hat sich der Geschichte eher entzogen, indem sie im Empörungsüberschwang zunächst alles mit allem gleichsetzte. Die Bundesrepublik hatte 1969 den ersten Machtwechsel erfolgreich bestanden, am 22. Oktober war Willy Brandt zum Kanzler vereidigt worden, ein ermutigendes Aufbruchssignal für die junge Republik und ein Beweis, dass die Demokratie auf einem guten Weg war; so sah man es auch fast einhellig im Ausland, wo in den frühen Jahren immer mit etwas Sorge auf Deutschland geblickt wurde. Doch in den linken Vierteln war weiterhin verächtlich vom «Notstandsstaat» die Rede, weil das Parlament ein halbes Jahr zuvor Regelungen für den Krisenfall verabschiedet hatte, welche die Handlungsfähigkeit des Staates bei einem Angriff oder Putschversuch sicherstellen sollten. Das Land galt wahlweise als tendenziell prä- oder postfaschistisch, die Parlamente wurden als «Schwatzbuden» und «formalisierte Akklamationsmaschinen» verhöhnt, der Gang zum Wahllokal als «parlamentarischer Wahlzirkus». Wer keinen Unterschied macht, hat am Ende keinen Urteilsmaßstab mehr zur Hand – an die Stelle der Analyse treten Gefühl und Ressentiment. Das macht die Argumente schlecht, allerdings nicht notwendigerweise auch unwirksam, wie die Geschichte zeigt. Wenn sich die revolutionäre Intelligenz mit der nationalsozialistischen Vergangenheit beschäftigte, dann lange Zeit zumeist auf der persönlichen Ebene in Form der privaten Abrechnung oder karrierefördernden Denunziation, namentlich im akademischen Milieu.

Nicht einmal die RAF-Kader, deren schwere Theoriekost stark nach Bibliothek roch, kamen über Schlagworte je hinaus. Gut, man kann sich den Schulabbrecher und Gelegenheitsdea-

DIE LINKE UND DER ANTISEMITISMUS 207

ler Andreas Baader, der mit der Stammheim-Verfilmung im
vergangenen Herbst noch einmal zu zweifelhaftem Spätruhm
gelangte, nicht wirklich bei der Lektüre der Geschichte der
Vernichtungslager vorstellen, aber auch die Mitkämpfer, viele
davon im Besitz von Abitur und Hochschulstudium, zeigten
eine erstaunlich schemenhafte Kenntnis der jüngeren deutschen Geschichte. Als ein RAF-Trupp den entführten Arbeit-
geberpräsidenten Hanns Martin Schleyer im «Volksgefäng-
nis» mit seiner Vergangenheit als Studentenführer im Dritten
Reich konfrontierte, waren die selbsternannten Vernehmer
nach kurzer Zeit aufgeschmissen, weil sie seinen Ausführun-
gen nicht wirklich etwas entgegenzusetzen hatten. Näherer
Kontakt zu dem Gefangenen war den Bewachern forthin
untersagt. Wie sehr die beim bewaffneten Kampf eingeschrie-
benen Söhne und Töchter der Weltkriegsgeneration den Nazi-
Vätern ähnelten, haben nur wenige erfassen können. Sie habe
die Geschichte ihres Vaters, der sich mit 19 Jahren freiwillig
zur SS meldete, in gewisser Weise wiederholt, bekannte die
RAF-Terroristin Silke Maier-Witt Jahre nach ihrem Ausstieg
in einem ungewöhnlichen Zeugnis unsentimentaler Introspek-
tion: «Ich denke, er hat das getan, weil er zu einer Gruppe gehören wollte, um jemand zu sein, etwas darzustellen. Letztlich
war das auch bei mir so. Ich wollte auch dazugehören, selbst
wenn man dafür das Gehirn ausschalten musste. Auch die SS
hat Terror verbreitet. Und da sehe ich eine Parallele.»

Die Vehemenz, mit der Antisemitismus gerade bei der radikalen Linken immer wieder zutagetrat, ist im Nachhinein
schwindelerregend – noch erstaunlicher ist allerdings das fast
vollständige Schweigen der linken Öffentlichkeit dazu. Die
«Vorherrschaft des Judenkomplexes» zu brechen, war eine
der Aufgaben, die sich die «Tupamaros West-Berlin», eine der
Vorläuferorganisationen der RAF, bei ihrem Übertritt von
der Spaßguerilla in den Untergrund vornahmen. Die von dem
Kommune-I-Begründer und späteren Abgeordneten der Alternativen Liste Dieter Kunzelmann angeführte Gruppe machte

erstmals ernst mit der «Propaganda der Tat», die auf Bomben statt auf Flugblätter setzte. Dass die Geburtsstunde des deutschen Guerillakampfes bis heute keinen wirklichen Ort im Gedächtnis der Linken hat, liegt an den Begleitumständen, die vielen im Rückblick dann doch eher peinlich sind: Der Beginn der bewaffneten Offensive war auf den 9. November 1969 terminiert, den 31. Jahrestag der Pogromnacht, die eine neue Stufe des staatlich organisierten Terrors gegen die deutschen Juden im Nazireich einleitete; als symbolischer Ort für den Auftakt des Unternehmens hatte man das jüdische Gemeindehaus an der Berliner Fasanenstraße ausersehen. Am Morgen des 9.11. hinterlegte ein «Tupamaro» ein Paket mit zwei Kilogramm Sprengstoff, der ursprünglich von einem V-Mann des Verfassungsschutzes stammte, in der Garderobe im ersten Stock, der Zeitzünder war auf 11.30 Uhr eingestellt, sodass die Explosion genau nach der Hälfte der für 11 Uhr angesetzten Gedenkveranstaltung erfolgen konnte. Es kam dann doch anders: Ein korrodierter Zünddraht verhinderte den Terroranschlag, eine Putzfrau entdeckte anderntags den Sprengsatz unter einem liegengebliebenen Trenchcoat. Die Sprengung eines Duplikats im Grunewald ergab, dass die Detonation das Gemeindehaus zerfetzt und unter den Gedenkteilnehmern im Hof viele Tote und Verletzte verursacht hätte.

Einige der Tatbeteiligten haben später behauptet, die Bombe sei vor dem Einsatz bewusst unschädlich gemacht worden, doch das ist wenig glaubhaft, wie Wolfgang Kraushaar vom Hamburger Institut für Sozialforschung zeigen konnte, der diese verdrängte Episode des deutschen Terrorismus in einem minutiös recherchierten Buch (‹Die Bombe im Jüdischen Gemeindehaus›) erst 2005 dem Vergessen entrissen hat. «Aus den vom Faschismus vertriebenen Juden sind selbst Faschisten geworden, die in Kollaboration mit dem US-Kapital das palästinensische Volk ausradieren wollen», hieß es in einem Bekennerschreiben, das am Abend des Anschlagversuchs in der Szene zirkulierte. Kunzelmann schrieb ein paar Tage später: «Fest steht: Palästina ist für die BRD und Europa das, was für die Amis Vietnam ist. Die Linken haben das noch nicht begriffen. Warum? Der Judenknacks.» Es versteht sich von selbst, dass Kunzelmann und seine Mitstreiter jeden Verdacht, sie seien Antisemiten, weit von sich wiesen. Dies sei eine «bauernschlaue Lüge» der Israel-Lobby und der Springer-Medien: Wer so etwas behaupte, vertrete «den imperialistischen Standpunkt» und müsse damit «für jeden Linken zum Klassenfeind» werden.

Der Ausflug in den militanten Antisemitismus war kein Ausrutscher, wie die weitere Entwicklung zeigt, jüdische Einrichtungen waren als «Agenturen des zionistischen Staates Israel» fortan immer wieder Zielscheiben linksterroristischer Anschläge. Am 12. Dezember 1969 deponierte die in einer Berliner APO-Kommune lebende Arzthelferin Annekatrin Bruhn einen Schuhkarton mit Sprengsatz im Büro der israelischen Fluggesellschaft El Al im Europa-Center, der rechtzeitig entdeckt und entschärft wurde. Der Plan zu einem Anschlag auf den jüdischen Kindergarten in der Joachimsthaler Straße in Berlin blieb zum Glück im Anfangsstadium stecken. Als in Budapest ein Bus mit jüdischen Emigranten aus Russland auf dem Weg zum Flughafen in eine Sprengfalle fuhr, waren deutsche Linksradikale ebenfalls nicht weit entfernt: Der später bei einem Schusswechsel ums Leben gekommene Starkstromtechniker und RAF-Terrorist Horst Ludwig Meyer gilt als einer der Drahtzieher des Attentats, zu dem sich eine propalästinensische «Bewegung für die Befreiung von Jerusalem» bekannte. Meyers Lebensgefährtin Andrea Martina Klump erhielt im September 2004 wegen Beihilfe zu diesem und einem weiteren Sprengstoffanschlag eine zwölfjährige Freiheitsstrafe. Selbst Heinz Galinski, Auschwitz-Überlebender und Vorsitzender der Jüdischen Gemeinde in Berlin, galt zwischenzeitlich als lohnendes Anschlagopfer. Es ist eine wahnwitzige Wendung der Geschichte, dass der aus Angst vor Rechtsradikalen vom deutschen Staat bewachte Gemeindevorsteher knapp einem Attentat von links entgangen ist. Sein Vergehen? Er hatte die Geiselbefreiung in Entebbe «sehr verteidigt» und «scharfmacherische Reden» für Israel gehalten. So plauderte es Gerd Schnepel, einige Jahre aktives Mitglied der Revolutionären Zellen, in einem Interview mit der Zeitschrift ‹Jungle World› im November 2000 aus. Auf die Nachfrage, ob ein Attentat auf Galinski nicht für schlechte Presse gesorgt hätte, räumte Schnepel ein, dass genau diese Erwägung am Ende dazu geführt habe, den Anschlag abzublasen. Manchmal müsse man sich eben auch taktisch verhalten und seinen Grundsätzen untreu werden: «Man kann nicht total strategisch korrekt die falschen Sachen machen.»

Nachdem der Bezug auf den Holocaust mit Verweis auf den Zionismus als neue Menschheitsgeißel einmal aufgekündigt war, gab es keine Hemmungen mehr, auch bei den klügeren Köpfen. Das Massaker unter israelischen Sportlern bei der Olympiade 1972 in München war für Ulrike Meinhof kein hinterhältiger Mordanschlag, sondern «eine zutiefst proletarische Aktion», die «eine Menschlichkeit» dokumentiert habe, «eine Sensibilität für historische und politische Zusammenhänge», dazu «einen Mut und eine Kraft», wie dies «niemals eine kleinbürgerliche Aktion vermag». Wer so erkennbar jedes Mitgefühl verloren hat und jeden inneren Kompass, dem darf man alles zutrauen, in anderen Zeiten, fürchte ich, auch an anderem Ort.

Die Rolle des Weltnazis mit Juden zu besetzen ist seit Jahren die Pointe jeder Demonstration gegen Israel: Irgendwo findet sich immer ein Plakat oder Banner, das an den Holocaust erinnert – nicht die Täter von einst, sondern deren Opfer. Ehud Barak ist Himmler, der israelische Soldat ein «Zionazi» und Gaza das neue Warschauer Ghetto. Wer gegen diese Gleichsetzungen protestiert, gar die Fahne Israels hochhebt, muss mit heftigen Vorwürfen rechnen. «Ich gebe seit 26 Jahren die Zeitschrift ‹Konkret› heraus. In keinem Fall waren die Reaktionen der Leser ähnlich heftig wie in jenem, da Kritik an der PLO

DIE LINKE UND DER ANTISEMITISMUS

geübt oder Israel verteidigt wurde», berichtet Hermann L. Gremliza, der seit langem einer der wenigen Israel-Freunde auf Seiten der harten Linken ist. Die «respektvolle, oft enthusiastische» Antwort der Leser schlage in «Wut und Hass» um, sobald es um den Nahostkonflikt gehe, in den Beschimpfungen der Redaktion sei nur vom Unrecht der Vertreibung des palästinensischen Volkes die Rede, «und das in einem Ton, den man von Tagungen der Sudetendeutschen Landsmannschaft kennt».

Auf ihrer Suche nach einem Ersatzopfer, das sie an die Brust drücken kann, ist die Israel-kritische deutsche Linke gleich um die Ecke in der nahöstlichen Nachbarschaft fündig geworden. Nun gilt der Palästinenser als der gute Mensch, dem man beistehen muss, als «Opfer der Opfer», wie es der langjährige Bremer SPD-Bürgermeister Henning Scherf bei einem Empfang in seinem Rathaus für 50 Opferopfer vor Jahren so trefflich auf den Punkt brachte. Das ist die zweite Etappe der Umschuldungsaktion: Je mehr sich die Israelis an den Palästinensern versündigen, desto geringer wiegt die Schuld der Deutschen.

Wie schnell die Überidentifikation mit dem neuen Adoptivopfer auch im linken Mainstream angekommen ist, zeigt exemplarisch ein Artikel aus der Feder des ‹taz›-Journalisten Reinhard Hesse, der im Juni 1982 unter der Überschrift «Umgekehrter Holocaust» das Vorgehen der israelischen Armee im ersten Libanon-Krieg nicht als Versuch einordnete, die PLO zu destabilisieren, sondern dahinter die «‹Endlösung› der Palästinenserfrage» als Motiv ausmachte. Seine Schlussfolgerung: «Es ist leider wahr: Das Einzige, was die Israelis am Weitermorden hindern kann, sind israelische Opfer.»

Hesse, der im Alter von 48 Jahren an Krebs starb, war ein belesener, kunstsinniger Mensch. Nach der ‹tageszeitung› machte er als verantwortlicher Redakteur beim Kulturmagazin ‹Transatlantik› mit, dann bei der ‹Woche›, ab 1998 diente er Gerhard Schröder im Kanzleramt als oberster Redenschreiber. Ich lernte ihn vor Jahren auf einem Abendempfang der Literaturagentin Karin Graf kennen: ein Melancholiker, so war mein Eindruck, in größerer Runde eher schüchtern, alles andere als ein ideologischer Schreihals. Doch irgendwie hatte sich auch bei einem klugen Kopf wie ihm der Gedanke festgesetzt, dass die Juden aus ihrer Geschichte besondere Duldsamkeit mitgenommen haben müssten, so als seien Dachau, Buchenwald und Auschwitz friedenspolitische Erziehungsanstalten gewesen, eine Art dritter Bildungsweg in Sachen Pazifismus. Oder wie es in einem ZDF-Beitrag zur «Reichspogromnacht» hieß: «Wie ist es möglich, dass die Juden, die so viel Leid erfahren haben, solch einen brutalen Krieg im Libanon führen können?» Man darf vermuten, dass dem ZDF andere Fragen eingefallen wären, wenn die von libanesischen Hisbollah-Kämpfern abgefeuerten Katjuscha-Raketen bis nach Mainz reichen würden.

Nach den Gesetzen des Opferdiskurses geht die Verantwortung für verantwortungsloses Handeln vom Opfer auf den Täter über. Wenn Palästinenser Selbstmordattentäter losschicken, handeln sie aus «Verzweiflung»; wenn es bis heute keine funktionierende Verwaltung, keine nennenswerte Wirtschaftstätigkeit, ja nicht mal ein funktionierendes Abwassersystem gibt, liegt das an den Zionisten und der Mauer, die sie um den Gazastreifen gelegt haben. Kein Volk hat über die Jahre so viele Fördergelder aus europäischen Töpfen erhalten: Drei Milliarden Euro flossen allein zwischen 2000 und 2007 aus EU-Mitteln jährlich in die Autonomiegebiete, bei einer Geberkonferenz in Paris wurden im Dezember 2007 weitere fünf Milliarden bis 2010 vereinbart, was die Palästinenser zu der am höchsten subventionierten ethnischen Gruppe der Welt macht. Im März 2009 kamen noch einmal 4,5 Milliarden hinzu, doch dass sie inzwischen pro Kopf mehr Hilfe bekommen haben als die Europäer während des gesamten Marshall-Plans, sieht man der Autonomieregion allenfalls an, wenn man den Blick auf die Villen der Fatah-Funktionäre

DIE LINKE UND DER ANTISEMITISMUS 213

in den Luxusenklaven von Gaza wirft. Aber wahrscheinlich gehen auch die Korruption in den Autonomiebehörden und folgerichtig der Wahlsieg der Hamas auf das Konto Israels.

So was kommt von so was, lautet, kurz gefasst, die Lehre, die linke Israel-Kritiker, ganz wohlmeinend natürlich, ihren Freunden in Tel Aviv, Netanya und Ashqelon bei sich bietender Gelegenheit mit auf den Weg geben, und deshalb ist jede Kassam und jede Katjuscha, die auf israelischem Staatsgebiet einschlägt, ein Produkt der eigenen Kurzsichtigkeit und fällt im wahrsten Sinn des Wortes auf die Verursacher zurück. Selbst der Beschuss mit irakischen Scud-Raketen, der 46 Jahre nach Kriegsende die erneute Vernichtung von Juden durch Gas in greifbare Nähe rückte, galt bei aufrechten Linken als «die logische, fast zwingende Folge der israelischen Politik den Palästinensern und den arabischen Staaten gegenüber». So gab es der damalige Vorstandssprecher der Grünen, Hans-Christian Ströbele, im Februar 1991 auf dem Höhepunkt des ersten Golfkriegs zu Protokoll, ein Satz, der nach Protesten aus Israel einen kleinen Karriereknick einleitete, von dem sich der Politiker allerdings schnell erholte.

Weniger bekannt und rechtlich umstritten ist ein Telefonat, das Ströbele zuvor mit dem grünen Kreistagsabgeordneten in Tübingen, Christian Vogt-Moykopf, geführt hatte. «Wenn ich eine Eskalation des Krieges damit verhindern könnte, dass eine Million Juden sterben müssten, würde ich das in Kauf nehmen», soll Ströbele zu seinem Parteifreund in dem Gespräch gesagt haben, so erinnerte es jedenfalls Vogt-Moykopf. Nachdem der Satz im ‹Spiegel› stand, klagte Ströbele mit Erfolg vor dem Berliner Landgericht, womit der Satz nun als Falschaussage gilt. Weniger erfolgreich war der Abgeordnete mit seinem Versuch, auch die gegenüber Henryk M. Broder in einem Interview für die ‹Süddeutsche Zeitung› gemachte Aussage über die «logische, fast zwingende Folge» von Gasangriffen auf Jerusalem als Fälschung auszugeben: In einem hastig verbreiteten Pressetext erklärte Ströbele anschließend, das Interview gebe weder seine Meinung wieder noch das, «was tatsächlich während des Gesprächs gesagt worden ist». Das Tonbandgerät von Broder sei defekt gewesen, mithin könne das gedruckte Interview gar nicht den korrekten Wortlaut enthalten. Zum Leidwesen von Ströbele tauchte in diesem Fall ein Tonbandmitschnitt auf, der bewies, dass er bis auf ein paar Ähs und Öhs sehr wohl richtig wiedergegeben worden war – eine Tatsache, die sich nur noch mit einer jüdischen Verschwörung erklären ließ. «Broder hat seine Kampagne anfangs so geschickt eingefädelt, dass ich ursprünglich fast gedacht hatte, er wäre ein Agent des israelischen Geheimdienstes Mossad mit dem Auftrag, die Grünen (...) zu destabilisieren, zu spalten und einen der bekanntesten Kritiker der Politik Israels gegenüber den Palästinensern zu ‹neutralisieren›», schrieb Ströbeles Rechtsbeistand in einem Leserbrief an die ‹taz›. Mazel tov, diesen Juden ist einfach alles zuzutrauen.

Wie man es dreht und wendet: Die Israelis sind zu amerikafreundlich, zu militant, zu kapitalistisch – sie vereinen, mit einem Wort, was man auf der Linken aus tiefstem Herzen abzulehnen gelernt hat. Deshalb stehen sie immer mit am Pranger, wenn über Geld- und Zinsherrschaft geschimpft wird, und deshalb tauchen sie verlässlich bei jedem größeren Antiglobalisierungskongress als Ultra-Bösewicht auf. Beim Weltwirtschaftsforum in Davos vor sechs Jahren tanzten Demonstranten in Rumsfeld- und Sharon-Masken um ein goldenes Kalb, das passenderweise mit einem gelben Stern verziert war. Auf dem Weltsozialforum in Porto Allegre gab es 2003 T-Shirts zu kaufen, auf denen der Davidstern zum Hakenkreuz umgebogen war; neben dem Protest gegen die Ausbeutung der Dritten Welt fand sich auf Plakaten auch der Slogan: «Nazis, Yankees & Jews: No more Chosen Peoples!» Im gleichen Jahr sah sich die deutsche Sektion von Attac genötigt, ein Seminar zum Thema «Antisemitismus und Nahostkonflikt» abzuhalten, um sich über antisemitische Ausfälle in den ei-

DIE LINKE UND DER ANTISEMITISMUS   **215**

genen Reihen zu verständigen. Spätestens nachdem die «AG Globalisierung und Krieg» im September 2003 zum Boykott von Waren aus jüdischen Siedlungen im Palästinensergebiet aufgerufen hatte, war der um ihren Ruf besorgten Führung klar, dass sie ihre Schäflein wieder einfangen musste.

Das Ergebnis war ein einseitiges Positionspapier, das feststellte: «Die Positionen von Attac sind nicht antisemitisch. Es gab und gibt bei Attac keinen Platz für Antisemiten.» Alle weiter gehenden Versuche, etwa zu einer Verständigung über eine klare Trennung von Israel- und Globalisierungskritik zu kommen, wurden abgelehnt. Dafür ging auf dem anschließenden Attac-Herbstkongress mit Billigung der großen Mehrheit eine Passage durch, in der es hieß: «Der Kampf gegen die neoliberale Globalisierung und der Wille, ‹die Zukunft unserer Welt wieder gemeinsam in die Hände zu nehmen›, sind mit dem Kampf für den Frieden, für die Menschenrechte und für das politische Selbstbestimmungsrecht der Palästinenserinnen und Palästinenser untrennbar verbunden.» Schade, dass nicht auch Tibet, Burma und der Süden des Sudan von den Israelis besetzt sind, dann wäre auch hier das Selbstbestimmungsrecht für die Globalisierungsgegner mit dem Kampf für Frieden und Menschenrechte verbunden, aber so müssen die dort Lebenden allein sehen, wie sie zurechtkommen, da haben sie leider Pech gehabt.

Die mehr oder weniger offene Allianz von Antikapitalismus und Antisemitismus ist kein Zufall: Dahinter steht die alte Vorstellung vom jüdischen Ursprung des Kapitals. Schon bei Karl Marx finden sich lange Episteln über den verderblichen Charakter der «jüdischen Geldwirtschaft» («Welches ist der weltliche Kultus des Juden? Der Schacher. Welches ist sein weltlicher Gott? Das Geld»), ein auch individualpsychologisch bizarrer Fall, schließlich waren beide Elternteile vor ihrem Übertritt zum Christentum selber jüdisch gewesen. Bis heute hat sich die Unterscheidung zwischen dem guten, weil «schaffenden» Kapital und dem bösen, «raffenden» gehalten, das anstelle der braven Wertschöpfung nur die parasitäre Geldvermehrung kennt.

Die Gewerkschaftszeitschrift ‹Metall› schmückte im Mai 2005 die Zeichnung einer Stechmücke, an Zylinder mit US-Flagge, Goldzahn und dickem Brillengestell leicht als Wall-Street-Jude zu erkennen, die von Fabrikschlot zu Fabrikschlot hüpfte und mit ihrem langen Stechrüssel das Ergebnis der Arbeit ehrlicher deutscher Hände aussaugte. Die Redaktion war sich keiner Schuld bewusst, sie hatte einfach in den antikapitalistischen Bild-Fundus gegriffen. Niemand hatte den braven Gewerkschaftsredakteuren offenbar gesagt, dass sich aus demselben Bilderschatz seit mindestens 75 Jahren schon die radikale Rechte bedient. Möglicherweise war es ihnen auch einfach egal.

DER TÄTER ALS OPFER –

DIE LINKE UND DAS BÖSE

Ein Buch kann sich für den Autor in vielfacher Hinsicht auszahlen: Es kann ihm helfen, seine Gedanken zu ordnen, es hinterlässt Zeugnis für die Nachwelt; wenn es gut läuft, kann es ihn sogar reich und berühmt machen. Dem Frauenmörder Johann «Jack» Unterweger brachte ein Buch erst die Sympathie der linken Öffentlichkeit und dann die Freiheit. ‹Fegefeuer oder die Reise ins Zuchthaus› hieß der autobiographische Roman, der den Ex-Kellner und Gelegenheitszuhälter mit dem Erscheinungstag zum Darling der Linksschickeria in Österreich machte und ihm die Anteilnahme und Unterstützung von Schriftstellern wie Elfriede Jelinek oder Erich Fried gewann. Im Juni 1976 war Unterweger wegen Mordes an einer Achtzehnjährigen zu lebenslanger Haft verurteilt worden. Wie die Gerichtsunterlagen zeigen, hatte er das Mädchen aus dem hessischen Ewersbach in seinen Wagen gelockt, war mit ihr zu einem Waldstück in der Nähe von Frankfurt gefahren, wo sie sich nackt ausziehen musste, bevor er sie mit einer Stahlrute zusammenschlug und dann mit ihrem BH erdrosselte.

‹Fegefeuer›, 1983 von dem Augsburger Kleinverlag Maro veröffentlicht, war die Erzählung einer schlimmen Kindheit, gefolgt von einem haltlosen Leben: Der unehelich geborene Sohn einer kleinen Gewohnheitskriminellen und eines durchreisenden GI wächst bei seinem trunksüchtigen Großvater in der beklemmenden Enge der Voralpen auf, bis er sich aus dem Staub macht und mit allen möglichen Hilfsarbeiten und Gaunereien über Wasser hält, immer wieder unterbrochen von Gefängnisaufenthalten aufgrund seiner Gewaltausbrüche gegenüber Frauen – die klassische Geschichte des Opfers, das zum Täter wird.

Höflich, charmant, gutaussehend, dazu wortgewandt und seit seinem Bucherfolg auch literarisch ausgewiesen: Unterweger war der Paradefall eines «Häfenpoeten», wie man in Österreich sagte, ein romantisch verklärter Musterhäftling, an dem sich die humanisierende Wirkung der Kunst aufs eindrücklichste zu bestätigen schien, und so setzte sich schon bald nach Erscheinen seines Buchs eine wachsende Zahl von Förderern aus dem intellektuellen Milieu für seine Freilassung ein. Unterweger erklärte den Mord tiefenpsychologisch: «Ich habe eigentlich meine Mutter mit der Stahlrute erschlagen.» Die literarische Welt wertete seine Veröffentlichung dankbar als den «schonungslosen Bericht eines Verbrauchtwerdens durch die Gesellschaft», wie es in der einflussreichen Literaturzeitschrift ‹manuskripte› hieß. Die vorzeitige Haftentlassung wurde zum Test auf das gesamte Justizsystem ausgerufen: «Abgesehen von allgemeinen humanitären Aspekten steht und fällt mit der Person Jack Unterweger die Glaubwürdigkeit des Ministeriums für Justiz hinsichtlich des Resozialisierungsgedankens und der Resozialisierungspraxis überhaupt», schrieb Gerhard Ruiss, Geschäftsführer der österreichischen IG Autorinnen Autoren. Am 23. Mai 1990 öffneten sich die Tore für den inzwischen knapp Vierzigjährigen, ein Triumph der guten Menschen, die sich für ihn starkgemacht hatten, und der Beweis, dass sich allen sozialen Pathologien durch die gemeinsame Anstrengung von Delinquent und helfendem Umfeld entkommen lässt.

Vier Jahre später hing Unterweger tot in seiner Zelle in der Justizanstalt Graz-Karlau, aufgeknüpft an der Kordel seiner Jogginghose mit dem gleichen komplizierten Knoten, den die Polizei schon bei seinem ersten Opfer gefunden hatte. Tags zuvor war er von einem Geschworenengericht wegen des Mordes an neun Frauen ein zweites Mal zu lebenslänglicher Haft verurteilt worden. Das Gericht sah es als erwiesen an, dass er gleich nach seiner Haftentlassung 1990 wieder auf

DIE LINKE UND DAS BÖSE

Frauenjagd gegangen war. Die tatsächliche Zahl der Opfer lag vermutlich bei zwölf Ermordeten, vielleicht sogar höher, die Polizei fand Leichen in Österreich, Tschechien und den USA, was Unterweger zu einem der eifrigsten Serienmörder in der deutsch-österreichischen Kriminalgeschichte macht.

«Warum hat er uns – nein, nicht interessiert, da müssten uns alle aus der Bahn Geratenen gleichermaßen interessieren – fasziniert ist das Wort», fragte sich der Journalist Günter Nenning im Rückblick. Seine Antwort: «Das Dunkle an so einem Typen, das macht die Intellektuellen an.» Die Mehrzahl der ehemaligen Unterstützer zeigte sich allerdings weniger einsichtig. Ruiss, der jahrelang für eine vorzeitige Entlassung Unterwegers gekämpft hatte, sah als Folge des Fiaskos bereits wieder die Reaktion marschieren: Dass sich so viele Schriftsteller für Unterweger eingesetzt hätten, schlage «in eine pauschale Stigmatisierung» um, jammerte der Kulturfunktionär: «Der Literatur sollen in Österreich wieder einmal die Flügel gestutzt werden.» Wenn gar nichts mehr hilft, dann bleibt als Schutzamulett immer noch die Beschwörung der Intellektuellenfeindlichkeit. «Bitte nicht Unterweger!», lautete ein Kommentar im ‹Standard› nach der abermaligen Festnahme: «Er darf nicht der Prostituiertenmörder sein. Das kann er seinen Kollegen nicht antun, nicht den Künstlern und vor allem nicht den Häftlingen.»

Die Vorstellung vom Verbrecher wider Willen, der sich unter dem Einfluss der Fürsorge bessert und seine dunkle Natur zu überwinden lernt, übt gerade auf die Linke eine enorme Verführungskraft aus. Dahinter steht mehr als bloße Schwärmerei für das gefahrvolle Leben, das einem am Schreibtisch selten vergönnt ist, wie es Nenning als ein Motiv benennt. Es geht auch um das Selbstverständnis des Intellektuellen als Agent des Guten. Nur wer den Einzelnen als Produkt seiner Umwelt begreift und folglich auch seine Verirrungen als gesellschaftlich bedingtes Handeln, hat es in der Hand, das Schicksal der armen Kreatur zu ändern.

Nun ist das Bild vom Täter als Opfer ein Spätausläufer der Rousseau'schen Vorstellung von der prinzipiellen Gutherzigkeit des Menschen. Wer auf Abwege gerät, gar kriminell ausschlägt, verdankt dies ungünstigen Umständen: einer lieblosen Mutter, einem herrischen Vater, Hänseleien im Kindergarten, Zurückweisungen durchs andere Geschlecht, der Kälte der Gesellschaft. Der Entschuldigungskatalog ist theoretisch unendlich und damit auch das Maß an Verständnis und Entgegenkommen, mit dem jeder Normverletzer zunächst rechnen darf. Umgekehrt gilt: Was gesellschaftlich bedingt ist, kann auch von der Gesellschaft geheilt werden. Das ist die tröstliche und im Fall von Verbrechensprophylaxe und -bekämpfung auch beschäftigungsmäßig nicht unbedeutende Annahme. Ein Heer von Sozialarbeitern und psychologisch geschulten Präventionsexperten ist jeden Tag in Deutschland unterwegs, um auf Abwege geratene Jugendliche zu beraten, zu betreuen und zu bessern. Wenn in Neukölln ein junger Ausländer aus der Reihe tanzt oder in der Uckermark vier Glatzköpfe dumpfe Parolen brüllen, ertönt im Anschluss verlässlich der Ruf nach mehr Jugendprojekten und Präventionsmaßnahmen, die den verirrten Gestalten auf den richtigen Weg zurückhelfen sollen.

Der Glaube an den vorbeugenden Charakter der Sozialingenieurskunst ist durch nichts zu erschüttern. Regelmäßig finden sich in den Boulevardmedien die Fälle entlassener Schwerkrimineller aufbereitet, die, ausgestattet mit einer hoffnungsvollen Sozialprognose, gerade einmal Wochen durchhalten, bis sie sich das nächste Opfer greifen. Nicht der Irrtum ist hier der Skandal – jede Prognose über das Sozialverhalten eines Kriminellen beruht naturgemäß auf einer Annahme, die sich als falsch erweisen kann. Beunruhigend ist vielmehr die Selbstsicherheit, mit der die therapeutischen Fachkräfte ihre Gutachten erstellen, und die Begeisterung, mit der ein Teil der progressiven Medien diese aufnimmt und in Kampagnen umwandelt.

DIE LINKE UND DAS BÖSE

Am 8. März 2001 erscheint der ‹Stern› in einer Auflage von 1,3 Millionen Exemplaren mit einer aufrüttelnden Reportage unter der Überschrift «Lasst diesen Mann frei». Im Heft findet sich dazu auf sieben Seiten die Geschichte des siebenundvierzigjährigen Wilfried Sabasch, eines mental zurückgebliebenen Insassen einer psychiatrischen Klinik in Neustadt/Holstein, der in der forensischen Abteilung der Pflegeanstalt einsitzt, seit er im Alter von 16 Jahren eine Fußgängerin anfiel, ihr den Rock hochriss, den Schlüpfer herunterzog und schließlich, nachdem er ihr einen Faustschlag versetzt hatte, auf dem Fahrrad der Frau flüchtete. Ein Gutachter befand damals auf verminderte Schuldfähigkeit wegen «Schwachsinns erheblichen Grades», was Sabasch statt ins Gefängnis in die Sicherungsverwahrung brachte. Auf Intervention einer rührigen Anwältin, die auf den Fall aufmerksam geworden war, hatte der ‹Stern› den Mainzer Professor Johann Glatzel mit einem Privatgutachten beauftragt. Der angesehene Psychiater kam in einem sechzigseitigen Bericht zu dem Ergebnis, es sei «nicht ersichtlich», welche Gefahr weiter von dem Häftling ausgehen solle: «Erhebliche rechtswidrige Taten» seien nicht zu erwarten. Gleichzeitig erwähnt der ‹Stern› zwei Begebenheiten, die sich nicht so recht in das Bild vom Justizirrtum fügen wollen – Sabasch bestellte sich offenbar regelmäßig über den Versandhandel Damenunterwäsche, lernt man an einer Stelle des Textes, und als ihm einmal die Flucht gelang, im Sommer 1981, sprang er eine Spaziergängerin an, zerriss ihr den BH und ging ihr an den Slip, bevor er wieder die Flucht ergriff. Aber das erklärt der Artikel als verzweifelten Versuch, durch ein neues Strafverfahren der geschlossenen Psychiatrie zu entkommen.

Im Mai 2002 kann der ‹Stern› den Sieg in seiner Kampagne vermelden: «Endlich frei.» Das Landgericht Lübeck hat die sofortige Entlassung des Häftlings verfügt, vor der Anstalt wartet ein Fernsehteam des NDR, um Sabasch in Empfang zu nehmen, seine ersten Schritte in die Freiheit werden von einer Reporterin der ‹Lübecker Nachrichten› in einer bewegenden Reportage («Was vom Leben übrig bleibt») begleitet. Drei Monate nach seiner Freilassung greift sich der Mann auf dem Parkplatz eines Einkaufszentrums in Uetersen eine zwanzigjährige Verkäuferin, verbringt sie in ein abgelegenes Waldstück, fesselt sie mit Handschellen und vergewaltigt sie eine Stunde lang.

«Ich würde nicht sagen, dass ich mich getäuscht habe», erklärte daraufhin Psychiater Glatzel, dessen Gutachten, wie sich herausstellte, auf einem knapp zwanzigminütigen Gespräch mit dem Patienten sowie der Aktenlage beruhte. Sabasch gehöre ins Gefängnis, nicht in die Psychiatrie: «Das Delikt deutet auf einen normalen Mann hin.» Der ‹Stern› entschuldigte sich bei dem Mädchen und seiner Familie: «Der ‹Stern› ist über diese Tat schockiert und entsetzt», gab die Chefredaktion in einem «Statement zum Fall Wilfried S.» bekannt. Die emotionale Berichterstattung werde man dennoch beibehalten, erklärte ein Sprecher des Verlages, «diese Nähe zum Schicksal ist eines der typischen Merkmale des ‹Stern›». Die Anwältin, die vier Jahre für die Freilassung gekämpft hatte, widersprach bei der zweiten Verhandlung vehement dem vom Gericht bestellten Gutachter, der Sabasch eine Persönlichkeitsstörung und Wiederholungsgefahr attestierte. Ob nicht die Zeit in der Psychiatrie den Angeklagten zu dem Menschen gemacht habe, der er sei, gab sie zu bedenken, Sabasch sei das erste Opfer in diesem Fall.

Hier zeigt sich ein grundsätzliches Problem: Die progressive Linke hat keine Vorstellung mehr vom Bösen, sie hält es für eine antiquierte Kategorie, überwunden im Prozess der Zivilisation. Der einzige Bereich, wo das Böse überlebt hat, sind die Vorstandsetagen. Spitzenmanager können tausendmal erklären, dass sie eine schwere Kindheit hatten, es wird ihnen nichts nützen. Ansonsten ist Vorsicht geboten, denn das unbedachte Urteil fällt schnell auf den Urteilenden zurück, wie Max Goldt in einer seiner Kolumnen festgestellt hat:

DIE LINKE UND DAS BÖSE   223

«Darf man etwas gegen Drogenabhängige sagen? Ich glaube
nicht. Man muss sagen: ‹Das kann doch jedem passieren, die
armen Hascherl, sie sind ja nur Opfer, gebt ihnen Methadon,
man darf sie nicht kriminalisieren etc.›, auch wenn man im
gleichen Augenblick denkt: ‹Mir würde das nie passieren, sie
sind selber schuld, sie sind nicht Opfer, sondern Täter, wegen
ihrer ständigen Wohnungseinbrüche habe ich mir eine sünd-
haft teure Stahltür mit Stangenschloss anschaffen müssen etc.›
Sagen darf man das aber auf gar keinen Fall! Rohes Reden
darf niemals geduldet werden!»

Warum einer zum Straftäter wird, hat die Kriminologie immer interessiert, aber lange Zeit nicht davon abgehalten, als
Antwort auf die unerlaubte Grenzüberschreitung Sanktionen
zu empfehlen. Der Begriff der Schuld setzt voraus, dass man
schuldig werden kann – ohne individuelle Schuld wäre Strafe,
die asoziales Verhalten immer am Einzelfall bemisst, ihrem
Wesen nach unmoralisch und gerade in einem demokratisch
verfassten Rechtsstaat nicht hinnehmbar. Das moderne Strafrecht hat sich dabei, aus gutem Grund, von der Vorstellung des
«geborenen Verbrechers» gelöst, wie ihn noch das 19. Jahrhundert kannte. Es leugnet nicht den Einfluss des Umfelds,
hebt aber die Fähigkeit des Einzelnen hervor, sich ungünstigen
Einflüssen zu entziehen und zu einem selbstbestimmten Leben
zu finden. Das Vertrauen auf die Emanzipationskapazität des
Bürgers ist eine wesentliche Voraussetzung für freiheitliche
Staatswesen. Wer an die Vererbung oder eine andere un-
widerrufliche Festlegung zum Schlechten glaubt, könnte die
betroffenen Subjekte als «Verlorene» nur dauerhaft vom gesellschaftlichen Leben ausschließen.

Das Konzept des heillos verstrickten Übeltäters, der in
Gewalttaten seine fehlgesteuerten Energien gesellschaftsschädlich ausagiert, schließt auf überraschende Weise an die
Vordenker des angeborenen Verbrechens an, die sich, wie der
italienische Arzt Cesare Lombroso (1835–1909), noch auf
anatomische Studien beriefen. Die Aggression gegen andere

wird nun nicht mehr genetisch weitergereicht, sondern anerzogen, aber der Effekt ist der gleiche: Der Heranwachsende ist unfähig, sich aus dem Herkunftsmilieu zu lösen; als Erwachsener reproduziert er, was er vorgelebt bekommt, oder reagiert mit gewaltsamen Triebausbrüchen auf eine besonders repressive Erziehung. In jedem Fall ist er durch frühkindliche Prägungen der Möglichkeit zu einem eigenständigen, erfüllten Leben beraubt.

Schon Lombrosos Theorie der kriminellen Anlage, die er aus dem «kleineren Schädelraum der Verbrecher, namentlich dem der Diebe», entwickelte, folgte dem aufklärerischen Impuls, milder, ja mitleidig über den notorisch gefährlichen Menschen zu denken. Wie sein Zeitgenosse Friedrich Nietzsche vertrat der italienische Gerichtsmediziner und Psychiater die Auffassung, beim Verbrecher hätten wir es mit einem Kranken zu tun, einem «chronisch kranken Menschen» gar. Gerade der Verweis auf die Persistenz der Krankheit, die den Strafimpuls der Gesellschaft dämpfen sollte, war allerdings dazu angetan, die Wirksamkeit aller Besserungsbemühungen in Zweifel zu ziehen. Wer eine verbrecherische Neigung, ob angeboren oder milieubedingt, als kriminalitätsursächlich unterstellt, riskiert, dass daraus die Folgerung nach einer endgültigen Absonderung des Bösewichts abgeleitet wird. Es ist ja immer nur ein kleiner Sprung von dem gutgemeinten Satz «Er kann nichts dafür» zu der gesellschaftlich vernichtenden Aussage «Ihm ist nicht zu helfen». Spätestens der Mehrfachtäter, den auch die Androhung empfindlicher Strafen nicht schreckt, stellt die Justiz vor das Problem, über eine andere, radikalere Medizin nachzudenken.

Jede Milieutheorie, die nicht mehr an die Wirksamkeit von Strafe glaubt, versucht daher die unerwünschten Ableitungen, auf die man bei Annahme umweltbedingter Verbrechensursachen kommen kann, auf zweierlei Weise zu durchkreuzen: Sie betont Sinn und Nutzen des therapeutischen Eingriffs, wobei sie sich auf Erkenntnisse der Psychologie und Verhaltens-

DIE LINKE UND DAS BÖSE

forschung beruft, und sie arbeitet an einem moralischen Freispruch des Täters, indem sie die Schuldfrage neu stellt und Strafe als eine Reaktion des Staates auf das «Vergeltungsbedürfnis» des Volkes zu delegitimieren versucht. Das ist im Kern bis heute so, die Strafrechtslehre, wie sie sich unter dem Einfluss der linken Gesellschaftskritik Anfang der siebziger Jahre in Deutschland herauszubilden beginnt, versteht Delinquenz konsequent als Versagen der gesellschaftlichen Institutionen. Die Normverletzung sagt für die Vertreter dieser Lehre mehr über das schadhafte soziale Umfeld des Kriminellen als über ihn selbst; die Notwendigkeit einer Strafjustiz beweist nach dieser Anschauung bereits den defizitären Charakter des Gesellschaftssystems. Erst eine Gemeinschaft, die auf Strafe als Zurichtungs- und Repressionsinstrument verzichtet, wäre selber schuldlos und damit zu Sanktionshandeln berechtigt: ein nettes Paradox der Schuldverrechnung, das aus der Überflüssigkeit eines Tatbestandes dessen Existenzberechtigung ableitet.

Es ist daher kein Zufall, dass entscheidende Anstöße für eine Reform des Strafrechts in Deutschland aus den Gesellschaftswissenschaften gekommen sind. Nicht Richter, Staatsanwälte oder Rechtsprofessoren haben die neuen Ansätze formuliert, sondern Soziologen und Psychologen. Als besonders erfolgreich erwiesen sich dabei die Schriften des Philosophen Arno Plack, dessen «Kritik der herrschenden Moral» unter dem einprägsamen Titel ‹Die Gesellschaft und das Böse› allein zwischen 1967 und 1971 zehn Auflagen erlebte und mit insgesamt weit über 130000 verkauften Exemplaren einer der großen Wissenschaftsbestseller der Zeit ist. Sein 1974 veröffentlichtes ‹Plädoyer für die Abschaffung des Strafrechts› kann man als nachträgliche theoretische Begründung der Strafrechtsreform lesen, die ab 1969 in mehreren Stufen in Kraft tritt und die Strafzumessung in Deutschland tiefgreifend verändern wird.

Plack ist der eloquenteste Vertreter einer Gruppe von psychoanalytisch geschulten Reformern, die nach kriminogenen Faktoren in der Kindheit suchen und dabei keineswegs nur die Schwerkriminalität im Blick haben. Das auslösende Moment für jede spätere Normabweichung erkennen die Autoren in der repressiven Triebregulierung durch die Erziehungsinstanzen, die «vom ersten Lebenstag an ein vital-psychisches Defizit» hinterlasse, welches der Erwachsene «gierig, protestartig, ja durchaus kriminell aufzufüllen trachtet», wie es bei Plack anschaulich heißt. Nach dieser bis heute in den Grundzügen gültigen Repressionstheorie wird jedes normverletzende Verhalten im Grundsatz als fehlgesteuerte Bewältigungsstrategie verstanden, das Verbrechen mithin als eine vornehmlich psychologisch zu deutende und zu behandelnde Tat: Der vermehrt bei Frauen anzutreffende Kaufhausdiebstahl gilt den Neuerern als «sexuelle Ersatzhandlung», Drogenkonsum als «Dressurergebnis ‹sittlicher› Erziehung», ein Einbruch ist der zwanghafte Versuch der «lebenslang Frustrierten», ihre «Isolation» zu überwinden, indem sie «magisch die Sphäre fremden Eigentums verletzen zum Ersatz für ‹Berührungen›, die nicht sein sollten», und so weiter und so fort. Noch die Normüberschreitung des Sittenstrolchs, «dessen Vitalität im herrschenden Ethos nicht Raum findet», müssen sich andere zurechnen lassen, die seine Neigungen zuvor übermäßig unterdrückten. Der hochangesehene Gerichtsreporter des ‹Spiegels›, Gerhard Mauz, geht im Überschwang so weit, die Straftat zum Hilfeschrei umzudeuten: «Die Zahl der von ihrer Biographie her Verkrüppelten ist unendlich viel größer als die Zahl derer, die in die Kriminalstatistik einziehen», schreibt er 1975 in seinen Überlegungen zur ‹Zukunft der Strafjustiz›: «So betrachtet, ist es eine Chance, dass Kinder und Jugendliche immer häufiger durch Signale, die man kriminelle Handlungen nennt, auf Entbehrungen und Schädigungen aufmerksam machen, die sie erlitten haben.» Der Kriminalitätsanstieg zwinge dazu, «die Situation jener zu erkennen und zu verändern», die selber zwar niemals kriminell aufgefallen seien, aber das, «was sie erlitten haben, auf andere Weise sich selbst und ihrer Umgebung zufügen».

Der Verantwortungsverschiebung vom Einzelnen auf die Gesellschaft folgt eine Neubewertung der Strafe. Wenn alle Leidtragende einer frühkindlichen Schädigung sind, ist es nicht böser Wille, sondern das Glück der Umstände, das den einen zum braven Bürger, den anderen zum Gewohnheitsverbrecher werden lässt. Entscheidend für die Zumessung des Strafmaßes ist folglich der Zusammenhang zwischen Tat und Vorgeschichte. Nicht das Verbrechen selbst ist mehr hinreichend für eine angemessene Bewertung, erst im Kontext der Familiengeschichte ergibt sich die Strafbarkeit. Seitdem hat die Exploration der Kindheit Einzug in den Gerichtssaal gehalten. Kein schweres Strafverfahren kommt mehr ohne die eingehende psychologische Befragung des Täters aus. Neben den Forensiker ist als Entscheidungshelfer der Gerichtspsychiater getreten, und zur Beschreibung von Tatort und Tatbegehung kommt die Ausleuchtung der Familiengeschichte. Das Urteil ergibt sich am Ende nach einer Aufwiegung der Niedertracht, bei der die vom Gericht erhobenen Tatumstände in eine Art Balance mit der Vorgeschichte des Täters zu bringen sind: Je grausamer der Gewaltakt, desto furchtbarer müssen auch die familiären Lebensbedingungen des Täters gewesen sein, um eine Strafmilderung zu erwirken. Umgekehrt verdient der fröhliche Sadist, der aus einem sorgenden Elternhaus stammt, bei dem sich beim besten Willen keine Vernachlässigung nachweisen lässt, nach dieser Logik des Schreckens das ungeschmälerte Höchstmaß.

Doch wer an die Vorherbestimmung des Unheils im Kinderzimmer glaubt, kommt nicht umhin, den Vergeltungscharakter der Strafe selbst in Zweifel zu ziehen. Warum den Gestrauchelten noch einmal schlagen, den bereits das Schicksal gebeutelt hat? «Schon dass in vielen Fällen nachweisbar harte Kinderschicksale dem Kriminellwerden eines Menschen vorausliegen, sollte uns dem Strafgedanken gegenüber skeptisch machen», heißt es bei Plack folgerichtig: «Wir bestrafen ja den, der als Charakterbehinderter mit den Auswirkungen einer repressiven Gesellschaft an ihm selber schon genügend bestraft ist.» Tatsächlich ist im Strafrecht, wie es sich mit der ersten sozialliberalen Koalition dann zügig entwickelt, die Strafe selber in Frage gestellt. Strafe ist ihrem Wesen nach Gewalt. Sie vergilt das Übel grob asozialen Verhaltens mit einem anderen Übel, das in der aufgeklärten Welt seit Abschaffung von körperlicher Züchtigung und Hinrichtung nur noch in Freiheitsentzug und Geldstrafe bestehen kann. Grundlage des Strafgesetzbuches für das Deutsche Reich von 1871 war ein Gedanke, der sich schon bei Immanuel Kant in der ‹Metaphysik der Sitten› findet: dass nämlich das Strafrecht «das Recht des Befehlshabers gegen den Unterwürfigen» sei, «ihn wegen seines Verbrechens mit einem Schmerz zu belegen». Noch deutlicher steht es bei dem deutschen Rechtswissenschaftler Karl Binding (1841–1920), einem der Hauptvertreter der klassischen Gerechtigkeitstheorie, wie sie noch bis in die Nachkriegszeit Gültigkeit hat: «Der Zweck der Strafe kann also nicht sein, den Rebellen gegen die Rechtsordnung in einen guten Bürger zu verwandeln … (Die Strafe soll) nicht heilen, sondern dem Sträfling eine Wunde schlagen.» Den Gebrauch genau dieser Art von Züchtigung wenn schon nicht abzuschaffen, so doch stark einzuschränken ist Aufgabe der großen, in fünf Stufen von 1969 bis 1974 initialisierten Strafrechtsänderung, die zu den nachhaltigsten Reformvorhaben der Nachkriegsgeschichte zählt und der es gelingt, die Zahl der Haftstrafen in Deutschland schlagartig und dauerhaft zu halbieren.

Der angestrebte Humanisierungseffekt ist nahezu augenblicklich sichtbar: 1968 wurden in der Bundesrepublik 172 000 Straftäter zu Gefängnis verurteilt, zwölf Monate später waren es noch 120 000, 1970 dann 72 000 – und die Zahl bleibt von da an konstant niedrig. Nie wieder wird in Deutschland auch nur annähernd das Strafniveau der fünfziger und sechziger

DIE LINKE UND DAS BÖSE

Jahre erreicht. Im Jahr 2006 waren es 65 000 Menschen, die wegen schwerer Vergehen ihre Freiheit einbüßten.

Auf den ersten Blick ist es eine erfreuliche Entwicklung, wenn die Zahl der Verurteilungen zu Gefängnisstrafen zurückgeht, weist das doch gemeinhin auf die sinkende Kriminalitätsneigung einer ganzen Gesellschaft hin. Im Fall der Bundesrepublik allerdings verdankt sich die geringere Zahl der Haftstrafen nicht der besonderen Normtreue der Bürger, sondern ausschließlich der gewachsenen Milde und Strafzurückhaltung der Gerichte. Die Zahl der Straftaten ist in Deutschland seit 1969 nämlich keineswegs signifikant zurückgegangen, wie ein Blick in die Kriminalstatistik zeigt: In einigen Deliktfeldern ist sie über die Jahre sogar deutlich gestiegen, was sich, nebenbei gesagt, nicht wirklich gut mit der These vom Gefängnis als der Schule des Verbrechens verträgt. Gut zwei Drittel der Taten, die vor 1969 einen Freiheitsentzug nach sich zogen, werden seitdem mit Geld- oder Bewährungsstrafen geahndet. Selbst bei Vergehen wie gefährlicher Körperverletzung oder sexueller Nötigung sehen die Gerichte heute bei jeder zweiten Verurteilung von der Haftstrafe ab und setzen das Urteil zur Bewährung aus. Bei sexuellem Missbrauch von Kindern kamen 68 Prozent der Verurteilten um einen Gefängnisaufenthalt herum, weil die Richter befanden, dass der Gerechtigkeit auch ohne Haftaufenthalte Genüge getan war. Das ist eine gewaltige Umstellung von der Praxis entschiedener Härte zu einem Prozess staatlicher Ermahnung und therapeutischer Anleitung.

Nicht alle jedoch sind gleichermaßen von den Vorteilen des Mentalitätswandels überzeugt. Das gemeine Volk hängt in der Regel der alten Vorstellung an, dass dem Verbrechen eine Vergeltung folgen sollte; vor allem bei den Opfern von Straftaten und ihren Angehörigen überwiegt nach wie vor der Wunsch, den Täter leiden zu sehen für das, was er ihnen angetan hat. Sie erwarten von den staatlichen Vollzugsorganen, ihnen eine Genugtuung zu verschaffen, die sie sich selber nicht verschaffen dürfen. Ganz unberechtigt ist diese Erwartung nicht: Das Gewaltmonopol des Staates gründet schließlich wesentlich auf dem Versprechen, im Schadensfall nicht nur Appellationsstelle zu sein, sondern auch Satisfaktionsinstanz. Umfragen legen nahe, dass die Mehrheit die Balance zwischen der Bereitschaft, dem Täter Verständnis entgegenzubringen, und dem staatlichen Willen, ihn zur Buße zu nötigen, nicht mehr gewahrt sieht. Man mag es verwunderlich finden, dass sich der Vergeltungsdrang derer, die unter dem Ungleichgewicht zu leiden haben, nicht öfter außerhalb der vorgeschriebenen Verfahrenswege Bahn bricht, aber ausgerechnet seine Gesetzestreue setzt den braven Bürger hier in Nachteil. Der Rechtsfriede hält, weil der Staat auf die Aggressionshemmung der Geschädigten vertrauen kann, die sich schon beim ersten Mal nicht wehren konnten: Nur deshalb sind sie ja überhaupt zum Opfer geworden.

Die linken Reformer hingegen haben für das Strafbedürfnis der Öffentlichkeit kaum mehr als Verachtung übrig: Aus ihrer Sicht fallen der Gewaltverbrecher und der «Strafwütige», wie ihn die Forschung jetzt nennt, in ein und dieselbe Kategorie: Beides sind gleichermaßen «destruktive Charaktere», unfähig, ihrer zerstörerischen Energien Herr zu werden. Die tiefenpsychologisch aufgeklärte Kriminologie weiß schon lange, dass die Gesellschaft «das Verbrechen, das sie bekämpft, allererst erzeugt, und dass sie es erzeugt, um es bekämpfen zu können», wie es der Kriminalpsychologe Paul Reiwald 1948 in seinem Buch über ‹Die Gesellschaft und ihre Verbrecher› festgehalten hat. Es ist kein Zufall, dass Reiwalds Schriften 1973 eine begeistert aufgenommene Wiederauflage erfahren. Was 1948 noch als abseitig galt, trifft 25 Jahre später den Ton der Zeit.

So hat das sozialliberalisierte Strafrecht den Vergeltungsgedanken weit zurückgedrängt, und eben das ist vielleicht die weitreichendste Konsequenz der moralischen Umschreibung unseres Rechtssystems. Der Wunsch nach Vergeltung gilt als

DIE LINKE UND DAS BÖSE

archaischer, einer modernen Gesellschaft unwürdiger Impuls. Von jedem atavistischen Rechtsempfinden befreit, sind die beiden vorherrschenden Zwecke der Strafe nunmehr Prävention und Resozialisierung. Da im Laufe der Jahre auch der Abschreckungsgedanke immer weiter in den Hintergrund gerät, tritt die Besserung des Straftäters als das eigentliche Ziel nach vorn, dem sich alles andere unterzuordnen hat. So gesehen ist es nur folgerichtig, wenn progressive Strafrechtler die Freiheitsstrafe bald ganz in Frage stellen; schon die Generalprävention benötigt das Gefängnis bloß noch als furchteinflößende Kulisse, denn abschreckend ist allein die Strafdrohung. Allein damit sie diese Funktion nicht verliert, muss die Strafe überhaupt vollzogen werden, so sinnlos das im Einzelfall auch erscheinen mag. Im Sinne der Resozialisierung ist es geradezu widersinnig, jemanden einem schädigenden Umfeld auszusetzen, um anschließend seine Wiedereingliederung in die Gesellschaft zu betreiben, aus der er zuvor per Gerichtsentscheid mutwillig entfernt wurde. Wenn Vergeltung als Motiv ausfällt, ist die einzige Funktion, die dem Gefängnis noch zukommen kann, die einer Therapie- und Besserungsinstitution – in den sozialistischen Ländern, die im Vorwärtsdrang von jeher weniger Rücksicht auf alte Empfindsamkeiten nehmen mussten, hat diese Einsicht denn auch zur konsequenten Annäherung von Psychiatrie und geschlossener Anstalt geführt.

Es traf sich gut, dass vor jener strafrechtlichen Umbruchphase, die sich Anfang der siebziger Jahre nicht ohne Widerstand aus den Reihen der Staatsanwälte und Polizeipraktiker vollzog, von der Verhaltensforschung eine Theorie formuliert worden war, die eine vollständige Neuprogrammierung des Menschen für denkbar hielt: der «Behaviorismus». Die von dem Harvard-Professor Burrhus Frederic Skinner zu Weltruhm gebrachte Lehre erklärte das menschliche Verhalten zu einem durch «Verstärkung» oder «Bestrafung» nahezu beliebig manipulierbaren Reiz-Reaktions-Schema. Kein Wort mehr von angeborenen Neigungen oder unveränderlichen Charaktereigenschaften: Der Stimulus muss nur kontinuierlich genug erfolgen, dann lassen sich auch Gefühle oder Willensäußerungen so konditionieren, wie es dem Sozialingenieur angemessen erscheint. Das sind aufregende Aussichten für eine Welt, die vieles für verbesserungswürdig und alles für verbesserbar hält.

Sicher, auch damals gab es Spielverderber: Einer saß am Eßsee in Oberbayern und studierte Graugänse. Konrad Lorenz vertrat hartnäckig die Ansicht, dass der Mensch seinen vererbten Instinkten weitaus stärker ausgeliefert sei als gemeinhin angenommen, aber so etwas galt nun als gefährliche Sektiererei. Und einen Aggressionstrieb, wie ihn der Verhaltensbiologe entdeckt zu haben glaubte, hielten die Vertreter der neuen Lehre für tendenziöse Spekulationen eines weltabgewandten Sonderlings. Mit Abscheu zitiert Skinner am Schluss seines Buches ‹Was ist Behaviorismus?› den Satz, wonach der Menschheit die größte Gefahr dadurch drohe, «dass im Menschen Ängste toben, eine Panik lauert, primitive Bedürfnisse nach Gewalt wach werden und selbstmörderische Regungen», kurz, er seiner nie ganz Herr zu werden wisse. Skinners Antwort: «Wenn dies wahr wäre, wären wir verloren.» Tiefes Durchatmen, dann die Entwarnung: «Nach behavioristischer Auffassung kann der Mensch jetzt sein eigenes Schicksal kontrollieren, weil er weiß, was getan werden muss und wie es zu tun ist.» Muss noch erwähnt werden, dass Skinner ein großer Utopist vor dem Herrn war? Das am meisten gelesene Buch des Amerikaners ist die ‹Vision einer aggressionsfreien Gesellschaft› namens ‹Walden Two›, ein utopischer Roman, in dem eine Wissenschaftlerelite die Heranwachsenden durch behavioristische Sozialtechniken so konditioniert, «dass die genau das tun wollen, was für sie und die Gemeinschaft das Beste ist». Warum seine Modellgemeinschaft von manchen als Schreckensvision verstanden wurde, hat Skinner nie begreifen können. «Wir bauen eine Welt auf», schrieb er, «in der es mit

DIE LINKE UND DAS BÖSE

etwas Glück gar keine Konflikte gibt. Unser Ziel ist die allgemeine, wohlwollende Toleranz.»

Auch mir ist Lorenz bis heute suspekt, sich auf ihn zu berufen kommt mir instinktiv noch immer so vor, als ob man einen Scientologen zitieren würde. Es ändert auch nichts, dass der Österreicher später für seine Beobachtungen den Nobelpreis erhielt. In meiner Schulzeit stand er auf der schwarzen Liste verdächtiger Wissenschaftler, und das lag weniger an seiner Wissenschaftskarriere im Dritten Reich als an seiner Arbeit am Max-Planck-Institut für Verhaltensphysiologie. Ich nehme an, dass der Lehrplan unsere Biologielehrerin dazu angehalten hat, Lorenz und seine Gänse durchzunehmen, aber sie machte unmissverständlich klar, was von ihm zu halten war: Wer in der nächsten Klausur eine ordentliche Note anstrebte, sollte besser alle Argumente gegen die Aggressionstheorie beisammenhaben. Sie war eine immer etwas abgearbeitet wirkende Frau mit einer Vorliebe für pastellfarbene Latzhosen und einem unverwüstlichen Glauben an die segensreiche Wirkung des sozialen Lernens. Ihre Helden hießen Skinner und John B. Watson, von dem der im Rückblick etwas leichtfertige Satz stammt, dass er jeden gesunden Säugling nehmen und aus ihm einen Arzt, Juristen, Künstler oder Dieb machen könne. Genetik? Teufelszeug. Zwillingsforschung? Pseudowissenschaft. Intelligenztests? Voodoo-Biologie.

Natürlich nahmen auch wir die Mendel'sche Vererbungslehre durch, dazu die Grundlagen der Genetik inklusive Doppelhelix und Aminosäuren, doch danach ging es nicht mehr weiter. Wie die Kreationisten, die ja die Erkenntnisse der Naturwissenschaft keineswegs in Abrede stellen, aber alles auf einen gewaltigen Schöpfungsakt zurückführen, glaubten wir fest daran, dass alle Phänomene der menschlichen Existenz am Ende auf Erziehung beruhten, auf nichts, aber auch gar nichts anderem. Intuitiv verstanden wir, dass die Vererbungsbiologie eine gefährliche Gegenlehre war, deren Verfechter noch an so etwas Abständiges wie natürliche Unterschiede zwischen den

Menschen glaubten. Hatten wir nicht gerade gelernt, dass alle Unterschiede künstlich seien, das Werk von Menschenhand, um Herrschaftsverhältnisse zu begründen? Die Genforschung fungierte dabei als eine Art diabolische Hilfswissenschaft, die uns mit dem Hinweis auf Erbgut, Chromosomen und Stammzellen weismachen wollte, dass jeder Versuch, sein Schicksal in die eigenen Hände zu nehmen, gewissen Grenzen unterworfen sei. Etwas ganz anderes versprachen die Behavioristen.

Noch immer haftet der Vererbungslehre der Geruch des Unseriösen und Rückwärtsgewandten an. Wer sich auf die Erkenntnisse der Genetik beruft, um Hoffnungen auf schnelle Emanzipationserfolge zu dämpfen, gerät sofort in den Verdacht, ein heimlicher Verfechter der bestehenden Ordnung zu sein, ein verstockter Reaktionär. Anderseits läuft die Linke Amok, wenn es darum geht, die Genforschung zur Lebensmittelproduktion einzusetzen und etwa Mais mit moderner Labortechnologie so zu verändern, dass er schneller wächst und mehr abwirft: Das macht die ganze Sache etwas verwirrend. Kaum einer kann sagen, wo genau das Problem liegt, aber die ganze Technik ist irgendwie gefährlich. Ich muss gestehen, dass ich bei diesem Thema eine frühkindliche Prägung in die falsche Richtung erlitten habe. Der Nachbar meiner Eltern verdiente mit der Züchtung von neuen Erdbeersorten auf den Sengana-Plantagen bei Hamburg seinen Lebensunterhalt. Mir schien das eine sehr nützliche Tätigkeit zu sein, zumal das Wetter im Norden der normalen Fruchtreifung nicht unbedingt zuträglich ist. Wohlschmeckende, leuchtend rote Erdbeeren mit Zucker und süßem Rahm – das nahm mich schon mal für unseren Nachbarn und seine Laborarbeit ein. Der Eingriff in das Erbgut der Pflanze zur Erzeugung von größerer Schädlingsresistenz oder Klimatoleranz sieht mir wie die moderne Variante der Züchtung mittels Kreuzung aus, aber wahrscheinlich ist das auch ein Pseudoargument, mit dem ich bei meiner strengen Biologielehrerin sofort durchgefallen wäre.

DIE LINKE UND DAS BÖSE

Es ist erstaunlich, welche Mühe bis heute darauf verwandt wird, die biologische Verhaltensforschung zu widerlegen. Man sollte meinen, dass der Streit längst entschieden ist; die Ethologie, wie sie in Deutschland Konrad Lorenz und Irenäus Eibl-Eibesfeldt entwickelt haben, ist genau besehen nur die konkrete Ausgestaltung der Anpassungsgesetze, die Charles Darwin vor 150 Jahren beschrieben hat. Wer akzeptiert, dass der Mensch mit dem Affen verwandt ist, sollte auch hinnehmen können, dass er mit seinen tierischen Ahnen eine Reihe von Instinkten und Trieben teilt, die alle Stufen der Evolution überdauert haben und von den Bewusstseins- und Willenskräften nicht eliminiert werden konnten. Dies in Abrede zu stellen, ist ein interessanter Fall von Erkenntnisverweigerung, der auf die spirituellen Wurzeln des Fortschrittsglaubens hinüber ins Christentum verweist. «Die von den linken Vertretern der heutigen ‹Wissenschaften vom Menschen› proklamierte These von der gesellschaftlich bedingten Natur des Menschen ist nur die säkularisierte, des theologischen Überbaus beraubte Variante des christlichen Glaubens an den Menschen als einmalige Schöpfung», hielt Gerhard Szczesny den linken Kreationisten in seinem bis heute lesenswerten Buch ‹Das sogenannte Gute› entgegen, ihre neochristliche Anthropologie fasste er in dem Satz zusammen: «Die Natur ist Natur nur bis zum Menschen. Seine Natur ist es, keine zu haben.»

Wenden wir uns an dieser Stelle noch einmal dem Bösen zu. Die Linke hat sich nie näher für den Verbrecher interessiert; das Verbrechen aus Leidenschaft, das die Phantasie der Masse beschäftigt, lässt sie kalt, auch die Gewohnheitskriminalität bekümmert sie häufig erst, wenn sie selber damit in Berührung kommt. Dann ist man doch ganz froh, dass nicht alle Gefängnisse abgeschafft wurden und die Polizei trotz Datenschutz noch Verbrechensdateien führen darf.

Die Ausnahme ist das Verbrechen aus gutem Grund: Der Überzeugungstäter übt von jeher eine besondere Faszination auf die Linke aus. Im Grunde ist er ja auch gar kein Verbrecher, zumindest in den Augen seiner Bewunderer, schließlich agiert er aus einem edlen Antrieb. Dieser Täter ist sich des rechtswidrigen Charakters seines Handelns wohl bewusst, anders als der gewöhnliche Kriminelle würde er sich nie auf Unkenntnis der Gesetzeslage oder ein schwieriges Elternhaus herauszureden versuchen; allein seine Überzeugungen treiben ihn, sich über das Gesetz hinwegzusetzen. Er will das Los der Menschheit verbessern, sie aufrütteln und zur Umkehr bewegen – so sagt er jedenfalls, und man glaubt ihm gern.

Seinen ersten großen Auftritt in einem deutschen Gerichtssaal hat der Verbrecher aus Gewissensnot in Gestalt eines jungen Pärchens, das sich wegen menschengefährdender Brandstiftung verantworten muss: sie Tochter aus schwäbischem Pfarrhaus, schlank, blond, blass; er ein wortkarger Macho aus schwierigen Verhältnissen, gutaussehend und mit großem Sexappeal, seiner Geliebten zärtlich zugetan. Die liberale Presse schließt die beiden sofort ins Herz, auch viele intellektuelle Köpfe der Republik sind entzückt. Sofern sie nicht ‹Bild› oder andere Springer-Erzeugnisse liest, lernt die Öffentlichkeit die Pfarrerstochter Gudrun Ensslin vornehmlich als hochbegabte, sensible Frau kennen, die an der Gesellschaft erkrankt ist und sich aus persönlicher Verzweiflung gezwungen sah, ein Fanal zu setzen, indem sie ein Kaufhaus anzündete. Andreas Baader kommt in diesem Rollenstück der Part des unverdorbenen Tatmenschen zu, der sich, erweckt von seiner Freundin, vorbehaltlos zur Praxis revolutionärer Politik bekennt.

Das «Schicksal» der jungen Brandstifterin sei exemplarisch «für eine kritische und revoltierende Jugend in Deutschland», schreibt der Prozessberichterstatter der ‹Neuen Zürcher Zeitung› im Oktober 1968. Die Richter des Frankfurter Landgerichts urteilen, von dem Liebespaar weniger charmiert, auf drei Jahre Zuchthaus – angesichts der Schwere der Tat, bei der eher durch Glück keine Menschen ums Leben gekommen sind, noch verhältnismäßig milde. Die linksintellektuelle Welt ist selbstverständlich entsetzt. Die Schriftstellerin und späte-

DIE LINKE UND DAS BÖSE

re Kandidatin der Grünen fürs Amt des Bundespräsidenten, Luise Rinser, fordert zusammen mit einer Reihe von Kollegen in einem offenen Brief an den Präsidenten des Frankfurter Oberlandesgerichts Nachsicht: Im historischen Rückblick habe sich oft gezeigt, «dass gerade jene Menschen, die der Gesellschaft ihrer Zeit gegenüber als Rebellen auftraten, diejenigen waren, welche die Geschichte vorantrieben, indem sie Missstände aufzeigten und den Anstoß zu wichtigen Veränderungen gaben». In einem Schreiben an Vater Ensslin verkündet die wegen ihres moralischen Engagements gerühmte Autorin: «Gudrun hat in mir eine Freundin fürs Leben gefunden.» Ensslins Rechtsanwalt Otto Schily bittet um einen «Gnadenerweis» des zuständigen Justizministers: «Gudrun Ensslin ist Überzeugungs-, ja Gewissenstäterin», schreibt er. «Ihre Tat, deren Sinnlosigkeit sie längst erkannt hat, war Ausdruck einer Ausweglosigkeit, über die ihre Entwicklung hinausgeschritten ist. Es ist mit Sicherheit zu erwarten, dass sie keine Straftaten mehr begehen wird.» Leider liegt der Anwalt und künftige Innenminister der Bundesrepublik Deutschland mit dieser Prognose auf erschütternde Weise daneben, wie sich bald erweisen soll, was ihn allerdings nicht davon abhält, auch künftig gern apodiktisch formulierte Charakterzeugnisse auszustellen.

Im Mai 1975 sitzen Ensslin und Baader wieder vor einem Richter, diesmal wegen Banküberfällen, schwerer Sachbeschädigung und einer Serie von Sprengstoffattentaten, bei denen insgesamt vier Tote und 74 Verletzte zurückgeblieben sind. Das Paar hat Zuwachs bekommen, neben dem unscheinbaren Jan-Carl Raspe, einem verklemmten Berliner Soziologiestudenten mit einem Händchen für selbstgebaute Bomben, ist die Journalistin Ulrike Meinhof zu ihnen gestoßen, Verlegergattin aus Hamburg mit Villa im Elbvorort Blankenese, Mutter zweier Töchter und linksradikales It-Girl, das sich in einer Mischung aus Ehefrust, nervösem Lebensüberdruss und Missionssehnsucht den beiden Vorzeigeterroristen angeschlossen hat. 354 Seiten umfasst die Anklageschrift diesmal, 1000 Zeugen sind geladen, 40000 Beweisstücke liegen vor. Nach 192 Verhandlungstagen werden die Beschuldigten in Abwesenheit zu lebenslänglicher Haft verurteilt.

Eigentlich hätte dies, zumindest vorläufig, das Ende ihrer kriminellen Karriere bedeuten müssen. 15 Jahre Freiheitsentzug, bei guter Führung, lässt einem normalerweise wenig Spielraum für weitere außergesetzliche Betätigung. Aber der kleine «Terroristenverein» (Sebastian Haffner) hat schon während seiner mörderischen Tour durch Deutschland ein immenses Bedürfnis der linken Öffentlichkeit nach Bestätigung der Opferthese feststellen können. Im Januar 1972, als nach Schusswechseln zwei Polizisten noch am Tatort verblutet waren, hatte der Literaturnobelpreisträger Heinrich Böll in einem Essay für den ‹Spiegel› die RAF-Leute als «verzweifelte Theoretiker» beschrieben, als «Verfolgte und Denunzierte», die «in die Enge getrieben worden sind und deren Theorien weitaus gewalttätiger klingen, als ihre Praxis ist». Das mit der Praxis kann man nach dem Stammheim-Prozess ad acta legen. Der Opferstatus bleibt.

Tatsächlich ist die sogenannte Baader-Meinhof-Bande in der Freiheit nie so mächtig gewesen wie nun hinter Gittern. Gleich nach ihrer Festnahme im Sommer 1972 – Baader im auberginefarbenen Porsche, Ensslin beim Shopping in einer Luxusboutique auf dem Hamburger Jungfernstieg – nimmt eine Opferkampagne ihren Lauf, die in kurzer Zeit eine breite Unterstützerszene zu mobilisieren vermag. Mit der Eröffnung der «zweiten Front», wie Baader mit strategischem Blick die Instrumentalisierung der Haft zur Anwerbung neuer Mitglieder nennt, beginnt eine Phase der Nachkriegsgeschichte, die bis heute unter dem Begriff «Deutscher Herbst» behandelt wird, dabei ist schon diese Bezeichnung eine Annäherung an die Selbstdeutung der RAF als Ergebnis von «Polizeistaat» und «Fahndungsterror». Denn dass erst die überzogene Reaktion des Staates empfindsame junge Menschen in den Untergrund getrieben habe, ist eine Lesart der Ereignisse, die sich in Teilen der linken Erlebnisgeneration wahrheitsresistent hält. Gerne reden die näher oder entfernter Beteiligten davon, dass der «hochgeputschte Apparat» der Fahndungsmacht sie nicht so gelassen habe, wie sie es gewollt hätten. Man kann es auch spöttisch formulieren wie Jan Philipp Reemtsma: Wenn die Polizei die RAF in Ruhe gelassen hätte, könnten sie heute noch stadtteilbezogen Bomben legen und Geiseln nehmen.

Ulrike Meinhof, nach aufreibendem Terror- und WG-Leben in Köln-Ossendorf in Einzelhaft genommen, geht ganz in der Verfolgtenrolle auf und imaginiert sich in die Figur eines KZ-Häftlings: «Der politische Begriff für toten Trakt, Köln, sage ich ganz klar, ist: das Gas. Meine Auschwitzphantasien darin waren (...) realistisch.» Auch Ensslin, von den Mitstreitern kurzzeitig getrennt, wechselt ins historisch anspruchsvollere Rollenfach: «Unterschied toter Trakt und Isolation: Auschwitz zu Buchenwald, der Unterschied ist einfach: Buchenwald haben mehr überlebt als Auschwitz.» Die linke Szene, die sonst noch jeden als Verharmloser zur Rede stellt, der nicht umgehend die Einmaligkeit des Holocaust betont, ist furchtbar betroffen, redet von «Folterknast» und «Vernichtungshaft» und organisiert in allen möglichen Städten «Komitees gegen Isolationsfolter in den Gefängnissen der BRD», die Spenden sammeln und für Andreas, Ulrike und Gudrun auf die Straße gehen.

Wissenschaftlichen Beistand holen sich die Organisatoren dieser Veranstaltungen, die einen beträchtlichen Teil der liberalen Öffentlichkeit in ihren Bann schlagen, bei dem Amsterdamer Psychiater Sjef Teuns, der die Beobachtungen aus der psychiatrischen Klinik mittels Ferndiagnose auf die Haftbedingungen für die RAF-Täter in Deutschland überträgt: Die «sensorische Deprivation» durch «das Versetzen Einzelner in eine total künstliche, gleichbleibende Umgebung» sei das «zurzeit geeignetste Mittel zur Zerstörung spezifisch menschlicher Vitalsubstanz». Bei der Isolationshaft handelt es sich dem Arzt zufolge um eine wissenschaftlich ausgeklügelte «Methode der verzögerten Auslöschung von Leben», die primitive Vernichtungsarten wie Aushungerung oder Vergasung weit in den Schatten stelle: «Über Monate und Jahre angewendet, ist sie der sprichwörtliche ‹perfekte Mord›, für den keiner – oder alle, außer den Opfern – verantwortlich ist.»

Im Mai 1973 erscheint das ‹Kursbuch› unter dem Titel: «Folter in der BRD. Zur Situation der politischen Gefangenen». Anwalt Schily spricht von «Verwesung bei lebendigem Leibe» und erklärt, «dass die im Hungerstreik befindlichen Gefangenen in Raten hingerichtet» würden. «Folter auch in der Bundesrepublik?», fragt die Theologin Dorothee Sölle in einem Radiokommentar für den Südwestfunk und spricht auf dem Kirchentag 1973 in Düsseldorf so eindringlich über den Gefängnisalltag, dass sich die Versammelten spontan einem «Gebet für Baader-Meinhof» anschließen.

Höhepunkt der Kampagne ist der Besuch des Schriftstellers Jean-Paul Sartre bei Andreas Baader in der Justizvollzugsanstalt Stuttgart-Stammheim, wo die gesamte Gruppe seit ihrer Zusammenlegung im Herbst 1974 auf einem eigenen Stockwerk sitzt. «Baader hat das Gesicht eines gefolterten Menschen», erklärt Sartre anschließend in einer Pressekonferenz. «Es ist nicht die Folter wie bei den Nazis, es ist eine andere Folter, eine Folter, die psychische Störungen herbeiführen soll. Baader und die anderen leben in einer weißen Zelle. In dieser Zelle hören sie nichts außer dreimal am Tag die Wärter, die das Essen bringen. Vierundzwanzig Stunden brennt das Licht.» Leider hatte niemand Sartre gesagt, dass er bei seinem Gespräch mit Baader nicht in dessen Zelle saß, sondern in dem fensterlosen Besucherraum, aber das ist auch schon egal. Alles, was zählt, ist der Effekt, und der ist so gewaltig, dass er sogar in dem Hamburger Vorort ankommt, wo ich gerade mit der Vorbereitung auf einen Vokabeltest beschäftigt bin. Auch ich weiß nun, dass Handeln gefordert ist, um das Leben der vier in Stammheim zu retten; also fliegen die Hefte mit den

DIE LINKE UND DAS BÖSE

Lateinvokabeln in die Ecke, und am nächsten Tag hängt ein großes Protestplakat am Schwarzen Brett der Schule, neben Hausordnung und Klassenplänen, Überschrift: «Isolationshaft ist Folter», darunter die Erkenntnisse von Teuns und ein Verweis auf die Antifoltercharta von Amnesty International.

Ich kann nicht sagen, dass mir die Solidaritätsaktion geschadet hätte. Nach der ersten Stunde war das Plakat verschwunden, nach einer Diskussion mit dem Schulleiter durfte es wieder hängen, zusammen mit einem großen weißen Zettel, auf dem jeder Schüler andere Meinungen aufschreiben sollte. Der Gegenseite fiel allerdings nicht viel ein. Am Ende des Tages stand da lediglich: «Jan ist eine rote Ratte», was keine wirkliche Überraschung war. Bei einem Teil meiner Lehrer trug mir der Auftritt deutliche Sympathie ein, schließlich war dies ein Gymnasium in Hamburg, und der Teil der Lehrerschaft, der meine Position missbilligte, zeigte das nicht oder unterrichtete Fächer, die ich ab der 11. Klasse ohnehin abwählte.

Jahre später las ich dann, wie die Isolationsfolter in Stuttgart-Stammheim tatsächlich ausgesehen hat. Jeder Häftling besaß eine geräumige, bis zu 22 Quadratmeter große Einzelzelle, ausgestattet mit Fernseher, Radio, Plattenspieler. Die Türen standen tagsüber offen, sodass die Gefangenen einander jederzeit sehen konnten; Männer und Frauen waren, einmalig in Deutschland, auf einer Etage gemeinsam untergebracht. Es gab eine Sportzelle mit Ruderbank, Heimtrainer und anderen Fitnessgeräten, eine Bibliothek sowie eine kleine Küche für Zwischenmahlzeiten, in der Obst, Joghurt, Quark, Eier und Fleisch zur freien Verfügung standen. Kontakte zu den anderen Häftlingen lehnten die RAF-Gefangenen ab, auch den Hofgang, trotz mehrfacher Hinweise des Gerichts. Die Möglichkeit sei ausdrücklich eingeräumt worden, hieß es in einem Beschluss vom Dezember 1975, «indes haben die Angeklagten abgelehnt, solch erweiterte soziale Kontaktmöglichkeiten wahrzunehmen. Der Senat kann sie nicht zwingen.»

Auch ansonsten waren die Umstände der Unterbringung

nicht exakt so, wie ich mir die von RAF-Anwälten wie Schily beklagte «Verwesung bei lebendigem Leibe» vorgestellt hatte. Zu Baader kam dreimal die Woche ein Masseur und walkte ihn durch, wie man bei dem Journalisten und Medienanwalt Butz Peters in ‹Tödlicher Irrtum – die Geschichte der RAF› nachlesen kann. Als sich einmal ein Beamter weigerte, für Baader ein Ei zu kochen – dreieinhalb Minuten, wie er es gerne hatte –, schnauzte ihn der Gefangene an: «Und wenn ich will, dann legst du mir sogar ein Ei.» Der Satz gibt die Machtstrukturen auf Etage sieben der Justizvollzugsanstalt Stuttgart-Stammheim annähernd treffend wieder. Bei Ensslin und Meinhof bestand das Problem nicht in der Isolation voneinander, sondern, im Gegenteil, in der Dauernähe, die in ein Psychodrama mündete, aus dem die «größte deutsche Frau seit Rosa Luxemburg» (Erich Fried) als Ausweg nur noch den Selbstmord sah.

Protest gegen die Haftbedingungen gab es auch aus anderen Etagen des Gefängnisses, aber aus ganz anderem Grund: Die Gefangenenvertretung beschwerte sich im Namen der 800 Mithäftlinge erst beim Anstaltsleiter und dann mit einem Brief beim Stuttgarter Justizministerium über die «Privilegien für die RAF». Normale Gefangene belegten zu sechst eine Zelle, und Fernsehen gab es nur einmal pro Woche, mit einem aufgezeichneten Spielfilm. Mitunter war die Musik von oben so laut, dass man sie noch zwei Etagen tiefer hören konnte.

Die Umdeutung der «Rote-Armee-Fraktion» von einer stalinistischen Terrororganisation zu einer Opfergruppe hat die Selbstauflösung der RAF überlebt, auch dank einer Unzahl von Büchern, Filmen und Artikelserien, die zwar nur in wenigen Fällen als Glorifizierungsbeiträge gemeint waren, aber in der unkritischen Übernahme der These von der Geburt der RAF aus der Ohnmachtserfahrung gegenüber einem repressiven Staatsapparat das Klischee vom fehlgeleiteten Widerstandskampf fortführten. Jan Philipp Reemtsma hat 2005 in einem der klügsten Aufsätze, die zum «Deutschen Herbst»

DIE LINKE UND DAS BÖSE 243

publiziert worden sind (‹Was heißt ‚die Geschichte der RAF verstehen‘?›), darauf hingewiesen, dass die Zugehörigkeit nicht eine Kette von Verzweiflungstaten bedeutete, sondern im Gegenteil «eine Lebensform, die Machterfahrung mit sich brachte wie keine andere»:

> «Was war es denn anders als eine Demonstration von Macht, als die RAF durch die Entführung Hanns Martin Schleyers die Bundesregierung zwang, den ‹Großen Krisenstab› einzuberufen, was war es denn anderes als triumphale Machtausübung, den Repräsentanten des westdeutschen Kapitalismus schlechthin als ‹Spindy› titulieren und in einen Schrank sperren, in Kofferräumen und Wäschekörben herumkutschieren, seine Verzweiflung auf Video aufnehmen und ihn schließlich nach Gutdünken ermorden zu können: ‹Wir haben nach 43 Tagen Hanns Martin Schleyers klägliche und korrupte Existenz beendet. Herr Schmidt (...) kann ihn in der Rue Charles Peguy in Mulhouse in einem grünen Audi 100 mit Bad Homburger Kennzeichen abholen.›»

Das klingt in der Tat eher nach den Rauschgefühlen, wie sie jeden Sadisten durchzucken, der über sein wehrloses Opfer nach Belieben verfügen kann, und ist damit der Wahrheit vermutlich sehr viel näher als das coole Bonnie-und-Clyde-Gangstertum, wie es in unzähligen Nacherzählungen zur Schau gestellt wird. Das Problem ist, dass sich die psychopathologische Nahsicht nur schlecht mit dem weitaus medientauglicheren Bild vom heroischen Gewalttäter verträgt, der falsche, vielleicht auch unmoralische Mittel für einen durchaus moralischen Zweck einsetzt. Der Selbststilisierung als «Staatsfeinde» diente noch die Inszenierung des gemeinsamen Freitods von Baader, Ensslin und Raspe als staatlich angeordnete Hinrichtung. Den Verdacht, die «Sonderbehandlung» der Gefangenen in den Gefängnissen der Bundesrepublik sei die experimentelle Vorbereitung auf einen «tendenziellen Massenmord à la Auschwitz», hatte schon Sjef Teun im ‹Kursbuch› in die Welt gesetzt. Die Todesnacht in Stammheim lieferte nur die endgültige Bestätigung dieses Zwangsgedankens. Mit dem Gruppenselbstmord im Oktober 1977 war auch der endgültige Übergang von der «Guerillareligion» zu einer «Märtyrerreligion» vollzogen, wie der Baader-Biograph Jörg Herrmann die RAF mit Gespür für deren Sektencharakter genannt hat; die Reformation hatte ihr Anführer bereits im Juni 1974 in einem Kassiber angekündigt, in dem er auf den mittelalterlichen Heilsprediger Girolamo Savonarola Bezug nahm: «Fragst du mich im Allgemeinen, wie der Kampf enden wird? Ich antworte: mit dem Sieg. Fragst du mich im Besonderen, dann antworte ich: mit dem Tod, Savonarola.»

Einen späten und eigentümlichen Fall von Opferidentifikation hat die Journalistin Carolin Emcke im vergangenen Jahr mit ihrem Buch ‹Stumme Gewalt› nachgeliefert. Die Autorin und preisgekrönte Kriegsberichterstatterin stellt sich darin als Patenkind des ermordeten Deutsche-Bank-Chefs Alfred Herrhausen vor, der im November 1989 durch eine Sprengladung der RAF getötet wurde, und ruft aus dieser Position der Mitbetroffenheit zu einer Art Täter-Opfer-Gespräch auf, einem «gesellschaftlichen Dialog jenseits der Konfrontation», wie es schon im Klappentext steht, um «das eisige Schweigen zwischen Tätern und Opfern des RAF-Terrors zu brechen». Der Text ist der Versuch einer Annäherung, nicht nur historisch. Am Anfang stehen Fragen nach den Beweggründen der Attentäter, die den Patenonkel vor seiner Haustür ermordeten, ihren Gedanken und Gefühlen («Wie haben sie die erste Nacht verbracht? Schlaflos? Fühlten sie sich siegreich? Oder leer?»), am Ende das Eingeständnis, dass jeder in seinem Leben auf die falsche Bahn geraten könne («Gewiss: Wir Nachgeborenen können nie mit Bestimmtheit sagen, wie wir uns verhalten hätten in einer anderen Zeit. Vielleicht hätte mich diese Bewegung auch angezogen. Wer weiß.»).

Besondere Bedeutung bezieht das «Nachdenken über die RAF», wie der Untertitel lautet, aus der verwandtschaftlichen Nähe zu Herrhausen – und der Stigmatisierung als Mitopfer: Emcke beschreibt das Nasenbluten, das nicht mehr aufhören

DIE LINKE UND DAS BÖSE

will («Ich neige nicht zu Nasenbluten. Aber damals lief es einfach heraus. Nicht Tränen, sondern Blut»), sie erzählt, wie sie von einem Tag auf den anderen mit dem Rauchen beginnt, eine Schachtel Camel ohne Filter, und sich mit Aspirin und Alkohol betäubt, alles Zeichen einer «Traumatisierung», wie es im Nachwort noch einmal einordnend heißt. Das Buch erfuhr im deutschen Feuilleton eine durchweg begeisterte Aufnahme: «Das wohl intelligenteste Buch, das je über die Rote-Armee-Fraktion geschrieben wurde», ließ sich Christian Geyer in der ‹Frankfurter Allgemeinen› vernehmen: Die Autorin habe «sich selbst und ihr Buch verwundbar» gemacht, um «ein neues, ein aufschließendes Verhältnis» zur RAF zu gewinnen, die eigene Lebensgeschichte verschaffe ihr dabei eine «eigentümliche moralische Autorität».

Dass ein echtes Patenverhältnis nie bestand, erfährt der Leser ihres Werks am Rande, in einem Absatz über einen lange zurückliegenden Klinikbesuch bei Herrhausen: Er war ein Freund der Eltern, der später dann auch der Journalistin nahestand. Der Opferstatus als Quasiangehörige erscheint offenkundig so reizvoll, dass nun das Freundschaftsverhältnis zu einer Art familiären Nahbeziehung aufgewertet wird; als «Angehörige», die «nicht unmittelbar zur Familie» gehöre, firmiert Emcke im Nachwort von Wolfgang Kraushaar. Es ist vermutlich kein Zufall, dass die echten Angehörigen von RAF-Opfern in der Regel in ihrer Verständnisbereitschaft weit weniger großzügig sind. «Das war und ist die böse Wahrheit der RAF», hat Claudius Seidl in einer vom allgemeinen Lob abweichenden Rezension in der ‹Frankfurter Allgemeinen Sonntagszeitung› kühl angemerkt: «Was die Täter uns zu sagen hatten, das haben sie gesagt. Mit ihren Waffen. Der Rest war immer Geschwätz.»

Die moderne Gesellschaft lebt davon, dass es an verantwortlicher Stelle Leute gibt, die dem Menschen alles zutrauen, auch die Verwandlung der Welt in eine Hölle. Nur wer das Wesen des Terrors versteht, vermag sich und die anderen vor ihm zu schützen. In der Demokratie ist dieser Schutz notwendigerweise ein Behelf, aber auf ihn zu verzichten wäre schon deshalb fahrlässig, weil das Gewaltmonopol des Rechtsstaats auch an dem Versprechen hängt, wenigstens den Versuch zu unternehmen, die Unversehrtheit von Leib und Leben zu gewährleisten. Wer den Schutzanspruch des Bürgers nicht mehr ernst nimmt, verliert vor dem Kampf gegen den Terror das Vertrauen des Souveräns. Niemand kann den tätigen Pessimismus an der Spitze des Staates wollen, mit dem Blick in den Abgrund lässt sich kein liberales Gemeinwesen lenken – aber in der zweiten Reihe sieht man ihn als nicht allzu mutiger Mensch schon ganz gern.

Leider geht mit der Auflösung des Täterbegriffs auch eine Unsicherheit über die Motivlage einher. Der Gewaltverbrecher im strengen Sinn will nicht verhandeln, um sich eine bessere Position zu verschaffen, er will keine Wertediskussion führen oder die Gesellschaft verändern, er ist allein an der Machtfülle interessiert, die ihm der Triumph über andere ermöglicht. Die Gewalt ist das Medium, durch das er zu sich selber spricht, an ihren destruktiven Energien lädt er sich auf, und die Demütigung und Vernichtung seiner Opfer ist das Mittel zu diesem Zweck: Das macht ihn so unbegreiflich für alle, die mit dem empathischen Zugang zum Mitmenschen ihren Lebensunterhalt verdienen und deren Studienobjekt und Existenzgrundlage er ist. Für den «Dialog», den sie ihm anbieten, hat er in aller Regel nur ein Achselzucken; im besten Falle ist das Angebot Zeitverschwendung, im schlimmsten stachelt es ihn an.

Der Terror ist seiner Natur nach selbstbezüglich: Dies zu begreifen fällt nicht nur Linken ungeheuer schwer. Dem Terroristen einen Mitteilungs- und damit Verständigungsdrang zu unterstellen gehört zu den tragischen Irrtümern der aufgeklärten Welt. Die einzige Botschaft, die der Terrorist für uns parat hat, ist die der Negation von allem, was uns heilig ist. «Ihr liebt das Leben, wir lieben den Tod», heißt es in dem Bekennervideo zum Al-Qaida-Anschlag in Madrid, das die

DIE LINKE UND DAS BÖSE 247

Attentäter in einem Papierkorb in der Nähe einer Moschee hinterließen. Klarer lässt es sich nicht sagen.

Es ist bedauerlich, dass das Böse noch nicht mitbekommen hat, dass es im Zuge der Zivilisation abgeschafft wurde. Aber solange dem so ist, sollte man es ernst nehmen.

TÜRKEN UND ANDERE JUDEN – DIE LINKE UND DIE FREMDEN

Seit drei Jahren bin ich Mitglied der Deutschen Islamkonferenz. Das ist der von Bundesinnenminister Wolfgang Schäuble mit viel öffentlicher Begleitung gestartete Versuch, das Verhältnis zwischen dem deutschen Staat und den in Deutschland lebenden Muslimen zu verbessern oder, wie es in der Selbstbeschreibung heißt, dieses auf eine «tragfähige Grundlage zu stellen». In der Bundesrepublik leben schätzungsweise drei Millionen Muslime, so ganz genau weiß man es nicht, und lange hat es auch keinen wirklich interessiert. Seit es zuletzt jedoch gehäuft Vorfälle mit jungen Männern gab, die sich bei jedem himmelschreienden Irrsinn auf Allah beriefen, hat man in der Regierung beschlossen, dass man etwas tun müsse. Also wird nun geredet, weil mit dem Gespräch bekanntlich alles Gute beginnt.

In der Islamkonferenz bin ich Mitglied des «Arbeitskreises Medien und Wirtschaft als Brücke». Ich fand, schon das Wort Brücke klinge konstruktiv, und so sagte ich spontan zu, als mich ein ausgesprochen freundlich wirkender Mitarbeiter aus dem Bundesinnenministerium anrief und fragte, ob ich Zeit und Interesse hätte, mich zur nächsten Sitzung der Islamkonferenz im Bundeshaus in Berlin einzufinden. Ich habe nicht nachgefragt, wie man im Innenministerium auf mich gekommen war, ich befürchte, dass mich die Antwort enttäuscht hätte.

Immerhin: Ich habe eine türkische Freundin, die im Prenzlauer Berg wohnt und sich immer wundert, dass sie die Einzige ist, die morgens um neun Uhr das Haus verlassen muss. Der Wirt meines Stammlokals Adnan hat in Istanbul als Teejunge angefangen, bevor er sich in Berlin sein eigenes Restaurant zu erarbeiten begann. Außerdem kommt mein Friseur Ziya aus der Türkei, auch dies ein einfallsreicher, weltgewandter Mann, der bei den Damen für das schönste Blond der Gegend bekannt ist. Was die Integrationskompetenz anging, fühlte ich mich also ausreichend qualifiziert.

In den Unterlagen, die man mir zuschickte, war viel von «Dialog» und «wechselndem Respekt» die Rede, was ich als Aufforderung verstand, freundlich miteinander umzugehen und sich nicht gleich am Anfang gegenseitig die Meinung zu geigen. An einer Stelle hieß es, die Konferenz sei ein «langfristig angelegter Verhandlungs- und Kommunikationsprozess» von mehreren Jahren, aber das überlas ich geflissentlich. Die Organisatoren hatten zuvor schon ausführlicheren Kontakt mit den Vertretern der muslimischen Gemeinden gehabt, sie wussten im Gegensatz zu mir, dass es nicht leicht werden würde.

Bei der ersten Sitzung ging es um Bildung. Das Innenministerium hatte zur Einstimmung den Direktor und ein paar Schüler der Berliner Rütli-Schule eingeladen, jener Neuköllner Hauptschule, deren Lehrer vor ein paar Jahren in einem flehentlichen Brief an den Senat um die sofortige Auflösung ihrer Lehranstalt gebeten hatten, weil sie die alltäglichen Pöbeleien und Gewalttätigkeiten nicht mehr ertrugen. Der neue Schulleiter, ein energisch wirkender Mann mit bestem sozialdemokratischem Hintergrund, berichtete von den Fortschritten, die man gemacht habe: Es gebe jetzt ein Wahlpflichtfach Boxen, und die T-Shirt-AG, bei der die Jugendlichen ihre Hemden mit selbstgewählten Motiven zu bedrucken lernten, sei ebenfalls sehr gut angenommen worden. Auch die Schüler versicherten, dass jetzt alles besser laufe und sie sich mehr anstrengen würden. «Wir verstehen uns auch mit den Deutschen, sie sind ja auch Menschen», sagte einer von ihnen. Die Konferenz nahm das als gutes Zeichen.

Dann gab es einen Vortrag des europäischen Pisa-Koordinators Andreas Schleicher, der einige Grafiken mitgebracht hatte, die eindrucksvoll die schulischen Schwierigkeiten der Migrantenkinder in Deutschland zeigten. Auf einem Bild sah man, wie schwer sich insbesondere junge Türken und Araber tun; die aus dem ehemaligen Jugoslawien nach Deutschland Gekommenen zum Beispiel hängen, was die Schulleistung angeht, lange nicht so hinterher. Ich war auf die Erklärung dafür gespannt, aber offenbar war das Schaubild versehentlich in die Präsentation geraten. Jedenfalls redete Schleicher dann lange von den «institutionellen Barrieren» und «Selektionsmechanismen», die den Ausländerkindern den Weg versperren würden. «Am wenigsten können die Migranten selbst dafür», sagte er. Alle nickten. Die Ex-Jugoslawen oder die Polen schienen es dennoch irgendwie zu schaffen, trotz aller Selektionsbarrieren, aber diesen Gedanken behielt ich lieber für mich.

Man muss sich die Islamkonferenz wie eine lange Therapiesitzung vorstellen, bei der jeder ausführlich das Unrecht beschreibt, das ihm als Angehöriger einer ethnischen Minderheit in Deutschland widerfährt oder widerfahren kann. Der Dialog besteht darin, sich gegenseitig zu versichern, wie sehr Ausländer in Deutschland benachteiligt werden. Wer keiner zu- und eingewanderten Volksgruppe angehört, sondern als Vertreter der Mehrheitsgesellschaft dort sitzt, verhält sich am besten unauffällig und hört aufmerksam zu, welche Zumutungen er und die anderen 75 Millionen Deutschen für die Fremden in ihrer Mitte bedeuten.

Alle schienen auf Anhieb begriffen zu haben, wie die Spielregeln waren. Die eine Hälfte schilderte das Migrantenschicksal, die andere Hälfte saß da und schaute sehr betroffen. Nur einmal kam es zu einem unschönen Zwischenfall, als eine junge Türkin das Wort ergriff, Professorin für Wirtschaftsrecht an der Fachhochschule Anhalt in Bernburg, wie ich den Tagungsunterlagen entnahm. Sie sei es leid, dass der kulturelle Unterschied ständig als Entschuldigung diene, morgens nicht mit den Kindern aufzustehen oder nach der Schule die Hausarbeiten zu vernachlässigen: «Es gibt eine latente Akzeptanz in der türkischen Gemeinde für Eltern, die ihre Kinder schlecht erziehen», sagte sie, «sie finden Verständnis, das sie nicht verdienen.»

Es wurde sehr still im Raum. Der Sitzungsleiter, ein Herr Frehse aus der Grundsatzabteilung des Innenministeriums, guckte betreten in seine Papiere und regte dann eine Kaffeepause an. Die Runde beschloss, den Einwurf der Frau zu übergehen. Wie ich später erfuhr, stammte sie aus einer Gastarbeiterfamilie aus dem Wedding, der Vater Arbeiter in einer Schokoladenfabrik, die Mutter am Band, vier Mädchen, alle Abitur, sie die jüngste Professorin, die jemals in Deutschland einen Lehrstuhl erhalten hat. Ich hätte es interessant gefunden, mehr über ihren Lebensweg zu hören, aber ich war ja auch noch neu. Beim nächsten Mal war sie nicht mehr dabei.

In der zweiten Sitzung ging es um die Medien und ihre Verantwortung. Eine Soziologin, die als Anti-Rassismus-Forscherin vorgestellt wurde, hielt einen Vortrag über die fortlaufenden Versuche der Presse, die Muslime in ein schlechtes Licht zu rücken: Im Rundfunk sei neulich über eine Sparkasse berichtet worden, die keine Sparschweine mehr ausgebe, aus Rücksicht auf die türkischen Kunden. Alle schüttelten den Kopf. Ich fand, das Beispiel sprach eher gegen die Sparkasse als gegen die Türken, aber vielleicht hatte ich es auch einfach nicht begriffen. Dann war ein Professor aus Erfurt an der Reihe, der über ein Jahr lang alle Fernsehbeiträge von ARD und ZDF gezählt hatte, die sich mit dem Islam beschäftigten. Er hatte herausgefunden, dass die überwiegende Zahl der Beiträge «Konflikte» zum Thema hatte, zum Teil sogar «ein offen gewaltsames Geschehen». An sich keine wirkliche Überraschung, schließlich hatten sich in dem Jahr seiner Untersuchung erst vier junge Moslems in der Londoner U-Bahn und einem Doppeldeckerbus in die Luft gesprengt, dann hatte die ganze islamische Welt über ein paar Karikaturen im Feuilleton einer dänischen Zeitung kopfgestanden, und auch in Deutschland musste man mittlerweile beim Zugfahren Kofferbomben im Gepäckteil neben sich befürchten. Es ist schwer, in einem solchen Jahr konfliktfrei zu berichten, schien mir, aber das sah der Professor offenbar anders. Dann wurde beraten, was man tun könne, um das Islambild in den Medien freundlicher zu gestalten.

Die Konferenz ging das Problem sehr methodisch an. Um mich saßen, wie ich feststellen konnte, viele erfahrene Gremienfüchse, und so war die Lösung schnell gefunden: Man kam überein, künftig die Verwaltungs- und Rundfunkräte auch mit Vertretern der muslimischen Gemeinden zu besetzen, die dort dann eine «wichtige Korrekturfunktion bei der Programmplanung und -aufsicht übernehmen können», wie es der Professor unter Beifall formulierte. Jemand regte an, zusätzlich eine Quote «neutraler Berichterstattung» über den Alltag und die reiche Kultur des Islam festzulegen, ein Vorschlag, der ebenfalls sofort breite Zustimmung fand. Der Mehrheit der Islamkonferenz schien nach kurzer Diskussion 30 Prozent für den Anfang angemessen, und weil sich so eine Vorgabe nicht von selber umsetzt, verständigte man sich auf die Einrichtung eines Aufsichtsrates, der über die Einhaltung der Neutralitätsquote wachen sollte. Es war irgendwie klar, dass der Rat nicht ohne den Professor aus Erfurt auskommen würde.

Vielleicht sollten auch Lidl, die Telekom oder die SPD eine Quote für neutrale Berichterstattung fordern, dachte ich kurz, über die Sozialdemokraten stand in letzter Zeit definitiv wenig Erfreuliches in der Zeitung. Immer Gemoser über den schwachen Kanzlerkandidaten, ständig schlechte Umfragen, man musste am Ende richtig Mitleid haben. Wenn man mehr über den Alltag und die reiche Parteikultur der SPD wüsste, könnte das helfen, Stigmatisierungen und langfristige Diskriminierungspotentiale abzubauen; wer weiß, vielleicht würden uns die Sozialdemokraten am Ende wieder richtig ans Herz wachsen.

DIE LINKE UND DIE FREMDEN 253

Je länger ich in meiner Arbeitsgruppe saß, desto mehr drängte es mich, auch einen Beitrag zum Abbau von Vorurteilen zu leisten, um meinen guten Willen unter Beweis zu stellen. Unter dem Material, das alle Teilnehmer am Anfang bekommen hatten, war das Papier eines «Instituts für Medienverantwortung» in Erlangen, das eine gerade Linie vom Antisemitismus im 19. Jahrhundert zur Behandlung der Muslime im Deutschland von heute zog. «Angesichts der Tatsache, dass es nun einmal reale Personen gibt, die Muslime sind», stand dort, sollten sich Medienschaffende im Umgang mit dem Islam stets die Frage vorlegen: «Warum haben wir bei bestimmten Fakten das Gefühl, diese bringen zu müssen, bei anderen nicht?» Dies könne auch dazu beitragen, statt «eine Ersatzdebatte über Islam und Muslime zu führen», die «tatsächlich relevanten Themen» anzupacken, wozu die Autoren «eine faire Bezahlung von Rohstoffen und eine damit einhergehende gerechtere Weltwirtschaftsordnung» zählten. Das war eine interessante und für eine von der christdemokratisch geführten Bundesregierung ausgerichtete Konferenz auch unerwartete Herangehensweise. Als Beleg war der Titel eines ‹Spiegel Special›-Heftes abgebildet, welches unter der Überschrift «Allahs blutiges Land» eine Montage von Bildern islamistischer Webseiten zeigte. Es war klar, dass dies als besonders schlimme Entgleisung angesehen werden musste. Ich hatte also doppelt etwas gutzumachen.

Ich gebe zu, ich habe an diesem Punkt einen Fehler gemacht. Ich hatte mir überlegt, was sich aus Sicht eines Journalisten beisteuern ließe. In meinem Metier hat man es laufend mit Menschen zu tun, die sich mehr Aufmerksamkeit und Anerkennung wünschen, und ich dachte, ein praktischer Rat könne nicht schaden. Also wies ich darauf hin, dass der Islam möglicherweise auch deshalb im Moment ein kleines Imageproblem habe, weil er den Leuten eine Heidenangst einjage. Mir sei jedenfalls derzeit keine andere Religion bekannt, die einigen Anhängern so zu Kopf steige, dass sie sich Bombengürtel umbänden. Ich sagte dann noch, ich würde nicht ganz verstehen, warum wir über Quoten für neutrale Berichterstattung und neue Aufsichtsräte diskutierten. Das Nächstliegende wäre es aus meiner Sicht, die muslimischen Heißsporne, die es gar nicht abwarten könnten, in den Himmel aufzufahren, in der Koranschule an ihre weltlichen Pflichten zu erinnern.

Die Antwort ließ nicht auf sich warten. Sie kam donnernd wie ein Wasserfall, eine Woge der Entrüstung. Endlich sei es heraus, das Vorurteil, dass man alle Muslime für Terroristen halte, rief Bekir Alboga, Dialogbeauftragter der türkisch-islamischen Union, es klang fast triumphierend. Als eindeutigen Beweis für die «Islamophobie der deutschen Medien» wertete der Vertreter des Islamrats meinen Beitrag. Das sei eine Beleidigung aller Moslems, befand Aiman Mazyek, der Generalsekretär des Zentralrats der Muslime in Deutschland. Mazyek sagte das ganz ruhig, kopfschüttelnd eher, betrübt über so viel Uneinsichtigkeit und Unverstand, was die Sache für mich nicht besser machte. Ich konnte nur hoffen, dass dies tatsächlich gemäßigte Glaubensvertreter waren, wie es das Innenministerium annonciert hatte. Dann die letzte, vernichtende Attacke: Ob wir Journalisten denn nichts gelernt hätten aus der deutschen Geschichte? Die Muslime seien die neuen Juden Europas, der nächste Genozid kündige sich bereits an, und wir, die Medien, würden dabei helfen, ihn vorzubereiten.

Ich blickte hilfesuchend zu Herrn Frehse vom Innenministerium; wenn jemals Zeit für eine Kaffeepause gewesen war, dann doch wohl jetzt. Aber irgendwie war ich dem Unterabteilungsleiter aus dem Blickfeld gerutscht. Es war klar, dass ich in dieser Runde keinen Beistand mehr zu erwarten hatte, auch nicht von den Regierungsvertretern.

Wer glaubt, dass der Judenvergleich der Ausrutscher von einigen Funktionären war, die kurzzeitig die Nerven verloren, hat nie in eine türkische Zeitung gesehen. Ich bis vor kurzem auch nicht, aber seit ich angefangen habe, mich näher für das Thema zu interessieren, muss ich sagen, ich habe etwas ver-

DIE LINKE UND DIE FREMDEN

passt. Man bekommt einen ganz anderen Blick auf Deutschland; es kann einem richtig angst werden vor den eigenen Landsleuten.

«Nazi-Behandlung für Moslems. Es fehlt nur noch der gelbe Stern», lautete die Überschrift von ‹Hürriyet›, der größten türkischen Tageszeitung in Deutschland, am Tag vor Weihnachten. Was war passiert? Hatte jemand weniger Sozialhilfe für türkische Jugendliche ohne Schulabschluss verlangt? Darf künftig keine Moschee mehr in Deutschland gebaut werden? Nein, die Bundesregierung hatte das Zuwanderungsgesetz geändert: Wer nach Deutschland heiratet, muss jetzt erwachsen sein und über bestimmte Sprachkenntnisse verfügen, etwa dreihundert Wörter der deutschen Alltagssprache. Dreihundert Wörter, so viel, wie sich jeder Volkshochschulbesucher vor seiner nächsten Studienreise aneignet, und schon steht Deutschland wieder mit einem Bein im Dritten Reich.

«Konzentrationslager! Deutschland bereitet für straffällige jugendliche Migranten Einrichtungen vor, die KZs ähneln», hieß es im Januar 2008 – der hessische Ministerpräsident Roland Koch hatte nach der Attacke auf einen Münchner Rentner Erziehungscamps für gewalttätige Jugendliche gefordert. «Freunde, wenn wir schweigend auf morgen warten, dann wartet auf uns Hitlers Ofen» – zwei Tage zuvor waren beim Brand in einem Wohnhaus in Ludwigshafen acht Menschen ums Leben gekommen, als Brandursache stellte die Polizei schließlich einen Schwelbrand im Keller fest.

Es braucht nicht viel, und man sieht wieder die Fackelzüge durchs Brandenburger Tor marschieren. Es reicht schon, dass die Bundeskanzlerin wie vor zwei Jahren einen Integrationsgipfel im Kanzleramt veranstaltet und sich dabei nicht beirren lässt, wenn einige der Eingeladenen mit einer Absage drohen, weil ihnen gewisse Gesetze nicht passen. Das sei «blanker Rassismus» heißt es dann von türkischer Seite, von einem «Verstoß gegen die Menschenrechte» ist die Rede. Es ergeht der Aufruf zum «ehrenhaften Widerstand der in Deutschland lebenden Türken», so als müssten sich die Zugereisten schleunigst zur Weißen Rose zusammenschließen.

Der türkische Schriftsteller Feridun Zaimoglu sprach bereits zwei Wochen vor dem Gipfel, bei einem Auftritt vor der grünen Bundestagsfraktion, von einem «Krieg» gegen die Türken, angezettelt von «Metzgern mit stumpfen Ausbeinmessern», die die Fremden in ihrer Mitte beleidigten und schikanierten: «Sie schneiden und stechen, sie reißen und zerren. (...) Es vergeht nicht ein Tag, an dem nicht ein Provokateur gegen den Bau einer Moschee oder das bedeckte Haar einer Muslimin wetterte.»

Wohlgemerkt: All das passiert anlässlich eines Treffens, bei dem die Bundesregierung ein Programm vorstellt, das 750 Millionen Euro zusätzlich für die Integration ausgibt, nicht gerade die Art von Veranstaltung, die man von Hitlers geistigen Nachfahren erwarten sollte.

Man kann die rhetorischen Mobilisierungen der Nazi-Zeit als kulturbedingte Übertreibungen verstehen, als Beispiel für die zu Blumigkeit und Ausschmückung neigende Ausdrucksweise des Orients, bei der eben hin und wieder Messer fliegen und dann die Metaphern bluten. Es lässt sich aber auch fragen, ob dies nicht eine besonders aggressive Variante des Opferdiskurses ist, paranoid und infantil, dabei auf geradezu hysterische Weise selbstmitleidig und in dieser Mischung einmalig, auch einmalig nervend.

Denn natürlich ist es eine bizarre Volte, wenn sich ausgerechnet gläubige Muslime in die Rolle von Juden imaginieren. Im Koran finden sich eine Reihe bösartiger Aussagen über das Volk Israel, so gesehen könnte man es als zivilisatorischen Fortschritt betrachten, wenn sich der Aggressor einmal mit dem Objekt seiner Aggression identifiziert. Aber das ist selbstverständlich nicht gemeint. Wenn hier vom Juden die Rede ist, dann strikt symbolisch als Emblem europäischer – und im deutschen Fall sogar eliminatorischer – Diskriminierungsgeschichte, also als bedrohte und verfolgte Minderheit schlechthin. Erstrebenswert erscheint allein der mit der Pogromhistorie verbundene Opferstatus, nichts weiter.

Gleichzeitig kann man es den Türken irgendwie nicht verdenken, dass sie die Opferkarte spielen. Viele von ihnen leben lang genug in diesem Land, um zu wissen, wie der Hase läuft. Warum sich an die eigene Nase fassen, wenn es mit dem Fortkommen nicht klappt? Warum stutzig werden, wenn die Mehrheit der Kinder über die Hauptschule nicht hinauskommt, wenn die Hälfte der in Deutschland lebenden Türken dem Bildungsbericht der Bundesregierung zufolge keinen Beruf hat und nach Lage der Dinge auch kaum haben wird? Es gibt so viel, was man als Entschuldigung ins Feld führen kann, die deutschen Behörden, die deutsche Sprache, die deutsche Politik. Mit etwas Mühe lässt sich sicher auch eine Untersuchung finden, die die Folgeschäden der Entwurzelungserfahrung der Ersteinwanderer-Generation in heutigen Migrantenfamilien beschreibt.

Erstaunlich ist, wie die Wortführer des türkischen Opferkults mit ihrem Versuch durchkommen, sich die jüdische Opfergeschichte anzueignen. Man sollte meinen, dass diese Form der diskurspolitischen Erbschleicherei wenigstens ein paar kritische Stimmen auf den Plan ruft. Doch komisch, hier scheint die sonst so wachsame Debattenpolizei immer gerade in die entgegengesetzte Richtung zu sehen: kein Strafzettel der Meinungsoffiziere, nicht einmal eine Verwarnung. Wenn es mal jemanden erwischt, wie im vergangenen Jahr Faruk Sen, den Leiter des Essener Instituts für Türkeistudien, dann eher aus Versehen. Sen hatte in einem Kommentar für eine in Istanbul erscheinende Wochenzeitschrift die Türken wieder einmal als «die neuen Juden Europas» bezeichnet, sie würden heute «diskriminiert und ausgeschlossen», so wie die Juden jahrhundertelang diskriminiert und verfolgt worden seien – im Grunde nichts Besonderes unter türkischen Meinungsmachern. Sen verstand deshalb auch die Welt nicht mehr, als in seinem Aufsichtsrat plötzlich ein großes Wehklagen über seinen Judenvergleich einsetzte. Er habe doch für die Türken in der Türkei geschrieben, verteidigte er sich, mit den Deutschen würde er natürlich nie so reden. Dass er dennoch seinen Posten verlor, führte der Institutsleiter folgerichtig auf eine hausinterne Intrige zurück, man habe ihn aus anderen Gründen weghaben wollen. Sen wird wissen, wovon er redet. Er hat schließlich jahrelang vor seinem türkischen Publikum den Opferdiskurs geführt, ohne dass je einer seiner deutschen Freunde, darunter viele führende Sozialdemokraten aus Nordrhein-Westfalen, daran Anstoß nahm.

Mit Sicherheit wäre die Mehrheit der Bürger geneigter, den gegen sie gerichteten Klagen mehr Beachtung zu schenken, wenn die Faktenlage besser wäre, wenn ersichtlicher würde, wo die Zugereisten denn nun so schrecklich missachtet und ausgegrenzt werden, dass sich der Vergleich mit den Nürnberger Rassegesetzen und der Endlösung aufdrängt.

Es ist auf den ersten Blick nicht ganz einfach zu erkennen, was man den Deutschen eigentlich vorwirft.

Auf den zweiten allerdings auch nicht.

Tatsächlich haben sich die Bundesbürger über all die Jahre ziemlich vorbildlich verhalten. Nach den USA hat kein anderes westliches Land, gemessen an seiner Population, so viele arme, halbalphabetisierte Menschen mit unzulänglichen Berufskenntnissen ins Land gelassen wie die Bundesrepublik. Nirgendwo haben die Behörden so großzügig darüber hinweggesehen, ob einer etwas kann, damit er nicht der Allgemeinheit zur Last fällt, oder ob es wenigstens Anlass zur Vermutung gibt, dass er später auf eigenen Beinen steht.

Wer in den Besitz einer Aufenthaltserlaubnis gelangt, und das sind laut Ausländerzentralregister insgesamt 6,7 Millionen Menschen, hat Anspruch auf eine Reihe von Sozialleistungen, selbst wenn er nie hier gearbeitet hat. Er bekommt auf Antrag Sozialhilfe oder, wenn er erwerbsfähig ist, Arbeitslosengeld nach Hartz IV. Er kann Wohngeld beanspruchen, Kindergeld und Eingliederungshilfen, im Krankheits- oder Pflegefall hat er freien Zugang zu allen medizinischen Einrichtungen, und das nicht nur für sich, sondern selbstverständlich auch für seine Familie. Nicht einmal der Mehrfachehe, in Deutschland grundsätzlich verboten, mochte sich der Gesetzgeber in den Weg stellen: «Polygame Ehen sind anzuerkennen, wenn sie dem Heimatrecht der in Betracht kommenden Person entsprechen», teilte das Bundessozialministerium 2004 deutschen Krankenkassen mit, womit auch die beitragsfreie Mitversicherung der Zweitfrau gesichert war, bis die Regelung auf Protest hin wieder geändert wurde.

Schon der Status «geduldet» ist mit Rechten verbunden, die andernorts erst die Staatsbürgerschaft mit sich bringt oder eine lange Arbeitshistorie. In den Vereinigten Staaten sind Einwanderer die ersten fünf Jahre von den Leistungen der Sozialhilfe ausgeschlossen. Danach hängt es von den jeweiligen Bundesstaaten ab, ob sie Hilfe bekommen. Auch das liberale Kanada setzt vor den Zugang zum Wohlfahrtsstaat hohe Hürden: Wer als Zugewanderter nicht für sich selbst aufkommen kann, sollte das Land möglichst schnell wieder verlassen.

Keine Frage, Deutschland hat von dem Zuzug ebenfalls erheblich profitiert. Die fortgesetzte Einwanderung hat den Menschen Anpassungsleistungen abverlangt, die sie weltläufiger gemacht haben und duldsamer gegenüber anderen Lebensweisen. Die Nachbarschaft mit den Fremden hat die Toleranzgrenzen erhöht, Vorbehalte abgebaut und das Land, so gesehen, frühzeitig auf die Globalisierung vorbereitet.

Die Lasten des Anpassungsprozesses allerdings waren ungleich verteilt. Lange Zeit konnte nicht einmal über sie geredet werden, was der Stimmung bei der einheimischen Bevölkerung nicht immer zuträglich war: Schon der Verweis auf Schwierigkeiten im Zusammenleben brachte den Vorwurf ein, ein Ausländerfeind zu sein. Nicht der Verzicht auf die Rücksichtnahme gegenüber Einstellungen, Interessen und kollektiven Gefühlen der Mehrheit galt länger als begründungsbedürftig, sondern das Beharren darauf.

Für die Verfechter der Zuzugsgesellschaft traf es sich dabei ganz gut, dass sie ihre Toleranzbereitschaft nicht wirklich unter Beweis stellen mussten. In den durchgrünten Innenstadtlagen mit saniertem Altbaubestand, in denen sich die BAT-Boheme eingerichtet hat, stellt sich das Problem mit fremdländischen Nachbarn nicht so. Die Ausländer, die man hier im Hausflur trifft, gehören in der Regel zu der kosmopolitischen Multikultielite, wie sie von den Benetton-Plakaten lächelt. Der Analphabet aus Anatolien kommt eher selten vor. Und dort, wo die Zuzügler aus den kargen Bergregionen der Osttürkei doch einmal in Sichtweite rückten, in Vierteln wie Berlin-Kreuzberg oder Hamburg-Altona, verabschiedete man sich still und leise und zog ein paar Kilometer weiter, dorthin, wo man sicher sein konnte, dass der einzige Türke, dem man tagsüber begegnete, der Gemüsehändler war.

Welche hektischen Ausweichmanöver politisch übergreifend unternommen werden, wenn dem eigenen Kind der unmittelbare Kontakt mit nichtautochthonen Bevölkerungsteilen droht, lässt sich in deutschen Großstädten jeweils zu Beginn eines Schuljahres beobachten. Da der Einzugsbereich der Schule über die einzelnen hochsegregierten Wohnviertel hinausreicht, ist sie der einzige Ort, an dem sich noch jene sozial differenzierten Lebenswelten herausbilden können, von denen in linken Stadtteilinitiativen gern schwärmerisch gesprochen wird. Hier sitzt die kleine Sarah plötzlich neben der braven Aische, der blonde Max neben dem kecken Burat – jedenfalls in der Theorie. In der Praxis haben die Eltern von Max und Sarah meist längst dafür gesorgt, dass die Banknachbarn mit hoher Wahrscheinlichkeit Leon und Luisa heißen, da gibt es auch beim aufgeklärten Grünen-Wähler kein Vertun.

Im Notfall meldet sich eben ein Elternteil bei Freunden im Umfeld einer begehrten Grundschule an, um dem Kind dort einen Platz zu sichern. So setzt auf den Bezirksämtern vor dem nächsten Einschultermin ein erstaunlicher Bevölkerungswechsel ein, von dem man auf eine epidemische Zerrüttung von Lebensverhältnissen schließen müsste, wüsste man nicht um den tieferen Grund. Will man den Eltern wegen ihres kleinen Betrugsmanövers einen Vorwurf machen? Natürlich nicht, niemand sollte seine Kinder für seine politischen Überzeugungen bezahlen lassen müssen. Aber es ist immer wieder verblüffend, wenn dieselben Leute, die eben noch den eigenen Nachwuchs vor einer als bedrohlich empfundenen sozialen Naherfahrung in Sicherheit gebracht haben, anschließend eben diese für die Gesellschaft im Ganzen als notwendig und heilsam propagieren.

Ich sprach neulich am Telefon mit einem von mir geschätzten Kollegen über das Problem, dass Ausländer auf vielen Schulen heute praktisch unter sich sind, weil die Deutschen Reißaus nehmen, wenn die Zahl eine bestimmte Größenordnung übersteigt. Die einzige Lösung sei «bussing», sagte er. Als ich nicht gleich verstand, was er meinte, erwiderte er, man müsse es wie die Amerikaner in den Südstaaten machen, wo die Kinder zum Zwecke der Rassenintegration mit dem Bus von einem Bezirk in den anderen befördert wurden.

Ich dachte erst, er mache einen Witz. Wie er sich das denn genau denke, fragte ich aus Neugier. Kein Problem, sagte er, jeden Morgen werden die Kinder aus den Villenvororten in die Ausländerviertel gefahren und umgekehrt, nach einem genau festgelegten Schlüssel, keine Ausnahmen, keine Bevorzugungen. Das gibt aber eine Menge Ärger, sagte ich. Mir fielen die Bilder ein mit den Bussen in Alabama und Mississippi, auf denen mehr Soldaten der Nationalgarde zu sehen waren als Kinder, aber das schien ihn kaltzulassen. Ich wünschte ihm viel Glück mit seiner Idee.

Seit die Integrationskosten für alle sichtbar steigen, müssen sich die Verfechter eines modernen, multiethnischen Deutschlands des Vorwurfs erwehren, sie hätten zu viele Ausländer ins Land gebeten. Tatsächlich hat sich gerade auf der Linken die Idee festgesetzt, man müsse das Deutsche durch Zuzug von außen gewissermaßen verdünnen, so wie man eine toxische Substanz durch Verwässerung unschädlich macht. Einwanderungspolitik war für diesen Teil der Öffentlichkeit immer auch aktive Vergangenheitsbewältigung: In einer Art fortdauerndem Exorzismus sollten die Ausländer helfen, den deutschen Dämon in Schach zu halten. «Lasst uns mit den Deutschen nicht allein», lautete ein in dieser Szene beliebter Slogan. In solchen Sätzen äußerte sich allerdings nicht Weltläufigkeit, wie die Urheber fälschlicherweise dachten, sondern nur eine Art negativer Nationalismus, der nicht gerade dazu angetan war, das Zutrauen zu Augenmaß und Urteilsfähigkeit der Multikulturalisten zu erhöhen.

Dabei ist die Zahl der Zuwanderer gar nicht das Problem. Die Deutschen sind im Grunde ganz gut darin, andere Kulturen aufzunehmen. Wie sich zeigt, haben sie darin inzwischen einige Übung. Nach dem Krieg mussten zunächst zwölf Millionen Flüchtlinge aus dem Osten untergebracht werden, Kaschuben, Memelländer, Wolhyniendeutsche, Oberschlesier, Banater Schwaben, Siebenbürger Sachsen – eine enorme Integrationsaufgabe angesichts der desolaten politischen und wirtschaftlichen Lage des Landes. Zehn Jahre später kamen die ersten Gastarbeiter, Italiener, Spanier und Griechen zunächst, wenig später Türken, Portugiesen und Jugoslawen. Es folgten die Flüchtlinge aus den osteuropäischen Nachbarstaaten, die dem kommunistischen Würgegriff zu entkommen trachteten, dann die Russlanddeutschen, rund drei Millionen insgesamt, aus so fernen Gegenden wie Kasachstan, der Ukraine und Sibirien, viele davon deutsch nur noch der Abstammung nach. Zwischendurch mussten noch 2,5 Millionen Asylbewerber aufgenommen werden, vorzugsweise aus Afrika und dem Nahen Osten, schließlich die Bürgerkriegsflüchtlinge vom Balkan, 350 000 Serben, Kroaten, Mazedonier und Albaner.

Die Vorstellung, dass ein Land liebenswerter ist, wenn man möglichst unter sich bleibt, ist eine merkwürdig klaustrophobische Idee. Mir hat sie jedenfalls nie richtig eingeleuchtet. Mit einem Volk verhält es sich manchmal wie mit einer Familie, da ist man auch froh, wenn man ab und zu andere Gesichter sieht. Schon aus diesem Grund ist gegen Zuzug von außen nichts einzuwenden, im Gegenteil. Er belebt eine Gesellschaft und ist ein exzellentes Tonikum gegen die Kreislaufschwäche der Sitzenbleiberwelt.

Die Probleme beginnen dort, wo man sich scheut, den Neuankömmlingen zu sagen, was man von ihnen erwartet, was geht und was nicht. Das ist das eigentliche Versäumnis der Multikultifreunde: Sie haben sich nie wirklich darum gekümmert, dass sich die Fremden in der neuen Heimat zurechtfanden – aus Bequemlichkeit, aber auch aus Feigheit, als Spießer zu gelten, wenn sie gleich am Anfang ein paar grundsätzliche Dinge klarstellten.

Bei jedem Auslandsurlaub ist der gute Deutsche inzwischen darauf bedacht, nicht anzuecken. Er bindet sich brav ein Kopftuch um, wenn es die lokale Sitte verlangt. Er verhüllt seine Blöße am Strand und steht staunend vor den Überbleibseln jeder untergegangenen Kleinkultur. Er eignet sich sogar ein paar Sätze der Landessprache an, um beim Einkauf seine Achtung vor der Gastnation bekunden zu können. Selbst im Neckermann-Katalog findet sich heute ein Leitfaden zu den Gepflogenheiten des Gastlandes samt Bitte, diese zu respektieren. Doch eigenartig, wenn es umgekehrt darum geht, den Fremden in Deutschland zu sagen, wie die Dinge hier laufen, gilt das plötzlich als kleinkariert oder, schlimmer noch, als chauvinistisch.

Erinnert sich noch jemand an die Aufregung, als Friedrich Merz, damals Vorsitzender der CDU-Bundestagsfraktion, vor neun Jahren von einer deutschen Leitkultur sprach? Sofort waren alle hinter ihm her, so als habe der brave Unionsmann zur Zwangschristianisierung der Einwanderer aufgerufen. Dabei hatte er nur an eine Selbstverständlichkeit erinnert, nämlich dass jede Gesellschaft eine dominante Mehrheitskultur hervorbringt, ohne die sie schlechterdings nicht existieren kann. Es liegt nahe, dass diese Mehrheitskultur vor allem von denen geprägt ist, die schon da sind, und erst allmählich und in weit geringerem Maße von denjenigen, die neu hinzukommen. Der vor drei Jahren verstorbene Soziologe Karl Otto Hondrich nannte dies ein «soziomoralisches Grundgesetz»: Wird es missachtet, kommt es zu Verwerfungen und Abstoßungsreaktionen, weil sich die Mehrheitsgesellschaft in einem fundamentalen Recht verletzt sieht.

Es geht nicht ohne allgemeinverbindliche Regeln, und man kann sie nicht ständig neu aushandeln. Funktionierende Gemeinschaften setzen einen erlernten Bestand praktischer Tugenden voraus, die über die im Gesetzbuch kodifizierten und strafbewehrten Normen hinausgehen. Wenn sie sich nicht mehr von selber verstehen, muss man sich darüber verständigen, welche Verhaltensweisen unabdingbar sind für ein gedeihliches Zusammenleben, und überdies sicherstellen, dass diese Vorrang genießen. Je mehr Menschen aus unterschiedlichen Kulturkreisen zusammenleben, desto geringer ist der Vorrat an Selbstverständlichem. Mit der Zahl der Einwanderer steigt also die Notwendigkeit, die als wünschenswert erachteten Umgangsformen explizit zu machen.

Andere Länder mit einer reichen Einwanderungshistorie haben daraus die Lehre gezogen, die Ausländer in ihrer Mitte von Anfang an möglichst unmissverständlich über die wichtigsten Verhaltensregeln aufzuklären. New York zum Beispiel, die vielgerühmte Hauptstadt des Multikulturalismus, steht voller Gebots- und Verbotsschilder, die dem Ortsfremden die Orientierung erleichtern sollen. Am Anfang fand ich das etwas verwirrend, als ich dort für ein paar Jahre mit meiner Familie hinzog: Man kann nicht einmal eine Rutsche benutzen, ohne dass einen Warnhinweise über den richtigen Gebrauch belehren. Dann hatte ich ein längeres Gespräch mit einem Soziologen an der New York University, der mir sagte, dass dies nun mal der Preis sei, wenn 150 verschiedene Nationalitäten friedlich in einer Stadt zusammenleben sollen. Man könne nicht jedes Mal darüber diskutieren, ob man hier parken dürfe und ob Hunde auf Spielplätze gehörten oder was der richtige Entsorgungsort für ein Kaugummi sei. Es passte nicht mit meinem Bild der New Yorker zusammen, die ich mir immer irgendwie lässiger vorgestellt hatte, aber es funktioniert, wie ich feststellen musste. Der berühmteste Mann New Yorks ist, nach dem ehemaligen Bürgermeister Rudy Giuliani, ein Polizist names William Bratton, der die Stadt mit einer Politik der «zero tolerance», die jede Ordnungswidrigkeit nach Möglichkeit ahndete, von einem stinkenden Moloch zu einer der sichersten Metropolen der Welt gemacht hat. «Null Toleranz» – das sollte sich mal ein deutscher Polizeichef einfallen lassen.

Die Deutschen sind die eigentlichen Amerikaner. Sie haben den Ruf weg, furchtbare Kleingeister zu sein, die mit ihren ständigen Vorhaltungen und Ermahnungen ihrer Umwelt wahnsinnig auf den Wecker gehen. Jemand muss nur das Wort «Kehrwoche» fallenlassen, und alle wackeln bestürzt mit dem Kopf. In Wirklichkeit sind die Deutschen mehrheitlich ein freundlicher und auch erstaunlich gutmütiger Menschenschlag. Sie gehen wie selbstverständlich davon aus, dass die Fremden, die zu ihnen gekommen sind, sich schon irgendwie einfinden wollen. Weil man ihnen eingebläut hat, dass sich hinter jedem Ordnungsruf der autoritäre Charakter verbirgt, verkneifen sie sich auch dann noch Zurechtweisungen, wenn sie das Gefühl haben, ein deutliches Wort wäre eigentlich angebracht.

Nehmen wir die Bundeskanzlerin, eine patente, lebenskluge Frau, die nicht zu übermäßiger Nachsicht neigt. Die Bundeskanzlerin braucht nur drei Worte, um zu beschreiben, wie das Land mit den ausländischen Mitbürgern im Allgemeinen und den muslimischen im Besonderen umgehen sollte: «Liebe, Liebe, Liebe.» So hat sie es vor längerem in einem kleinen Kreis gesagt, der sich nach dem Stand der Integration erkundigte. Ein Stockwerk entfernt von der Kanzlerin sitzt Maria Böhmer. Auch Frau Böhmer, die als Staatsministerin über den nationalen Integrationsprozess wacht, setzt ganz auf Verständnis und freundliches Entgegenkommen. Am liebsten würde sie über dem Kanzleramt ein Banner mit den Worten «Herzlich willkommen» flattern lassen.

Deutschland unterzieht sich einem spannenden Großversuch. Ein beträchtlicher Teil der muslimischen Jugend in seinen Städten begegnet der Aufnahmegesellschaft mit offener Feindseligkeit, einigen gilt mittlerweile schon die pure Existenz der westlichen Kultur als Beleidigung. Sie hassen die Freizügigkeit der Sitten, das selbstbewusste Auftreten der Frauen, die Toleranz gegenüber Homosexuellen. Weil die verantwortlichen Politiker unsicher sind, was sie den Eingewanderten, die in fünf Bundesländern schon ein Viertel der Bevölkerung ausmachen, an Ermahnungen und Verhaltensänderungen zumuten können, verlegen sie sich auf begütigende Gesten. Man zeigt Verständnis für die schwierige Situation der muslimischen Minderheit und hofft, dass die entgegenkommende Haltung durch Rücksichtnahme auf die Regeln der Mehrheit belohnt wird.

Doch die Feinfühligkeit des Staates und seiner Repräsentanten zeigt nicht die gewünschte Wirkung, wenigstens bisher, nach immerhin vier Jahrzehnten Integrationserfahrung. Es hat sogar den Anschein, dass sie die Dinge eher verschlimmert. In den Polizeiberichten deutscher Großstädte wie Berlin, München und Frankfurt taucht seit geraumer Zeit ein besonderer Typus von Gewalttat auf, der sich der statistischen Zuordnung entzieht, weil er in keine der herkömmlichen Kategorien mehr passt. Die Täter sind junge Männer türkischer oder arabischer Herkunft, die Tatorte die zufälligen Begegnungsstätten des öffentlichen Nahverkehrs, ein Bus, ein U-Bahn-Waggon oder eine Haltestelle, die unversehens zum Schauplatz individueller Terrorakte werden. Dass sich die Gewalt in den sozialen Transiträumen des täglichen Lebens abspielt, die sich temporär öffnen, aber eben auch schließen, liegt in der Logik dieser Taten: Die Übergriffe zielen nicht auf die Geldbörse oder Handtasche des Opfers, also auf den flüchtigen Zugriff, sondern auf etwas weitaus Wertvolleres: sein Selbstwertgefühl. Sie sollen nicht ärmer machen, sondern erniedrigen, dazu braucht es etwas Zeit.

Der Anlass ist meist nichtig, ein Blick, ein falsches Wort. Manchmal ist nicht einmal das vonnöten, um die Aufmerksamkeit der Täter zu erregen. Da es aufgrund der Örtlichkeit ausreichend Bildmaterial gibt, hat man ein präzises Bild des Tatablaufs. Die Gewalt selbst ist zügellos, sie kennt keine Eskalationsstufen mehr, sondern schnellt sofort ans Limit körperlicher Schlag- und Duldungsfähigkeit. Wer bei einer solchen, mit aller Kraft ausgeführten Attacke sein Leben behält, hat Glück gehabt. Neben der Reizbarkeit der Täter und der Brutalität der Tatausübung fällt die Nonchalance des Terrors ins Auge, die Beiläufigkeit, mit der die jugendlichen Kriminellen erst ihr Opfer malträtieren und sich dann wieder ihren üblichen Geschäften zuwenden.

Die Taten geschehen grundlos, aber nicht willkürlich. Es gibt eine Voraussetzung, die man erfüllen muss, um Opfer zu werden: Man muss Deutscher sein. «Du Deutscher» oder «Scheiß-Deutsche überall» sind die verbalen Signaturen dieser Gewaltausbrüche – die Täter lassen uns über ihr Feindbild nicht im Unklaren. Alter, Aussehen, Hautfarbe oder andere Kriterien, an denen sich normalerweise Aggression festmacht, spielen keine Rolle mehr, allein die nationale Zugehörigkeit entscheidet darüber, ob einen die kleine radikalisierte Minderheit muslimischer Jugendlicher als Feind betrachtet oder nicht. Dafür gibt es im deutschen Strafrecht nicht einmal einen Begriff. Wie soll man die Taten juristisch einordnen, um sie angemessen bewerten und beschreiben zu können – als Volksverhetzung? Bislang dachte man immer, dass die Minderheit geschützt werden müsste vor den Übergriffen der Mehrheit. «Uns war historisch unbekannt, dass eine Mehrheit zum rassistischen Hassobjekt einer Minderheit werden kann», hat Frank Schirrmacher, der als Erster auf das neuartige Phänomen der Inländerfeindlichkeit aufmerksam machte, in der FAZ festgestellt, um dann eindringlich fortzufahren: «Dort, wo wir es bemerken, sind nicht ‹Auswüchse› zu beobachten, sondern hat der Übergang stattgefunden – jedenfalls spricht unendlich viel mehr für die Vermutung, es handele sich um eine Entwicklung, um Tendenzen, die auf Dauer angelegt sind, wenn nichts geschieht.»

Das war so nicht vorgesehen. Niemand hat für möglich gehalten, dass eine Antwort auf Großzügigkeit Hass sein könnte. Dadurch ist es jetzt so schwer, sich umzustellen. Die Deutschen sind geübt in «appeasement», sie sind regelrechte Beschwichtigungs-Weltmeister. Es ist ja auch ein sympathischer Zug, wenn man zurückhaltend auftritt, und weil die Bundesbürger damit im außenpolitischen Verkehr alles in allem gute Erfahrungen gemacht haben, wofür die längste Friedensphase in der deutschen Geschichte als Beweis gilt, haben sie das Prinzip kurzerhand auf den Umgang mit Fremden im Inland übertragen. Der deutsche Sozialstaat ignoriert nicht nur, ob einer hier geboren ist oder nicht, womit er sich über Hondrichs «soziomoralisches Grundgesetz» souverän hinwegsetzt – er verzichtet auch darauf, den Bezug seiner Wohltaten an Bedingungen zu knüpfen, die als bevormundend oder verdächtigend empfunden werden könnten. Das ist nichts anderes als «appeasement» nach innen.

Es gibt dabei durchaus hochherzige Motive, neben dem schlichten Vertrauen auf die pazifizierende Wirkung finanzieller Zuwendung. Mit der materiellen Gleichbehandlung von Deutschen und Nichtdeutschen war auch die Erwartung verbunden, dass die Zuwanderer leichter in die neue Gesellschaft hineinfinden. Sie sollten sich nicht als Bürger zweiter Klasse vorkommen, jedenfalls nicht dort, wo der Staat das Sagen hat. Aber so funktioniert es nicht. In ihrer wahllosen, bewusst von jeder Unterscheidung absehenden Vergabepraxis haben gerade die sozialstaatlichen Beschwichtigungsangebote eine Dynamik in Gang gebracht, die inzwischen beträchtliche Teile der zweiten und dritten Generation in die Asozialität treibt. Die Jugendlichen folgen dabei einer ökonomischen Logik: Wo der Bildungsstand keine anspruchsvolle Beschäftigung erlaubt, ist es finanziell unerheblich geworden, ob man sein Monatseinkommen aus Arbeit oder staatlichen Alimentationskassen bezieht. «Ich mach Hartz IV» ist in der Unterschicht als Berufsziel gleichberechtigt neben andere Zukunftswünsche getreten.

Nicht einmal Dankbarkeit kann der Staat von den Subjekten seiner herkunftsblinden Fürsorge erwarten – oder wenigstens das resignative Wohlverhalten, wie es die einheimischen Bezieher wohlfahrtsstaatlicher Leistungen an den Tag legen und die Sozialverwaltungen als Reaktion voraussetzen. Der deutsche Sozialhilfeempfänger begehrt höchstens auf, wenn man ihm an seine Bezüge geht oder ihn im Gegenzug zu gemeinnützigen Arbeiten heranziehen will. Dann klagt er über schikanöses Amtsverhalten und schwenkt auf einer Montagsdemonstration auch mal ein Protestplakat.

Viele Migranten sind da aus anderem Holz geschnitzt. Sie verachten die deutsche Gesellschaft dafür, dass sie ihnen zusteckt, was ihnen nicht zusteht, sie halten sie für weich und feige. In der Welt, aus der sie kommen, gilt «appeasement» als Unterwerfungsgeste, die gleichbleibende Freundlichkeit des Sozialstaats verstehen sie deshalb als Zeichen von Schwäche, nicht als Ausdruck besonderer Souveränität. Dass die Politik mit Verständnis reagiert, wo sie Zurechtweisung erwarten würden, spornt sie nur an, deren Langmut mit immer neuen Herausforderungen auf die Probe zu stellen. So entfremdet sich der Staat seine muslimische Jugend ausgerechnet mit der Fürsorgebereitschaft, die ihm ihr Wohlwollen sichern soll.

Es kann kein vernünftiger Zweifel mehr bestehen, dass die Integration in Deutschland bei einem Großteil der Ausländer gescheitert ist. Jetzt hängt alles davon ab, wie schnell wir in der Lage sind, die Fakten anzuerkennen. Was die mentale und kulturelle Sezession ganzer Bevölkerungsteile angeht, haben wir es nicht mehr mit Tendenzen zu tun, sondern einem Prozess, dessen Auswirkungen sich in jeder greifbaren Sozialstatistik ablesen lassen. Wer als Zuwanderer in Deutschland lebt, schafft nur noch in Ausnahmefällen den Anschluss an die Mehrheitsgesellschaft: Das ist der Befund, der niemanden mehr ruhig schlafen lassen sollte, der sich um den Zusammenhalt der Gesellschaft sorgt, denn es gibt keinen Anlass zur Vermutung, dass sich daran bald etwas ändern könnte. Bislang ging man davon aus, dass der Abstand zwischen Einheimischen und Zugewanderten von Generation zu Generation kleiner wird – in Deutschland wächst er. Ausländer sprechen heute schlechter Deutsch als noch vor zehn Jahren, sie sind häufiger und länger arbeitslos und leben in größerem Maße von Sozialleistungen des Staates. Das ist neu und in seiner gesellschaftlichen Tragweite von der Mehrheit der Bürger noch nicht annähernd erfasst.

Nirgendwo zeigt sich das Gefälle deutlicher als bei der Bildung. 40,5 Prozent der in Deutschland lebenden Ausländer schaffen nur einen Hauptschulabschluss, 17 Prozent noch nicht einmal das. Gerade 10 Prozent schließen die Schule mit Abitur ab, bei Deutschen sind es 26 Prozent. Drei Prozent der in Deutschland lebenden Ausländer besuchen eine Uni.

Die deutsche Sprache bleibt immer mehr Ausländern ihr Leben lang fremd. Sprachtests fallen so verheerend aus, dass die meisten Kinder bei der Einschulung im Grunde abgewiesen werden müssten. 60 Prozent der Ausländer an Berliner Schulen müssen gefördert werden, ein erheblicher Teil der Erstklässler kann bei Schulbeginn noch nicht einmal einfache deutsche Sätze. Trotz Förderunterricht sind die Deutschkenntnisse am Ende der Pflichtschulzeit bei den meisten Jugendlichen so mangelhaft, dass sie auf dem Arbeitsmarkt kaum zu vermitteln sind.

Eigentlich hätten sie besser werden müssen, um im Wettbewerb um Ausbildungsplätze bestehen zu können. In der Altersgruppe der Fünfundzwanzig- bis Fünfunddreißigjäh-

DIE LINKE UND DIE FREMDEN

rigen haben 40 Prozent der Ausländer keinen formalen Berufsabschluss, bei Türken liegt der Anteil sogar bei 73 Prozent, so steht es im jüngsten «Nationalen Integrationsplan» der Bundesregierung. Auch deshalb ist das Risiko, arbeitslos zu werden, bei Ausländern im Vergleich mit ihren deutschen Altersgenossen heute doppelt so hoch.

Mangelnde Bildung ist zweifellos der wichtigste Grund für die Beschäftigungsmisere unter Nicht-Deutschen. Von den ausländischen Arbeitslosen hatten zu Beginn des Jahres 78 Prozent keine formale Berufsausbildung, bei den Deutschen waren es in dieser Gruppe nur 37,5 Prozent. Die Berufe, für die viele Ausländer nur noch in Frage kommen, haben gerade in Deutschland wenig Zukunftsperspektiven. Vier Fünftel der ausländischen Jugendlichen eignen sich allenfalls für einfache Tätigkeiten, nur elf Prozent haben das Zeug zum Facharbeiter, lediglich acht Prozent können sich für eine gehobene Angestelltenposition bewerben.

Mit jeder Generation hat sich die Arbeitsmarktlage von Ausländern in Deutschland verschlechtert. Ende der siebziger Jahre war die Arbeitslosigkeit bei Deutschen und Ausländern etwa gleich hoch. Zwischen 1980 und 1983 jedoch verdoppelte sich deren Arbeitslosenquote plötzlich und überstieg 1997 erstmals die 20-Prozent-Marke. Gemessen an der Gesamtbevölkerung ist sie bei Migranten heute mehr als doppelt so hoch.

Besonders schlimm sieht es bei vielen jungen Türken aus. Sie sind gelangweilt, genervt, aggressiv, sie bilden die Eckensteher-Milieus der deutschen Innenstädte. In Ermangelung anderer Aufgaben beschäftigen sie sich mitunter sogar nahezu obsessiv mit dem Privatleben ihrer weiblichen Familienangehörigen und verstricken sich in ein stammesgesellschaftliches Wahnsystem, das um Begriffe wie «Ehre» und «Respekt» kreist. Gewalt gehört zum Alltag dieser Gruppen. Bei einer Umfrage des Kriminologischen Forschungsinstituts Niedersachsen unter fünfzehnjährigen Türken in 2007 und 2008 gaben 20,3 Prozent an, in den zurückliegenden zwölf Monaten mindestens einmal gewalttätig gewesen zu sein; aufgeführt wurden Delikte wie Raub, Erpressung, sexuelle Gewalt, Körperverletzung mit und ohne Waffe; 8,3 Prozent der Jugendlichen waren bereits Mehrfachtäter mit mehr als vier Taten.

Viele Türken leben inzwischen in einer weitgehend abgeschlossenen Welt mit eigenen Bräuchen und Sitten. Das Wort Parallelgesellschaft ist irreführend, weil es zwei etwa gleichwertige, nebeneinander bestehende kulturelle Sphären voraussetzt. Doch für immer mehr Zugereiste ist das Leben in Deutschland jenseits der Deutschen das einzige, das sie kennen. Sie sind unter sich, und sie wollen auch, dass es so bleibt. 44 Prozent aller türkischen Eltern hätten etwas dagegen, wenn ihre Kinder einen Deutschen heiraten – bei hier lebenden Italienern oder Griechen hätte nur eine Minderheit mit einer solchen Heirat Probleme. 70 Prozent aller in Deutschland lebenden türkischen Männer suchen sich im Heimatland eine Frau. Sie verweigern sich häufig den Anforderungen einer modernen Arbeitsgesellschaft und verzögern bewusst die Einschulung ihrer Kinder. Sie nehmen sie frühzeitig aus der Schule oder lassen sie längere Zeit fehlen.

Es liegt nahe, dass die Folgen solcher Abgrenzungsbewegungen nicht aufs Kulturelle beschränkt bleiben, sondern sich bald schon im Leistungsgefüge einer Gesellschaft zeigen. Das Münchner ifo Institut für Wirtschaftsforschung hat vor acht Jahren so etwas wie eine ökonomische Bilanz der deutschen Ausländerpolitik seit 1955 versucht. Die Forscher haben dazu alle Steuern und Sozialabgaben hochgerechnet, die von Zuwanderern über die Jahre erbracht wurden. Dagegen haben sie alle Transferleistungen des Staates gesetzt, die an Ausländer gegangen sind, außerdem sogenannte Gemeingüter wie Ausbildungs- und Erziehungskosten. Der Saldo bei der Zuwanderung ist danach für Deutschland schon seit längerem negativ.

Es gibt auch andere Rechnungen. Das Rheinisch-Westfälische Institut für Wirtschaftsforschung kommt in einer 2004 vorgelegten Untersuchung zu dem Schluss, dass die Einzahlungen der Zuwanderer in die Staatskasse die Transferleistungen leicht übersteigen. Aber alle Wissenschaftler sind davon überzeugt, dass die mangelnde Integration von Ausländern die Deutschen teuer zu stehen kommt, wenn nicht jetzt, dann in naher Zukunft. Zur finanziellen Belastung wird vor allem die dritte Generation der Einwanderer, weil diese wie Einheimische von ihrer Geburt an staatliche Leistungen in Anspruch nehmen, dann aber weit hinter der Leistungsfähigkeit ihrer deutschen Altersgenossen zurückbleiben.

Die OECD nennt die geringe Integrationsbereitschaft der in Deutschland lebenden Ausländer «besorgniserregend». Man kann es auch deutlicher sagen: Ob und wie sich dieser Zustand ändern lässt, entscheidet über das Schicksal der Nation. Der Werber Sebastian Turner, ein nachdenklicher Mensch, der nicht zu Übertreibungen neigt, wie ich aus vielen Gesprächen weiß, hat das neulich so ausgedrückt: Die gesellschaftlich wichtigste Frage sei: Wie wird ein Deutsch-Anatole eher Arzt als asozial? Wenn das nicht öfter gelänge, fügte er hinzu, bräuchten wir Themen wie Gesundheit und Energie gar nicht mehr anzuschauen.

Auf die Zukunft gesehen, geht es nicht mehr um die Integration einer Minderheit, sondern um die drohende Desintegration der Mehrheit. Im Jahre 2050 werden in Deutschland nach Auskunft des Bevölkerungswissenschaftlers Herwig Birg 49 Millionen Deutsche und 19 Millionen Zuwanderer leben. In vielen westdeutschen Großstädten wird der Anteil der Zugewanderten bei den unter Vierzigjährigen schon in wenigen Jahren bei 50 Prozent liegen. Das sind Größenverhältnisse, die jedes Sozialsystem aus den Angeln heben, wenn die Quote der Ungelernten und schlecht Ausgebildeten unter den Ausländern auf dem jetzigen Niveau verharrt oder gar noch steigen sollte. Die Sesshaftwerdung in der Opferrolle, wie sie gerade die muslimischen Einwanderer zu häufig betreiben, hemmt nicht mehr nur das persönliche Fortkommen, sie bedroht inzwischen die Entfaltung der ganzen Gesellschaft.

Es ist keine Frage der Prognosefähigkeit, wann der Umschlagpunkt des Bevölkerungsaufbaus erreicht ist, es ist nur noch eine Frage der Demographie und damit der Rechenkunst. Die einzige Variable in diesem Szenario ist die Bildungsanstrengung der Einwandererfamilien: Je mehr zur Mehrheitsgesellschaft aufschließen, desto stabiler bleibt das Gesamtsystem. Bei den fünfzehnjährigen Migrantenkindern, die zum Sommer die Hauptschule verlassen, ist es schon zu spät, der Arbeitsmarkt wird für die meisten keinen Ausbildungsplatz bereithalten, der verlockender ist als der Hartz-IV-Bezug ohne Arbeit. Es geht jetzt um die Generation im Kindergartenalter. Die Frage ist, ob es gelingt, noch rechtzeitig zu ihnen vorzudringen, um sie mit dem Rüstzeug für ein selbstbestimmtes, produktives Leben auszustatten.

Die Migrationsforschung hat die Schuldfrage schon vor Jahren entschieden. Nach ihrer Meinung hat die deutsche Aufnahmegesellschaft versagt, die Ausländer nicht genug willkommen heißt und sie so in die Leistungsverweigerung treibt. Das ist der sozialpädagogische Erklärungsansatz, der die Migranten in ihrer Opfersicht bestärkt und damit verfestigt, was man eigentlich zu beseitigen beabsichtigt. «Warum scheitern so viele muslimische Jugendliche in der Schule?», fragt dagegen die Soziologin Nekla Kelek. «Weil sie einem Rollenbild folgen, dass nach innen Gehorsam und Unterwerfung verlangt und nach außen Männlichkeit mit Stärke und Gewalt gleichsetzt.»

Die Deutsch-Türkin Kelek gehört zu der kleinen Gruppe von Wissenschaftlern, die einen Zusammenhang zwischen den Integrationsschwierigkeiten der muslimischen Einwanderer und ihrem Glauben vermuten. Kelek selbst ist das Paradebeispiel einer gelungenen Integration. Sie kam mit zehn Jahren nach Deutschland, machte ihr Abitur, studierte Soziologie und Volkswirtschaft, gegen den Willen des Vaters. Nach der

Wende brachte sie an einer Verwaltungsschule in Greifswald ehemaligen Vopos und Stasibediensteten die Grundlagen des deutschen Staatsrechts bei. Vor vier Jahren veröffentlichte sie ‹Die fremde Braut›, eine aufrüttelnde Schilderung der Zwangslage junger muslimischer Frauen, die über eine arrangierte Ehe nach Deutschland kommen. Dann folgte ‹Die verlorenen Söhne›, eine Analyse zur Lage muslimischer Männer. Bei ihren Landsleuten, aber auch in weiten Teilen der Linken, gilt Kelek seitdem als Verräterin. Nach dem zweiten Buch veröffentlichte die ‹Zeit› einen Aufruf von 60 Migrationsforschern, die ihre Arbeiten als «unseriös» und «unwissenschaftlich» bezeichneten, weil sie eigene, ältere Forschungsergebnisse neu gedeutet habe.

Kelek hat eine ziemlich klare Vorstellung davon, was schiefgelaufen ist, und vieles hat mit der Weigerung der Politiker zu tun, Realitäten anzuerkennen. Die Rechten im Lande hätten Ausländerpolitik immer defensiv betrieben, gegen Ausländer, gegen Integration, sagt sie. «Die Linke hat einfach die Vorzeichen umgedreht. Ausländer waren an sich gut, und wo sie es mal nicht waren, da war sofort die Sozialpädagogik zur Stelle, die nach dem Dreisatz verfuhr: Erklären, verstehen, helfen. Es hat nie jemand die Türken aufgefordert, sich mit der deutschen Kultur zu beschäftigen. Man hat sie einfach sich selbst überlassen. Dabei gäbe es so viel, wofür man sich hier begeistern könnte, die Bildung, die Diskussionskultur, die Deutschen sind ein so wissbegieriges, innovatives Volk. Aber wenn man die Türken fragt, was sie von Deutschland wissen, sind die meisten ahnungslos oder feindselig.»

Es fällt schwer, in der langen Geschichte der Ausländerpolitik viele Beispiele für Dinge zu finden, die richtig gelaufen sind. Dass sich etwas anders entwickelt, als die Experten es vorhergesehen haben, kommt im politischen Alltag öfter vor. Doch nirgendwo haben sich die Akteure konstant so oft geirrt, ohne dass dies zu einer Änderung ihrer Positionen geführt hätte. Schon der Anwerbung der ersten Ausländer lag eine Fehleinschätzung zugrunde, die Annahme nämlich, dass die Menschen, die man ins Land geholt hatte, dieses wieder verließen, wenn ihre Hilfe nicht mehr benötigt würde. In einem Gespräch mit dem italienischen Außenminister Gaetano Martino hatte Bundeskanzler Ludwig Erhard 1955 die Anwerbung von 100000 Italienern vereinbart, Arbeitskräfte für die Industrie, die man in Deutschland dringend brauchte. 1964 wurde der millionste Gastarbeiter begrüßt, zehn Jahre später lebten schon 2,6 Millionen Ausländer in der Bundesrepublik.

Die Praxis stand bald im Widerspruch zu der Absicht, den Zuzug am saisonalen Arbeitskräftebedarf zu orientieren. Sowohl die Arbeitgeber als auch die Gastarbeiter hatten ein Interesse an längerfristigen Verträgen, und so wurde den Anträgen der Unternehmen auf Verlängerung der Arbeitserlaubnisse durchgängig entsprochen. Das Rotationsprinzip, das dafür sorgen sollte, dass niemand zu lange blieb, erwies sich als unpraktisch und wurde schnell aufgegeben. Dass die Sache etwas aus dem Ruder gelaufen war, wurde 1973 klar, als die Wirtschaft in der ersten Ölkrise eine Flaute durchlitt und die Regierung einen generellen Anwerbestopp verhängte. Jeder Gastarbeiter musste sich nun grundsätzlich entscheiden, ob er bleiben oder in die Heimat zurückkehren wollte. Wer blieb, und das waren die meisten, holte nun auch die Familie nach, die bislang noch in der Ferne gelebt hatte.

Alle Versuche der Politik, die Rückkehrbereitschaft zu fördern, indem man Arbeitserlaubnisse wieder stärker befristete, liefen ins Leere. Die Gewerkschaften hatten früh darauf gedrungen, Ausländer zu den Bedingungen des deutschen Tarifrechts zu beschäftigen, um das Lohnniveau nicht zu gefährden – damit hatte der Wohlfahrtsstaat seinen Entscheidungsspielraum entscheidend eingeengt. Diese Rechte ließen sich zu dem Zeitpunkt, als es plötzlich opportun erschien, nicht mehr einfach außer Kraft setzen. Wo die Politik es doch versuchte, stellten die Gerichte klar, dass Gleichheitsgrundsatz und Vertrauensschutz auch bei Ausländern zu beachtende Rechtsprinzipien seien.

Spätestens dies wäre der Zeitpunkt gewesen, die Realität anzuerkennen und sich Gedanken zu machen, wie man eine Gruppe in die Gesellschaft integriert, die bald zehn Prozent der Bevölkerung ausmachte. Doch die Linke pflegte ihren Traum einer harmonischen Gesellschaft, die sich auf dem Wege des Zusammenlebens irgendwie von selber ergibt. Sie nahm den abendlichen Retsina beim Griechen als Beweis für das problemlose Miteinander. Die Rechte blieb einfach weiter bei ihrem Standpunkt, dass die Ausländer Gäste seien und man bei Gästen nicht darüber nachdenken müsse, wie man sie auf Dauer unterbringt. Zusammen schloss man ein stilles Bündnis der Weggucker.

Die Deutschen gingen dazu über, den Islam in Deutschland als eine fremde Kultur zu betrachten, die sie nicht viel angeht. Sie nahmen es hin, dass muslimischen Mädchen jeder Kontakt zu deutschen Jungen verboten wird, dass sie nicht am Sportunterricht teilnehmen dürfen, auch nicht beim Schwimmen, und dass sie bei Klassenfahrten fehlen. Sie haben sich angewöhnt, über die Frauen hinwegzusehen, die selbst bei größter Hitze mit Kopftuch und fußlangem Mantel über die Straße gehen. Von einer «Landnahme auf fremdem Territorium» hat der Schriftsteller Ralph Giordano anlässlich des Streits um den Bau einer Großmoschee in Köln gesprochen. Tatsächlich muss man eher von einem Rückzug reden, einer Landaufgabe, bei der die Mehrheitsgesellschaft vor der Minderheitsgesellschaft zurückwich und ihr die freien Räume überließ.

Nun wird nach Wegen gesucht, wie sich das Versäumte aufholen lässt. Das Zuwanderungsgesetz verlangt jetzt von Heiratswilligen, sich mit der deutschen Sprache vertraut zu machen, bevor sie ihrer Heimat den Rücken kehren. Wer Deutscher werden will, muss seit vergangenem September mindestens 17 von 33 Fragen zu Land und Leuten beantworten können. Die Antworten sind veröffentlicht, der Test ist beliebig wiederholbar, und es sind alle befreit, die eine Krankheit oder eine Behinderung belegen können oder aufgrund ihres Alters beeinträchtigt sind. Trotzdem gab es natürlich wieder viele Bedenken. Der SPD passte die ganze Richtung nicht, deshalb mäkelte sie an den Fragen herum, auch Grüne und Linkspartei waren dagegen. Die Kritiker des Einbürgerungstests sind ihrer sozialpädagogischen Gesinnungswelt so verhaftet, dass sie gar nicht umhinkönnen, jede Anforderung an die Integrationsbereitschaft als einen neuen Versuch zu sehen, Ausländer draußen zu halten. Aber sie setzen sich nicht mehr so leicht durch. Die Bürger haben ein Gefühl dafür entwickelt, dass eine Gesellschaft nicht einfach die Separation ganzer Bevölkerungsteile hinnehmen kann, zumal wenn der Teil der Leute, die sich bewusst abgrenzen, zahlenmäßig so bedeutsam ist, dass schon bald nicht mehr klar sein wird, wer Minderheit und wer Mehrheit ist. Es ist inzwischen zu viel passiert, als dass man jede Diskussion über Integrationsunwilligkeit mit dem Schreckwort Fremdenfeindlichkeit ersticken könnte.

Berlin-Kreuzberg, ein Pavillon in der Curvystraße. Unten sehen zwei Jugendliche fern, im zweiten Stock ist Integrationskurs. Zehn türkische Frauen und zwei Männer sitzen im Halbkreis vor einer Tafel, sie haben ihre Hefte aufgeschlagen, sie halten den Stift bereit, heute wird über Deutschland gesprochen.

«Was fällt euch ein zu Deutschland und den Deutschen?», fragt die Lehrerin.

Pause.

«Stadtpläne sehr gut, Verkehr sehr gut», sagt eine Frau.

«Achtzehnjähriges Kind kann alles machen, was es will. Kann zusammen sein mit andern, egal, ob verheiratet oder nicht.»

«Sie leben meist allein», ergänzt eine Türkin von ihrem Platz am anderen Ende des Raums. «Single.»

Gekicher.

«Ganz Deutschland gleiches Essen, alles Kartoffel.»

«Wir essen abends warm, Deutsche haben nur Abend-
brot.»

«Viel Soße», sagt einer der Männer.

Der Integrationskurs ist ein Produkt der Diskussion über das
Zuwanderungsgesetz, es gibt ihn seit vier Jahren. Man könnte
auch sagen, er ist das Einzige, was vom Zuwanderungsgesetz
wirklich funktioniert. 2,10 Euro kostet die Stunde, die Kosten
übernimmt auf Antrag der Staat.

Gedacht war der Integrationskurs für diejenigen, die neu
nach Deutschland kommen. Aber weil sich weniger Zuzügler
anmeldeten als geplant, sitzen in den Kursen nun viele, die
schon länger in Deutschland leben. Gut sechs Monate dauert
so eine Schulung, es gibt 600 Stunden Sprachtraining, dazu
45 Stunden Orientierungskurs, in dem Kultur, das Rechtssystem, deutsche Geschichte durchgenommen werden. 45 Stunden sind nicht viel Zeit, man muss sich auf das Wesentliche
konzentrieren.

«Wann war der Erste Weltkrieg?», fragt die Lehrerin.
«1914 bis 1918», antwortet jemand. «Gut», sagt sie. «Und
wer hat angefangen?»

«Die Deutschen.»

«Wie viele Tote gab es?»

«60 Millionen.»

«Nein, 15 Millionen. 60 Millionen, das war der Zweite
Weltkrieg, 1939 bis 1945. Wer hat den angefangen?»

«Die Deutschen.»

Nach drei Stunden Orientierungsphase hat man ein Bild
von Deutschland. Danach ist es wichtig, pünktlich seine
Steuern zu zahlen, aber noch wichtiger ist die korrekte Mülltrennung. Wer den Integrationskurs verlässt, weiß genau,
was eine Biotonne ist und woran man den Papiercontainer
erkennt. Und die Deutschen scheinen sehr gründlich über
Risiken nachgedacht zu haben. Die Tafel füllt sich mit den
verschiedenen Versicherungstypen: Arbeitslosenversicherung,
Pflegeversicherung, Rentenversicherung, Krankenversiche-

rung, Lebensversicherung, Autoversicherung, Hausratversicherung, Haftpflichtversicherung. Die Stifte fliegen über das Papier, am Ende des Kurses ist ein Test zu bestehen.

Es wirkt alles ein wenig skurril, aber dann sind die Grundrechte an der Reihe, und auf einmal weitet sich das Klassenzimmer zum Seminar. Die Lehrerin spricht über die Menschenrechte, über das Zensurverbot, die Glaubensfreiheit, die Gleichheit vor dem Gesetz. Stolz und glänzend stehen sie im Raum, die bürgerlichen Freiheitsrechte, für die in Europa 400 Jahre lang Kriege geführt und Revolutionen angezettelt wurden.

Es geht um scheinbar Selbstverständliches, aber für einige der Frauen sind es Neuigkeiten. Alle leben schon länger hier, einige über zehn Jahre.

«Das ist jetzt wichtig», sagt die Lehrerin: «In Deutschland gibt es Gleichberechtigung, Frauen dürfen nicht geschlagen werden. Sie dürfen arbeiten, wenn sie wollen.» Sie macht eine Pause. «Möchtet ihr nicht auch so leben?»

«Ein bisschen. Ja, ich würde gerne arbeiten, aber mein Mann erlaubt es nicht», sagt eine Frau mit blauem Kopftuch und sieht vor sich auf den Tisch.

«Du darfst abends weggehen?», fragt ihre Tischnachbarin.

«Nein.»

«Auch nicht mit einer Freundin?»

Die Frau mit dem blauen Kopftuch schüttelt den Kopf.

«Man muss sich das erkämpfen. Wenn man nichts sagt, dann ändert sich nichts.»

Die Frau nickt. Es sieht so aus, als ob sie eben etwas gehört hätte, was ihr noch niemand vorher so gesagt hat.

Plötzlich erscheint der Integrationskurs als keine so schlechte Idee. Man wünschte sich mit einem Mal, dass jede Türkin in Deutschland ein paar Wochen in einem solchen Kurs zubringen könnte. Vielleicht würde dann einiges besser werden.

ALLES FASCHISTEN – DIE LINKE UND IHRE GEGNER

Im September 2006 war der Historiker Arnulf Baring im hessischen Landtag, um einen Vortrag zu halten. Die CDU-Landtagsfraktion hatte zu dem Abend eingeladen, mit dem eine Reihe unter dem Titel «Was uns leitet – Eckpfeiler einer bürgerlichen Kultur» beginnen sollte. Etwa 150 Zuhörer waren gekommen, die meisten davon Parteimitglieder der Union. Baring sprach frei, wie er das meist tut; er braucht kein Manuskript, um zu sagen, was er zu sagen hat. Es gab anschließend viel Applaus. Das Publikum war sich einig, dass man sich keinen besseren Auftakt der Vortragsreihe hätte wünschen können.

Baring ist ein geübter Redner, zupackend, meinungsstark, mit einer Vorliebe für treffende, manchmal auch bissige Formulierungen. Solange er noch an der Freien Universität Berlin lehrte, gehörten seine Vorlesungen zu den am besten besuchten. Eigentlich hat er Rechtswissenschaft studiert, unter anderem an der Columbia University in New York und der Pariser Sorbonne, und das zu einer Zeit, als Auslandssemester alles andere als selbstverständlich waren, aber die Juristerei hat ihn nie ausgefüllt. Er interessierte sich immer schon mehr für Politik. Für sein Buch über die Ära Brandt und Scheel quartierte er sich für drei Jahre in der Villa Hammerschmidt ein, dem damaligen Amtssitz des Bundespräsidenten, um Akten und Protokollnotizen zu sichten und nah an den Zeitzeugen zu sein, die er zu befragen gedachte. Das Ergebnis der Recherche, ‹Machtwechsel›, galt augenblicklich als Standardwerk und ist bis heute Vorbild für gelehrte und zugleich anschauliche Geschichtsschreibung, also genau jene Mischung, die angel-

sächsischen Professoren so leicht- und vielen deutschen so
schwerfällt. Kurz, Baring ist ein Vertreter jener raren Gattung
von Intellektuellen, die im Hörsaal eine genauso gute Figur
machen wie in einer Talkshow.

Zwei Tage nach dem Vortrag im Landtag tauchte auf der
Titelseite der ‹Frankfurter Rundschau› unter der Überschrift
«Arnulf Barings Entgleisungen» ein längerer Bericht über die
Veranstaltung auf, der alarmierend klang. Der Text enthielt
eine Reihe von Zitaten, die nur den Schluss zuließen, dass
Baring die Schrecken des Nationalsozialismus zu relativieren
versucht hatte. Der «rechtskonservative Historiker» habe für
mehr Patriotismus geworben, schrieb die Zeitung, und dann
weiter: «Die Deutschen, forderte Baring, müssten ‹die eigene
Würde und Selbstachtung wiederfinden›. Dabei könne man
auf ‹lange Jahrhunderte deutscher Tüchtigkeit und deutscher
Friedlichkeit› aufbauen. Die Nazi-Diktatur sei hingegen nur
‹eine beklagenswerte Entgleisung› gewesen.» Baring habe
außerdem der Einschätzung widersprochen, dass die Juden-
vernichtung als Verbrechen einzigartig und unvergleichbar
sei, und die Gewalttaten heutiger Rechtsextremer relativiert,
berichtete das Blatt: «‹Das sind keine Nazis›, sagte er. Es gehe
um ‹Jugendverirrungen› von Leuten, ‹die sich wichtig machen
wollen. Das ist nicht politisch.›»

Man muss in einem solchen Fall nicht lange auf Reaktionen
warten. Der parlamentarische Geschäftsführer der SPD-Land-
tagsfraktion, Reinhard Kahl, warf dem Historiker vor, den
millionenfachen Mord an Juden und das unendliche Leid des
Zweiten Weltkriegs auf unzumutbare Weise zu verharmlosen.
«Der hätte auch bei einer NPD-Veranstaltung großen Beifall
gekriegt», befand der Geschäftsführer der Grünen Landtags-
fraktion, Frank-Peter Kaufmann. Es wurden Konsequenzen
gefordert.

Die SPD-Landesvorsitzende Andrea Ypsilanti verlangte den
Rücktritt des CDU-Fraktionsvorsitzenden Christean Wagner,
der Baring eingeladen hatte, im Landtag zu sprechen. Wagner

DIE LINKE UND IHRE GEGNER

sei «für ein tolerantes und weltoffenes Land wie Hessen nicht tragbar». Sie kündigte an, die «empörenden Entgleisungen» bei der nächsten Sitzung des Landtags zum Thema zu machen. Renate Künast, Vorsitzende der Bundestagsfraktion der Grünen, appellierte an Bundeskanzlerin Angela Merkel, Wagner aus der CDU-Grundsatzkommission zu entfernen, wo er für den Bereich Innen und Recht zuständig war. Niemand machte sich die Mühe, mal bei Baring nachzufragen, was er eigentlich gesagt hatte.

Es gab nur Zitatfetzen, die immer neu zusammengenäht wurden, aber das schien offenbar ausreichend, auch für die Landtagssitzung, die sich am 14. September mit der Rede des Professors beschäftigte oder jedenfalls dem, was davon kolportiert wurde. Spätestens jetzt hatte der Vorgang alle großen Zeitungen erreicht. Eine Stunde debattierten die Abgeordneten über den Eilantrag der SPD, das hessische Parlament möge sich sofort und unmissverständlich von Äußerungen des Historikers distanzieren. Ypsilanti nannte Barings Vortrag «rechtsnationalistisch» und «revisionistisch». «Das ist ein Tabubruch», rief sie unter lebhaftem Beifall ihrer Fraktion und bezichtigte den Professor, für neonazistische Ausschreitungen mitverantwortlich zu sein: «Es gibt einen inneren Zusammenhang zwischen den deutschnationalen Parolen und den dumpfbackigen Krawallen der Rechtsextremen und der Mitglieder der NPD auf der Straße. Meine Damen und Herren, haben Sie vergessen, dass während des Wahlkampfs Demokraten wieder von Neonazis angegriffen wurden?»

Der grüne Abgeordnete Kaufmann bezeichnete Baring jetzt als einen «alten Mann», der nach dem Ende seiner akademischen Laufbahn zum «Propagandisten rechtsextremen Gedankenguts» geworden sei. Baring habe die Einzigartigkeit des Holocaust in Zweifel gezogen: «Im Übrigen, so wurde dort argumentiert, würde sich die Zahl der von den Diktatoren Stalin und Mao umgebrachten Menschen jeweils auf 60 Millionen summieren», rief Kaufmann anklagend. «Nach meinem Verständnis und, wie ich als einer der Nachgeborenen weiß, auch nach dem vieler anderer kann dieses schier unbegreifliche Geschehen durch nichts, aber auch gar nichts relativiert werden.»

In Berlin sah sich Renate Künast ein zweites Mal genötigt, das Wort zu ergreifen. Inzwischen warf sie dem Professor vor, nicht den Nationalsozialismus, sondern den Holocaust als bedauernswerte Entgleisung bezeichnet zu haben, womit Baring in der Nähe von Judenmord-Leugnern wie David Irving und Ernst Zündel angelangt war. Künast forderte die Kanzlerin auf, Barings Teilnahme an einer Gedenkveranstaltung der CDU/CSU-Bundestagsfraktion zur Erinnerung an die Vertreibungen nach dem Zweiten Weltkrieg zu verhindern: «Es ist unverantwortlich, dass Angela Merkel und die CDU abermals Baring und seinen rechtspopulistischen Geschichtsbetrachtungen ein Forum bieten. Kanzlerin Merkel muss sich von Baring und seinen Thesen eindeutig distanzieren.» Aus dem angesehenen Berliner Geschichtsprofessor, 30 Jahre lang Hochschullehrer an der Freien Universität Berlin, SPD-Mitglied von 1952 bis 1983, Träger des europäischen Kulturpreises, Brandt-Gesprächspartner und Genscher-Freund, war innerhalb einer Woche ein Mann geworden, den man als Demokrat nicht mehr ungehindert reden lassen konnte.

Am 19. September, zwölf Tage nach dem Vortrag, veröffentlichte die «Frankfurter Allgemeine Zeitung» längere Originalpassagen. Es war ein Mitschnitt aufgetaucht, auf dem nicht der gesamte Vortrag erhalten war, aber doch entscheidende Stellen. Danach sagte Baring bei seinem Auftritt im hessischen Landtag Folgendes:

«Natürlich ist vollkommen klar, dass die zwölf Jahre Hitler mit uns sein werden, solange es Deutsche gibt. Auch wenn wir selber geneigt wären, einen Schlussstrich zu ziehen, wird uns dieser zwölf Jahre lange Zeitraum immer anhängen. Das ist eine Katastrophe gewesen, und die Verbrechen haben uns anhaltend beschädigt. Aber es ist ebenso wahr, dass diese zwölf Jahre und die verbrecherischen Züge dieser Zeit nicht das Ganze unserer Geschichte ausmachen, dass dies eine beklagenswerte Entgleisung gewesen ist, dass wir im Grunde genommen nur mit Trauer an diese Phase zurückdenken, dass dies eben eine Vergangenheit ist, die nicht vergehen will, dass eben doch die deutsche Geschichte nicht in dieser Phase kumuliert, sondern dass es lange Jahrhunderte deutscher Tüchtigkeit und deutscher Friedlichkeit vorher gegeben hat.» Das, was die Deutschen seit 1945 zustande gebracht hätten, könne sich sehen lassen. «Auch dies ist ein Teil dieser Geschichte, zu der wir uns bekennen wollen.»

Auch die verharmlosenden Äußerungen über neonazistische Gewaltakte waren nun im Zusammenhang rekonstruierbar. Tatsächlich, so stellte sich heraus, hatte Baring zunächst gar nicht über junge Rechtsradikale gesprochen, sondern über das späte Bekenntnis des Schriftstellers und Literaturnobelpreisträgers Günter Grass, als Jugendlicher bei der Waffen-SS gewesen zu sein. Baring hatte ihn nicht verurteilt, wie viele seiner Zuhörer zweifellos erwartet hatten, sondern die Mitgliedschaft eine «Jugendverirrung» genannt, wie sie in dem Alter nun mal vorkomme und die man nicht auf die Goldwaage legen solle.

Verharmlost man die Schrecken des Nationalsozialismus, wenn man daran erinnert, dass die Deutschen vor Eintritt ins 20. Jahrhundert eine über weite Strecken vergleichsweise friedliche Nation waren? Das ist eine Frage, an die sich gleich eine ganze Fragenkette anschließt, wenn man eine positive Antwort für naheliegend hält. Was hätte Baring eigentlich sagen sollen, was wäre politisch korrekt gewesen?

Soll man wirklich behaupten, dass die deutsche Geschichte auf die Jahre 1933 bis 1945 zulief, dass die braune Diktatur also gleichsam angelegt war im Geschichtslauf? Hieße das nicht, einer ungleich größeren Verharmlosung das Wort zu reden, weil dies die Beteiligten zu Erfüllungsgehilfen eines geschichtlichen Telos machen würde, eines sich quasi eigenmächtig vollziehenden Prozesses, dem sich der Einzelne kaum entgegenstemmen kann? War nicht gerade das Unvorhersehbare so erschreckend, diese entsetzliche Verwandlung eines ganzen Volkes, die uns heute vom «Zivilisationsbruch» sprechen lässt und die sich als Leitmotiv durch die Aufzeichnungen von Zeitzeugen wie Victor Klemperer oder Sebastian Haffner zieht? Und umgekehrt: Wenn die Deutschen nicht das friedfertige und tüchtige Volk sind, von dem der Historiker spricht, sondern ein latent mörderisches, liegt dann nicht die Frage an die Opfer nahe, warum sie davor die Augen verschlossen haben und sich häuslich einrichteten in einem Land mit solchen Vernichtungsenergien? Ist das die Meinung der Kritiker? Wollten Ypsilanti und Künast das sagen?

Natürlich nicht, sie haben wahrscheinlich gar nicht groß nachgedacht, bevor sie auf den Historiker einschlugen. Sie haben einfach das gesagt, was man seit 40 Jahren so sagt auf der Linken, wenn sich die Gelegenheit bietet, über einen herzufallen, der einen politisch nervt. Wer auf Einladung der Union über bürgerliche Werte spricht, hat sich in diesen Kreisen schon hinreichend verdächtig gemacht. Da liegt man eigentlich nie daneben, wenn man ihn des latenten Faschismus bezichtigt.

Der Faschismusvorwurf ist die brutalste Waffe des intellektuellen Juste Milieu, das noch immer beliebteste Allzweckmittel in der Auseinandersetzung mit dem ideologischen Gegner. Wehret den Anfängen, heißt die linke Selbstermächtigung. Wenn es darum geht, die Republik vor den Rechten zu schützen, schätzt man den kurzen Prozess, da langt man lieber einmal zu viel hin als einmal zu wenig.

Faschist ist man schnell, manchmal reicht es schon, dass man pünktlich zur Arbeit kommt. Der Spießer steht grundsätzlich unter Faschismusverdacht, der Hausmeister natürlich und jeder Ordnungshüter, sonst wäre er ja nicht bei den Ordnungshütern. Sein Pflichtgefühl macht ihn anfällig, seine Standhaftigkeit und Disziplin – alles Eigenschaften, mit denen man bekanntermaßen auch ein Konzentrationslager betreiben

DIE LINKE UND IHRE GEGNER 287

kann, wie Oskar Lafontaine schon vor 25 Jahren bemerkte, damals noch Oberbürgermeister von Saarbrücken. Dass es präzise diese als sekundär geschmähten Verhaltenstugenden sind, ohne die die Rote Armee nie in der Lage gewesen wäre, nach Westen vorzurücken und die Konzentrationslager zu befreien – nun ja, geschenkt.

International gesehen sind die schlimmsten Faschisten die Amerikaner. «SA – SS – USA», brüllten die Studenten schon, als sie gegen den Vietnam-Krieg durch die Straßen zogen; heute heißen die Parolen «USA – Völkermordzentrale» oder «Kein Blut für Öl», gemeint ist dasselbe. Nach den Amerikanern kommen gleich die Juden, die aus dem Holocaust nichts gelernt haben und nun in ihrem Staat mit den Palästinensern nicht so umgehen, wie sich die aufgeklärte deutsche Öffentlichkeit das vorstellt. Auch die Briten, die Polen und die Kanadier, also die im amerikanischen Einflussbereich befindlichen und damit gewissermaßen halbkolonialen Länder sind stark faschismusgefährdet, was immer dann besonders augenfällig wird, wenn sie an der Seite der USA in irgendwelche Schurkenstaaten einfallen und die dortigen Despoten von der Macht vertreiben.

Die Faschistenentlarvung ist ein gesellschaftlich eingeübtes Spiel, es braucht dazu nicht viel Vorkenntnisse oder Reflexionskraft. Es genügt oft schon ein Schlüsselbegriff, um ein einfaches Reiz-Reaktions-Schema auszulösen. «Gleichgeschaltet» beispielsweise ist ein perfektes Wort für einen Erregungssturm oder, sicherer noch, «Wehrmacht». Als der schleswig-holsteinische FDP-Politiker Wolfgang Kubicki nach der Veröffentlichung der neuesten Pisa-Ergebnisse im vergangenen Herbst davon sprach, die Erklärungen aus dem Kultusministerium in Kiel hätten ihn an die Meldungen aus dem Oberkommando der Wehrmacht erinnert, das auch noch bis zum Schluss vom Sieg gesprochen habe, rauschte zwei Tage lang der Blätterwald.

«Autobahn» steht zwar nicht im Wörterbuch des Unmen-

schen, aber man sollte sich trotzdem vorsehen, es in einem
Satz zu benutzen, in dem irgendwo auch Adolf Hitler oder
das Dritte Reich auftauchten. Beim öffentlich-rechtlichen
Fernsehen langt das schon, um aus einer Talkshow zu fliegen.
Es hilft einem auch nicht der Verweis, dass man sich nicht von
allem distanzieren kann, nur weil es auch bei den Nazis vor-
kam. Einmal «Autobahn» im falschen Zusammenhang, und
man ist raus. «Autobahn geht gar nicht», wie es Johannes B.
Kerner als eiserne Regel für den Talkshow-Zirkus formulierte,
wo sonst noch jeder alles sagen darf, vom entlassenen Straftäter bis zum Porno-Sternchen.

Eigentümlicherweise schreit nie jemand auf, wenn eine
Nazi-Errungenschaft wie die Steuerfreiheit von Sonn- und
Feiertagszuschlägen gepriesen wird, eine soziale Wohltat, die
nach dem Blitzsieg über Frankreich verfügt wurde. Wer sich
heute nachhaltig von den Nationalsozialisten distanzieren
will, müsste konsequenterweise auch gegen das Kindergeld
sein und das Ehegattensplitting, zu denen sie die Grundlagen gelegt haben. Der Verzicht auf bezahlten Urlaub wäre
ebenfalls eine schöne antifaschistische Geste: Es war die NS-
Führung, die den bis dahin fast unbekannten Begriff Urlaub
in Deutschland einführte und die Zahl der freien Tage verdoppelte. Und was soll man eigentlich von der seltsamen
Fixierung der Nazi-Führer auf Biokost und Naturheilkunde
halten? Hitler verbrachte Stunden in Diskussionen mit seinen
Vertrauten, wie man das deutsche Volk zum Vegetariertum
bekehren könne. Das KZ Dachau beherbergte das weltweit
größte Forschungslabor für alternative Medizin und produ-
zierte seinen eigenen organischen Biohonig; der erste Anti-
Raucher-Feldzug in der Geschichte wurde von den Nazis
geführt, und zum Ende des Krieges hatten sie 75 Prozent
des deutschen Mineralwassermarktes unter ihre Kontrolle
gebracht, um jeden SS-Mann in ausreichender Menge mit
Selters und Apollinaris versorgen zu können. Heißt das nun,
dass man ein unseliges Erbe antritt, wenn man für Rauchfrei-

heit in allen öffentlichen Gebäuden und Gaststätten ist, sich biologisch einwandfrei ernährt und auf homöopathische Behandlungsmethoden schwört?

Tatsächlich können die meisten, die so freihändig mit dem Begriff Faschist hantieren, gar nicht genau sagen, was Faschismus eigentlich ist. Machen Sie doch mal einen Test und fragen Sie bei nächster Gelegenheit, was diese Ideologie nach Meinung Ihres Gegenübers von anderen unterscheidet. Faschismus sei eine nationalistische Bewegung, lautet vermutlich die erste Auskunft. Das ist eine naheliegende Antwort, schließlich haben die Nazis ständig von der Überlegenheit des deutschen Volkes geredet und sie dann auch der ganzen Welt im Knobelbecher zu demonstrieren versucht. Aber übersteigerter Nationalismus ist beileibe kein Privileg des NS-Staates. Die Kommunisten im benachbarten Sowjetreich zum Beispiel gebärdeten sich kaum weniger nationalistisch, nachdem Josef Stalin der Internationale die Luft rausgelassen hatte, und eroberungssüchtig waren sie auch.

Die Russen hatten gegen die deutschen Kriegspläne zunächst keine Einwände, schließlich erwarteten sie, dabei ordentlich zu profitieren. Wenige Tage nachdem die Wehrmacht von Westen in Polen eingefallen war, schlug die Rote Armee von Osten zu. Im geheimen Zusatzprotokoll zum deutsch-sowjetischen Nichtangriffspakt, eine Woche vor dem Überfall besiegelt, hatten beide Länder festgelegt, wer sich bei diesem Angriffskrieg welche Beutestücke nehmen durfte. Polen wurde ziemlich genau in der Hälfte geteilt, Stalin erhielt zusätzlich noch Estland, Lettland und Litauen. Nach 1945 hat sich an diese Waffenbrüderschaft keiner der Siegermächte mehr richtig erinnern wollen, die Sowjets hatten verständlicherweise wenig Interesse daran, und die Briten und Amerikaner waren zu vornehm, es weiter zu erwähnen.

Genozidaler Rassenwahn sei ein Kernelement des Faschismus, lautet eine andere Definition, aber auch das stimmt so nur auf den ersten Blick. Die Nazis waren fanatische Antisemiten, doch über die Italiener, die Erfinder des Faschismus, lässt sich das nicht sagen. Das faschistische Italien war nicht antisemitischer als das monarchistische; es gab in Italien nichts, was mit den Todeslagern vergleichbar gewesen wäre, auch für politische Gegner führte das Regime statt des KZ lediglich die «confino» ein, die Verbannung auf isolierte Mittelmeerinseln. Bis die Deutschen 1943 einmarschierten, wurden keine Juden ausgeliefert; tatsächlich überlebte in Italien ein höherer Prozentsatz der Verfolgten als in jedem anderen Land, ausgenommen Dänemark, trotz der Rassegesetze, die nach deutschem Vorbild ab 1938 auch dort erlassen wurden.

Einschränkung der Meinungsfreiheit, Verbot freier Gewerkschaften, Verfolgung von Oppositionellen? Merkmale jeder mittelmäßigen Diktatur. Einparteienherrschaft, Führerkult? Nordkorea oder Kuba bieten heute noch für beides lebhafte Beispiele.

Schon 1946 kam George Orwell in seinem Essay ‹Politik und die englische Sprache› zu dem Befund: «Das Wort Faschismus hat inzwischen keine andere Bedeutung mehr als die, etwas zu bezeichnen, was als ‹unerwünscht› gilt.» Faschismus ist zuerst und vor allem ein Distanzierungs- und Entlastungsbegriff, er ordnet die Welt in politische Sphären, versieht sie mit einem Werturteil und schafft so Abstand, das ist seine wesentliche Funktion. Seine Konjunktur verdankt er dem Bedürfnis der Linken, zu einer Ideologie Distanz zu gewinnen, die ihr ursprünglich näher war, als ihr das dann später lieb sein konnte. Die Psychoanalyse kennt diesen Vorgang als Projektion von Schuldanteilen, seine Entlastungswirkung ist gut dokumentiert.

Dass die Linke im Deutungskampf um das Erbe des Nationalsozialismus automatisch die moralische Oberhand gewinnen würde, war so sicher nicht, wie es heute erscheint. Als die Vergangenheitsbewältigung mit Verspätung auch in Deutschland einsetzte, ging sie mit einem Handicap in die Debatte. Die totalitäre Herrschaft der Nationalsozialisten bildete mit der stalinistischen Sowjetdiktatur ein furchtbares Geschwisterpaar, und im Gegensatz zu dem besiegten Nazi-Deutschland war dieser monströse Verwandte noch erschreckend lebendig. Was hätte also nähergelegen, als das Entsetzen über den braunen Terror zum Anlass zu nehmen, auch über den roten Terror Rechenschaft zu verlangen? Schlimmer noch: Die Übereinstimmungen zwischen beiden Herrschaftssystemen beschränkte sich nicht auf die Praxis des Massenmords als Mittel zur Durchsetzung politischer Ziele, auch bei den Zielen selbst gab es eine unheimliche Verwandtschaft.

Schon das Wort Nationalsozialismus weist ja auf eine Nähe hin, die im Rückblick ziemlich kompromittierend wirken musste. Die Fahne der Bewegung war nicht braun oder schwarz, sondern leuchtend rot wie die der Konkurrenz, und es gibt in der Geschichte der politischen Glaubensrichtungen auch nicht viele Ideologien, deren Anhänger sich als Genossen angeredet haben. Es sind exakt zwei. Das schöne Wort Sozialismus aus dem hässlichen Nationalsozialismus gerettet zu haben ist vielleicht einer der größten publizistischen Triumphe, die der Linken im Nachkriegsdeutschland gelangen – und eine der entscheidenden Voraussetzungen, um in den Folgejahren die Diskurshoheit zu erobern und zu sichern.

Man muss nicht so weit gehen wie der amerikanische Autor Jonah Goldberg, der den Faschismus für eine im Kern linke Idee hält. Aber dass der Marxismus eine der entscheidenden Quellen ist, aus der sich die ersten Faschisten in Italien bei der Abfassung ihrer programmatischen Schriften bedienten, daran kann kein Zweifel bestehen. Goldberg hat für sein Erfolgsbuch ‹Liberal Fascism›, das im vergangenen Jahr wochenlang die ‹New York Times›-Bestsellerliste anführte, eine ganze Reihe von Belegen gesammelt, aus denen die Begeisterung der Zeitgenossen für die neue Idee spricht. Selbst in den Vereinigten Staaten, dem Mutterland der ersten modernen Demokratie, blickte man mit Bewunderung nach Italien, und es waren vor allem die Progressiven um den demokratischen

Präsidenten Franklin D. Roosevelt, die am Faschismus Gefallen fanden. «Es ist das sauberste, beeindruckendste und effizienteste Stück sozialer Maschinerie, das ich je gesehen habe, es macht mich neidisch», bekannte Rexford Guy Tugwell, einer der ökonomischen Väter des New Deal und engsten Berater Roosevelts. Mussolini selber hat nie ein Hehl aus seiner ideologischen Abstammung gemacht: «Ich bin und werde immer ein Sozialist sein, meine Überzeugungen werden sich nie ändern. Sie sind in meine Knochen eingepflanzt», rief er den Genossen zu, als sie ihn bei Kriegsausbruch 1914 wegen seiner Pro-Kriegs-Haltung nach zwölf Jahren aus der Partei warfen und ihm dabei auch die Chefredaktion von ‹Avanti› nahmen, dem Sprachrohr der radikalen Sozialisten.

War Hitler ein Rechter? Die Frage ist nicht ganz so absurd, wie sie klingt. Der Historiker Götz Aly hat in seiner Studie über «Hitlers Volksstaat» eindrucksvoll nachgewiesen, dass die Anziehungskraft auf die Massen in dem völkischen Gleichheitsversprechen der nationalsozialistischen Revolution lag. Von Anfang an war der NS-Staat bemüht, vermeintlichen oder tatsächlichen Benachteiligungen zu begegnen; keine andere deutsche Regierung zuvor hat die Zahl staatlicher Leistungen so systematisch ausgeweitet. Wir haben uns angewöhnt, Reichskanzler Otto von Bismarck als Begründer des deutschen Sozialstaats zu sehen, weil er die erste Krankenversicherung und eine rudimentäre Altersversorgung eingeführt hat, aber gemessen an den Leistungen würde dieser Titel Adolf Hitler weit eher gebühren.

Nationalsozialistische Sozialpolitiker entwickelten die Konturen des Rentensystems, das nach dem Krieg dann seine endgültige Gestalt erhielt, sie nahmen sich der Familienförderung an, des Mieterschutzes und der Arbeitnehmerrechte. Eines der ersten NS-Gesetze beschränkte die Zugriffsmöglichkeiten von Gläubigern gegen ihre Schuldner, Mietsteigerungen waren ab sofort komplett verboten, und mit der Lohnpfändungsverordnung von 1940 wurde der Schutz vor

DIE LINKE UND IHRE GEGNER   **293**

Zwangsvollstreckungen verbessert: Überstunden waren nun pfändungsfrei, dazu Urlaubsgeld, Weihnachtsgeld, Kinderbeihilfen und Versehrtenrenten. Auch «Bildung für jedermann» war ein Versprechen, dem sich die NS-Führung verpflichtet sah und dem sie mit den Vorläufern der Gesamtschule, den Adolf-Hitler-Schulen und Nationalpolitischen Erziehungsanstalten, Rechnung trugen, «damit auch der ärmste Junge zu jeder Stellung emporsteigen kann, falls er die Voraussetzungen dazu in sich hat», wie es Hitler selber in einer seiner Reden formuliert hatte.

So brutal der NS-Staat mit missliebigen Minderheiten umsprang, so aufmerksam bemüht war er im Gegenzug, den Bedürfnissen der Volksgenossen nach sozialem Ausgleich nachzukommen. In den zwölf Jahren ihrer Herrschaft verfügten die Nationalsozialisten unzählige steuerrechtliche Privilegien für die Unter- und Mittelschichten, die über das Kriegsende hinaus gültig blieben. Noch in der zweiten Jahreshälfte 1944, nach der erfolgreichen Landung der Alliierten in der Normandie, rang Reichspropagandaminister Joseph Goebbels mit dem Finanzministerium um einen Aufschlag auf die Invalidenrente. Die spätestens nach Kriegsbeginn unvermeidlichen Steuererhöhungen waren so gestaltet, dass sie ausschließlich die Vermögenden trafen: die Unternehmer über eine Verdoppelung der Körperschaftssteuer, die Hausbesitzer mit einer Sonderabgabe, die das Zehnfache der normalen Jahressteuer betrug, und die Aktieninhaber mit immer neuen Gewinnabschöpfungen und Zwangsregeln. Der 1939 eingeführte Kriegszuschlag von 50 Prozent auf alle Einkommen hatte so hohe Freibeträge, dass er in Wirklichkeit auf eine Reichensteuer hinauslief, die nur die obersten vier Prozent der Einkommensteuerpflichtigen traf. Aly spricht in seiner Studie über den «nationalen Sozialismus» konsequenterweise von einer «Gefälligkeitsdiktatur», die sich Zuspruch durch Umverteilung erkaufte: Umverteilung von oben nach unten sowie – und das macht das Bestialische des Systems aus – von den

Vertriebenen, Ermordeten oder Versklavten zu dem Herrenvolk im Reich.

Die ideelle Nähe zur Linken war den Beteiligten durchaus bewusst, die vielen Anleihen aus dem linkssozialistischen Ideenvorrat fanden ihre Entsprechung in den Biographien. Zur Zeit der Weimarer Republik hatten nicht wenige der späteren NS-Aktivisten zwischenzeitlich mit der anderen Seite sympathisiert. Im Einzelfall, wie im großen Streik der Berliner Verkehrsbetriebe 1932, stand man sogar zusammen gegen die Regierenden: Rotfront auf der einen Seite des U-Bahn-Eingangs, SA auf der andern. «Meine gefühlsmäßigen politischen Empfindungen lagen links, das Sozialistische mindestens ebenso betonend wie das Nationalistische», schreibt der spätere Lagerkommandant Adolf Eichmann in seinen Memoiren. Als «eine Art Geschwisterkinder» hätten er und seine Kameraden Kommunismus und Nationalsozialismus wahrgenommen.

Eine Reihe zeitgenössischer Beobachter fiel sofort der antibürgerliche, sozialrevolutionäre Elan der Braunhemden auf, diese Mischung aus pöbelhaftem Erneuerungseifer und einem alle Klassenschranken einebnenden jakobinischen Glaubenstaumel. «Ich kam mit der Überzeugung aus Paris, der Nationalsozialismus sei eine ‹rechte› Bewegung, ein letzter Versuch, den Kapitalismus und die bürgerlichen Privilegien zu retten», schrieb der Schweizer Journalist Denis de Rougemont 1935 in sein Tagebuch, doch das Regime stehe «wesentlich weiter links», als man im Ausland glaube: Er habe viele Angehörige des Bürgertums getroffen – Professoren, Ärzte, Rechtsanwälte –, die sich darüber beklagten, dass alle Reformen zugunsten der Arbeiter und Bauern erfolgten. Aber weil alles auf fortschrittliche und ordentliche Weise geschehe, rege sich kein Widerstand: «Bald werden sie kein Vermögen mehr haben, aber unter den neuen Herren werden sie ihre Titel und Ämter behalten.»

Rougemont verbrachte das Wintersemester 1935/36 in Deutschland. Auf Einladung von Otto Abetz, dem späteren

DIE LINKE UND IHRE GEGNER **295**

Botschafter im besetzten Paris, hatte er die Stelle eines Lektors an der Frankfurter Universität angenommen, um den deutschen Alltag zu studieren. Sein ‹Journal aus Deutschland›, kurz nach der Münchner Konferenz im Herbst 1938 veröffentlicht, ist eine der besten Nahaufnahmen, die aus der Zeit erhalten sind, ein kluger Zeugenbericht aus dem revolutionär bewegten Land. Immer wieder kommt Rougemont darin auf die verwirrende politische Zwitterhaftigkeit der NS-Diktatur zu sprechen, den glühenden Reformehrgeiz, der sich der einfachen Einordnung in rechts und links entziehe. «Verkleidete Bolschewisten» nennt er die Nationalsozialisten, «Jakobiner im Braunhemd»:

> «Sind die Nazis gegen den Geist von 1789? Zweifellos. Aber das kommt, weil sie, ohne es zu wissen, für die Schreckensherrschaft und Robespierre sind. Nicht für die blutige Schreckensherrschaft und die aufsehenerregenden Hinrichtungen, aber für die Kontrolle der Menschen, für die Einebnung des Verstandes, die Vergöttlichung der Massen und die Abschaffung der Individuen. Der Fortschritt von den Sans-Culottes zu den Braunhemden ist allerdings beachtlich: Robespierre hat es nicht geschafft, er hat die theoretischen Grundlagen gelegt. Es bedurfte des preußischen Genies, um die Sache zu organisieren und um sie gewinnbringend zu machen. Aber der Geist ist *derselbe*. Derselbe zentralistische Geist; dieselbe Zwangsvorstellung eines einheitlichen Blocks; dieselbe Verherrlichung der Nation, die als die Missionarin einer Idee angesehen wird; derselbe Sinn für symbolische Feste zur ‹Erziehung› der Menschen; derselbe Argwohn gegen ‹Individuen› und gegen jegliches ‹Privatinteresse›. Diese Parallelität oder besser diese Gleichheit der Einstellungen betrifft nicht nur die Politik: In beiden Fällen ist man totalitär.»

Ein in diesem Zusammenhang aufschlussreiches Zeitdokument ist das 1938 im Berliner Nibelungen-Verlag erstmals erschienene Propagandawerk ‹Der verratene Sozialismus›, in dem der Kommunist Karl Löw unter dem Pseudonym Karl I. Albrecht über seine Zeit als hoher Funktionär in der Sowjetunion Rechenschaft ablegte und das einer der großen Bestseller des Dritten Reiches wurde. «Den wahren Sozialisten in aller Welt zur Warnung», lautet die Widmung, und in diesem Sinne ist das blutrot gebundene Buch, das in vielen deutschen Schulen zur Pflichtlektüre gehörte, auch geschrieben: als Abrechnung mit den «Kremldiktatoren», die aus dem Sozialismus eine «Herrschaft der Despoten» gemacht hätten, und als Werbeschrift für die nationalsozialistische Arbeiterbewegung und ihren «Sozialismus der Tat».

Löw war 1924 nach Moskau gegangen, um beim Aufbau des Sowjetstaates zu helfen. Er brachte es als Forstexperte binnen kurzem zum stellvertretenden Volkskommissar für Waldwirtschaft, bevor er 1934 in Ungnade fiel und, nachdem ihn Stalins Geheimpolizei durch die Mangel gedreht hatte, einer drohenden Hinrichtung nur knapp durch Abschiebung entkam. «Ich war Sozialist, und ich bleibe Sozialist. Ich bin heute noch überzeugt, dass der Kampf gegen die soziale Ungerechtigkeit in den meisten Ländern Europas und in der Welt notwendig und unaufhaltsam ist», heißt es im Vorwort zur ersten Auflage. Später folgte noch die Ergänzung: «Wir alle, wir wissen: Wir kämpfen für eine gerechte Sache, für den Sozialismus gegen den Bolschewismus. Wir kämpfen unter der genialen Führung Adolf Hitlers, der nicht nur Feldherr und Staatsmann, sondern auch der größte Sozialist aller Zeiten ist.»

Wohlgemerkt: Der Nibelungen-Verlag, in dem solche Sätze erschienen, unterstand direkt dem Reichsministerium für Volksaufklärung und Propaganda. Bevor die Besatzungsmächte das aufschlussreiche Selbstbekenntnis nach der deutschen Niederlage aus dem Verkehr zogen, hatte es eine Gesamtauflage von über zwei Millionen Exemplaren erreicht. Dem Autor, 1944 zum SS-Hauptsturmführer ernannt, brachten die Tantiemen eine schöne Villa und einen Gemüsegroßhandel in Berlin.

Es hätte nach dem Krieg also viele Gründe gegeben zu einer kritischen Selbstbefragung, einer Abrechnung mit den totalitären Anteilen der eigenen Großideologie. Man hätte über die monströse Verabsolutierung des Staates sprechen können, die Kommunismus und Nationalsozialismus eigen ist, oder über die schrankenlose Begeisterung fürs Kollektiv, die den Einzelnen zu einer Quantité négligeable entwertet. Aber das hätte eine politische Selbstbescheidung bedeutet, die vielen der Akteuren schon lebensgeschichtlich nicht möglich war. Selbstzweifel war nie eine Schwäche der Linken.

Die Linke hat sich ihres kleinen Verwandtschaftsproblems elegant entledigt: Sie hat aus der Tatsache, dass die Nazis ihre schärfsten Konkurrenten nach der Machtübernahme verfolgen und deren Führer ins KZ sperren ließ, eine Todfeindschaft gemacht, die auch fürs Ideologische galt. Dass der Faschismus die letzte Phase des entfesselten Kapitalismus sei, darauf angelegt, die Arbeiterklasse zu versklaven und deshalb alle Widerstandskräfte auszuschalten, hatte erstmals der Gewerkschaftsführer Georgi Dimitrow auf dem letzten Kongress der Kommunistischen Internationale 1935 in Moskau unter dem wohlwollenden Blick Stalins vorgetragen: «Der Faschismus an der Macht ist die offene, terroristische Diktatur der reaktionärsten, chauvinistischsten, am meisten imperialistischen Elemente des Finanzkapitals», lautet diese als Dimitrow-These bekannt gewordene Verschwörungstheorie. Das Passepartout für die Ehrenrettung des Sozialismus lag also bereit im Fundus der Ideengeschichte, es musste nur wiederbelebt werden.

Noch heute ist es ein heikles Unterfangen, die Pathologien des 20. Jahrhunderts in einem Atemzug zu nennen. Wer auf die unheimliche Nähe mancher rechts- und linksradikaler Praktiken oder Ideen hinweist, setzt sich schlimmster Verwünschungen aus. Er wolle relativieren, heißt es dann. Relativierung ist im linken Verdächtigungsvokabular ein Begriff mit einiger Vernichtungswirkung. Er unterstellt, man wolle die Verbrechen des Nationalsozialismus verkleinern oder herunterreden, indem man auf Ähnlichkeiten und Kontinuitäten verweist. Wer relativiert, hat sich im Grunde schon auf den Weg zur Leugnung begeben. Vom einen zum anderen ist es in der hochnervösen Vorstellungswelt des politischen Hyper-moralismus nur noch ein kleiner Schritt.

Hinter dem Beharren auf der Unvergleichlichkeit des Na-tionalsozialismus steht die Angst vor dem schwarzen Loch des Totalitarismus, dessen Gravitationskraft ja alle politischen Glaubensrichtungen an ihren Rändern spüren. Das Aufrich-ten des Vergleichsverbots hat viel Mühe gekostet, und die Einhaltung sicherzustellen gilt in linken Kreisen seitdem als eiserne Pflicht. Wer vergleicht, stößt, neben dem Trennenden, auf Gemeinsamkeiten. Er erkennt das Einzigartige, das den singulären Charakter eines historischen Ereignisses begründet, aber auch die Analogie zu ähnlichen, vor- oder nachläufigen geschichtlichen Vorgängen. Genau das gilt es zu verhindern.

Eine der Ersten, denen gleich die enge Verwandtschaft zwischen den beiden mörderischen, das 20. Jahrhundert so nachhaltig prägenden Ideologien auffiel, war die Philosophin Hannah Arendt. Schon 1951, also knapp sechs Jahre nach Kriegsende, legte sie ihre Überlegungen zu der Geschwister-schaft von Drittem Reich und Sowjetregime unter dem Titel ‹Elemente und Ursprünge totaler Herrschaft› vor. Das um-fangreiche Buch ist in jeder Hinsicht ein erstaunliches Werk. Es hätte nahegelegen, sich auf den Nationalsozialismus zu konzentrieren, dessen Verbrechen die im April 1949 abge-schlossenen Nürnberger Prozesse ausführlich dokumentiert hatten und die von den Zeitgenossen zu Recht als beispiel-los empfunden wurden. Das Urteil über den Stalinismus war noch schwankend, das Aufklärungsinteresse der publizistisch Tätigen gering, die Praxis des roten Massenterrors erst in Um-rissen sichtbar.

Arendt erkannte in der totalitären Herrschaft, wie sie die Menschheit gerade unter Hitler und Stalin kennengelernt hat-te, eine «neue Staatsform», die mehr wolle als pure Despo-tie oder Tyrannei und deshalb auch weit mehr sei. Der erste Skandal bestand darin, dass Arendt souverän das Verbot des Antikommunismus missachtete, das die intellektuelle Linke kurz nach dem Krieg verhängt hatte und das in der Totalitarismus-Debatte bis heute nachwirkt. Der zweite war, dass sie jede moralische Hierarchisierung von Opfern, Henkern und Vernichtungsmethoden ablehnte, womit der Gulag neben das KZ rückte.

Die Autorin selber war unangreifbar: beste akademische Zeugnisse, dazu ein exemplarischer Lebenslauf. Zweimal war Arendt als Jüdin nur knapp den Häschern entkommen, das erste Mal in Berlin nach einer Woche Gestapo-Haft durch glückliche Fügung, das zweite Mal im französischen Exil durch Flucht aus dem Internierungslager nach dem Einmarsch der Deutschen. So beschränkte sich die Kritik zunächst auf die Herangehensweise der Autorin, die mehr daran interessiert war, das Neue zu erfassen und in eine Theorie zu binden, als eine umfassende Geschichte des Totalitarismus abzuliefern. Ungeordnet, antihistorisch, methodisch zu wenig diszipliniert, lauteten die Vorwürfe von links. Erst mit etwas Abstand, also präzise ab 1968, trauten sich die Kritiker, auch persönlich zu werden. Arendt galt nun als «kalte Kriegerin», ihre Theorie, natürlich, als «faschistoid», wie der Kölner Philosoph und Arendt-Forscher Ernst Vollrath in einem Aufsatz zur Rezeptionsgeschichte rekapitulierte.

Natürlich gibt es den Versuch der Relativierung des Nazi-Erbes, es wäre töricht, das zu übersehen. Ein besonders lästiger Teil der Rechten hat aus der Klage über die Indienstnahme der nationalsozialistischen Massenverbrechen zum politischen Terraingewinn den Umkehrschluss gezogen, je weniger von diesen Verbrechen die Rede wäre, desto besser sei es für das Land. Ein ermüdender Wiederholungszwang lässt diese Leute ständig nach Belegen suchen, wo die deutsche Nation wieder gekränkt und in ihrem Selbstwertgefühl verletzt worden sei, weil jemand an das Dritte Reich erinnert habe. Ich muss gestehen, dass für mich eine ‹Mainz bleibt Mainz›-Sendung den Nationalstolz weit eher beschädigt. Was an öffentlicher Gedenkkultur schädlich sein soll, habe ich nie verstanden. So war ich von Anfang an für das Holocaust-Mahnmal in Berlin. In diesem Fall habe ich sogar gegen alle Kritiker recht behalten, die vor einem «fußballfeldgroßen Albtraum» warnten. Ich gebe zu, dass ich dabei familiengeschichtlich vorbelastet war. Zu den Bekannten meiner Eltern gehört die Initiatorin Lea Rosh. Ich hätte allen, die gegen das Mahnmal waren, gleich sagen können, dass es keinen Sinn hat, sich bei ihr querzustellen. Wenn Lea bei uns reinschneite und mit großer Geste zu den Dingen der Welt Stellung nahm, verstummte sogar meine Mutter, die sonst noch bei allem die Oberhand behielt.

Der «Führer» ist schon relativ früh in mein Leben getreten, vielleicht erklärt das meine Aufmerksamkeit bei dem Thema. Meine erste Antifa-Schutzimpfung bekam ich als Grundschüler, ich muss gerade in die vierte Klasse vorgerückt gewesen sein. Eines Abends, nach der Sesamstraße, rief mich meine Mutter zu sich, und am Ton ihrer Stimme konnte ich erkennen, dass es um etwas Ernstes ging. Ob ich schon mal etwas von Adolf Hitler gehört hätte? Ich nickte vage, um meine Unkenntnis nicht zu deutlich hervortreten zu lassen. Das sei ein sehr böser Mann gewesen, er habe großes Unglück über die Menschen gebracht. Er habe den Krieg angefangen und KZs bauen lassen und dafür gesorgt, dass die Juden getötet wurden. Sie machte eine Pause und sah mich aufmerksam an: Wir müssten jetzt alle gemeinsam dafür sorgen, dass sich das nie wiederhole. Ich hatte bis zu diesem Moment noch nie von Juden gehört, ich hatte auch keine rechte Vorstellung, was ein KZ war, aber natürlich nickte ich. Meine Mutter hatte mir eine Aufgabe übertragen, die man nicht kleinen Kindern überließ, und ich war fest entschlossen, sie nicht zu enttäuschen.

Es gab nur zwei weitere Gelegenheiten, bei denen mich meine Mutter ins Gebet nahm, um mich über die Gefahren der Welt aufzuklären: das eine Mal, als sie mich vor «Mitschnackern» warnte, wie bei uns in Hamburg Sexualtäter hießen, die sich an kleinen Kindern vergingen. «Nimm keine Süßigkeiten von Leuten an, die du nicht kennst, und steig niemals zu jemand

DIE LINKE UND IHRE GEGNER 301

Fremdem ins Auto», schärfte sie mir ein, was ich fortan so treulich beherzigte, dass ich schon Reißaus nahm, wenn mir eine ältere Dame in der Nachbarschaft einen Bonbon zustecken wollte. Das andere Mal setzte sie sich zu mir ans Bett und sprach mit mir in diesem ernsten, ruhigen Ton über Drogen und wie sie einem für immer das Leben ruinieren.

Hitler, Heroin und Päderasten – damit war aus Sicht meiner Mutter das Wesentliche abgedeckt, um fürs Erste unbeschadet durchs Leben zu kommen. Die Aufklärung über andere Lebensrisiken überließ sie der Schule oder, wie die Sexualkunde, meinem Vater. Meine Mutter war immer schon eine sehr praktisch denkende Frau, sie hat bis heute ein gutes Gefühl für Prioritäten. Die Schwierigkeit war nur, dass ich nicht wusste, was im Fall Hitler genau von mir erwartet wurde. Was die Drogen und die Mitschnacker anging, war die Handlungsanweisung einfach: Halt dich einfach fern davon. Aber wie sollte ich dafür sorgen, dass sich Hitler nicht wiederholte? Es war deshalb für mich fast eine Art Erleichterung, als ich später die erschütternde Geschichte der Anne Frank las. Ich hatte danach zwar noch immer keine Vorstellung, wie wir den Nationalsozialismus diesmal besiegen könnten, aber dafür wusste ich nun, was anschließend zu tun war. Ich lag nachts wach und malte mir aus, wie jemand bei uns klingeln und um Versteck bitten würde. Ich hatte keinen Zweifel, dass wir Annes Nachfolgerin ohne Zögern einlassen würden. Ich hoffte nur, dass sie hübsch war.

Soziale Gruppen brauchen Tabus. Verträgliches Zusammenleben ist nicht denkbar ohne einen Mindestbestand kultureller Selbstverständlichkeiten, gegen die niemand sich in Widerspruch begeben kann, ohne sich unmöglich zu machen. Schon in der ‹Topik› des Aristoteles, dem ersten uns überlieferten Lehrbuch der diskursiven Argumentation, finden sich Beispiele für Behauptungen, die kein Gegenargument verdienen, sondern eine Zurechtweisung. Wer bestreitet, dass die «Götter zu ehren und die Eltern zu lieben» sind, hat sich bei

Aristoteles diskursmoralisch disqualifiziert. Dass die Anzahl allgemein akzeptierter Tabus in modernen Gesellschaften weniger wird, heißt nicht, dass man auf sie verzichten kann.

Zu den Meinungen, mit denen man sich aus gutem Grund in Deutschland unmöglich machen kann, gehört die Verharmlosung der Nazi-Diktatur. Ausgerechnet die selbsternannten Hüter des NS-Tabus aber schwächen fortwährend seine Bindungskraft, indem sie den Geltungsbereich ausweiten und es dem Eigennutz zuführen. Tabus sind gemeinnützig, nicht interessengeleitet, daraus beziehen sie ihre Autorität. Hinter der noblen Geste, Deutschland vor dem Rückfall in die Barbarei bewahren zu wollen, steht jedoch bisweilen das eher selbstdienliche Motiv, einen politischen Kontrahenten auszuschalten. Damit verliert die Vergangenheitsmoral ihre Selbstevidenz, auf die sie gerade mit wachsendem historischem Abstand zu ihrem Begründungsereignis angewiesen ist.

Die Linke in Deutschland hat sich ihren Kinderglauben an die moralische Überlegenheit des Kommunismus nie nehmen lassen. Den Solschenizyn-Schock, der im Nachbarland Frankreich die gesamte linke Intelligenz in eine qualvolle Selbstbefragung trieb, hat man sich hierzulande einfach erspart. Das «Schwarzbuch des Kommunismus», eine erste Aufzählung der in der praktischen Umsetzung der marxistischen Theorie verübten Verbrechen, wurde im deutschen Feuilleton vor allem unter der sprachkritischen Frage diskutiert, ob man «roter Holocaust» sagen dürfe oder ob das nicht schon wieder eine unzulässige Relativierung der deutschen Schuld sei. Ansonsten galt das Schwarzbuch als «Tendenzhistorie» (Hans Mommsen), die «auf Pauschalverurteilung statt Erklärung» setze.

Irgendwie gelten die Leichen, die der Kommunismus hinterlassen hat, als bedaulicher, aber entschuldbarer Betriebsunfall der Geschichte. Im Historikerstreit von 1987 fand es Hans-Ulrich Wehler angemessen, die Massenliquidation von Klassenfeinden unter «Exzesse des russischen Bürgerkriegs» zu verrechnen. «Vertreibung der Kulaken durch Stalin» nann-

DIE LINKE UND IHRE GEGNER 303

te Jürgen Habermas, was mit schätzungsweise zehn Millionen Toten und Deportierten eine der größten Auslöschungsaktionen der Geschichte ist. Mommsen und Habermas sind gute, linke, der deutschen Sozialdemokratie verbundene Wissenschaftler, gerühmt für ihre moralisch saubere Haltung und ihr feines Gespür für politische Inkorrektheit. Sie sind eben nur gegen Pauschalverurteilungen, jedenfalls wenn es um die 90 Millionen Opfer des Kommunismus geht.

Man sollte erwarten, dass die eigene vergangenheitspolitische Torheit etwas vorsichtiger macht in der Bezichtigungsbereitschaft, aber das ist natürlich naiv. Ich traf Arnulf Baring, wenige Tage nachdem die ‹Frankfurter Rundschau› die Spur aufgenommen hatte: «Die versuchen mir den Lebensfaden abzuschneiden», sagte er. Baring wirkte dabei eher verblüfft als verängstigt.

Er hat am Ende noch einmal den Kopf aus der Schlinge ziehen können, aber der Vorfall hat Spuren hinterlassen. Im Personallexikon Munzinger wird er nun als «rechtskonservativer Historiker» geführt. Bei Wikipedia nimmt die Episode unter dem Stichwort «Kritik» so viel Raum ein wie die unter «Werke» aufgeführte wissenschaftliche Lebensleistung.

Eine Entschuldigung, ein Wort des Bedauerns seitens seiner Ankläger? Da kennt man die Linke schlecht: «Wir nehmen von unserer Kritik nichts zurück, weil die gesamte Denkrichtung nicht stimmt», erklärte Andrea Ypsilanti, nachdem sich die Vorwürfe als haltlos erwiesen hatten. «Selbst im Zusammenhang ist das relativierend», befand für die Grünen in Hessen ihr Fraktionschef Tarek Al-Wazir.

Baring steht jetzt unter Beobachtung, jeder seiner Auftritte wird auf die Gesinnung überprüft. Man ist noch nicht fertig mit ihm. Es wird sich sicher noch ein Weg finden, es ihm heimzuzahlen.

DIE WORTE DES BAUMS – DIE LINKE UND DER HUMOR

Vor ein paar Monaten habe ich mit dem Schriftsteller Martin Mosebach zu Abend gegessen, um über die Weltsicht des Reaktionärs zu reden. Wir saßen in einem Lokal in Frankfurt, später tauchte am Nebentisch noch eine Bekannte von ihm auf, die für diverse Kulturteile schreibt. Sie blieb nicht lange, sie musste noch einen Artikel gegen jemanden fertigstellen.

Mosebach ist ein ungemein einnehmender Mensch. Alle halten ihn für vornehm und sehr wohlhabend, ich glaube, ein Teil der Aversionen, die er auf sich zieht, resultiert aus Neid auf diesen vermuteten Reichtum. Er strahlt immer eine gewisse Eleganz aus, das liegt schon an seiner äußeren Haltung, dazu kommen die Autorenfotos, auf denen er, in einem hellen Sommeranzug von unten nach oben in die Kamera lächelnd, ungeheuer distinguiert wirkt. Außerdem trägt er ein Taschentuch in der Brusttasche.

Ich sollte an dieser Stelle vielleicht einmal klarstellen: Mosebach hat gar kein Geld. Tatsächlich hat er sich die längste Zeit seines Schriftstellerlebens mit Rundfunkbeiträgen über Wasser gehalten. Seine Anzüge weisen Löcher auf, die Hemden sind ungebügelt. Er würde gerne tadellose, saubere Anzüge tragen, er wäre geradezu bereit, sein Leben dafür herzugeben, allein, es fehlen ihm die Mittel.

Manchmal sagt Mosebach Sachen, die nicht ganz korrekt sind, unvorsichtige Sätze, oft originell. Er tritt zum Beispiel für die Rückkehr der katholischen Messe zum lateinischen Ritus ein, was ihn des Obskurantismus verdächtig macht; er hat den kolumbianischen Autor und Aphoristiker Nicolás

DIE LINKE UND DER HUMOR

Gómez Dávila in Deutschland bekannt gemacht, der Sätze schrieb wie: «Jede Sache, die rentabel wird, fällt in gemeine Hände», oder: «Die moderne Welt wird nicht bestraft werden, sie ist die Strafe». Als er vor einem Jahr den Büchner-Preis verliehen bekam, wagte er es, Louis de Saint-Just und Heinrich Himmler in einem Satz zu nennen, was einen Kleinskandal im Feuilleton auslöste.

Unser erster Kontakt war am Telefon, ich rief Mosebach für eine Recherche über die Lage der Konservativen in Deutschland an. «Ach wissen Sie, ich bin nicht konservativ», sagte er, ein Satz, den ich zu diesem Zeitpunkt schon ein paarmal gehört hatte, weil es vielen Konservativen offenbar schwerfällt, sich zu ihrem politischen Standpunkt zu bekennen. Es entstand eine kleine Pause. Dann sagte Mosebach: «Ich bin reaktionär. Konservativ klingt mir zu verdruckst, zu sehr nach Konserve.» Das hatte in meinen Gesprächen noch keiner von sich zu sagen gewagt.

An dem Abend in Frankfurt kamen wir auf die Linke und den Humor. Können Linke lustig sein? Mosebach hat eine Theorie dazu, und die besagt, kurz gefasst: Nein, sie können es nicht. Wenn die Linken lustig seien, dann wider Willen oder aber in bewusster Distanz zu ihrer Gesinnung. Damit wäre der lustige Linke dann also lustig gegen seine politischen Überzeugungen, ein humorpolitischer Überläufer sozusagen.

Mosebach ist zum Thema, anders als man vermuten sollte, ein bestens geeigneter Gesprächspartner. Da er die größte Zeit seines Lebens in Frankfurt verbracht hat, ist er mehr oder weniger gut mit den meisten Vertretern der sogenannten Neuen Frankfurter Schule bekannt, die sich ab Mitte der achtziger Jahre um die Satirezeitschrift ‹Titanic› versammelte, also Bernd Eilert, Eckhard Henscheid, Robert Gernhardt, Hans Traxler, F. W. Bernstein und weiteren. Mit Gernhardt verband Mosebach sogar so etwas wie Freundschaft, wenn man bei Gernhardt überhaupt von Freundschaft reden kann, beziehungsweise den Dichter des «Schönen, Guten, Baren» in

Verbindung mit so einem trivialmenschlichen Gefühl bringen darf. Gerade im Fall von Gernhardt sei eine auffällige Polit-abstinenz evident, sagt Mosebach, die in deutlichem Kontrast zu den Vereinnahmungsversuchen von links stehe: «Seine politischen Instinkte werden freiheitlich gewesen sein, so schätze ich ihn ein. Unter den zeitgenössischen Dichtern war er immer schon ein ganz entschiedener Goethe-Verehrer.»

Mein Verleger hat mich gebeten, dieses Kapitel anzufügen, weil er fand, dass ein Buch über die Linke unvollständig sei ohne ein paar Gedanken über den Witz und seine Beziehung zum Politischen. Er glaubt, einer der Vorzüge der Linken sei ihr Humor; ich weiß nicht, wie er darauf kommt, vielleicht galten bei ihm zu Hause im großbürgerlichen Kronberg die Linken wegen ihrer politischen Vorstellungen als geborene Komiker, anders kann ich mir seine Einschätzung nicht erklären. In Wirklichkeit ist es ja wahnsinnig schwer, jemand Linksstehenden zu treffen, der nicht nur politisch überzeugt, sondern auch genuin witzig ist.

Es gibt immer wieder Ausnahmen, keine Frage. Karl Lauterbach ist der lustigste Sozialdemokrat, den ich kenne, deswegen wird er ja in der SPD auch nichts. Er bringt es fertig, bei einem Redaktionsbesuch in der ‹Bild› einige Redakteure mit Vorschlägen zum Konjunkturprogramm so zu irritieren, dass sie ihn wegen mangelnden sozialen Einfühlungsvermögens zur Ordnung rufen, wie er mir anderntags ganz aufgekratzt berichtete. Er hatte seine Idee von Konsumgutscheinen gegen die Wirtschaftskrise in der Redaktion präsentiert, bei der jeder 200 Euro aus eigener Tasche zuzahlen muss; auf die Frage, wie denn ein Hartz-IV-Empfänger den geforderten Eigenbetrag leisten solle, antwortete er: «Na, aus dem Schwarzgeld natürlich.» Dazu muss man wissen, dass der Bundestagsabgeordnete Lauterbach als einer der wichtigsten Parteilinken um die stellvertretende SPD-Vorsitzende Andrea Nahles gilt. Er hat sich dann schnell bemüht, den Witz aufzuklären, als er merkte, dass ihn nicht jeder auf Anhieb verstanden hatte.

Weil er solche Scherze auch gerne in der Fraktion treibt, hat er in der Fraktionsspitze, wo man auf diszipliniertes Verhalten und ein geschlossenes Auftreten großen Wert legt, nicht viele Freunde.

Merkwürdigerweise halten sich auch die meisten Linken für besonders humorfähig. Als gesellschaftlich bedeutendste Leistung auf diesem Gebiet gilt ihnen die Etablierung des politischen Kabaretts, das Deutschland mit den Mitteln der Satire zu einem liberaleren, toleranteren, demokratischeren Land freigelacht habe, und genau da liegt meines Erachtens schon das Problem: Was ist von einem Humor zu halten, der das Land verbessern will? Nicht viel, würde ich sagen.

Tatsächlich funktioniert das SPD-Kabarett bis heute als linkspädagogische Spaßanstalt, bei der den Mächtigen auf die Finger gehauen und den Rechten ordentlich eingeheizt wird. Den aufklärerischen Impetus tragen die sozialdemokratischen Humoreinrichtungen schon im Namen: Sie heißen «Kneifzange», «Distel», «Stachelschweine» oder «Wühlmäuse», denn natürlich geht es dem Selbstverständnis zufolge immer irgendwie subversiv und unbequem zu. So schunkelt sich das Publikum von Pointe zu Pointe, man lacht über gemeinsame Feinde und erprobte Vorurteile: Die Nato will den Krieg, die CDU gehört zur Wirtschaft, die Amerikaner sind einfältig und alle Manager Lumpen. Sicher, die vergangenen Jahre waren nicht ganz einfach für das politische Kabarett, erst übernahm Rot-Grün die Regierung, dann gingen ihm mit dem Abtritt von Politikern vom Schlage Kohls und Stoibers die Pappkameraden aus. Angela Merkel eignet sich nicht recht für die Bühne, ihr Witzpotential ist eher gering; jetzt ist auch noch George W. Bush weg, deshalb muss nun die zweite Besetzung herhalten, Ursula von der Leyen, die gestrenge Mutter der Nation, und der gutmütige Verteidigungsminister Franz Josef Jung. Aber das ist nur noch der halbe Spaß.

Ich muss zugeben, ich hatte stets eine Schwäche für Dieter Hildebrandt, den Vater des politischen Kabaretts in Deutschland. Die Programme der «Münchner Lach- und Schießgesellschaft», von der ARD in voller Länge übertragen, waren bei uns zu Hause Weihestunden der Komik: Wenn es so etwas gibt wie andächtiges Lachen, dann beschreibt das die Reaktion, mit der wir vor dem Fernseher seinen Monologen und Sketchen folgten. Jedes Wort von Hildebrandt war eine Spitze gegen die andere Seite – den Vatikan, die Atomlobby, Franz Josef Strauß –, und als ihm der Bayerische Rundfunk den Gefallen tat, sich bei einer Sendung wegzuschalten, war er heilig. Noch heute muss ich schmunzeln, wenn ich ihn sehe, ich mag nach wie vor seine zerknitterte, von den Zumutungen des politischen Alltags verstörte Art: Für mich ist Hildebrandt immer der Urtyp des liebenswerten Sozialdemokraten gewesen, aufrecht, menschennah, mit einem fabelhaften Gehör für falsche Tonlagen gesegnet, aber war er je wirklich komisch? Als «moralische Instanz» und «Gewissen der Nation» wurde Hildebrandt anlässlich seiner diversen Jubiläen gewürdigt, ich hätte dagegen wegen Herabwürdigung und Verleumdung geklagt: Solche Schmähungen hat er wirklich nicht verdient.

Bleibt die ‹Titanic›, seit dem Gründungsjahr 1979 Heimstätte der deutschen Hochkomik und gern genannter Beleg für die Humorfähigkeit der Linken. Der Name fällt zuverlässig in jeder Diskussion zum Thema, was einen zurück zum Zeugen Mosebach bringt, der die Qualität mit der ideologischen Desinteressiertheit der Redaktion erklärt, das Humortalent also gerade auf die Abstinenz von einer politisch eindeutigen Haltung zurückführt. Folgt man Mosebachs Beobachtung der deutschen Humorlandschaft, dann ist der Grund dafür, dass die Linke, wenn sie sich treu bleiben wolle, nicht wirklich komisch sein könne, ihre Zielgerichtetheit. «Die Linke schreckt zurück vor dem Abgrund der Absurdität», glaubt er. Wenn der Linke eine Humorbombe zünde, habe der Humor-TÜV zuvor sichergestellt, dass sie garantiert nur in eine Richtung explodiere.

Von Linken wird schon im zweiten Satz verlangt, dass ihnen das Lachen im Halse stecken bleiben müsse. Das ist der humorpolitische Imperativ jeder gehobenen Kabarettsendung, er ergibt sich aus dem Anspruch an die Lebensführung. Der Konservative darf Freude an einfachen Lebensgenüssen haben, an schnellen Autos, ungesundem Essen und dekadentem Umgang, das nimmt niemand krumm, schließlich gilt der Reaktionär als von der Welt verdorben, weshalb ja auch nach der Machtübernahme des Sozialismus das Umerziehungslager auf ihn wartet. «Von einem Franz Josef Strauß hat kein Mensch, sagen wir vorsichtiger, kein Linksintellektueller erwartet, dass er zuerst an die Allgemeinheit und zuletzt an sich denkt», hat Martin Walser in einer Rede an der Humboldt-Universität über Kritik und «Kritikroutine» festgestellt. Auf dem Linken lasten andere Ansprüche, etwas Feineres, Besseres soll er bewirken. Deshalb ist seine Lebensweise auch grundsätzlich rechtfertigungsbedürftig, weniger beim Volk, das hat sich für solche Details nie wirklich interessiert, aber bei den eigenen Leuten. Der Linke muss immer fürchten, dass jemand hinter ihm steht und die Trauben nachzählt, die er sich in den Mund schiebt – deshalb ist es kein Wunder, dass er mitunter etwas zwanghaft wirkt, so etwas schlägt aufs Gemüt. Einige haben versucht, dem pietistischen Bescheidenheitsgebot durch demonstrativen Genuss zu entkommen. Sie haben sich, wie Gerhard Schröder, in Brioni-Anzüge geworfen und Pferdelederschuhe von Alden bestellt, Joschka Fischer besitzt seit kurzem eine Villa im Grunewald, aber immer haftet diesen Ausbruchsversuchen etwas Unfreies, eigenartig Fremdbestimmtes an, so als müsste man nachträglich beweisen, wie unabhängig man sich fühlt. «Typisch neureich» hieß bei uns zu Hause der demonstrative Genuss, der die gesellschaftliche Unsicherheit des Aufsteigers verrät.

Man kann auch sagen: Die Linke nimmt sich selber zu ernst, um wahrhaft komisch zu sein. Es geht hier nicht darum, ob einer gekonnt Witze zu erzählen vermag; niemand würde behaupten wollen, dass Linke nicht gesellig sein können, auch sehr amüsant. Aber aus gutem Grund wird Humor vom Scherz unterschieden. Ersterer entsteht aus dem Gefühl der Unzulänglichkeit, seinen Reiz bezieht er aus der künstlichen Verdoppelung der Schwäche, nicht dem Überlegenheitsgefühl. Irgendein Missverständnis hat vor Jahren aus Woody Allen, dem Großmeister der ironischen Selbsttröstung, einen Liebling der Linken gemacht, dabei ist sein Humor ein Paradebeispiel für eine Form von Komik, die ihre Antriebskraft aus dem Absurden bezieht. «Das Essen ist furchtbar hier, und die Portionen sind zu klein» – kann man ein Grundproblem menschlicher Existenz besser auf den Punkt bringen? In jedem Fall ist Allens Witz meilenweit entfernt von den Kabarettspäßen, die von der Verballhornung eines Namens leben, der Stimmenimitation oder den Scherzen über die Leibesfülle eines Politikers. Als «Flucht vor der Verzweiflung» hat der britische Dramatiker Christopher Fry Humor definiert; das setzt allerdings voraus, dass man dieses Gefühl, wenn schon nicht teilen, dann doch zumindest nachempfinden kann.

Der Konservative steht staunend vor der Unvernunft der Welt, aber er akzeptiert sie kopfschüttelnd als Tatsache des Lebens. Der Linke nimmt sie als Beleidigung. Das ist gut für bissige Sottisen, auch für gelegentlichen Sarkasmus und Spott – aber kaum für den heiteren Pessimismus und die Selbstironie, ohne die es keinen wahren Humor geben kann. Außerdem neigt der politische Überzeugungstäter zur dramatischen Weltsicht und damit zu einer seelischen Aufgewühltheit, die Gift für jeden Witz ist.

Wer laufend gegen das Unrecht kämpft, gegen übermächtige Feinde und böse Machenschaften, dessen Gemützustand ist naturgemäß eher angespannt. Diese Grundnervosität hat durchaus vorteilhafte Seiten: Der Kampf gegen drohendes Unheil gibt dem Leben eine Richtung, was bei der Nachwuchsgewinnung äußerst hilfreich sein kann; der Reiz, den die Einschreibung bei den Linken ausübt, hängt unzweifelhaft mit ihrer Erregungsbereitschaft zusammen. Nur führt die nervöse

DIE LINKE UND DER HUMOR   311

Weltsicht auch dazu, dass sich die Perspektiven verschieben und die Beobachtungsgabe leidet, was Humor leider nie gut bekommt. Eine Folge aus dem «Herrn der Ringe» reicht als Anschauungsmaterial, um zu wissen, wie sich Überzeugungslinke schon morgens fühlen, wenn der Tag gerade mal begonnen hat. Es geht gleich wieder ums Ganze, überall lauern Gefahren, immer steht der Weltfrieden auf der Kippe, dabei ist noch nicht einmal der Kaffee ausgetrunken.

Die Linke ist in besonderer Weise anfällig für Untergangsszenarien, jeder neue Weltschrecken wird mit zusammengebissenen Zähnen (und leuchtenden Augen) begrüßt. Was hat meine Generation nicht schon alles überlebt: den Sauren Regen und das Waldsterben, die Überbevölkerung, das Ozonloch und die Aids-Katastrophe, die nach den ersten Hochrechnungen bis heute etwa die Hälfte der Weltbevölkerung dahingerafft haben sollte. Zwischendurch mussten wir noch mit Nematoden im Fisch fertig werden, der Vogelgrippe, den «Tödlichen Eiern», die es 1993 auf einen ‹Spiegel›-Titel brachten, und natürlich BSE, dem Killervirus im Fleischklops. Man mag es dem einen oder anderen also vielleicht nachsehen, wenn er nicht gleich ansprang, als es hieß, dass demnächst die Polkappen schmelzen – auch gegen Unheilsverkündigungen kann man abstumpfen.

Jetzt also die Finanzkrise. Vielleicht stehen wir ja diesmal wirklich vor dem Weltuntergang, einem neuen Weltbürgerkrieg, wer will das ausschließen? Die größte Krise seit dem Zweiten Weltkrieg ist es in jedem Fall, sagt sogar der Bundespräsident, da möchte man nicht auf dem falschen Fuß erwischt werden. Vorsorglich halten die professionellen Grabredner in den Medien bereits wöchentliche Bestattungsproben ab.

Schon die Achtziger waren ein dezidiert apokalyptisch gestimmtes Jahrzehnt. Wir sprangen dem Tod sozusagen täglich von der Schippe. Überall lauerte der atomare Overkill, jederzeit konnte uns ein Kernkraftwerk um die Ohren fliegen oder ein atomarer Sprengkopf den Garaus machen. Die Angst erreichte ihren ersten Höhepunkt, als die Amerikaner ankündigten, neue Pershing-Raketen auf der schwäbischen Alb stationieren zu wollen. Die Russen hatten auf der anderen Seite gerade ihre SS-20 in Stellung gebracht, mit denen sie auf einen Schlag ganz Mitteleuropa hätten ausradieren können, doch auf der Linken hatte man sich entschlossen, der «Logik des Wettrüstens» zu widerstehen, was bedeutete, der Aufrüstung im Osten mit weichem Wasser und viel gutem Willen zu begegnen. Sofortiger und einseitiger Beginn der Abrüstung auf westlicher Seite oder «Euroshima», das waren die Alternativen. Denn, wie es in der SPD-Parteihymne hieß, gedichtet von Dr. Diether Dehm, heute Bundestagsabgeordneter der Linkspartei: «Europa hatte zweimal Krieg, der dritte wird der letzte sein, gib bloß nicht auf! Gib nicht klein bei! Das weiche Wasser bricht den Stein. Die Rüstung sitzt am Tisch der Welt, und Kinder, die vor Hunger schreien, für Waffen fließt das große Geld, doch weiches Wasser bricht den Stein.»

Keiner von uns wusste genau zu sagen, wie eine Kernspaltung funktioniert, aber jeder konnte die Sterberaten im Umkreis des Epizentrums einer Atombombe benennen und das Ausmaß des Fallouts unter Berücksichtigung von Windrichtung und Niederschlagsmenge. Ständig trafen sich Menschen zu Friedensdemonstrationen und Ostermärschen, überall wurden Menschenketten gebildet und Sitzblockaden abgehalten. Es wurde für den Frieden gefastet, gebetet, geknetet und gesungen, und alle waren mit von der Partie, die das gute Gewissen des Landes verkörperten: Heinrich Böll, Helmut Gollwitzer, Horst-Eberhard Richter und Dorothee Sölle, dazu die Phalanx deutscher Liedermacher von Hannes Wader und Franz Josef Degenhardt bis zur Linkskitsch-Chanteuse Bettina Wegner («Sind so kleine Hände»). Helmut Schmidt, der jetzt allenthalben so verehrte Bundeskanzler, gehörte nicht dazu, was bei den Jubiläumsveranstaltungen anlässlich seines neunzigsten Geburtstags dezent im Hintergrund blieb. In Wirklichkeit stand Schmidt ziemlich allein gegen die gesamte Friedensbewegung: Der Nato-Doppelbeschluss, der erst die Pershings und dann eine beachtliche Zahl von Cruise-Missiles ins Land brachte, ging auf seine Initiative zurück. Schmidt fand die Demonstrationen «infantil», aber leider waren sich noch nie so viele Menschen im linken Lager so sicher gewesen, dass sie sich lieber auf ihr Gefühl als auf Zahlen verlassen sollten. Seine Halsstarrigkeit kostete ihn erst die Unterstützung seiner Partei, dann das Amt.

Was die Weltlage angeht, kam es am Ende bekanntlich anders; die Nachrüstung hat nicht den Weltenbrand entzündet, sondern das sowjetische Imperium in die Knie gezwungen, insofern sind wir Beinah-Opfer des Atomtods noch einmal glimpflich davongekommen. Die Spuren des Friedenskampfes sind woanders sichtbar geworden: Wenn Deutschland heute an einer Unterversorgung mit Ingenieuren leidet, dann liegt der Ursprung nicht zuletzt in diesem Jahrzehnt der Angst, als diejenigen zur Schule gingen, die heute eigentlich die Patente und Innovationen herbeischaffen sollten, mit denen wir gegen die Konkurrenz aus China und Indien auf Dauer bestehen können. Aber damals galt ein Interesse an Naturwissenschaft als grundsätzlich verdächtig: Spätestens nach der Lektüre von Friedrich Dürrenmatts «Die Physiker», einem Pflichtbuch an deutschen Schulen, war im Unterricht Einigkeit hergestellt, dass der Forschungsdrang irgendwann jeden, der einen Erlenmeyerkolben zu schwenken verstand, über die moralischen Grenzen hinwegtragen würde. Damit war auch klar, dass die Wissenschaft an verantwortlicher Stelle Menschen brauchte, die dafür Sorge trugen, dass bei den Versuchen kein Unsinn getrieben wurde, Leute wie mich eben.

Die zählebigste Hinterlassenschaft der Achtziger neben Fortschrittsfeindlichkeit, Lichterketten, Fettecken, BAP, Birkenstock und Yoga-Zentren ist die neue deutsche Innerlichkeit, die nach Jahren des politischen Kampfes den Ermüdeten der Bewegung die ungenierte Beschäftigung mit dem erlaubte, was sie schon immer am meisten interessiert hat: mit sich selbst. Der Kurzschluss von Psychoanalyse und politischer Theorie ist ein bis heute nicht ausreichend gewürdigter, allerdings unmittelbar gesellschaftsverändernder Impuls. Neben seiner absolut humorvernichtenden Wirkung ist es vor allem die Inthronisierung des Ich-Prinzips als gesellschaftspolitisches Handlungsmuster, die als breitenwirksames Ergebnis Geltung beanspruchen kann.

Die Revolution des Gefühls, die vor 30 Jahren ihren Anfang nahm, erfasste in kurzer Zeit alle Lebensbereiche, von der Kunst, wo sie als «neue Subjektivität» gefeiert wurde, bis zum Geschlechterverhältnis: «Der MENSCH meines lebens bin ich», heißt es paradigmatisch bei Verena Stefan in ‹Häutungen›, dem Vorläufer der bald schon allgegenwärtigen «Betroffenheitsliteratur». Eine ganze Generation begab sich auf die Suche nach dem Ich, überall sprossen Selbsterfahrungsgruppen und Therapiezirkel, um der Selbstverwirklichung, wie das neue Zauberwort hieß, auf die Sprünge zu helfen. Statt nach einem Weg zur Befreiung der Massen suchte man nun den G-Punkt und die innere Erleuchtung mittels asiatischer Läuterungstechniken. Vor der Beschäftigung mit den Produktionsbedingungen des Proletariats kam die Analyse der persönlichen Beziehungsverhältnisse, neben die gesellschaftliche Realität trat die *gefühlte* Wirklichkeit: Unter Menschen, «die mit dem Herzen denken» (Konstantin Wecker), bedarf es nicht länger der mühsamen Auseinandersetzung mit Argumenten, um sich über die Wichtigkeit eines Vorhabens zu verständigen, nun reichte schon, dass man sich mitbetroffen oder jedenfalls in irgendeiner Weise involviert *fühlte*, damit ein Problem als politisch bedeutsam anerkannt war. Tatsächlich ist die eigene Beziehung zum politischen Gegenstand damals erstmals zu einem wesentlichen Kriterium für die Relevanz von Themen und Ereignissen geworden; was keine Emotionen hervorzurufen vermag, gilt seitdem als nebensächlich und politisch nicht weiter verhandlungswürdig. Oder wie es die Grünen-Vorsitzende Claudia Roth zum Jahreswechsel

DIE LINKE UND DER HUMOR

in einem ‹Spiegel›-Gespräch sagte: «Wie soll ich zum Beispiel Sozialpolitik machen, wenn ich nichts empfinde?»

Tränen als Bedeutungsbeweis, das ist eine diskurspolitische Innovation, die erst einmal verarbeitet sein will. Je freier die Träne fließt, desto wichtiger die Sache: Für die Gefühlsdemokratie bedarf es eines ganz anderen Ensembles von Eigenschaften, über die ein Politiker verfügen muss. Die Grünen sind hier herkunftsbedingt im Vorteil, die Konservativen tun sich bei diesem romantischen Rückfall eher schwer. Abstand und kühle Sachlichkeit gelten mit einem Mal als Handicap im politischen Geschäft, Distanz zur anstehenden Aufgabe wird als Distanzierung verstanden, Disziplin und Entschlossenheit, wie sie den ehemaligen Wehrmachtsoffizier Schmidt auszeichneten und die eben noch als Ausweis besonderer Führungskraft galten, sind plötzlich Ausweis bedenklicher Rohheit und Gefühlsarmut. Was zählt, ist die gekonnte Darstellung von Mitgefühl, der sanfte Verständniston, die emphatische Umarmung aller guten Menschen und Anliegen, unabhängig davon, wie ernst es einem damit ist. Hauptsache, man wirkt gefühlvoll, oder, wie es nun heißt, «kommt glaubhaft rüber», die gelungene Bühnenwirkung des Ganzen wird unter Eingeweihten als Bewertungskategorie augenzwinkernd durchaus anerkannt.

Niemand hat den neuen Typus des Politikers als Emotionalienhändler in Deutschland wohl jemals besser verkörpert als Björn Engholm, Herausgeber von Büchern mit Titeln wie ‹Die Zukunft der Freizeit› und neben Gerhard Schröder und Oskar Lafontaine einer der sogenannten Enkel Willy Brandts. Der zwischenzeitlich zum SPD-Kanzlerkandidaten avancierte Diplompolitologe, dessen Reden immer so klangen, als seien sie von dem Liedermacher Herman van Veen geschrieben, berief sich gern auf die «sensiblen Potentiale» im Lande, die es fruchtbar zu machen gelte. Den von ihm fälschlicherweise Lessing statt Fontane zugeschriebenen Ausspruch, «man solle mit dem Kopfe fühlen», verstand er nicht als Selbstbezichtigung, sondern als Kompliment. «Björn Engholm ist tatsächlich empfindlich und daher verwundbar», pries ihn sein Biograph Ludger Fertmann 1991 anlässlich der Wahl zum SPD-Vorsitzenden. Dass es dann doch nichts wurde mit der weiteren Karriere, lag weniger an Engholms Inanspruchnahme des Kopfes zu Gefühlszwecken, sondern mehr an seiner nachträglichen Entzauberung als ein heimlicher Mitspieler in der Barschel-Affäre, bei der er deutlich trickreicher vorgegangen war, als es seinem sensiblen Image guttat.

Mit der neuen Eigentlichkeit entwickelte sich ein Gefühlsjargon, dessen Schlacke die politische Sprache bis heute mitschleppt. «Problem» wird zu einem Schlüsselbegriff, man begegnet ihm im Zusammenleben als «Beziehungsproblem», an der Mülltonne hat man es nun mit dem «Umweltproblem» zu tun, auf der Straße mit dem «Sozialproblem». Ein klein wenig Übung vorausgesetzt, lässt sich alles problematisieren, wie sich schnell zeigt, unentwegt wird analysiert, durchgesprochen und hinterfragt, wobei das «Sicheinbringen» mit «subjektiven Erfahrungen» und die «Thematisierung eigener Erlebenskontexte» nie aus dem Blick geraten sollten. Die Selbstbezüglichkeit des Gefühlssprechs dient der Bestätigung der Gruppenverbundenheit – wer von sich redet, macht es anderen einfacher, sich angesprochen zu fühlen und ebenfalls Persönliches beizusteuern. So entstehen das «Forum», der «Workshop» und später dann die «Talkshow», in denen schon das Beschnattern eines Problems, wenn nicht als dessen Lösung, dann doch als ein wichtiger Schritt zu seiner Überwindung gilt. Auch hier zählt vor allem die Betroffenheit, neben das «Problem» tritt die «Angst», die als Gefühlswort allerersten Ranges jede Diskussion sofort bestimmt, weil sie so unschlagbar «authentisch» wirkt. «Authentisch ist», schreiben die Autoren des munteren Büchleins ‹Schöner denken›, eines vorzüglichen Glossars der Linkssprache, «wenn in einer Bürgerversammlung fünf hochkarätige Wissenschaftler dargelegt haben, warum der Neubau eines Golfplatzes kein bedrohliches Risiko darstellt, und dann einer aufsteht und sagt: ‹Aber ich habe Angst.› Dann können die fünf Experten einpacken. Und die Journalisten wissen, wem sie ihr Mikrophon unter die Nase halten.»

Kaum etwas wirkt sich im linken Milieu vernichtender aus als der Vorwurf, jemand sei abgehoben, das heißt der Welt des Herkunftsmilieus entfremdet. Als arrogant zu gelten, kommt einem sozialen Todesurteil gleich, und arrogant ist man in diesen Kreisen schneller, als man denkt: Manchmal reicht es schon, die falschen Bücher gelesen zu haben oder, schlimmer noch, zu zitieren. Das immense «Kuschelbedürfnis» der Szene zeigt sich bis heute im Bild linker Demonstrationen, wie es Götz Aly, Veteran der Erlebnisgeneration und einer der unbestechlichsten Köpfe der Linken, mit geschultem Blick festgehalten hat: «Nach dem Block der Lehrergewerkschaft kommt der Schwulenblock, dann folgen, die Reihen fest geschlossen, die Ärzte gegen den Atomtod, die Roten Krankenschwestern, die Hausbesetzer, der Zentralrat zur Befreiung der Frau, die Grau-Grünen Panther e.V., die linksalternative Stadtteilgruppe des Sowienoch-Kiezes, die RollstuhlfahrerInnen-Front, die Eine-Welt-Laden-BetreiberInnen, die linksgedrehten Ökobäuerinnen und -bauern.»

Die «Destruierung der Privatheit» hatte gleich zu Beginn der bundesdeutschen Linken auf dem Programm gestanden, als notwendig erachtetes Reinigungsritual zur Abtötung kleinbürgerlicher Reflexe und Verhaltensweisen. Die Mitglieder der «Kommune I», der ersten und bis heute wohl berühmtesten Wohngemeinschaft der Republik, feierten den Aufbruch in die neue Zeit, indem sie die Klotüren aushängten, Frauen zu Allgemeinbesitz erklärten (weshalb sich auch kaum eine Frau auf das Experiment einließ) und alle geheimen Gedanken verboten. Nach dem Abwasch trafen sich die WG-Genossen am Esstisch ihrer Sechseinhalbzimmerwohnung am Stuttgarter Platz in Berlin, um sich gegenseitig zu verhören und zu Geständnissen zu bewegen: Der «Kommunarde» Fritz Teufel schwor, er werde «mit keiner Frau mehr ein Verhältnis anfangen», und auch «keine kurzen, aggressiven Bemerkungen» mehr machen, wie es das Wortprotokoll einer solchen Gruppensitzung festhält. «Schweiger müssen reden», lautete der Tagesbefehl an die stilleren Naturen: «Jeder muss seine individuelle Situation auf den allgemeinen Stand bringen.»

Die Pointe an der Abschaffung des Privaten, die mal mehr, mal mehr weniger gründlich gelingt, ist die damit einhergehende Aufwertung des Ichs zum revolutionären Subjekt. Die Auswirkungen des linken Sozialexperiments auf das eigene Befinden wollen nicht nur beredet, sondern auch im Detail beschrieben sein, was eine wahre Flut von Selbsterfahrungstexten auslöst. Radikale Subjektivität ist nun die ideologisch zeitgemäße Haltung, das eigene Empfinden wird zum Maßstab der Weltbeurteilung, der Körper zum Resonanzboden für Wirklichkeit. «Was macht das mit dir?», lautet die erste Frage des neuen ideologiekritischen Diskurses, gefolgt von: «Wie geht es dir damit?» Umgekehrt ist alles, was einen in der persönlichen Entwicklung zu behindern droht, ein Hemmnis, das aus dem Leben entfernt gehört, dazu zählen dann im Zweifel auch Freunde und Lebenspartner, so schmerzhaft das im Einzelfall sein mag. Das Konzept des Authentischen, das in der Erbfolge der Rousseau'schen Idealgesellschaft von den Therapiestudios an der amerikanischen Westküste seinen weltweiten Siegeszug antritt, liefert die Stichworte, die noch den rüdesten Egoismus mit Verweis auf die eigene Gemütslage gesellschaftsfähig machen: Solange man nur «echt» ist, kommt man mit fast allem durch, selbst einer Beziehungstat.

Indem die Identitätssuche zum politischen Emanzipationsprojekt wird, verschiebt sich die Barrikade des Befreiungskampfes; die Veränderung der Welt beginnt jetzt schon in der Therapiestunde, neben den Arbeiterführer tritt der Analytiker als neue Leitfigur. «Zum ersten Mal in der Geschichte hängt das physische Überleben der Menschheit von einer radikalen seelischen Veränderung des Menschen ab», erklärt der Psychoanalytiker Erich Fromm in seinem Bestseller ‹Haben oder

Sein›, der allein in Deutschland weit über 20 Auflagen erreicht und nichts Geringeres als «die seelischen Grundlagen einer neuen Gesellschaft» vorstellt, worunter Fromm ganz zeitkonform die Umstellung auf «gesunden und vernünftigen Konsum», die Einrichtung eines «obersten Kulturrats» zur Überwachung der Medien und, natürlich, die atomare Abrüstung versteht.

Ich bin gründlich durchanalysiert, mir kann man in dieser Hinsicht nichts mehr vormachen. Es fing in der sechsten Klasse an, nach der üblichen Rauferei auf dem Schulhof. Vermutlich gehöre ich der letzten Generation von Gymnasiasten an, bei der ein offener Schlagabtausch noch zum Schulalltag gehörte – wer seinem Klassenkameraden heute eine langt, gilt sofort als Fall für den Jugendpsychiater. Als mein jüngster Sohn vor einem Jahr zum Schulkarneval ein Plastikgewehr dabeihatte, wurde er ermahnt, weil er eine «Waffe» in die Schule mitgebracht habe. «Carl, das kreiert keine gute Atmosphäre», sagte die Lehrerin und nahm das Gewehr mit spitzen Fingern in Verwahrung. Vor ein paar Monaten hat die ganze Klasse an einem Antiaggressionstraining teilgenommen; ein Polizist belehrte die Kinder, man könne für Schubsen ins Gefängnis kommen. Ich kann nur hoffen, dass er diese Lektion bei Gelegenheit auch im benachbarten Neukölln an den Mann bringt, damit auf der Straße Friedenspflicht herrscht, wenn die Schüler jemals aufeinander stoßen sollten.

Ich kann mich noch gut erinnern, wie in meiner Klasse die ersten Psychologen auftauchten, um mit uns ‹ins Gespräch zu kommen›, wie sie das nannten. Ich weiß nicht mehr, was der Anlass war, wahrscheinlich hatten wir uns mal wieder eine Prügelei geliefert. Jedenfalls erschien eines Tages ein dauerlächelnder Mittdreißiger in Cordhose mitsamt einer betrübt dreinblickenden Begleiterin, die sich als «die Susanne» vorstellte, um mit uns über unser Sozialverhalten zu sprechen. Mobbing kannte man damals noch nicht als Begriff, so begnügten sich die beiden, uns wegen der «Gewalt» an der

Schule ins Gebet zu nehmen. Wir müssten lernen, uns mit Worten auseinanderzusetzen, nicht mit Schlägen, erklärten sie. Ich hatte dagegen prinzipiell keine Einwände, auch wenn ich die Aufregung ein wenig übertrieben fand: Ich bin nie besonders kräftig gewesen, beim Faustkampf zog ich meist den Kürzeren, was auf die Dauer etwas demoralisierend war. Ich sah zum dicken Martin hinüber, der mich ein paar Tage zuvor mit dem Gesicht auf die Steinplatten im Schulhof gedrückt hatte, er hockte weißglühend auf seinem Schemel, unfähig zu einer Erwiderung; wir beide wussten in diesem Moment, dass sich das Blatt gewendet hatte. Psychotraining schien mir gar keine so schlechte Sache zu sein.

Mit sechzehn saß ich zum ersten Mal auf dem «heißen Stuhl». Seit einer der Sozialarbeiter der Kirchengruppe, die ich zu diesem Zeitpunkt besuchte, von einem Fortbildungsseminar ein paar Übungen zur «Selbsterfahrung» mitgebracht hatte, versuchten wir uns in Gruppendynamik. Jeden Donnerstag nach der Schule trafen wir uns unter dem Dach des Gemeindehauses, abwechselnd nahm einer auf einem Hocker in der Mitte Platz, um sich von den Anwesenden die Wahrheit über sich sagen zu lassen. Wie wir es verstanden, ging es darum, dass man lernte, sich selbst «anzunehmen». Ich habe zwar bis heute nicht begriffen, wieso es das Selbstwertgefühl stärken soll, wenn einem zehn Leute möglichst ungeschminkt vorhalten, was sie alles an einem auszusetzen haben, aber so waren eben die Regeln. Es war gar nicht so schwer, wenn man einmal den Dreh raushatte: «Du-Botschaften» waren verpönt, wie alle Sätze hießen, die mit dem zweiten Personalpronomen begannen, «Ich-Botschaften» dagegen erwünscht. Also sagte man nicht: «Du gehst mir auf die Nerven», sondern: «Ich finde, dass du manchmal etwas distanzlos bist.» Man durfte nur nicht den Fehler machen, seinen Gefühlen allzu freien Lauf zu lassen, denn das bekam man mit Garantie zurück, wenn die Reihe an einem selber war, sich auf den heißen Stuhl zu setzen – auch die totale Ehrlichkeit kennt viele Schattierungen. Als ich nach dem Abitur meinen Zivildienst in einem psychiatrischen Wohnheim antrat, wo ich den ganzen Tag mit Leuten zu tun hatte, die den unmittelbaren Angriff der Klingonen erwarteten oder sich für geniale Dichter hielten, deren Arbeitszeugnisse des Nachts auf geheimnisvolle Weise verschwanden, fühlte ich mich auf emotional anspruchsvolle Situationen einigermaßen gut vorbereitet, insofern kann ich über die gruppendynamischen Sitzungen im Pfarrhaus nicht klagen.

Dass rückhaltlose Aufrichtigkeit das Leben erträglicher mache, ist eine kindliche Vorstellung, wie sich schnell beweisen ließe, tatsächlich basiert auskömmliches Zusammenleben darauf, dass Menschen sich nicht mit trompetenhafter Ehrlichkeit die Meinung kundtun, sondern zum taktvollen Schweigen Zuflucht nehmen, wenn sich die Wahrheit nicht anders vermeiden lässt, aber das bekümmerte uns nicht weiter, schließlich strebten wir nach einer Welt jenseits bürgerlicher Umgangsformen. Da zum authentischen Dasein unbedingt das Unverfälschte gehört, das Echte und Reine, schwärmten wir für alles, was natürlich war oder zumindest von weitem so aussah, wozu neben dem ganzheitlichen Gefühlskult die Batik und das Selbstgestrickte gehörten, John Lennon (‹Imagine›!), die Welt der Indianer und überhaupt aller Naturvölker, die Weisheit des Buddhismus, Alternativmedizin und kalt gepresstes Olivenöl sowie aus unerfindlichen Gründen Räucherstäbchen, Jasmintee und Zungenküsse.

In die Zeit der «Intimisierung von Politik» (Cora Stephan) fällt auch die eigentümliche Begeisterung für das Landleben, angefacht von der aufkommenden Ökobewegung und einem ehemaligen BBC-Reporter namens John Seymour, der sich einen Hof in Wales zugelegt hatte und anhand seiner Erfahrungen mit der Selbstversorgung nun «Do it yourself»-Bücher verfasste, die binnen kurzem in jedem zivilisationskritischen Haushalt lagen. Von Seymour stammt der Satz: «Wenn morgen die übrige Welt in die Luft gehen sollte, könnten wir hier glücklich weiterleben und würden kaum einen Unterschied merken» – eine Lebenseinstellung, die sich bestens mit dem Endzeitgefühl der Epoche vertrug. Ich verbrachte Stunden über dem ‹Buch vom Leben auf dem Lande›, ich hätte mühelos jedes Biobauer-Examen bestanden. Ich wusste, was man gegen Krautfäule unternimmt, die die Kartoffelernte bedroht, wie man Honigwaben entdeckelt, dem Schaf beim Lammen hilft und ein geschlachtetes Schwein aufhängt (erst den Kopf direkt hinter den Ohren abtrennen und in Salzwasser legen, dann den Bauch von den Lenden bis zum Einschnitt an der Kehle vorsichtig aufschneiden!). Niemand weiß, wie viele Zeitgenossen sich wirklich in Landkommunen eingerichtet haben, aber das Leben außerhalb der Stadt war in jedem Fall aufreibender, als es sich die meisten vorgestellt hatten. Die Juristin Sibylle Tönnies, die heute Rechtssoziologie in Potsdam lehrt und einen langen Weg durch die Linke hinter sich hat, berichtete mir bei einem Treffen von der Mühsal des Landlebens, die schon damit begann, dass man nicht erst um 12 Uhr mittags aufstehen konnte. Ein Teil des Tierbestandes ihrer Kommune, die irgendwo bei Bremen einen alten Bauernhof bezogen hatte, überlebte das Experiment nur kurze Zeit, weil die Mitglieder nicht rechtzeitig aus den Betten fanden oder tagsüber einfach zu bekifft waren, um sich um die Bedürfnisse der armen Kreaturen zu kümmern.

Wenn das Gefühl regiert, ist der Humor am Ende. Was bleibt, ist Kitsch.

«Zieh die Schuhe aus / die schon so lange dich drücken / lieber barfuß lauf / aber nicht auf ihren Krücken», sang die Frauen-Combo ‹Schneewittchen› 1978 in ihrem Lied ‹Unter dem Pflaster liegt der Strand›, was die SPD-Abgeordnete und spätere Bildungsministerin Gisela Böhrk so ergreifend fand, dass sie den kompletten Text im schleswig-holsteinischen Landtag vortrug. Das Protokoll verzeichnet Heiterkeit bei der CDU-Fraktion und die Zurechtweisung der Lacher durch den SPD-Fraktionsführer Klaus Matthiesen, sie hätten von Lyrik «nichts begriffen und von Literatur auch nichts». Fünf Jahre später trat die Gruppe ‹Gänsehaut› in der ZDF-Hitparade mit ihrem Umweltsong ‹Karl der Käfer› auf («Karl der Käfer wurde nicht gefragt, man hat ihn einfach fortgejagt»), womit der Anschluss an den Massengeschmack gelungen war. Diesmal lachte niemand mehr.

Mit Kitsch verhält es sich wie mit Pornographie: Er ist schwer zu definieren, aber man erkennt ihn sofort, wenn man ihn vor sich hat. Der röhrende Hirsch der Linken sei der singende Wal, hat der Kulturkritiker Gerhard Henschel angemerkt, der vor Jahren unter dem Titel ‹Das Blöken der Lämmer› eine bis heute tränentreibende Blütensammlung vorlegte. Kitsch entsteht aus dem Versuch, der großen Sache durch große Worte noch mehr Bedeutung zu verleihen und dem Innigen besondere Innigkeit, deshalb kommen die fleißigsten Kitschproduzenten seit Jahren verlässlich aus dem linken Milieu. An herausgehobener Stelle sind hier der frühe Herbert Grönemeyer, Klaus Staeck und Erich Fried zu nennen, Günter Wallraff nicht zu vergessen, der kürzlich eine Spätprofessur für Armutsreportagen bei der ‹Zeit› antreten durfte und sich mit solch unsterblichen Zeilen wie «Heinrich Böll ist tot / Es wird dunkler und kälter / mitten im Sommer / ... Widerstand leisten! / Nicht erst, wenn's zu spät ist / in Diktaturen» verewigt hat.

Ergriffenheit kennt keine Grenzen, und der Politkitsch verbindet die Linke auch global.

Lauschen wir deshalb zum Schluss für einen Moment in das Gedicht, dass sich US-Präsident Bill Clinton zu seiner Amtseinführung 1993 von der Autorin Maya Angelou gewünscht hat:

«Der Fluss singt und singt.
Es gibt eine wahre Sehnsucht nach Kommunikation mit
Dem singenden Fluss und dem weisen Fels.
Das sagen der Asiate, der Hispanic, der Jude,
Der Afroamerikaner und der Ureinwohner der Sioux,
Der Katholik, der Muslim. Der
Franzose, der Grieche,
Der Ire, der Rabbi, der Priester, der Scheich,
Der Schwule, der Hetero, der Prediger,
Der Privilegierte, der Obdachlose, der Lehrer,
Sie hören. Sie alle hören
Die Worte des Baums.»

EIN SCHLUSSWORT – ODER: WARUM MAN IN DER KRISE EIGENTLICH NUR KONSERVATIV BLEIBEN KANN

Als ich mit diesem Buch anfing, sagte meine Frau, ich könne schreiben, was ich wolle, sie hoffe nur, dass unsere Adresse nirgendwo auftauche. Sie hatte aus unseren Gesprächen den Eindruck gewonnen, unsere Beziehung zu den Freunden auf der linken Seite könnte haklig werden. Ich habe sie beruhigt. Ich hätte die Hausnummer weggelassen, sagte ich.

Meine Mutter erklärte nach einem Blick auf die Verlagsvorschau, dass sich in Wahrheit alles ganz anders zugetragen habe. Dann zählte sie auf, was ich unbedingt erwähnen müsse, eine lange Liste sehr bedenkenswerter Einwände, die nur leider ein völlig anderes Buch ergäben hätten. Meine Bekannten und Kollegen meinten, ich solle mich nicht unglücklich machen: Ich sei doch ein ganz angesehener Autor beim ‹Spiegel›, außerdem seien links und rechts längst überholte Begriffe.

Selbstverständlich habe ich über alle Einwände nachgedacht, vor allem über letzteren, weil er mir immer wieder begegnet. Ständig wird gegen die Unterscheidung von rechts und links angeschrieben; die politischen Vorgänge, heißt es, seien heute so komplex, dass die alten Kategorien nicht mehr taugten. Auch die großen Parteien – und ganz besonders ihre Spitzenkandidaten – hüten sich, zu deutlich der einen oder anderen Seite zuzuneigen. Bei großen Parteiveranstaltungen der CDU steht seit anderthalb Jahren «Die Mitte» auf den Stellwänden; die SPD ist deswegen ein bisschen sauer, weil sie ja eigentlich die Erfinderin der «Neuen Mitte» war, nun muss sie sich etwas anderes einfallen lassen.

Das Eigenartige ist, dass kein Thema, außer der Religion, Menschen so erhitzen und auch entzweien kann wie die Politik. Man hat noch nicht oft gehört, dass sich Freunde über die Frage, welches der beste Fußballclub oder die schönste Frau Deutschlands sei, die Freundschaft aufgekündigt haben, doch bei politischen Debatten ist das schneller passiert, als einem lieb sein kann. Manchmal reicht ein Abend, ein einziges Gespräch, und es tut sich ein Graben auf, der am nächsten Tag nicht mehr zu überbrücken ist. Nun kann man annehmen, dass die neuralgischen Punkte, an denen sich so ein Streit entzündet, nach dem Zufallsprinzip über die Breite der denkbaren Positionen verteilt sind, aber nach meiner Erfahrung spricht sehr viel mehr für die Annahme, dass sie ein Muster ergeben, eine Weltsicht, die sich mit der jeweils gegenüberliegenden überraschend schlecht verträgt. Dies nennt man gemeinhin eine politische Haltung.

Schon die öffentliche Behandlung der politischen Lagerbildung ist, wie sich zeigt, uneinheitlich. Einerseits ist nach vorherrschender Meinung alles im Fluss, die Mehrheit, heißt es, schwanke zwischen den politischen Alternativen hin und her, weshalb die Politiker gut beraten seien, sich nicht auf eine Seite zu schlagen. Das ist, wenn man so will, die postmoderne Sicht auf Politik. Der Wähler verhält sich diesem Modell zufolge wie ein Kunde im Supermarkt, der nach dem günstigsten Angebot Ausschau hält. Anderseits war 2008 in den Medien allenthalben von einem Linksruck die Rede; als Beleg dienten die bemerkenswerten Wahlerfolge der Linkspartei im Westen der Republik und die Schwierigkeiten insbesondere der Sozialdemokratie, damit zurechtzukommen. Man sollte meinen, dass ein «Ruck» eine heftige Gewichtsverschiebung und damit eine Bindung voraussetzt, die abrupt gelockert wurde, was sich nicht so recht mit der Alles-im-Fluss-Theorie verträgt. Sei's drum.

Die Frage, wer gerade Oberwasser hat, scheint ein wichtiges Kriterium dafür zu sein, ob die alten Markierungen nach

Auffassung der Kommentatoren noch Gültigkeit haben oder nicht. Wenn die Linke vorn liegt, ist schnell von einem Ruck die Rede, wenn die andere Seite Auftrieb hat, heißt es gern, die alten politischen Bezeichnungen hätten keinen Sinn mehr. Ich halte es mit Norberto Bobbio, dem italienischen Linksintellektuellen und Rechtsgelehrten, der in einem Aufsatz über die «Gründe und Bedeutungen einer politischen Unterscheidung» schon in den Neunzigern anmerkte: «Zwischen Schwarz und Weiß kann Grau stehen; zwischen dem Tag und der Nacht steht die Dämmerung. Doch das Grau nimmt dem Unterschied zwischen Weiß und Schwarz keinen Schimmer, noch die Dämmerung dem zwischen Tag und Nacht.»

Die Führer der großen Parteien hassen politische Lagerbildung, das erklärt einen Teil der Verwirrung. Sie wollen die Mehrheit erreichen, insofern haben sie eine Heidenangst davor, Leute zu verprellen, die sie vielleicht gewinnen könnten, wenn sie sich noch ein bisschen biegsamer zeigten. Man muss nur einen Blick in die Parteiprogramme werfen, um den geradezu zwanghaften Willen zum größten gemeinsamen Nenner zu erkennen. Von welcher Partei stammt wohl der folgende Satz: «Wir fühlen uns den Schwachen und sozial Benachteiligten besonders verpflichtet. Niemand darf verlorengehen, keiner darf vergessen werden»? Wer sagt: «Jeder Mensch trägt Verantwortung für sein Leben, niemand kann oder soll sie ihm abnehmen»? Wo steht: «Die Freiheit des Einzelnen endet, wo sie die Freiheit des Anderen verletzt»? Und wer schreibt: «Die Freiheit des Anderen bedingt und begrenzt die eigene Freiheit»? Ich bin sicher, Sie haben keine Ahnung, und jeder, von dem verlangt würde, die Zitate richtig zuzuordnen, wäre aufgeschmissen, dabei stammen sie alle aus den Grundsatzprogrammen der beiden Großparteien. Niemand kann mehr mit Sicherheit sagen, wo die CDU dahintersteckt und wo die SPD, und genau das ist der Sinn dieser Positionsbestimmungen, die in Wahrheit eine Positionsverwischung sind. (Zur Auflösung: Es sind die Christdemokraten, die sich den Schwachen besonders verpflichtet fühlen, und die Sozialdemokraten, die für die Verantwortung des Einzelnen eintreten.)

Der moderne Politiker sieht den Wähler als Kunden, sein Mandatsverhältnis versteht er als Serviceleistung, das hält er für progressiv oder zumindest unumgänglich. Weil er in Handelsbeziehungen denkt, legt er vor dem Wahltag alles in die Auslage, wovon er meint, es könnte den Wähler anlocken. Dass er später nicht immer so liefern kann, wie vorher annonciert, ist für ihn eine unschöne, aber unvermeidliche Begleiterscheinung seines Geschäftsmodells – Reklamationen sind bei ihm vorsichtshalber ausgeschlossen. Da mehr oder weniger alle um ihn herum genauso handeln, glaubt er sich gegen Geschäftsausfall geschützt.

Das mag aus Marketingsicht ganz clever erscheinen, aber es geht am Wesen von Politik vorbei. Nicht weil Politiker zu wenig auf die Mode der Saison und die wechselnden Launen des Publikums achten, ist der Ruf der Politik so ruiniert, sondern weil sie es zu sehr tun. Wer die Bürger zu Verbrauchern erzieht, muss sich nicht wundern, wenn sie ihm bei Missfallen der gelieferten Ware das Kundenverhältnis aufkündigen. Parteien sind in erster Linie Heimatverbände, nicht Interessengemeinschaften zur Durchsetzung günstigerer Steuersätze oder höherer Feiertagszuschläge. Solche Anliegen mögen bei der Einschreibung als Mitglied eine Rolle spielen, aber sie sind bei der Mehrzahl nicht ausschlaggebend für das politische Engagement. Niemand steht freiwillig bei Wind und Wetter auf dem Wochenmarkt und verteilt Handzettel, wenn er nicht davon überzeugt wäre, eine Sache zu vertreten, die über ihn hinausweist und die es wert ist, auch von vielen anderen beachtet zu werden. Basisarbeit ist ein mühseliges Geschäft, und man kann nur allen gratulieren, die sich für eine Partei engagieren, ohne auf Posten, Diäten oder sonstige Gratifikationen zu schielen. 530000 Bundesbürger hat die CDU noch an Mitgliedern, bei der SPD sind es seit Sommer 2008 etwas weniger; alles in allem sind in Deutschland 1,6 Millionen Menschen

Mitglied einer politischen Organisation. Es waren einmal deutlich mehr, aber es ist immer noch eine hohe Zahl von Leuten, die bereit sind, einen beträchtlichen Teil ihrer Zeit zu opfern, ohne dafür auf die Schnelle einen erkennbaren Gegenwert zu erhalten.

Dass sich die traditionelle Parteibindung auflöst, ist unbestreitbar. Vor allem die beiden Volksparteien leiden unter dem Absterben ihrer Kernmilieus, bei der Union sind dies die konfessionell gebundenen Wähler, bei der SPD die gewerkschaftlich Orientierten. Es wäre allerdings ein Missverständnis, wenn man aus diesem Trend den Schluss zöge, dass sich damit auch die politischen Lager in Deutschland auflösten. Das Hätschelkind der Parteistrategen, der Wechselwähler, ist lange nicht so verbreitet, wie gemeinhin angenommen wird. Von den 18 Millionen Deutschen, die 2002 die CDU oder CSU wählten, sind der Union drei Jahre später nur zwölf Millionen geblieben, bei der SPD sind die Größenordnungen vergleichbar; sechs Millionen Parteiwechsler sind eine Zahl, mit der sich jede Positionsverschiebung im Grundsatzprogramm rechtfertigen lässt. Doch tatsächlich hat nur jeder vierte Wechselwähler auch die Lagergrenze übersprungen, die meisten sind innerhalb ihrer politischen Heimat gewechselt, also von der Union zur FDP und von der SPD zu den Grünen oder zur Linkspartei, es sei denn, sie haben gar nicht gewählt. Die größte Partei ist inzwischen die Partei der Nichtwähler, die bei Landtagswahlen gut 40 Prozent der Wahlberechtigten auf sich vereint: Der Regierende Bürgermeister von Berlin, Klaus Wowereit, wurde zuletzt von nur noch 17,5 Prozent der Wahlberechtigten gewählt, was ihn nicht daran hindert, sich als König der Stadt zu präsentieren; dem Ministerpräsidenten von Sachsen-Anhalt, Wolfgang Böhmer, reichten 2006 sogar 15,7 Prozent der Stimmen, um sich als Ministerpräsident im Amt bestätigt zu sehen.

Ist das Land insgesamt nach links gerückt? Auf den ersten Blick spricht alles dafür.

Erst ging Lehman Brothers pleite, nun stehen überall die Banker für Staatshilfe an, und die CDU machte den Weg zur Zwangsverstaatlichung von Unternehmen frei. Der Einzige, der erklärte, er würde sich schämen, öffentliche Gelder anzunehmen, war Josef Ackermann von der Deutschen Bank, aber das war plötzlich auch nicht recht, weshalb er sich gleich die Rüge eines Regierungssprechers einhandelte. Glaubt man den im Meinungsgeschäft Tätigen, stehen die Linken vor einer großen Renaissance. Die Krise, so heißt es, werde das politische System grundsätzlich umpflügen.

In den Fernseh-Gesprächsrunden stößt man nun auf Leute, die seit Jahren als Wanderprediger am Außenrand der Gesellschaft unterwegs waren. Von Sahra Wagenknecht zum Beispiel hat man das letzte Mal in den Neunzigern gehört, als sie mit einer respektablen Rosa-Luxemburg-Imitation zu einiger Bekanntheit gelangte. Jetzt sitzt sie wieder in einem Kreis von Mitdisputanten zur besten Sendezeit, um ihre Vorstellungen einer postkapitalistischen Welt zu entwerfen, so als sei dies eine ernstzunehmende Option, die ebenso Gehör verdient wie die Lagebeurteilung des CDU-Fraktionschefs Volker Kauder, der einen Stuhl weiter sitzt. Die Krise ist offenbar nach Ansicht der Programmverantwortlichen so weit fortgeschritten, dass man jetzt auch die Geistheiler und Vertreter der Alternativmedizin ans Krankenbett lässt.

Bislang, muss man sagen, halten sich die Verheerungen in der politischen Landschaft in Grenzen. Die Lage ist offener als zunächst angenommen. Die ersten Prognosen sahen ein schnelles Ende der Freidemokraten als Partei der Marktwirtschaft voraus – und einen rasanten Aufstieg der Linkspartei. Zwischenzeitlich legte die FDP kräftig zu, und die Linken hatten Mühe, ihre Ergebnisse zu halten. Nun erweist sich, dass politische Einstellungen sehr viel beständiger und auch belastbarer sind als von den Parteimanagern vermutet. Das ist für sie eine beruhigende oder auch beängstigende Auskunft, ganz nach Standpunkt.

Die Lagerbindung hält vieles aus, sie überlebt Berufs-, Familien- und Wohnortwechsel, Werteeinstellungen ändern sich eben nicht so schnell wie Konsumgewohnheiten. Was schwankt, ist dagegen die Bereitschaft, für die eigenen Überzeugungen am Wahltag das Haus zu verlassen. Die Mobilisierungsfähigkeit im eigenen Lager entscheidet Wahlen, weniger die Ausstrahlungskraft auf die Anhänger der Konkurrenz. Es ist eine einfache Rechnung: Wenn auf der einen Seite mehr Leute zur Wahl gehen als auf der anderen, neigt sich die Waage in Richtung desjenigen, der seine Leute zur Stimmabgabe motiviert. Bei den Landtagswahlen im Januar 2008 brachten es die CDU-Ministerpräsidenten Roland Koch und Christian Wulff auf die annähernd gleiche Zahl der Wahlberechtigten: Beide überzeugten als Spitzenkandidaten ihrer Partei nicht einmal ein Viertel der Wähler, der eine blieb bei 23,1 Prozent stecken, der andere bei 23,9 Prozent. Der Grund dafür, dass Wulff am Ende als Sieger durchs Rennen ging, während Koch als Verlierer dastand, lag allein an der Mobilisierung der Herausforderer: Andrea Ypsilanti zog in Hessen, Wolfgang Jüttner in Niedersachsen nicht, und deshalb landete Wulff am Ende bei 42,5 Prozent der abgegebenen Stimmen und Koch bei 36,8 Prozent.

Deutschland ist alles in allem ein erstaunlich konservatives Land, Linke hatten es hier immer schwer, ganz nach oben zu kommen. Die Christdemokraten haben in den 60 Jahren Bundesrepublik 40 Jahre den Kanzler gestellt, 20 Jahre die Sozialdemokraten, und wenn man die Amtsinhaber genauer mustert, wird man schnell feststellen, dass noch nie ein wirklich Linker die Republik geführt hat. Willy Brandt gilt den meisten noch am ehesten als linker Sozialdemokrat, dabei war er der Kanzler des Radikalenerlasses, der alle der Verfassungsfeindlichkeit Verdächtigen aus dem Staatsdienst entfernen wollte, zuvor hatte er schon, als Vizekanzler der Großen Koalition, die Hand für die Notstandsgesetze gehoben. Helmut Schmidt? Kaum der Wunschkandidat der Linken, tatsächlich haben sie ihm spätestens bei der Diskussion um die Nachrüstung das Leben so schwer gemacht, dass er am Ende die Macht verloren gab. Gerhard Schröder ist überhaupt nur gegen die Partei und deren Sozialbataillone an die Macht gekommen – und auch an ihrem Aufstand gegen seine Agenda 2010 gescheitert.

Wie bodenständig die Mehrheit der Deutschen ist, spiegelt sich in den Umfragen wider. Das Institut für Demoskopie in Allensbach lässt die Bundesbürger seit seiner Gründung nicht nur nach ihren Parteipräferenzen befragen, sondern regelmäßig auch nach ihren Normen und Moralvorstellungen: 80 Prozent wünschen sich für ihr Leben eine ganz normale Familie mit Kindern, 88 Prozent nennen Höflichkeit und gutes Benehmen als wichtigstes Erziehungsziel, bei den jüngeren Eltern sind es sogar noch mehr. Vor 15 Jahren sollte das Elternhaus den Kindern noch unbedingt vermitteln, dass sie sich durchsetzen und sich nicht so leicht unterkriegen lassen, nun zählen neben guten Manieren wieder Fleiß, Gewissenhaftigkeit, Hilfsbereitschaft und Sparsamkeit.

Bei all dem Getöse, das um die alternativen Lebensweisen gemacht wird, ist die traditionelle Familie immer noch eine erstaunlich robuste Sozialform. Wer durch die fortschrittlich gestimmten Zeitungen und Magazine blättert, der muss den Eindruck gewinnen, die Ehe sei ein Modell, für das sich immer weniger Menschen interessieren. Die gesellschaftliche Lebenswirklichkeit außerhalb der Lifestyle-Magazine, in denen die unverheiratete, kinderlose Mittvierzigerin die Mehrheit bildet, sieht allerdings etwas anders aus: Sieben von zehn Kindern werden noch immer ehelich geboren, daran haben alle Lobgesänge auf die Patchworkfamilie nichts zu ändern vermocht. Zwei Drittel der Deutschen gehen in ihrem Leben mindestens eine Ehe ein, ein beträchtlicher Prozentsatz sogar mehrere. Tatsächlich hat sich noch nicht einmal am Wunsch nach Kindern als Erfüllung einer festen Paarbeziehung etwas geändert.

Man kann trefflich darüber streiten, warum die Geburtenzahlen in Deutschland sinken: Die vorherrschende Meinung ist heute, es liege an mangelnden Betreuungsangeboten des Staates. Kaum eine Rolle spielt in der Diskussion der unerfüllte Kinderwunsch. Eine erstaunlich hohe Zahl von Frauen, die nach den Motiven von Kinderlosigkeit befragt wurden, geben Unfruchtbarkeit als Grund an. Sie sind dabei, wie sich herausstellt, zu ihrem Leidwesen häufig einer Fertilitätsillusion erlegen, genährt durch Berichte in der Glamourpresse über Hollywood-Stars und -Sternchen, die mit 45 Jahren noch scheinbar mühelos Mutter werden. Immer mehr Frauen schieben die Geburt ihres ersten Kindes hinaus, um nach dem Studium eine berufliche Grundlage zu legen, eine durchaus vernünftige Karriereentscheidung, die allerdings auf brutale Weise mit der Biologie kollidiert. Nur acht Prozent der Fünfundzwanzig- bis Neunundfünfzigjährigen sind freiwillig kinderlos. Von denjenigen, deren Kinderwunsch sich nicht erfüllt, nennt ein Drittel nach einer Allensbach-Erhebung als Grund, dass es «mit der Schwangerschaft nicht geklappt» habe. Alles Mögliche lässt sich heute aufhalten oder verlangsamen, die Alterung der Ovarien gehört nicht dazu. Dieses Problem ist in der Diskussion um die Geburtenarmut in Deutschland kein Thema, vielleicht auch, weil sich gegen Unfruchtbarkeit noch kein staatliches Hilfsprogramm auflegen lässt. Und zu einer Aufklärungskampagne möchte man sich aus politisch naheliegenden Gründen nicht verstehen.

Nun also die Wirtschaftskrise. Ich bin in den vergangenen Monaten verschiedentlich von Kollegen in ein Gespräch gezogen worden, die mich zu einer Erklärung bewegen wollten, dass die Linke doch recht behalten habe. Das hat mich amüsiert, weil es ein Bedürfnis nach Bestätigung verrät, das so gar nicht zu der Selbstgewissheit passen will, mit der die linken Weltweisheiten gern unters Volk gebracht werden. Zudem musste ich meine Gesprächspartner, zu ihrer Verblüffung, enttäuschen: Wenn überhaupt, hielt ich ihnen entgegen, dann mache einen die Krise doch eher konservativ.

Der Liberale und der Linke sind sich näher, als sie selber vermuten: Beide sind Idealisten, die prinzipiell an das Gute glauben. Den Linken verführt dieser Glaube, in der Tradition seines Ahnvaters Rousseau, eine ideale Wirtschaftsordnung anzusteuern, in der alle von sich aus ihr Bestes geben, auch ohne Aussicht auf die Akkumulation materieller Güter, mit der sie sich von weniger fleißiger oder glücklicher agierenden Nachbarn absetzen können. Nur so kann ja eine Gesellschaft gelingen, in der die Einkommensunterschiede weitgehend eingeebnet sind und auch der Untüchtige ein Grundeinkommen erwarten darf, das dem Gehalt eines einfachen Arbeiters entspricht. Der Liberale hingegen erwartet das Gute vom Markt: Er leugnet nicht die Existenz niederer Antriebe wie Gier, Geiz und Habsucht, glaubt aber daran, dass sie sich gegenseitig aufheben oder doch, zusammen genommen, zu einem größeren Nutzen verbinden. Dass die Leidenschaften Einzelner das ganze System an den Rand des Zusammenbruchs führen können, ist bei ihm nicht vorgesehen. Die Linke hatte ihren geistesgeschichtlichen «Enttäuschungswendepunkt» (Peter Sloterdijk) mit dem Zusammenbruch des kommunistischen Weltreichs, die Liberalen ereilt es nun mit dem Niedergang der Wall Street, der mit dem Konkurs von Lehman Brothers – 26 000 Angestellte, 613 Milliarden Dollar Schulden, ein Chef mit einem Bürosessel für 18 000 Dollar und einem Papierkorb für 1400 Dollar – seinen Anfang nahm.

Wer seine Klassiker gelesen hat, dem bereitet der jetzige Zusammenbruch der Finanzwirtschaft nach einem Jahrzehnt außerordentlicher, man kann auch sagen: teuflischer Gewinne keine wirkliche Überraschung. Der Mensch braucht Regeln und Grenzen, die Abwesenheit von Aufsicht und damit der Angst vor Entdeckung, Bloßstellung und Strafe fördert sittliche Auflösung und Bürgerkrieg. Auf die Internalisierung moralischer Schranken durch Einsicht zu setzen, ist angesichts der Verlockungen der modernen Warenwelt eine gewagte Strategie, zumal die vergangenen vier Jahrzehnte nicht gerade gesteigerten Wert auf Tugenden wie Selbstdisziplin und Affekt-kontrolle gelegt haben. Noch bis gestern galt es als anrüchig, wenn einer wie der ehemalige Internatsleiter Bernhard Bueb gegen die «puddinghafte Pädagogik» zu Feld zog, die für alles Verständnis habe und sich scheue, schon im Kindesalter auch «Strenge, Härte und Verzicht» zu praktizieren. Das war dann gleich ein Rückfall in «schwarze Pädagogik» und die Heimkehr zu «rechtsextremen Bildungsidealen», wie es in einer Reihe von Gegenschriften hieß. Insofern entbehrt es nicht einer gewissen Komik, wenn nun ausgerechnet die Verächter der Sekundärtugenden den Zusammenbruch aller Werte beklagen und mehr ethisches Betragen einfordern.

Wenn das Wachstum einer Volkswirtschaft zu 40 Prozent auf eine Industrie entfällt, die nur die Mittel zur Arbeit an anderer Stelle bereitstellt, kann etwas nicht stimmen – so wie es zuvor schon nicht stimmen konnte, dass ein Internetdienst wie AOL mehr wert war als die Hälfte aller Stahlkonzerne der Welt. Das eigentlich Verblüffende ist nicht die hohe Prävalenz von Gier und Dummheit im Kapitalismus, erstaunlich ist, dass sich jemand ernsthaft darüber wundert, wie weit man es damit bringen kann. Wäre die Marktwirtschaft eine allein auf Tüchtigkeit und Können beruhende Veranstaltung, dürfte kein Haustürgeschäft funktionieren und schon gar nicht die Gründung einer Briefkastenfirma. Tatsächlich gehört die Suche nach der Abzweigung zum schnellen Reichtum zum Wesen des kapitalistischen Systems, das macht in gewisser Weise ja auch den Charme aus: Eine Welt, in der ein Felix Krull seinen Aufstieg machen kann, ist allemal attraktiver als eine, die nach den strengen Regeln der Kolchose funktioniert. Der Mensch will betrogen werden, weil er in die Idee verliebt ist, dass es auch ohne Mühe und Plackerei gehen könnte – manchmal gilt das für ganze Volkswirtschaften.

Als ich in Amerika lebte, habe ich meinen Nachbarn Bill dabei beobachtet, wie er sich vergrößerte. Bill lebte mit seiner Familie die Straße runter in White Plains, einem Vorort von

New York, wo ich mit meiner Frau und meinen beiden Kindern im Sommer 2001 ein Haus bezogen hatte. Er war Buchhalter bei einem kleinen christlichen Verlag, wir lernten uns auf einem Schulfest kennen, und jedes Mal, wenn wir uns danach sahen, hatte er ein neues Auto, ein neues Boot oder sogar ein neues Haus. Bill war meine erste Bekanntschaft mit den «Subprime»-Krediten, die inzwischen das halbe Weltfinanzsystem in den Abgrund gezogen haben. Ich verstand schon damals nicht, wie man für ein Haus, das einem nicht gehört, das Geld für ein doppelt so großes bekommen kann. Ich hätte aus Angst vor den Schulden nicht eine Nacht schlafen können, aber Bill schien das nicht das Geringste auszumachen. Vielleicht kannte er auch einfach nur einen diskreten Arzt, der ihn am Monatsanfang mit einer Großportion Beruhigungsmittel versorgte, jedenfalls war er ständig dabei, «sich zu vergrößern», wie er das nannte. Als wir Amerika nach vier Jahren verließen, wohnte er in einem Haus, in das unseres gut dreimal hineingepasst hätte. Wir wissen heute, es ist nicht gutgegangen: Erst musste Bill sein großes Haus wieder verkaufen, dann ging die amerikanische Wirtschaft koppheister und wir in Europa leider mit. Ich hatte seitdem keine Gelegenheit mehr, meinen ehemaligen Nachbarn nach seinem Befinden zu befragen. Aber ich vermute, er hat sich an die neue Situation irgendwie angepasst – und wartet jetzt ab, dass es wieder aufwärtsgeht.

Was lehrt uns die Finanzkrise? Viel über die Tücken der menschlichen Anpassungsneigung. Es ist eigenartig, aber über diese Komponente der Krise wird wenig geredet. Wir kennen inzwischen alle technischen Details, wir wissen mehr über «Collaterized Debt Obligations» und «Asset Backed Securities», als wir je wissen wollten, aber es bleibt ein Rätsel, warum eine Industrie, die allein in den USA im Jahr 2007 Bonuszahlungen im Höhe von 32,9 Milliarden an ihre Mitarbeiter verteilte, so dämlich sein konnte, ihre Existenzgrundlage aufs Spiel zu setzen. Maßlose Gier ist einer der Gründe, die einem im Vorübergehen zugerufen werden, aber Gier erklärt nicht das systemische Versagen: Jede Investmentbank unterhält ganze Abteilungen für das Risikomanagement, sie bezahlt enorm teure Spezialisten, deren Aufgabe es ist, die Bank vor zu großen Verlusten zu bewahren. Es gab außerdem früh ernstzunehmende Warnungen: Das ‹Wall Street Journal› veröffentlichte bereits im Sommer 2005 eine eingehende Analyse des Starökonomen Robert J. Shiller zur «housing bubble». Über Google Trends, ein neues und sehr raffiniertes Werkzeug der schnell wachsenden Such-Gemeinde, lässt sich die Karriere von Begriffen und Wörtern im Internet nachvollziehen. Den höchsten Stand im Suchvolumen erreichte «housing bubble» danach im Sommer vor vier Jahren, also weit vor Ausbruch der Krise; die Suchanfragen nach «credit card debt» waren selten so zahlreich wie am Jahreswechsel von 2005 auf 2006, was darauf hinweist, dass sich viele Amerikaner schon Gedanken zu machen begannen, als die Geldmacher an der Wall Street noch so taten, als ob alles immer so weitergehen könne.

Vor 35 Jahren stieß der Psychologe Irving Janis bei seiner Forschung zum Verhalten von Menschen in Gruppen auf ein Phänomen, welches er «group think» nannte. Janis hatte sich schon öfter bei außenpolitischen Fehlentscheidungen gefragt, warum offenbar auch kluge, gutwillige Leute in einer Regierung mit ihren Annahmen völlig danebenliegen können, trotz deutlicher Hinweise auf die Richtigkeit des Gegenteils. Der Yale-Professor erkannte eine Tendenz unter Experten und Intellektuellen, sich mindestens genauso sehr um die eigene Reputation wie um die korrekte Einschätzung der Lage zu sorgen. Wer sich zu weit vom Konsens entfernt, den kostet das Ansehen, so fürchten viele Beteiligte, also verbieten sie sich Gedanken, die zu sehr abweichen, oder äußern sie so vorsichtig, dass die Einwände in einer Diskussion untergehen. Janis' 1972 erstmals veröffentlichtes Buch über das Gruppendenken, in dem er John F. Kennedys fehlgeschlagene Invasion in der Schweinebucht, das Desaster von Pearl Harbor und die Anfänge des Vietnam-Krieges analysierte, wurde in kürzester Zeit ein Klassiker der Sozialpsychologie, auf den sich noch heute jeder bezieht, der zu dem Thema forscht. Zu den Empfehlungen des Psychologieprofessors gehörte, mindestens ein Gruppenmitglied abwechselnd zum «Advocatus Diaboli» zu bestimmen, das konsequent die Argumente der Gegenseite vertreten solle, um die Konsensvernunft herauszufordern.

Dass ausgerechnet die Linke hier Abhilfe schaffen könnte, scheint mir extrem unwahrscheinlich. Gruppendenken ist leider eine besondere Bürde in diesen Kreisen, es ist möglicherweise sogar das Hauptproblem. Wer immer nur Menschen trifft, die in wesentlichen Fragen der gleichen Meinung sind, sieht wenig Veranlassung, sein Glaubenssystem in Zweifel zu ziehen. Hinzu kommt eine unselige Neigung zur Selbstbeschäftigung und Selbstbespiegelung, die sich schon an der Flut von Veröffentlichungen zeigt, die den gleichen Punkt noch einmal machen wollen.

Keine politische Glaubensrichtung ist nach meiner Erfahrung so narzisstisch veranlagt wie die Linke. Sie möchte sich laufend bestärkt und bestätigt sehen, jetzt eben dafür, dass sie schon immer irgendwie gegen den Kapitalismus war. Man wäre fraglos mehr beeindruckt, wenn den Vorbehalten eine Analyse vorausgegangen wäre, eine Beschreibung der modernen Finanzprodukte und ihres systemgefährdenden Potentials, aber alles, was sich dazu in den Archiven findet, sind generelle Aufrufe zur «Zähmung» der Finanzmärkte und Grundsatzreden gegen den «Raubtierkapitalismus», also ziemlich genau das, was sich in zwei, drei Tagen ohne tiefere Kenntnis der Materie zusammenschreiben lässt. Das letzte Mal, dass die Linke in der Lage war, mit den Akteuren auf Augenhöhe zu debattieren, war beim Kampf gegen die Atomkraft; von der Mühe, die sich die Kritiker damals gemacht haben, zehrt die grüne Bewegung noch heute. So gründen die meisten Vorbehalte auf Gefühl, nicht auf Überlegung. Das macht sie nicht notwendigerweise falsch, aber untauglich für die Arbeit an einer neuen, jetzt anstehenden Weltfinanzordnung.

Den «Anwalt des Teufels», wie ihn die katholische Kirche in ihren Kanonisierungsverfahren unter Papst Sixtus V. im 16. Jahrhundert als feste Institution einführte, hat die Linke nie gekannt, er wäre ihr vermutlich auch zu anstrengend geworden. Ich finde es allerdings immer wieder überraschend, dass eine Bewegung, die angeblich aus dem Geist des Widerspruchs und der Opposition geboren wurde, bei der Befassung mit abweichenden Meinungen so schnell die Geduld verliert. Die Aufrufe zu Toleranz und Achtung von Minderheiten sind alle vergessen, sobald sie auf einen rechten oder leidlich konservativen Menschen stößt. Dabei reicht es dem besonders engagierten Teil der Linken nicht, recht zu behalten – schon der Versuch der Konsensverletzung gilt als skandalisierungswürdiger Vorgang. Dann wird alles darangesetzt, die öffentliche Äußerung des unanständigen Gedankens zu sabotieren, und jede erfolgreiche Publikationsverhinderung als Sieg «für die Sache» gefeiert.

Vielleicht hängt diese Aggressivität mit dem nagenden Gefühl zusammen, ein Imperium zu verwalten, das seine besten Tage hinter sich hat. Absteigende Mächte sind manchmal intoleranter als aufsteigende. Der Linken fehlt gegenwärtig die Kraft zur Erneuerung, von ihrer Gestaltungsmacht hat sie viel eingebüßt, auch aus Bequemlichkeit und Altersstarrsinn, nun verlässt sie sich auf die Blockademacht, die ihr geblieben ist.

Ist der Konservative besser gefeit gegen Irrtum? Sagen wir es so: Seine illusionslose Anthropologie schützt ihn eher vor gewissen Verstiegenheiten und manch törichtem Trugbild. Da er den Menschen als ein Mängelwesen begreift, das der Abstützung durch die Institutionen bedarf, erwartet er seltener mehr von ihm, als er zu leisten vermag. Oder wie es Klaus von Dohnanyi einmal zu mir sagte: Der Mensch sei halt feige, opportunistisch und gierig, von Ausnahmen abgesehen (und allen Freunden natürlich) – wer das beizeiten beherzige, habe später auch keinen Grund zu tieferer Enttäuschung und damit anhaltendem Groll.

Für den Konservativen liegt die Moral in den Strukturen, nicht im Individuum. Darum legt dieser politische Vertreter auch so viel Wert auf gesellschaftliche Verkehrsformen, auf Sitten und Gebräuche, die den Menschen zivilisieren und in größerer Ansammlung erträglich machen. Er betrachtet das Gefüge aus Tradition und Bindung nicht als etwas, von dem man sich in einem großen emanzipatorischen Akt befreien müsse, sondern eher als Schutzwall gegen die Zumutungen der Welt. Diese Gebundenheit ans Gewachsene und Hergebrachte ist im politischen Geschäft zweifellos von Nachteil. Der Konservative, zumindest in seiner weltoffenen, angelsächsischen Ausprägung, braucht Ermutigung und Anregung in der Gegenwart, er vermag, anders als sein linker Gegenspieler, nicht auf der Luftwurzel seiner Überzeugungen zu existieren. Die Daseinsverpflichtung kann aber auch ein großer Vorteil sein, weil sie einem die Gelassenheit des beheimateten Menschen verschafft.

Meine Mutter ist vor einem Jahr aus der Partei ausgetreten, der Grund dafür waren Kurt Beck und sein Flirt mit der Linkspartei. Der Ortsverband in Wellingsbüttel rief an und fragte, ob es Sinn mache, noch einmal zu reden, doch es war zu spät. Ich habe ihre Entscheidung gut verstanden, schließlich habe ich sie all die Jahre aufgezogen wegen ihrer Anhänglichkeit an die Linke, aber als sie mir von ihrem Austritt berichtete, hat es mich doch betrübt. Meine Mutter war 39 Jahre lang bei der SPD, das ist länger, als die allermeisten Ehen in Deutschland halten. Sie hat ein Stück Heimat verloren, das muss einen Konservativen immer traurig stimmen. Der Mensch braucht Bindung, außerdem ist sie ja meine Mutter, und «Mutter» ist, wie Helmut Kohl im Oktober 2007 bei seinem letzten großen öffentlichen Auftritt in Berlin sagte, das schönste aller deutschen Wörter.

Ich liebe meine Mutter – trotz oder vielleicht sogar wegen

ihrer Ansichten, das weiß ich gar nicht so genau zu sagen. Wäre ich glücklicher gewesen, in einem konservativen Haushalt aufzuwachsen? Das glaube ich kaum, dann hätten wir ja nichts zu streiten gehabt. Oder, schlimmer noch: Ich wäre aus Protest ein Linker geworden, aber das hat der Herrgott, wie man sieht, zum Glück zu verhindern gewusst.

Literaturhinweise

Neil Addison: Religious Discrimination and Hatred Law, London 2006

Theodor W. Adorno: Theorie der Halbbildung, Frankfurt am Main 2006

Clemens Albrecht, Günter C. Behrmann, Michael Bock, Harald Homann, Friedrich H. Tenbruck: Die intellektuelle Gründung der Bundesrepublik. Eine Wirkungsgeschichte der Frankfurter Schule, Frankfurt am Main 1999

Karl I. Albrecht: Der verratene Sozialismus. Zehn Jahre als hoher Staatsbeamter in der Sowjetunion, Berlin 1939

Götz Aly: Hitlers Volksstaat. Raub, Rassenkrieg und nationaler Sozialismus, Frankfurt am Main 2005

Götz Aly: Unser Kampf. 1968 – ein irritierter Blick zurück, Frankfurt am Main 2008

Thomas von Aquin: Summa Theologica, Bd. 35, Graz 1958

Hannah Arendt: Elemente und Ursprünge totaler Herrschaft. Antisemitismus, Imperialismus, totale Herrschaft, München 1986

Rudolf Augstein, Günter Grass: Deutschland, einig Vaterland? Ein Streitgespräch, Göttingen 1990

Stefan Aust: Der Baader Meinhof Komplex, Hamburg 2005

Klaus Bittermann, Gerhard Henschel (Hg.): Das Wörterbuch des Gutmenschen. Zur Kritik der moralisch korrekten Schaumsprache, Berlin 1994

Norberto Bobbio: Rechts und Links. Gründe und Bedeutungen einer politischen Entscheidung, Berlin 1994

Pierre Bourdieu: Die feinen Unterschiede. Kritik der gesellschaftlichen Urteilskraft, Frankfurt am Main 1982

Wolfgang Brezinka: Erziehung und Kulturrevolution. Die Pädagogik der Neuen Linken, München 1976

Henryk M. Broder: Der ewige Antisemit. Über Sinn und Funktion eines beständigen Gefühls, Berlin 2005

Henryk M. Broder: Hurra, wir kapitulieren! Von der Lust am Einknicken, Berlin 2006

Matthias Brosch, Michael Elm, Norman Geißler (Hg.): Exklusive Solidarität.

LITERATURHINWEISE   **343**

Linker Antisemitismus in Deutschland vom Idealismus zur Antiglobalisierungsbewegung, Berlin 2007

Micha Brumlik (Hg.): Vom Missbrauch der Disziplin. Antworten der Wissenschaft auf Bernhard Bueb, Weinheim 2007

Heinz Bude: Die Ausgeschlossenen. Das Ende vom Traum einer gerechten Gesellschaft, München 2008

Bernhard Bueb: Lob der Disziplin. Eine Streitschrift, Berlin 2006

Nick Cohen: What's Left? How Liberals Lost Their Way, London 2007

Norman Cohn: The Pursuit of the Millennium. Revolutionary Millenarians and Mystical Anarchists of the Middle Ages, London 1957

Stephane Courtois, Nicolas Werth (Hg.): Das Schwarzbuch des Kommunismus. Unterdrückung, Verbrechen und Terror, München 2004

Theodore Dalrymple: Our Culture, What's Left of it. The Mandarins and the Masses, Chicago 2005

Nicolás Gómez Dávila: Das Leben ist die Guillotine der Wahrheiten. Ausgewählte Sprengsätze, Frankfurt am Main 2007

Kai Diekmann: Der große Selbstbetrug. Wie wir um unsere Zukunft gebracht werden, München 2007

Dan Diner: Feindbild Amerika. Über die Beständigkeit eines Ressentiments, München 2002

Jutta Ditfurth: Ulrike Meinhof. Die Biografie, Berlin 2007

Irenäus Eibl-Eibesfeldt: Die Biologie des menschlichen Verhaltens. Grundriss der Humanethologie, München 1994

Carolin Emcke: Stumme Gewalt. Nachdenken über die RAF, Frankfurt am Main 2008

Björn Engholm: Die Zukunft der Freizeit. Thema: Politik und Psyche, Weinheim 1989

Hans Magnus Enzensberger: Mittelmaß und Wahn. Gesammelte Zerstreuungen, Frankfurt am Main 1988

Hans Magnus Enzensberger: Schreckens Männer. Versuch über den radikalen Verlierer. Frankfurt am Main 2006

Ulrich Enzensberger: Die Jahre der Kommune I. Berlin 1967–1969, München 2006

Egon Flaig: Reflexion über die moralische Verdummung, in: Merkur, Deutsche Zeitschrift für europäisches Denken, Heft 10, Oktober 2007

Harry G. Frankfurt: On Bullshit, Princeton 2007

Betty Friedan: Der Weiblichkeitswahn oder die Selbstbefreiung der Frau. Ein Emanzipationskonzept, Reinbek bei Hamburg 1966

François Furet, Denis Richet: Die Französische Revolution, Frankfurt am Main 1987

François Furet: Das Ende der Illusion. Der Kommunismus im 20. Jahrhundert, München 1996

Erich Fromm: Haben oder Sein. Die seelischen Grundlagen einer neuen Gesellschaft, München 1979

Peter Furth: Troja hört nicht auf zu brennen. Aufsätze aus den Jahren 1981 bis 2007, Berlin 2008

Alexander Gauland: Anleitung zum Konservativsein. Zur Geschichte eines Wortes, München 2002

Arnold Gehlen: Urmensch und Spätkultur. Philosophische Ergebnisse und Aussagen, Frankfurt am Main 2004

Eike Geisel: Die Banalität des Guten. Deutsche Seelenwanderungen, Berlin 1992

Philipp Gessler: Der neue Antisemitismus. Hinter den Kulissen der Normalität, Freiburg 2004

Jacques Le Goff: Die Geburt des Fegefeuers, Stuttgart 1984

Jonah Goldberg: Liberal Fascism. The Secret History of the American Left from Mussolini to the Politics of Meaning, New York 2007

Max Goldt: Die Kugel in unseren Köpfen. Kolumnen, Zürich 1995

Günter Grass: Ein Schnäppchen namens DDR. Letzte Reden vorm Glockengeläut, Göttingen 1993

John Gray: Straw Dogs. Thoughts on Humans and Other Animals, London 2002

John Gray: Black Mass. Apocalyptic Religion and the Death of Utopia, New York 2007

Hermann L. Gremliza: Ganghofer im Wunderland. 73 Absagen an die herrschende Meinung 1978–1994, Hamburg 1994

Hermann L. Gremliza (Hg.): Hat Israel noch eine Chance? Palästina in der neuen Weltordnung, Hamburg 2001

Gisbert Greshake, Jakob Kremer: Resurrectio mortuorum. Zum theologischen Verständnis der leiblichen Auferstehung, Darmstadt 1986

Sabine Grommes: Der Sühnebegriff in der Rechtsprechung. Eine ideologiekritische Betrachtung, Berlin 2006

Antonia Grunenberg: Antifaschismus – ein deutscher Mythos, Reinbek bei Hamburg 1993

Jürgen Habermas: Protestbewegung und Hochschulreform, Frankfurt am Main 1969

LITERATURHINWEISE   **345**

Jürgen Habermas: Eine Art Schadensabwicklung, Frankfurt am Main 1987
Jens Hacke: Philosophie der Bürgerlichkeit. Die liberalkonservative Begrün-
dung der Bundesrepublik, Göttingen 2006
Jens Hacker: Deutsche Irrtümer. Schönfärber und Helfershelfer der SED-
Diktatur im Westen, Frankfurt am Main 1992
Klaus Hartung: Die Psychoanalyse der Küchenarbeit. Selbstbefreiung, Wohn-
gemeinschaft und Kommune, In: The Roaring Sixties. Der Aufbruch in
eine neue Zeit, Reinbek bei Hamburg 1986
Heinrich Heine: Zur Geschichte der Religion und Philosophie in Deutsch-
land, in: Sämtliche Schriften, Band 3, München 1971
Klaus J. Heinisch (Hg.): Der utopische Staat. Morus: Utopia, Campanella:
Sonnenstaat, Bacon: Neu-Atlantis, Reinbek bei Hamburg 1960
Eckhard Henscheid: Dummdeutsch. Ein Wörterbuch, Stuttgart 1993
Eckhard Henscheid: Die Nackten und die Doofen. Aufsätze zur Kulturkritik,
Springe 2003
Gerhard Henschel: Das Blöken der Lämmer. Die Linke und der Kitsch, Berlin
1994
Ulrich Herbert: Geschichte der Ausländerpolitik in Deutschland. Saisonarbei-
ter, Zwangsarbeiter, Gastarbeiter, Flüchtlinge, München 2001
Jörg Herrmann: «Unsere Söhne und Töchter». Protestantismus und RAF-
Terrorismus in den 1970er Jahren, in: Wolfgang Kraushaar, Die RAF und
der linke Terrorismus. Band 1, Hamburg 2006
Werner Hinzpeter: Schöne schwule Welt. Der Schlussverkauf einer Bewegung,
Berlin 1997
Thomas Hobbes: Leviathan, Hamburg 1996
Matthias Horx: Die wilden Achtziger. Eine Zeitgeist-Reise durch die Bundes-
republik, München 1987
Initiative Sozialistisches Forum: Furchtbare Antisemiten, ehrbare Antizio-
nisten. Über Israel und die linksdeutsche Ideologie, Freiburg 2002
Irving L. Janis: Groupthink. Psychological Studies of Policy Decisions and
Fiascoes, Boston 1982
Josef Joffe, Dirk Maxeiner, Michael Miersch, Henryk M. Broder: Schöner
Denken. Wie man politisch unkorrekt ist, München 2007
Marc Jongen (Hg.): Der göttliche Kapitalismus. Ein Gespräch über Geld,
Konsum, Kunst und Zerstörung, München 2007
Immanuel Kant: Die Metaphysik der Sitten, Frankfurt am Main 2005
Jürgen Kaube: Otto Normalverbraucher. Der Aufstieg der Minderheiten,
Springe 2007

Hans-Werner Kilz (Hg.): Gesamtschule. Modell oder Reformruine? Reinbek bei Hamburg 1980

Roger Kimball: The Long March. How the Cultural Revolution of the 1960s Changed America, San Francisco 2000

Hubertus Knabe: Der diskrete Charme der DDR. Stasi und Westmedien, Berlin 2002

Gerd Koenen: Utopie der Säuberung. Was war der Kommunismus?, Berlin 1998

Gerd Koenen: Das rote Jahrzehnt. Unsere kleine deutsche Kulturrevolution 1967–1977, Frankfurt am Main 2002

Gerd Koenen: Vesper, Ensslin, Baader. Urszenen des deutschen Terrorismus, Köln 2003

Gerd Koenen: Traumpfade der Weltrevolution. Das Guevara-Projekt, Köln 2008

Helmut König: Politik und Gedächtnis, Aachen 2008

Wolfgang Kopke: Rechtschreibreform und Verfassungsrecht, Tübingen 2000

Hans-Jürgen Krahl: Konstitution und Klassenkampf. Zur historischen Dialektik von bürgerlicher Emanzipation und proletarischer Revolution, Frankfurt am Main 1971

Wolfgang Kraushaar, Jan Philipp Reemtsma: Rudi Dutschke, Andreas Baader und die RAF, Hamburg 2005

Wolfgang Kraushaar: Die Bombe im Jüdischen Gemeindehaus, Hamburg 2005

Kursbuch 11–15 1968, Frankfurt am Main 2008

Kursbuch 45. Wir Kleinbürger, Berlin 1976

Kursbuch 116. Verräter, Berlin 1994

Christian Lander: Stuff White People Like. The Definitive Guide to the Unique Taste of Millions, New York 2008

Melvin J. Lasky: On the Barricades, and Off, New Brunswick 1989

Karl Lauterbach: Der Zweiklassenstaat. Wie die Privilegierten Deutschland ruinieren, Berlin 2007

John Leake: Der Mann aus dem Fegefeuer. Das Doppelleben des Jack Unterweger, Wien 2008

Claus Leggewie, Erik Meyer: «Ein Ort, an den man gerne geht». Das Holocaust-Mahnmal und die deutsche Geschichtspolitik nach 1989, München 2005

Wolfgang Lempert: Leistungsprinzip und Emanzipation, Frankfurt am Main 1971

LITERATURHINWEISE **347**

Brink Lindsey: The Age of Abundance. How Prosperity Transformed America's Politics and Culture, New York 2007

Konrad Lorenz: Das sogenannte Böse. Zur Naturgeschichte der Aggression, München 1974

Richard Löwenthal: Der romantische Rückfall, Stuttgart 1970

Hermann Lübbe: Fortschrittsreaktionen. Über konservative und destruktive Modernität, Köln 1987

Hermann Lübbe: Politischer Moralismus. Der Triumph der Gesinnung über die Urteilskraft, Berlin 1987

Hermann Lübbe: Freiheit statt Emanzipationszwang. Die liberalen Traditionen und das Ende der marxistischen Illusionen, Zürich 1991

Hermann Lübbe: Ich entschuldige mich. Das neue politische Bußritual, Berlin 2001

Hermann Lübbe: Vom Parteigenossen zum Bundesbürger. Über beschwiegene und historisierte Vergangenheiten, München 2007

Klaus Lüderssen, Fritz Sack: Seminar Abweichendes Verhalten I. Die selektiven Normen der Gesellschaft, Frankfurt am Main 1974

Klaus Lüderssen, Fritz Sack: Seminar Abweichendes Verhalten IV. Kriminalpolitik und Strafrecht, Frankfurt am Main 1980

Herbert Marcuse: Das Ende der Utopie, Berlin 1967

Herbert Marcuse: Der eindimensionale Mensch. Studien zur Ideologie der fortgeschrittenen Industriegesellschaft, München 1967

Andrei S. Markovits: Amerika, dich hasst sich's besser. Antiamerikanismus und Antisemitismus in Europa, Hamburg 2004

Karl Marx: Das Kapital. Kritik der politischen Ökonomie, Band I: Der Produktionsprozess des Kapitals, Frankfurt am Main 1969

Gerhard Mauz: Das Spiel von Schuld und Sühne. Die Zukunft der Strafjustiz, Düsseldorf 1975

Dirk Maxeiner, Michael Miersch: Frohe Botschaften. Über den täglichen Wahnsinn, Berlin 2008

Thomas Meyer: Identitätspolitik. Vom Missbrauch kultureller Unterschiede, Frankfurt am Main 2002

Walter Benn Michaels: The Trouble with Diversity. How We Learned to Love Identity and Ignore Inequality, New York 2006

Jules Michelet: Geschichte der Französischen Revolution. 10 Teile in 5 Bänden, Frankfurt am Main 1988

Horst Möller (Hg.): Der rote Holocaust und die Deutschen. Die Debatte um das «Schwarzbuch des Kommunismus», München 1999

LITERATURHINWEISE

Tilman Moser: Lehrjahre auf der Couch. Bruchstücke meiner Psychoanalyse, Frankfurt am Main 1974

Susan Neiman: Das Böse denken. Eine andere Geschichte der Philosophie, Frankfurt am Main 2004

Paul Noack: Deutschland, deine Intellektuellen. Die Kunst, sich ins Abseits zu stellen, München 1991

Michael Oakeshott: Zuversicht und Skepsis. Zwei Prinzipien neuzeitlicher Politik, Berlin 2000

Michael Pawlik: Person, Subjekt, Bürger. Zur Legitimation von Strafe, Berlin 2004

Michael Pawlik: Der Terrorist und sein Recht. Zur rechtstheoretischen Einordnung des modernen Terrorismus, München 2008

Buth Peters: Tödlicher Irrtum, Die Geschichte der RAF, Berlin 2004

Susan Pinker: Das Geschlechter-Paradox. Über begabte Mädchen, schwierige Jungs und den wahren Unterschied zwischen Männern und Frauen, Frankfurt am Main 2008

Arno Plack: Die Gesellschaft und das Böse. Eine Kritik der herrschenden Moral, München 1967

Arno Plack: Plädoyer für die Abschaffung des Strafrechts, München 1974

Helmuth Plessner: Grenzen der Gemeinschaft. Eine Kritik des sozialen Radikalismus, Frankfurt am Main 2002

Friedrich Pohlmann: Das Elend der Utopien, in: Merkur. Deutsche Zeitschrift für europäisches Denken, Heft 5, Mai 2008

Wolfgang Pohrt: Ein Hauch von Nerz. Kommentare zur chronischen Krise, Berlin 1989

John Rawls: Eine Theorie der Gerechtigkeit, Frankfurt am Main 2009

Redaktion Diskus (Hg.): Küss den Boden der Freiheit. Texte der Neuen Linken, Berlin 1992

Reden über das eigene Land: Deutschland 6, München 1988

Jan Philipp Reemtsma: Das Recht des Opfers auf die Bestrafung des Täters – als Problem, München 1999

Jan Philipp Reemtsma: Vertrauen und Gewalt. Versuch über eine besondere Konstellation der Moderne, Hamburg 2008

Paul Reiwald: Die Gesellschaft und ihre Verbrecher, Frankfurt am Main 1973

Jon Ronson: Them. Adventures with Extremists, New York 2002

Denis de Rougemont: Journal aus Deutschland 1935–1936, Wien 1998

Jean-Jacques Rousseau: Abhandlung über den Ursprung und die Grundlagen

LITERATURHINWEISE **349**

der Ungleichheit unter den Menschen, in: Schriften, Band 1, München 1978

Jean-Jacques Rousseau: Die Bekenntnisse, München 1978

Jean-Jacques Rousseau: Emile oder Von der Erziehung, München 1979

Michael Ruetz: «Ihr müsst diesen Typen nur ins Gesicht sehen». Apo Berlin 1966–1969, Frankfurt am Main 1980

Peter Saunders: Kapitalismus essen Seele auf, in: Merkur. Deutsche Zeitschrift für europäisches Denken, Heft 5, Mai 2008

Paul Scheffer: Die Eingewanderten. Toleranz in einer grenzenlosen Welt, München 2008

Max Scheler: Das Ressentiment im Aufbau der Moralen, Frankfurt am Main 1978

Erwin K. Scheuch (Hg.): Die Wiedertäufer der Wohlstandsgesellschaft. Eine kritische Untersuchung der «Neuen Linken» und ihrer Dogmen, Köln 1968

Wolfgang Schieder: Faschistische Diktaturen. Studien zu Italien und Deutschland, Göttingen 2008

Heinz Schilling: Kleinbürger. Mentalität und Lebensstil, Frankfurt am Main 2003

Wolfgang Schivelbusch: Entfernte Verwandtschaft. Faschismus, Nationalsozialismus, New Deal 1933–1939, München 2005

Andreas Schlieper: Das aufgeklärte Töten. Die Geschichte der Guillotine, Berlin 2008

Carl Schmitt: Der Begriff des Politischen. Text von 1932 mit einem Vorwort und drei Corollarien, Berlin 1963

Otto Ernst Schüddekopf: Linke heute von rechts. Die nationalrevolutionären Minderheiten und der Kommunismus in der Weimarer Republik, Stuttgart 1960

Gerhard Schulze: Die Erlebnisgesellschaft. Kultursoziologie der Gegenwart, Frankfurt am Main 2005

Alice Schwarzer: Der kleine Unterschied und seine großen Folgen. Frauen über sich, Frankfurt am Main 2002

Alice Schwarzer: Die Antwort, Köln 2007

Alice Schwarzer: Emma. Die ersten 30 Jahre, München 2007

John Seymour: Das große Buch vom Leben auf dem Lande. Ein praktisches Handbuch für Realisten und Träumer, Ravensburg 1978

B. F. Skinner: Futurum Zwei «Walden Two». Die Vision einer aggressionsfreien Gesellschaft, Reinbek bei Hamburg 1972

B. F. Skinner: Was ist Behaviorismus?, Reinbek bei Hamburg 1978

Peter Sloterdijk: Die Verachtung der Massen. Versuch über Kulturkämpfe in der modernen Gesellschaft, Frankfurt am Main 2000

Kurt Sontheimer: Hannah Arendt. Der Weg einer großen Denkerin, München 2005

Thomas Sowell: The Vision of the Anointed. Self-Congratulation as a Basis of Social Policy, New York 1995

Verena Stefan: Häutungen. Autobiografische Aufzeichnungen Gedichte Träume Analysen, München 1975

Cora Stephan: Der Betroffenheitskult. Eine politische Sittengeschichte, Reinbek bei Hamburg 1994

Klaus Stern, Jörg Herrmann: Andreas Baader. Das Leben eines Staatsfeindes, München 2007

Gerhard Szczesny: Das sogenannte Gute. Vom Unvermögen der Ideologen, Reinbek bei Hamburg 1971

Andrea Trumann: Feministische Theorie. Frauenbewegung und weibliche Subjektbildung im Spätkapitalismus, Stuttgart 2002

Eric Voegelin: Die politischen Religionen, München 1993

Martin Walser: Kinderspielplatz. Zwei öffentliche Reden über Kritik, Zustimmung, Zeitgeist, Berlin 2008

Franz Walter: Die SPD. Vom Proletariat zur Neuen Mitte, Berlin 2002

Caroline Weber: Terror and its Discontents. Suspect Words in Revolutionary France, Minneapolis 2003

Hans-Ulrich Wehler: Deutsche Gesellschaftsgeschichte. Fünfter Band: Bundesrepublik Deutschland und DDR 1949–1990, München 2008

Wolfram Weimer: Freiheit, Gleichheit, Bürgerlichkeit. Warum die Krise uns konservativ macht, Gütersloh 2009

Peter Weingart, Jürgen Kroll, Kurt Bayertz: Rasse, Blut und Gene. Geschichte der Eugenik und Rassenhygiene in Deutschland, Frankfurt am Main 1988

Joseph von Westphalen: Warum ich Monarchist geworden bin. Zwei Dutzend Entrüstungen, Zürich 1985

Roger Willemsen: Der Knacks, Frankfurt am Main 2008

Ludger Wössmann: Letzte Chance für gute Schulen. Die 12 großen Irrtümer und was wir wirklich ändern müssen, München 2007

Volker Zastrow: Gender. Politische Geschlechtsumwandlung, Waltrop 2006

Danksagung

Meinen Eltern, die mich im guten Geist erzogen; meiner Familie, die mir trotz allem ihre Unterstützung gab; meinen Freunden, die mir zur Seite standen – und natürlich all denen, die mich auf den rechten Weg brachten, G. G. zuallererst.

Besonderen Dank an Thomas Albrecht, Klaus Bartels, Henryk M. Broder, Peter Carstens, Klaus von Dohnanyi, Sarah Duve, Julia Hacker, Meli Kiyak, Roger Köppel, Hanspeter Kruse, Dirk Kurbjuweit, Ildikó von Kürthy, Annette Kusche, Bartholomäus Manegold, Roland Mary, Simone Miesner, Martin Mosebach, Bernd Musa, Wolfgang und Helga Nowak, René Pfister, Wolf Schneider, Felix Schramm, Michael Sontheimer und die Ritter des Bamberger Kreises.

Verneigung vor Götz Aly, John Gray, Gerd Koenen und dem besonders verehrten Hermann Lübbe, deren Büchern ich viel schulde und an die ich mich immer wieder wandte für den Gedankenwitz und die Formulierungswut, die es braucht, wenn man gehört werden will.

Respekt dem ‹Spiegel›, dem ich nun im zwanzigsten Berufsjahr verbunden bin und dessen spöttische Gelassenheit und hanseatische Großzügigkeit bislang noch jede Krise überstanden haben.

Und zu guter Letzt ein herzliches Glückauf allen bei Rowohlt, die gutes Gelingen wünschten und mehr als ihren Teil dazu taten, angefangen bei Ulla Dehning, Lutz Kettmann, Andrea Kügel – und in großer Verbundenheit Alexander Fest, dem Genossen von der anderen Seite des Grabens.